U0935846

# 西學研究

季羨林題

2003年第1辑/总第1辑

主编 彭小瑜 张绪山

商務印書館

2003年·北京

# 发刊词

《西学研究》创刊，按例应该写几句她的宗旨。

西学在国人心目中，可能已经有一个相当明确的概念，那就是西方世界的学问。不过这个东方与西方的分野，虽然看似分明，细究起来却也纠缠不清。我们只能大体地说，这里的西学指的是西欧和美国的学问。当然，这些学问中，本刊只关注社会科学和人文科学方面，而对自然科学、技术科学等则无力探讨。

中国人对西学的接触，由来已久。从明末利马窦等传教士输入西学算起，已有400多年，即使从鸦片战争前后中国人学习西方算起，也有了一个半世纪的时间。这期间产生了中体西用、全盘西化、全盘苏化（苏联的学问也是西方的）以及现在相当有势力的全盘欧美化的各种思想和行动，应该说我们的西学已经研究得不错了。不过，直到今天，我国的西学似乎还没有达到世界一流水平，其证明就是我们既缺乏在世界上堪称一流的西学著作，也几乎没有可以和西方一流学者抗衡的西学学者。这一情况的造成，主要是因为长期以来，我国的国力太弱，不能为我们提供丰富的西学资源和学习西学的有利条件，但大概也和历来我国学者的心态有关。我国学者对西学的态度，虽然可以说千差万别，但大体说来不外两种：一种是以国学为本，学习西学，只是为了学到一些理论、方法，用来研究国学；另一种则以为我们既然落后，对西学就只有学习的份儿，哪能与之质疑辩难呢。当然，也有许多人想认真研究西学，另辟蹊径，走出我国的西学研究独特之路，可是限于条件，也未能做出特别好的成绩。

现在，我们的综合国力已经大大提高，我们已经有了比较良好的研究西学的条件。经过好几代西学学者的努力，也有了比较可观的

西学学术资源,有了比较优良的西学中青年学者,因此本刊才敢提出西学的研究作为办刊的目标。我们希望:

一、要以平等的心态、世界的眼光来研究西学。自有人类以来,许多伟大的文明被创造出来,它们都对人类的发展做出过贡献。近代开始,西方是走在人类发展的前列,有许多值得我们学习的地方。可是学习并不能亦步亦趋,更不能顶礼膜拜,而是要把西方文明也放在人类历史的长河中,从全世界的角度加以研究和鉴别。过去我们曾经激烈地反对西欧中心论,其实可能连西欧中心论的真谛在什么地方,我们还没有搞清楚。今天我们也不能制造一个东方中心论或者什么中心论来。

二、我们提倡一种朴实、认真的学风。研究西学,首要的是过语言文字关,过这一关要付出艰苦的劳动。进行研究,要从原始资料出发。前人说"无一字无来处",固然有点过分拘泥,可是必须言必有据,信而有征。如果只在西人的研究结果、二手材料上兜圈子,则很难会有什么创造发明。

三、我们更希望从材料出发,在西学的研究中有理论创新。怀疑是创新的开始,要对西学已有的理论、方法、结论,敢于怀疑。有怀疑才会有问题,有问题才会去研究。当然,怀疑不是胡思乱想,而是要认真研究材料,以世界的眼光进行比较、观察,多建立几个参照系。有了正确的、科学的问题,也就等于有了解决问题的门径。然后还必须进行艰苦的劳动,才可能会对提出的问题有所解决,达到创新。我们希望通过一点一滴的积累,一砖一瓦的构造,在西学的各门学科中逐渐建立起中国人自己的体系、理论和方法,这样才能产生一流的西学著作、一流的西学学者。当然,我们也不希望缺乏具体研究,就做出涵盖宇宙、包罗万象的体系来。

希腊的学问一般被认为是西学的源泉,因此希腊研究、拜占庭研究是本刊首先要发展的。同时我们也希望通过本刊,使整个西学有所发扬,有所发展。所以凡是西方之学,不管是哲学、历史学、语言学、法学、经济学、政治学、社会学、宗教学等等,都在本刊关注之列。

不过我们希望研究西学，从头做起，所以可能有点厚古薄今。

欢迎有志于研究西学、发扬西学诸同人赐稿。

马 克 垚

北京大学希腊研究中心

学术委员会主席

# 目　录

**发刊词** 1

**希腊学**

廖学盛　对亚里士多德的一个断语的评析　1
郭小凌　被误读的希罗多德　8
陈志强　六世纪拜占庭官职考辨——《秘史》研究　21
张绪山　我国境内发现的拜占庭金币及其相关问题　54

**教父学和教会史**

吴天岳　恶的起源与自由意愿:从存在论的恶到生存论的恶——从尼撒的格列高利《论人的造成》到奥古斯丁《论自由选择》　83
夏洞奇　在婚姻与守贞之间——对奥古斯丁婚姻观的一种解释　122
林　奇　东派教会:历史背景的解析(王涛 译)　154
彭小瑜　教会史的学科界定与方法论——以宗教改革和宗教裁判所研究为例　171

**西方历史与文化**

高　毅　法国革命热月时期社会"还俗"现象片论　186
庞冠群　巴黎高等法院与十八世纪法国政治文化的演变　200
张　雄　十九世纪意大利的铁路建设与工业化　246
谷　裕　《绿衣亨利》与瑞士新教思想行为模式　292

向　荣　清教论家庭教育　313
张学明　英王威廉一世、威廉二世及亨利一世与英国教会之关系　329
赵进中　关于西欧大陆历史意识和整体特点的思考　341
晨　蕾　宗教虔信和激进主义——多萝茜·戴的天主教社会思想　379

## 希腊学译文

安多基德　论密仪（晏绍祥 译）　402

## 稿约

稿约　451

# CONTENTS

**Hellenic Studies**

Liao Xuesheng, Comments on One of Aristotelian Propositions 1

Guo Xiaoling, The Misunderstood Herodotus 8

Chen Zhiqiang, The Byzantine Bureaucracy in the 6th Century as Evidenced in the *Secret History* of Procopius 21

Zhang Xushan, The Byzantine Coins Discovered in China and Their Implications 54

**Patrology and Church History**

Wu Tianyue, Free Will and the Origin of Evil: From Ontological Evil to Existential Evil—A Comparative Study on the Interpretations of Evil in Gregory of Nyssa's *De Opificio Humanis* and Augustine's *De Liberio Arbitrio* 83

Xia Dongqi, Marriage and Chastity as Perceived by Augustine 122

John E. Lynch, The Eastern Churches: Historical Background, translated by Wang Tao 154

Peng Xiaoyu, Reflections on the Methodology of Church History: The Case of Reformation and Inquisition Historiography 171

**History and Culture of the West**

Gao Yi, The Social Disenchantment during the Thermidorian Period of the French Revolution 186

Pang Guanqun, The Parlement of Paris and the Evolution of Political Culture in the 18th Century France 200

Zhang Xiong, Railroad Construction and Industrialization in 19 th Century Italy 246

Gu Yu, *Der grüne Heinrich* and the Swiss Protestant Paradigms of Thought and Behavior 292

Xiang Rong, Puritans' Expositions on Family Education 313

Frederick H. M. Cheung, Kings William I, William II, Henry I, and the English Church 329

Zhao Jinzhong, On Continental Western Europe's Historical Consciousness and Its Characteristics 341

Chen Lei, Piety and Radicalism: Dorothy Day's Catholic Social Thoughts 379

**Hellenic Texts Translated into Chinese**

Andocides, *On The Mysteries*, translated by Yan Shaoxiang 402

# 对亚里士多德的一个断语的评析

廖学盛(中国社科院)

在世界政治学说史中,亚里士多德无疑应该占有崇高的地位。但是,与此相关联,他的某些并不科学的断语,往往成为某些借探讨“学术”而宣传谬误的人穿凿附会的对象。亚里士多德《政治学》一书中的一段话,便曾有过这种遭遇。现将原文抄出,并且略加评析。

παρὰ ταύτην δ' ἄλλο μοναρχίας εἶδος, οἷαι παρ' ἐνίοις εἰσὶ βασιλεῖαι τῶν βαρβάρων. ἔχουσι δ' αὗται τὴν δύναμιν πᾶσαι παραπλησίαν τυραννίσιν, εἰσὶ δὲ κατὰ νόμον καὶ πάτριαι· διὰ γὰρ τὸ δουλικώτεροι εἶναι τὰ ἤθη φύσει οἱ μὲν βάρβαροι τῶν Ἑλλήνων, οἱ δὲ περὶ τὴν Ἀσίαν τῶν περὶ τὴν Εὐρώπην, ὑπομένουσι τὴν δεσποτικὴν ἀρχὴν οὐδὲν δυσχεραίνοντες. τυραννικαὶ μὲν οὖν διὰ τὸ τοιοῦτόν εἰσιν, ἀσφαλεῖς δὲ διὰ τὸ πάτριαι καὶ κατὰ νόμον εἶναι. καὶ ἡ φυλακὴ δὲ βασιλικὴ καὶ οὐ τυραννικὴ διὰ τὴν αὐτὴν αἰτίαν. οἱ λὰρ πολῖται φυλάττουσιν ὅπλοις τοὺς βασιλεῖς, τοὺς δὲ τυράννους ξενικόν· οἱ μὲν λὰρ κατὰ νόμον καὶ ἑκόντων οἱ δ' ἀκόντων ἄρχουσιν, ὥσθ' οἱ μὲν παρὰ τῶν πολιτῶν οἱ δ' ἐπὶ τοὺς πολίτας ἔχουσι τὴν φυλακήν. (1285a16—29)

按笔者的理解,这段话应该译为:

与前一类相比,还有另一类君主制,就是一些蛮族中的王。他们全都有类似于僭主的权力。他们既是按照法律产生的又是世袭的。由于这样一种情况,即蛮人在习俗方面天生比希腊人富于奴性，而亚细亚的蛮人又较之于欧罗巴的蛮人为甚。他们忍受奴隶主式的统治，一切心甘情愿。这种王权因此是僭主式的。由于既是世袭又按照法律，这种王权是巩固的。由于同一原因，他们的警卫是按照王的地位配置的，并非像僭主所拥有的那样。公民们用武器保卫自己的王，而僭主则是靠雇佣兵保卫。王是按照法律统治愿意受其统治的人，僭主则是对不愿意受其统治的人进行统治，以致王拥有由公民组成的卫队，僭主的卫队则旨在镇压公民。

这一段话充分反映了生活并且积极活动于公元前4世纪的亚里士多德的学理和实践的多方矛盾。作为古代希腊诸邦的奴隶主阶级的理论代表，他鼓吹希腊人优于“蛮人”。作为与以菲利普和亚历山大为代表的马其顿王室有密切联系并且赞成马其顿的扩张的清醒的有识之士，他又武断地说，就奴性而论，亚细亚的蛮人甚于欧罗巴的蛮人。而就《政治学》一书的全部理论体系来分析，亚里士多德是从他所知的全人类的历史和现状来研究不同政体的得失的。

关于从政体角度对上面引用的亚里士多德的那段话的曲解，笔者已撰文剖析过。[1] 本文将侧重于探讨亚里士多德何以会说：“蛮人在习俗方面天生比希腊人富于奴性，而亚细亚的蛮人又较之于欧罗巴的蛮人为甚。他们忍受奴隶主式的统治，一切心甘情愿。”

在公元前2000年左右才开始定居于巴尔干半岛南部和爱琴海诸岛的古代希腊人，就步入文明的时间先后而论，显然晚于地中海周围的许多民族，诸如埃及人、巴比伦人、亚述人、赫梯人、腓尼基人等等。生活在公元前4世纪的亚里士多德，凭什么能够傲视非希腊人，特别是他所称的“亚细亚的蛮人”？

---

① 廖学盛：《亚里士多德与魏特夫宣扬的“东方专制主义”无关》，载《当代西方史学思想的困惑》，中国社会科学出版社，1991年版，第5－12页；廖学盛：《魏特夫的臆断和古代希腊历史》，载李祖德、陈启能主编：《评魏特夫的〈东方专制主义〉》，中国社会科学出版社，1997年版，第233－255页。

在这里,我们必须首先考察古希腊文中的 βάρβαρος 一词意义变化的过程。

最初,βάρβαρος 是指"讲非希腊语的人"、"讲异族语言的",并无贬意。在成书于公元前 5 世纪下半叶的希罗多德和修昔底德的著述中,即可见到该词在这种意义上的应用。[①]

特别需要指出的是,重视探究人类历史发展规律的修昔底德,既考察希腊人和非希腊人历史发展的共性,又重视探讨希腊人内部各族之间历史发展的差别,他非常注意揭示概指全体希腊人的名词Ἑλλάς出现的历史背景。

他在《伯罗奔尼撒战争史》第 1 章的开头部分,深刻分析了全体希腊人都被称为 Ελληνες(与Ἑλλάς 同义),并把所有的非希腊人名之曰 βάρβαροι 以便和希腊人相区别,这是一个长期历史过程的结果。根本原因在于希腊人诸部落的逐渐定居和相互间交往的增加。他援引荷马史诗来证实自己论点的正确。[②] 在史诗中,在提及参加特罗伊战争的希腊人时,荷马惯于指明各人所属部落的名称,仅仅把和阿希列于斯在一起的来自弗提亚的人们称为Ἕλληνες。[③]

---

① 例如,希罗多德:I,57,3:"ἦσαν οἱ Πελασγοὶ βάρβαρον γλῶσσαν ἱέντες."II, 158, 5:"βαρβάρους δὲ πάντας οἱ Αἰγύπτιοι καλέουσι τοὺς μὴ σφίσι ὁμογλώσσους."修昔底德:I,1,2:"κίνησις γὰρ αὕτη μεγίστη δὴ τοῖς Ἕλλησιν ἐγένετο καὶ μέρει τινὶ τῶν βαρβάρων, ὡς δὲ εἰπεῖν καὶ ἐπὶ πλεῖστον ἀνθρώπων."I, 3, 3"οὐ μὴν οὐδὲ βαρβάρους εἴρηκε διὰ τὸ μηδὲ Ἕλληνάς πω, ὡς ἐμοὶ δοκεῖ, ἀντίπαλον ἐς ἓν ὄνομα ἀποκεκρίσθαι."I, 5, I:"οἱ γὰρ Ἕλληνες τὸ πάλαι καὶ τῶν βαρβάρων οἵ τε ἐν τῇ ἠπείρῳ παραθαλάσσιοι",等等。

② 修昔底德:I,2—3,特别是 I,3,3。他写道:"τεκμηριοῖ δὲ μάλιστα Ὅμηρος· πολλῷ γὰρ ὕστερον ἔτι καὶ τῶν Τρωικῶν γενόμενος οὐδαμοῦ τοὺς ξύμπαντας ὠνόμασεν, οὐδ᾽ ἄλλους ἢ τοὺς μετ᾽ Ἀχιλλέως ἐκ τῆς Φθιώτιδος, οἵπερ καὶ πρῶτοι Ἕλληνες ἦσαν, Δαναοὺς δὲ ἐν τοῖς ἔπεσι καὶ Ἀργείους καὶ Ἀχαιοὺς ἀνακαλεῖ. οὐ μὴν οὐδὲ βαρβάρους εἴρηκε διὰ τὸ μηδὲ Ἕλληνάς πω, ὡς ἐμοὶ δοκεῖ, ἀντίπαλον ἐς ἓν ὄνομα ἀποκεκρίσθαι."

③ 《伊利亚特》,II,681—685:"Νῦν αὖ τοὺς ὅσσοι τὸ Πελασγικὸν Ἄργος ἔναιον, οἵ τ᾽ Ἄλον οἵ τ᾽ Ἀλόπην οἵ τε Τρηχῖν᾽ ἐνέμοντο, οἵ τ᾽ εἶχον Φθίην ἠδ᾽ Ἑλλάδα καλλιγύναικα, Μυρμιδόνες δὲ καλεῦντο καὶ Ἕλληνες καὶ Ἀχαιοί, τῶν αὖ πεντήκοντα νεῶν ἦν ἀρχὸς Ἀχιλλεύς."

俄罗斯学者 N. A. 希绍娃指出:"在公元前 8 世纪已经可以见到泛希腊观念的表现,在这个时期,殖民活动为异族奴隶进入希腊诸城市打开了通道。在公元前 8 世纪,不再允许非希腊人参加全体希腊人的节日庆典。正是在这个时候,出现了泛指希腊人的 эλλю[①] 和泛指"非希腊人"的 ВарВароі[②] 的称呼。[④]

把对非希腊人的轻视与从异族获得物化奴隶联系起来考察,从思路方面说,无疑是正确的。但是应该注意到,从区分希腊人和非希腊人到把非希腊人看成是"蛮人",还要经历很长的过程。[④]

下述因素使得把"非希腊人"变成"蛮人"不得不成为漫长的过程。

第一,在公元前第 1 千年纪上半叶希腊诸族中发展起来的奴隶占有制度,并不限于只奴役非希腊人,而且在很大程度上是建立在希腊人相互奴役之上的。斯巴达人通过征服战争建立起在数百年之内奴役同是希腊人的美塞尼亚人的里劳士制度,便是非常鲜明典型的例子。其实,希腊人中一个部族奴役另一个部族,远非只有斯巴达一例。[⑤]

值得注意的事还有,据希罗多德记载,在希波战争早期,斯巴达人还把"ξεῖνοs"(指包括希腊人在内的所有本族以外的人)与"βάρβαροs"两个词混同使用。[⑥] 这说明,泛希腊观念的发展与建立在基

---

① 俄文对希腊文"Ελληνεs 一词的对译。

② 俄文对古希腊文 βάβαροι 一词的对译。

③ N. A. 希绍娃:《古代希腊人对奴役希腊人的看法》(N. A. Шишоʋα Воуурениn ρевнцх треков на пораБошенце эΛΛωнов),载《古典世界周边地区的奴隶制度》(РαБство на периферии античного мира),1968,第 8 页。

④ 关于希腊人中轻视非希腊人以致后来把非希腊人看成"蛮人"的过程,可以参阅苏联著名古希腊史专家 С. λ. 卢里耶的专著《希罗多德》(С. λ. Λурle Геродот цудατеνоство Академии наук СССР, Москва—Ленпнград, 1947),第 47—56 页。卢里耶指出,按照希罗多德的观点,被称为 βαρβαρ 或被称为 эΛΛин,纯粹是从文化层面着眼的一个问题,只要学会了希腊语和采用了希腊人的习俗,βαρβαρ 就成了 эΛΛин。见该书第 51 页。希罗多德在自己的著作中还列举了非希腊人变成希腊人、壮大希腊人队伍的例子(I,57 和 I,58)。

⑤ 参阅 N. R. E. 菲舍:《古典时代希腊的奴隶制》(N. R. E. Fisher, *Slavery in Classical Greece*, Bristol Classical Press, 1993),第 22—33 页。

⑥ 希罗多德:IX,II,2:"ξεινουs γαρ εκάλεον τούs βαρβάρουs"。

于氏族部落血缘关系内外区别基础上的奴隶占有制度,有时是有矛盾的。

第二,在公元前451年雅典公民大会根据伯里克利的提议通过公民权法之前,雅典人与非希腊人之间的婚姻并不对公民权产生重大影响。例如,根据普鲁塔克在《客蒙传》中的说法,雅典著名的政治活动家客蒙的母亲乃是色雷斯人。[①] 而公元前451年的雅典公民权法规定,只有父母均为雅典人的人,才能成为雅典公民。这一规定,不仅把雅典公民和非雅典人区分开来,尤其是在不断输入非希腊人充当奴隶的情况下,把希腊人与非希腊人区分开来。

公元前5世纪下半叶整个希腊人地区内发生的一系列重大政治、经济、社会和文化变革,特别是雅典的公民权体系和民主制度的完善和发展以及文化的昌盛,不断促进了以雅典为中心的希腊知识分子群体的优越感的膨胀。

在伯里克利当权的时代,在雅典形成了公民必须关心并且积极参与政治这样的观念。[②] 这对于加深身为公民的希腊人与身为奴隶的非希腊人之间的鸿沟,有着极为巨大的作用。因为剥削奴隶和外邦人而有时间有可能参与政治活动和知识交流的公民,既离开奴隶就不能生活,又必然瞧不起为他们提供服务的来自异族的奴隶。

正是在这样的历史条件下,在公元前5世纪后期以及公元前4世纪的活动于雅典的希腊知识分子中间,希腊人天生应该统治非希腊人,也就是所谓"蛮人"的观念得到广泛流行和发展。例如,色诺芬在《回忆苏格拉底》一书中说到,不懂政治的人可以视同为奴隶。[③]

---

① 普鲁塔克:《客蒙传》,4,I"Κίμων 6 Μιλτιάδου μητρὸς ἦν Ἡγησιπύλης,γένος Θρᾴττης,θυγαιρὸς Ὀλόρου τοῦ βασιλέως"。

② 修昔底德在伯里克利于国葬典礼的演说中提到:雅典人认为完全不参预国事的人是无用的人。II,40,2:"μόνοι γὰρ τόν τε μηδὲν τῶνδε μετέχοντα οὐκ ἀπράγμονα,ἀλλ᾽ ἀχρεῖον νομίζομεν。"

③ 色诺芬在该书的第1章第16节中,在历数了苏格拉底与其弟子经常讨论的众多问题之后,写道:"τοὺς δ᾽ ἀγνοοῦντας ἀνδραποδώδεις ἂν δικαίως κεκλῆσθαι."

希罗多德著作中表现出的希腊人、尤其是雅典人优越于“蛮人”的思想，在幼里披底斯的剧作中，在伊索克拉特斯和德莫斯提尼的演说词中，都很容易找到。①

伯罗奔尼撒战争后包括雅典在内的希腊诸城邦的危机的日益深化和柏拉图等人对“理想国”的探讨，都使得如何看待希腊人与所谓“蛮人”之间的相互关系问题更为突出。中心的问题是为了维持希腊人过不劳而食的优越生活，不可或缺的生产劳动，首先是农业生产由谁承担。②

师承柏拉图的亚里士多德在《政治学》这部著作中提出“天生奴隶”一说，考虑到上述历史背景，也就不难理解了。

苏联古希腊史专家多瓦杜尔认为，笔者在本文开头所引用的亚里士多德关于君主制以及希腊人与蛮人、欧罗巴蛮人与亚细亚蛮人的特点的论述，是与亚里士多德在《政治学》中提出的有实现可能的“理想国”方案紧密相联的。这个方案的实质在于，借助以马其顿国王亚历山大为首的马其顿人和希腊人的联合力量，打败波斯，并且在占领的亚细亚境内建立亚里士多德设想的一系列符合理想的城邦。在新建的城邦中，希腊人作为公民过着不劳而获的生活，而土地由甘心为奴的“亚细亚蛮人”耕作。由于被征服而沦为奴隶的“亚细亚蛮人”，因为“性格卑怯”（“ἄθυμα”，1328[a]，28）而安心耕作，不思暴乱，身

---

① 例如，希德多德，I，60，3。在这里，他说，自古以来，希腊人与“蛮人”比较，就更聪明，更有心计。而就智慧而论，雅典人又是希腊人中的佼佼者。

关于幼里披底斯等人的言论，可参阅前引卢里耶的专著《希罗多德》，第47页上的注①。中译文参阅罗念生编译：《希腊罗马散文选》，湖南人民出版社1985年版，第43—143页。

② 关于这方面的情况，参阅前引希绍娃的《古代希腊人对奴役希腊人的看法》，其中考察了柏拉图等人关于希腊人不应相互奴役思想的发展轨迹。

我的老师A. N. 多瓦杜尔在《亚里士多德的政治学和诸邦政制》（A. доlатур Помтпка и поΛuτuu AρucтотеΛλ Uэдатеиство《Hayka》，Mockla Ленпнград，1965）一书中，详细分析了亚里士多德的政治思想以及他关于希腊人和“蛮人”相互关系的论述的实质和产生背景。在为苏联科学院哲学研究所出版的4卷本亚里士多德文集第4卷中的《政治学》部分所写的导言中，他进一步阐述了上面提到的专著中的观点。见 Apucтотеu：Сошненил lпетпрех тоμах томн Акадеμuп наук СССР，Uнсрuтут фuшсорuu，Uудатеμство《Mouu》мocklа，1983，第38—52页。

为奴隶主的希腊公民们便可以太平享乐了。[①]

联系公元前 4 世纪以雅典为中心的希腊知识界的状况以及亚里士多德的个人特点来考虑，多瓦杜尔关于亚里士多德之所以说亚细亚蛮人较之于欧罗巴蛮人奴性更甚的解释，至少在一定程度上可以作为参考。

需要补充的是，亚里士多德作为希腊奴隶主阶级知识界的代表，他明知马其顿人也是非希腊人，在论及欧罗巴蛮人与希腊人的关系时，无法断然抹杀两者的区别。历史记载表明，在马其顿崛起之前，希腊人的北方诸邻族，确未建立过强大的具有霸权的邦国。

由于亚里士多德的《政治学》一书素来富有争议，因此对其中某些段落或论断的解释，只能是见仁见智。笔者此文中所言，也只是个人粗浅的理解。

---

① 关于多瓦杜尔的论证，详见《亚里士多德的政治学和诸邦政制》，特别是该书的第 1 部分第 3 章，再就是苏联科学院哲学研究所编：《亚里士多德文集》第 4 卷，第 38—52 页。

# 被误读的希罗多德

郭小凌（北京师范大学）

史学研究的主要内容是对文字史料加以解读。由于解读对象和解读主体本身的种种局限（语境，文本质量，研究者的学养、道德、理念等），误读现象是经常发生的，甚至是不可避免的。在西方史学史上，长达近2000年之久的对希罗多德《历史》一书的误读可以说是集体误读的典型案例[①]，为今天的史学工作者如何解读文本、尽量减少失误提供了具有参考价值的样本，也对现今方兴未艾的史学批评提供了值得借鉴的反面经验。

## 一

古代史家专注于记载和评说他们认为值得记忆的大事和人物，很少考虑史学本身的问题。虽然包括史家在内的古希腊罗马知识分子有时喜欢品评他人著作，但多属即兴发挥，往往在几句归优归劣的评价性话语之后，便转移话题，缺少深入剖析和论证。但希罗多德的作品却在古典史学批评中是个例外。

多半因为《历史》是首部完整遗存下来的早期历史著作，辑录了许多已经失传的前人或同代人的作品，收集了大量同代人的口头传说，而内容结构又失之松散，许多生动的故事缺乏有机联系，因而与

① 从修昔底德所生活的公元前5世纪算起，到1852年法国学者阿贝·热诺兹（Abbe Geinoz）发表为希罗多德辩护的论文为止，参见普鲁塔克：《道德集》第11卷（Plutarch, *Moralia*, XI, Loeb Classical Library, reprinted, Harvard University Press, 1997）第3页上的译者前言。以下古典著作均据罗埃伯古典丛书本。

后来以修昔底德为代表的谨严风格存在相当大的差别。因此人们对它的关注明显多于其他著述,且否定性评判要多于肯定性意见。甚至还有人撰写了长篇书评,对《历史》及希罗多德本人大加讨伐,可谓西方史学评论中骂杀的典型,长期影响到欧洲学界对历史之父的基本评价,这一现象本身就值得研究。

第一个批评希罗多德的人是较希罗多德晚后一点的史家修昔底德。他在名著《伯罗奔尼撒战争史》前言中至少有两处不指名地谈到希罗多德等散文记事家(logographers,罗埃伯古典丛书本译作编年史家)的缺陷。[①]在他看来,古希腊早期的舞文弄墨者,无论是诗人还是散文记事家,都没有把求真求实当作自己的追求。诗人为了修饰和夸大诗歌的主题,并不在乎事情本身是否真实。而散文记事家关心的则是如何取悦听众而非说明事实,他们笔下的故事因此根本经不起检验,其中大部分随着时间的推移成了不足凭信的虚构。有鉴于此,修昔底德明确表示:他的著作要与诗人和记事家们的作品划清界限,虽然"我的叙述由于缺乏虚构很可能不会那么引人入胜,但是那些希望清晰地了解业已发生的事件以及希望知道将在某一天以同样或相似的方式再次发生类似事件的人,如果认为我的历史是有益的话,那对我来说就足够了。的确,它不是一部为一时的听众所写的获奖作品,而是为了垂诸久远才编纂的。"[②]

修昔底德的批评体现了贯穿其全书的理性精神,这是史学思维已经比较成熟的史家对尚处于非常规性史学阶段的前辈史家的批评,具有一定的合理性。以赫卡泰乌斯和希罗多德为代表的散文记事家虽然以散文记事形式和初步的史料批判方法开创了古典史学,奠定了整个西方史学最初的基础,但他们赖以成书的多数史料在后世知识分子的眼里却并不可靠,主要是史家个人走南闯北、实地收集的口头传说。以希罗多德的《历史》为例,前五卷基本上是街头巷尾

① Thuc., I, 21,1—2; 22, 2—4.

② Thuc.,I, 22, 4.

的传说汇编，辅之以一些实地考察材料。后四卷内容虽部分出自希波战争参与者之口，但多数还是经过反复转手的传闻，因此在具有高度史料批判精神的修昔底德眼里，自然当属虚构之列了。

修昔底德的《伯罗奔尼撒战争史》为古典史学提供了同代人记同代事的标准样本，用作者的话说，"他是在战争刚刚爆发时开始写作的，因为他相信这场战争将是伟大的战争，比先前发生的任何一次战争都值得撰述。"[①]因此他的作品带有实录的意义，也就是具有目击者和当事人的证词的意义。自修昔底德以后，我们便看到了一种有趣的现象，即无论是希腊史家还是罗马史家，像希罗多德那样选题写本族人和异族人古代史的为数并不多，古典史家的注意力多集中于现当代史，而且题材多是他们自己参与或目击的重大事件，如色诺芬的《希腊史》、波里比乌斯的《通史》、恺撒的《高卢战记》和《内战记》、塔西陀的《历史》和《编年史》、撒路斯特的《喀提林阴谋》与《朱古达战争》等，可能修昔底德对口碑史料的批评及其作品所具有的"眼见为实"的特点对古典史家的选题产生了影响。[②]

不过，修昔底德对散文记事家的批评并不严苛，仅限于就事论事，指出他本人作品同诗歌及散文记事作品的区别为止，并没有穷追猛打，讨论散文记事家虚构故事的好坏善恶之类的价值评判问题。换句话说，修昔底德至少容忍了散文记事家以取悦听众为目的的虚构，理由是他们的著作本来就不是为了说明事实。这种批评在笔者看来虽然也不尽准确，但比起后来的评论家却宽容多了，应归入摆事实、讲道理的批评之列。

较修昔底德要晚四个世纪的罗马思想家西塞罗的批评就比他的前辈严厉多了。在对话体著作《论法律》中，西塞罗和他的弟弟昆图斯谈到历史和诗歌的本质区别问题，昆图斯道："那么，我亲爱的哥

---

① Thuc.,I, 1, 1。

② 意大利史家莫米格里阿诺正确地指出了这一点，但他认为修昔底德之后的古典史家极少有勇气撰写古代史却有些言过其实，李维、狄奥多洛斯、阿里安、普鲁塔克等人都用很大篇幅叙述了早期史。参见莫米格里阿诺：《史学研究》(Momigliano, *Studies in Historiography*, first published 1969, London)，第130页。

哥,依我的理解,你认为历史和诗歌应当遵循不同的原则了?”西塞罗答曰:“没错儿,昆图斯。对于历史来说,判断一切的标准就是真实;而诗歌则通常以给人愉悦为准则。然而,人们在历史之父希罗多德的著作以及泰奥庞浦斯的著作中却发现了难以数计的编造(innumerabiles fabulae)。”①

西塞罗是赋予希罗多德“历史之父”美名的人,然而这一评价如同他说希罗多德进行了难以数计的编造一样,都不符合事实。因为希罗多德以前的记事家已写过几本冠以“历史”之名的叙述体著作,只是未能流传到西塞罗的时代罢了。但西塞罗正确指出了识别历史与诗歌的基本标准,反映出他作为共和时期罗马最杰出的思想家的准确判断力。他用“真实”的尺子衡量希罗多德和公元前4世纪的著名史家泰奥庞浦斯(《希腊史》和《腓力皮卡》两书的作者)时,结论是根本否定的,所谓“难以数计的编造”即是说希罗多德等人的作品徒具历史之名而无历史之实。这就未免言重了。

在《论神圣》一文中,西塞罗再次谈到希罗多德,认为希罗多德在《历史》第1卷第53章中所述吕底亚国王克洛伊索斯向阿波罗求要的神谕乃是希罗多德的伪造,如同恩尼乌斯编造了一套关于皮洛士得到阿波罗神谕的故事一样。他尖锐地提问:“为什么我要相信这个神谕是给克洛伊索斯的呢?或者为什么我该认为希罗多德就比恩尼乌斯更诚实呢?”②言外之意,希罗多德是一位有意造假者。

西塞罗指斥希罗多德造伪虽然言重,却毕竟给希罗多德戴了一顶“历史之父”的高帽,至今依旧被人津津乐道。而晚后的传记家普鲁塔克则把没有任何辩解能力的希罗多德一棍子打死,将他斥为阴损缺德的大邪大恶之人,这就不是在批评,而是在进行个人攻击了。

收入普鲁塔克《道德集》中的长篇专论(《论希罗多德的险恶》)的题目本身便有极强的攻击性。实际上,普鲁塔克所用的Κακοηθεια

---

① Cicero, *De Legibus*, I, 1,5.

② Cicero, *De Divinatione*, II, 116.

(英文译作 Malice)一词无论在中文还是在英文中都没有对应词,其所含贬义不是简单的险恶或邪恶便可充分表达出来的。该词涵盖一些具体的恶行,如欺骗、刻薄、剽窃、肆意歪曲事实和诽谤他人等等,与美德(ευηθεια)一词所代表的诚实、正直、宽宏大度等形成鲜明对照。普鲁塔克是道德家,他的代表作《名人传》的全部立意在于扬善惩恶,让好人在历史记忆中得到补偿,让坏人得到清算。他的《道德集》同样服从于道德评判目的,所以《论希罗多德的险恶》一文具有对"历史之父"审判的功能。

普鲁塔克在文中首先说明:"迄今为止尚无人揭露他(希罗多德)为骗子",原因是人们受希罗多德迷人的风格所惑,加之作者表面上的诚恳幽默,结果希罗多德的邪恶本质受到了掩饰。[①]言外之意,他普鲁塔克是第一个揭发希罗多德为骗子的人。

随后普鲁塔克开列出如何判断史家道德优劣的四条标准,作为对希罗多德定罪的依据。头一条是若一位史家本可用一些较温和的词语来叙述一些事件,实际上却用了最严厉的话语,那这个人肯定缺乏善心。第二条是若一个史家把本来不可信、但与他叙述的问题有关的事硬塞到他的记述当中,以说明某人愚蠢,那这个史家肯定不怀好意。第三条与第二条相对,即一个史家若省却可信的好事,而这些事物本来又在所叙述的事情中具有适当的位置,这个史家自然用心险恶。最后一条是一个史家明知对同一事件有两个以上的说法,却偏爱那些不太可信的解释,那这人定然居心不良。[②]

这四条标准涉及史学认识论和方法论的问题,即史学认识当中始终包含着主观成分,写什么和怎样写的选择权实际操在史家的手中,稍不注意,哪怕遣词用句不大留意,都可能偏离客观中立的立场,从而歪曲历史真相,更不要说那些心术不正、有意歪曲史实的人了。所以,普鲁塔克的标准很有些可取之处,在今天也不失其意义。但问

---

① Plu.,*Moralia*, XI, 854.

② Plu.,*Molaria*, XI, 855.

题是任何时代的史家都是凡夫俗子而非天使。既然是凡人就要受各种主客观条件的局限，就难以不折不扣地落实这四项标准，因此如何在史料取舍和价值评判方面拒绝主观的介入始终是一个实践的难题。普鲁塔克自己也是这方面的一个失败者。

在普鲁塔克眼里，希罗多德是严重违背这四项标准的人，所以该文的绝大部分内容都在力图说明这一点。但凡认真读过希罗多德《历史》的人都可以发现，普鲁塔克的指责带有明显的有意贬损、意气行事的特点。比如他说希罗多德伪造关于伊奥的故事，并把希腊人最伟大的功业特洛亚战争说成是愚蠢行为[1]，就有罗织罪名、强加于人的意思。在希罗多德的《历史》中，这段记载其实非常明白。作者先是客观介绍了自己听到的有关希波战争为女人伊奥而打的传说，分别列举了希腊人、波斯人或腓尼基人的不同版本的说法，然后提出自己关于战争起因的说明，认为希波战争的初因在于吕底亚国王克洛伊索斯的冒险主义，然后自克洛伊索斯谈起。这里根本谈不上什么伪造问题，也不存在"迷人的"虚饰，倒是反映出希罗多德不囿于前人或外人见解、不附和舆论的独立思考精神。

再如，普鲁塔克指责希罗多德亲蛮族，为埃及人、波斯人说话，理由是把希腊七贤之一泰勒斯的祖先归结于腓尼基人。[2] 其实，这不仅不能证明希罗多德的恶意，反而证明普鲁塔克自己的民族偏见。况且希罗多德并没有说泰勒斯出身蛮族，只是说"米利都人、与腓尼基人有血缘联系的泰勒斯……"[3]这句话也可理解为泰勒斯的父母有一方是腓尼基人，因为殖民城邦的公民与地方民族结亲交友是常见的现象。而且泰勒斯与蛮族有缘也不是希罗多德一家说法，第欧根尼·拉尔修也有类似的记载，认为泰勒斯是希腊神话中的腓尼基的提尔国王阿格诺尔之子卡德姆斯的后裔。[4]神话本身表明早期希

---

① Plu.,*Molaria* ,XI, 856.

② Plu.,*Molaria* ,XI, 857A—858A.

③ Her.,I, 170.

④ Diogenes Laertius, I, 22.

腊人毫无民族歧视的观念，继承了荷马时代和古风时代平等对待其他民族的良好传统。[①] 生长在蛮族如汪洋大海般的小亚细亚的泰勒斯，为什么就不能有一个蛮族的祖先呢？有必要指出，希罗多德所处的时代，是希腊人引以为豪的抵抗波斯的战争之后，希腊人已经颇为自信，但即使如此，这时也谈不上形成了高人一等的希腊民族优越感。色诺芬的《居鲁士的教育》和《远征记》都反映出公元前5世纪末叶和4世纪初叶的希腊人对老小居鲁士的高度敬意，具有一定的象征意义。所以希罗多德所谓的亲蛮族实际上是他那个时代的希腊人思想，并不是他个人的。只是到了公元前4世纪后半叶，希腊人才真正开始夸大希腊人与蛮族人的差别，提出了一套希腊人优越的理论。至普鲁塔克生活的公元1—2世纪，这种优越感已经根深蒂固。所以，普鲁塔克自然不能容忍希罗多德的亲蛮表述。

纵观《论希罗多德的险恶》全文，基本是这样一些要么无中生有、捕风捉影，要么攻其一点不计其余、无限上纲的东西，其偏激的程度连普鲁塔克的爱戴者都感到疑惑：为何在其他作品中一向温文尔雅的普鲁塔克会变得如此凶狠刻薄？以致他们认为这篇文章并非出自普鲁塔克之手，而是某个彼奥提亚修辞学家的冒名顶替之作。然而古文献学家的考据却证明这篇文章使用的风格和语言无疑非普鲁塔克莫属。[②]这就提出了这样一个问题：为什么普鲁塔克对希罗多德如此反感，甚至于可以说是仇视？

从普鲁塔克的文章中可以找到适当的答案。普鲁塔克是彼奥提亚人，而希罗多德的《历史》却对其祖先有十分不利的记载，这是最令普鲁塔克恨恨不已的地方。《论希罗多德的险恶》开篇便提到作者之所以痛斥希罗多德为“骗子”，原因是“因为他的主要牺牲品是彼奥提

---

① 荷马史诗对希腊的敌人特洛伊人的处理相当客观和友善，双方都有希腊神祇的鼎力相助，所以对立双方在“荷马”眼里并无民族高下之分。这种客观主义态度是古典史学得以产生的基本前提。

② 参见普鲁塔克《道德集》第11卷（Plu., *Molaria*, XI, Loeb Classical Library），第3页以下的译者前言。

亚人和科林斯人”。[1]因为在希罗多德的笔下，以底比斯为代表的彼奥提亚人是希腊抗战事业的背叛者，在历次希波战争中都有不光彩的行为，这就将底比斯牢牢地钉在历史的耻辱柱上。直到公元前335年，当亚历山大血洗底比斯、夷平城市并将幸存者悉数变卖为奴的时候，希腊人还认为这不过是底比斯在偿还陈年老账，是为他“一再背叛全希腊的神圣事业”而得到的报应。[2]普鲁塔克的四条标准，很大程度上就是因此而发的。批判希罗多德，为自己的祖宗辩护，这是普鲁塔克撰写此文的基本出发点。因此他的问题已不仅是误读问题，而是感情用事、刻意歪曲的问题了。对这样的偏见比较容易识别，所以将不在我们下面的讨论之列。值得进一步思考的是修昔底德和西塞罗的批评，即希罗多德的史料为何以传说为主？历史之父是否在蓄意虚构以取悦读者？

## 二

科学哲学家库恩在他的《科学革命的结构》一书中谈到科学进步的过程时曾列出了前科学、常规科学、非常规科学的三段式，这里可以用来解释希罗多德的《历史》在西方史学史上的位置，说明修昔底德和西塞罗批判的片面性。在库恩看来，前科学阶段的理论没有一定的标准，即无范式，至多只有一些准范式。而后经过学术团体的争论，产生了范式，于是进入常规科学时期。

据此类比，希罗多德《历史》所体现的史学形态可看作是一种准范式的前学科形态，即尚未形成像修昔底德等史家所具有的那种明晰的关于史学必须求真的规定、史料的限定性以及程式化的体例、体裁和表述形式。由于希罗多德的作品缺乏一定之规，所以与后期古希腊罗马的历史著作在形式和内容上存在着较为明显的差别，这也

---

① Plu., *Molaria*, XI, 854.

② Arrian, *Anabasis Alexandri*, I, 9.

是为什么在希罗多德之后再也未能见到希罗多德模仿者的原因。

然而，以希罗多德为代表的散文记事家毕竟是希腊史学的先驱，他们为希腊史学制定出一些准范式，从而为常规性的古典史学奠定了牢固的基础。比如，正是希罗多德首先提出史学的基本任务在于记载重大历史事件、揭示重大事件的因果关系；正是希罗多德为后世提供了结构虽松散但具有基本主题的叙述史体裁和记事本末的体例；也正是希罗多德的史学实践为后人提供了如何有效收集与处理史料的方法，以及初步的史料批判精神与鲜明的人本主义历史观。至于《历史》在史料学上的意义，就更是无书可以替代。它是后世史家赖以了解早期希腊史的主要史料来源。由于修昔底德和西塞罗没有把希罗多德置于一定的历史范围内加以考察，具体情况具体分析，而是用一把常规史学的尺子去衡量前人的工作，于是误读就是不可避免的了。

希罗多德《历史》的史料类别确如修昔底德所说，主要是传说。但修昔底德没有想到如果他是希罗多德，他也不得不大量地借助于传说。因为希罗多德等记事家所处的时代，是希腊史学刚刚诞生的年代，人们的历史记忆刚从脑记口传上升到文字记载不久，社会积累的文字史料极为有限。从目前能够获得的信息来看，无非是屈指可数的两部史诗、两部中等篇幅的诗和若干抒情诗，以及城邦名年官和体育赛会胜者的名录、一些重大自然和社会事件（地震、日蚀之类）的编年记。对于有志于著史的记事家而言，这些现成的史料当然远远不敷需要，因此他们不得不像蜜蜂采蜜一般到处展开调查，搜求各种民间传说，以便编写各地、各民族和各邦的历史。这是一种纯粹的开创性工作，在古代交通信息、长途旅行的装备、采访和记录工具等条件极端落后的状况下，像赫卡泰乌斯、希罗多德那样在地中海周边地区甚至远及美索不达米亚展开个人对个人的调查问询①，绝不是一件轻而易举

① 《历史》所载希罗多德到过的地区和国家包括埃及、小亚细亚、巴勒斯坦、叙利亚、美索不达米亚、南意大利、黑海北部（西徐亚）、爱琴海岛屿，非常人所及。有关旅行地点可参见Her.,I, 178—185; II, 44; III, 5; III, 60; IV, 15; IV, 16; IV, 81; IV, 87; IV, 99; IV, 156; IV, 203 等处。希腊半岛中、南部更是广泛留下了他的足迹。

的事，需要克服书斋里的史家难以想像的众多困难，需要大量的时间、精力、金钱、勇气和高度的历史责任感，甚至需要一种坚定的治史信仰。

这种类似现代社会学家收集资料的方法，是新生史家们赖以成书的主要方法。正因为如此，古希腊文ιστορια的原义就是通过问询获得的知识和资料。换句话说，对于古希腊早期史学家来说，经过问询得来的口碑史料就是“历史”。[①]因此，利用大量传说史料不仅不是他们的过错，反而应视为他们的重大史学成就和贡献。传说史料并非仅是难以证实的虚构。从现代史料学的认识角度出发，任何史料都在一定程度上含有历史的真实信息。因此作为史料的传说同样具有真实的成分，即使是荒诞不经的传说，也是一定时期内的人们所思所想的真实体现，是客观存在的一种历史观念。

譬如，《历史》第一卷中关于雅典政治家梭伦与吕底亚国王克洛伊索斯的会见和对话，宛如具有现场记录或录音的现代新闻报道，显然经过传说者的加工，带有虚构成分。但我们不能因为是传说就否认梭伦同克洛伊索斯存在会面的可能性。当时吕底亚是希腊各国最强大、最富有的邻邦，是小亚希腊殖民城邦的宗主国，国王克洛伊索斯又奉行礼贤下士、附庸风雅的政策，所以希腊贤人相继到撒尔迪斯做客[②]，像梭伦这样的名士成为克洛伊索斯的座上宾是完全有可能的。希罗多德在这里记载了一件可能的事以及与此事相关的具体情节，即使其中某些直接引语纯系传说者的“演义”或经过希罗多德本人的加工，但事件存在的可能性始终是难以否定的，希罗多德时代的人们对这一事件的诠释以及通过这种诠释所表达出的当时古希腊人推崇的幸福观也是毋庸置疑的。这些诠释同希罗多德在《历史》中转达的其他更为离奇的传说一样[③]，均是那个时代人们观念的真实记录。

这样一来，传说便在这里可能具有两个层次的真实：体现传说者

---

① 《简明希英辞典》(*A Lexicon abridged from Liddell and Scott Greek-English Lexicon*, London, 1920)，第335页。

② Her., I, 39以次。

③ 如埃及法老胡夫修建金字塔竟需女儿卖淫来筹措资金，某地的鸽子会说话，某民族每年要变成一次狼等。

思想的真实和体现传说中的人和事的真实。其中前一种真实是确定性的，但往往被研究者所忽略。后一种真实则是有条件的，一定程度上的，即可能人是真的，事是假的；或者事是真的，人是假的；或者人和事均有真有假；或人和事都是真的或都是假的。研究者对这个层面的传说往往持怀疑甚至否定的态度。

希罗多德尽管是早期史学家，并以传说作为自己的主要史料来源，却对传说的这个特点有着清醒认识，并拟定了相当客观的处理原则。他在《历史》中两次指出他并不完全相信自己收集的传说材料，认为"任何人都可以相信这些埃及人的故事，如果他是轻信的人的话。至于我本人，在这部书中保持那个总的原则，就是把各国的传说按照我听到的样子原封不动地记录下来。""我的职责是记录人们讲的一切，但我绝无义务相信它们，这适用于整个这部书。"[①]在这里，希罗多德诚恳地告诉读者他只是一个客观的录入人，他并不轻信他录下的人和事，同时也告诫读者不要轻信。这体现了一种令人肃然起敬的历史批判精神和客观主义的治史原则。[②]他坚持这种精神和原则，在书中许多地方都对同一件事列举了他听来的两种以上说法，并做出个人的判断。"我是不相信这种说法的"是他在《历史》中使用频率较高的一句话。这种朴素、客观的处理方法显然不是像普鲁塔克所说的那样，意在误导、欺骗读者，剥夺读者的自主判断权利，而在于说明真相。在这种情况下，如果把传说失实的板子打在希罗多德身上，那就是批评者的错判了。

事实上，如果没有希罗多德的大量记录，有关地中海周边地区及两河流域、伊朗高原、南亚次大陆各民族的社会文化史、政治史、经济史和思想史的丰富信息，就不可能流传下来。如果没有《历史》以及《圣经》提供的线索，近东考古也不会像现在这样富有成果，象形文字和楔形文字的破译就会相当困难。从这个意义上说，没有希罗多德

---

① Her., II, 123; VII, 152。

② 最早体现怀疑的批判精神的是真正的史学之父赫卡泰乌斯，见《牛津古典辞书》(*The Oxford Classical Dictionary*, New York,1976)，第 490 页。

收集的有关拉美西斯和大流士的传说，就没有商坡良和罗林逊等人的破译，因此也就没有埃及学和亚述学。

希罗多德在《历史》中不仅给后世史家提供了具有真实信息的大量传说，而且还提供了为数众多的第一手史料。比如《历史》后半部关于希波战争的描述，就出自众多希波战争当事人和目击者之口，至少是出自第三次希波战争的当事人或目击者之口。

希罗多德生活的时代，正是希波战争结束后不久，希罗多德本人的孩童时期以及他的大半生都处于规模最大的第三次战争的漩涡当中。他的母邦哈利卡纳苏是参战邦，他实际上也是希波战争的目击者。当他撰写《历史》的时候，大批参战者还健在，包括一些参与了公元前490年战争的“老革命”。书中关于马拉松、温泉关、萨拉米斯、普拉提亚、米卡列等会战的描述，无疑基于雅典、斯巴达等国参战者提供的素材，其故事情节也多半属于参战老兵认可的版本，因为在《历史》发表后的整个古典时代，我们没有听到雅典人或斯巴达人对《历史》有关记载的任何抱怨。而且迄今为止，《历史》仍然是后代人获悉这场战争原因、经过和结局的最重要的史料来源。仅就这一点而言，希罗多德就不应受到虚构的谴责。

除此之外，《历史》书中还有许多希罗多德个人的亲历记。比如他在埃及、西亚、希腊各地旅行期间所目睹的民俗民情，当地人婚丧嫁娶、宗教礼仪、节日庆典等文化活动，还有名胜古迹、地形地貌等形形色色的景物描述，都具有极其珍贵的史料价值，构成《历史》一书中最迷人的章节。希罗多德还是目前所知第一个在历史写作中利用考古材料和文献档案的人。他书中记载的石刻碑铭、神谕记录多数属于一手史料。比如他提到雅典人战胜彼奥提亚人和哈尔基斯人之后，拿出两地俘虏的部分赎金铸造了一辆青铜驷车。希罗多德精确指出了这辆驷车陈放的位置和上面刻写的诗句：“在卫城正门一进去左手的地方，上面刻着这样的铭文……”[①]诸如此类有鼻子有眼的实

① Her.,V, 77.

地描述要虚构是很困难的，希罗多德也不敢虚构，因为雅典的读者或听众熟识这些东西。

至于西塞罗和普鲁塔克很不以为然的《历史》中的神谕记录，大多数与戴尔斐神庙有关。在众多熟悉有关神谕的希腊人尚在世的情况下[①]，若希罗多德对此加以编造，那他的著作是肯定通不过雅典读者这一关的。所以我们始终没有听到希罗多德的同代人及晚后几个世纪的希腊人，如修昔底德、色诺芬、柏拉图、亚里士多德、伊索克拉特、德摩斯提尼等人，对这方面的记载提出过什么质疑。因此简单地批评希罗多德虚构历史不仅没有考虑史学史发展的阶段性，而且还有以偏概全之嫌。

古人对希罗多德的误读对今天的史学批评是有一定借鉴意义的。史学批评既然是学术批评，就应该遵循学术活动的一般规则，摆事实，讲道理，不胡夸己长，不妄斥人短，尤其要注意批评的方式，从与人为善和交流学问的意向出发，有话好好说，避免攻击性的话语，使史学领域成为讲理、求实、论道、具有学术文明的地方。不能像普鲁塔克那样，大笔在握，仿佛就是掌握生杀予夺权力的判官，一味扣帽子、打棍子，非置被评者下地狱才善罢甘休。也不应像修昔底德和西塞罗那样，未经深入具体的分析，攻其一点，不计其余，一笔抹杀被评者作品的价值，从而造成史学史上的冤假错案。即使对于那些货真价实的学盗文贼，也应坚持以理服人，有一分问题说一分话，有九分问题不说十分话。这样才不失学术批评的风度，也体现了学术批评的制胜之道。总之，学术批评家不应充当普鲁塔克式的杀手，或不应当仅仅充当学术腐败的杀手，还应成为实事求是学风的促进者，健康文德和文风的体现者。这样才会加强批评的力量，推动学科的真正发展和繁荣。

---

① 如关于阿波罗给雅典人如何应对薛西斯入侵的神谕，应是家喻户晓的指示。

# 六世纪拜占庭官职考辨

## ——《秘史》研究

陈志强(南开大学)

拜占庭帝国是欧洲中古时期历史最为长久的君主专制国家。其政治生活的一个明显特征是国家官僚机器完备庞大。长期以来,国际拜占庭学专家对此展开了深入细致的研究,取得了大量成果,其中英国学者布瑞的专著对9世纪拜占庭官职进行全面考察,是为这一研究领域的开山之作[①]。此后,伊格诺米基斯、圭兰德、道格、斯坦因、哈尔顿、巴尼斯库、阿尔维勒、温克尔曼、雷保德和塞伯特的成果相继问世,使人们基本上明了拜占庭帝国官僚体系的全貌。但是,在他们对6世纪和末代王朝的拜占庭官职的研究似有缺漏,至少比较薄弱。纠其原因,在于此项研究所依据的诸如《职官图》、《仪式指南》等史料在这两个时期不够充分和系统。笔者在阅读6世纪拜占庭帝国著名作家普罗柯比《秘史》的过程中,发现其中涉及的大量官职可以提供相关的信息,本文似乎可以成为上述学者研究成果的一种补充。

《秘史》作者普罗柯比早年追随著名军事将领贝利撒留东征西讨,作为这位将军的法律秘书和密友参加了查士丁尼时代的各次主要战争,回朝后长期留任朝廷重要官职。由于他参与和接触了当时拜占庭帝国政治生活的重大事件和核心机密,因此其大量作品被后

---

① 布瑞:《九世纪帝国政府制度》(J. Bury, *The Imperial Administrative System in the Ninth Century*),伦敦1911年版。

人认为具有极为重要的史料价值。后来，他因贝利撒留涉嫌“谋反”事件受牵连而对皇帝查士丁尼和皇后塞奥多拉心生怨恨，进而对他们的政策和人格进行无情的鞭笞，这些看法集中在《秘史》一书中。该书在他去世后秘密流传，直到10世纪才被认定是他的作品。由于《秘史》完全不同于普氏其他作品的政治倾向，使得后人一度怀疑他不是该书的作者。今天，学者们完全能够理解普罗柯比秘密写作和死后公开《秘史》的理由，也没有人对该书的可靠性表示怀疑了。[①]

## 一

《秘史》提到次数最多的名字是“皇帝”，全书几乎每章都提到这个名字，但使用的方法有不同。这里仅举出数例以说明问题：

ὕστερον δὲ καί εἰς Βασιλέα ἐλθών, αὐτόν τε καὶ τὴν βασιλίδα ἱκετεύων, (I. 40)(后来，他甚至到皇帝那儿恳求他和皇后)

γράμματα γὰρ αὐτοῖς ἀνελέξατο, ἅπερ ἔυαγχος ἡ βασιλὶς τω Ζαβεργάνῃ ἐτύγχανε γράψασα(II. 32)(他为他们阅读了皇后最近写给扎伯佳尼的信件)

βασιλεῖ δὲ Ἰουστινιανῷ χαλεπώτατα νοσῆσαι ξυνέβη(IV. 1)(皇帝查士丁尼身染重病)

ἡ βασιλὶς Θεοδώρα ἐπικαλέσασα…(IV. 5)(愤怒的皇后塞奥多拉宣称……)

可见，Βασιλεὺς 在当时是对皇帝最常见的称呼。这个称呼来源于古代希腊人对国王的称呼，并在古希腊文献和当地人的日常用语中常用不衰。罗马帝国时代民间流行的政治思想倾向于反对君主专

① 关于《秘史》版本和内容的研究指南，读者可以参考戴文为罗耶布古典丛书《秘史》(Procopius, *The Anecdota*, London 1998)所作的前言。

制，这迫使当时的政治家将皇帝专制政治隐藏在 imperator 等称呼之后。虽然 imperator 也指皇帝，但是它更多具有军事领袖的含义，而 Βασιλεὺς 则具有突出的政治意义。拜占庭帝国开国皇帝君士坦丁一世强化了君主政治的合法性，利用基督教神学和希腊政治哲学奠定了皇帝专制制度的理论基础，Βασιλεὺς 也因此被广泛使用，取代其他名字成为皇帝的主要称呼了。①

拜占庭帝国早期的历史是一个多种政治理念混杂的时期，反映着这个庞大帝国从上古社会向中古社会的转变。政治转型的深刻变化表现于皇帝称呼的多样性。普罗柯比有时在一章行文中使用 Βασιλεὺς，而在另一章中使用 αὐτοκράτωρ，有时则在同一章中使用两者。

πολλοὺς μὲν οὖν ὧδε ὁ αὐτοκράτωρ ἐν τοῖς αὐτῷ καταλέλων ἐπιτηδείοις…

(X. 20)（皇帝以同样的方式使很多人成为他的亲信）

Πολλάκις δὲ τά τε τῇ συγκλήτῳ βουλῇ καὶ τῷ αὐτοκράτορι δεδοκιμασμένα…

(XIV. 7)（但是，元老院和皇帝经常相互提交讨论他们的决议并做最终决定……）

λελέξεται δὲ ὅστις ἀνὴρ πρῶτος δικάζοντα δωροδοκεῖν τὸν βασιλέα τοῦτον ἀνέπεισε（XIV. 15）（我必须提及那个首先贿赂皇帝出售其决定的人）

事实上，Βασιλεὺς 在希腊人中泛指所有的国王，但是在罗马帝国统治东地中海时期，这个名称常指大国君主，例如波斯国王可以称为 Βασιλεὺς，而小国君主则被称为 rex，当然，它们之间用法上的区别是微小的，不是非常地明确。Βασιλεὺς 名称是皇帝的拉丁语称呼 im-

---

① 当时的御用文人和基督教思想家就大力论证皇帝专制政治的合理性，认为上帝创造的生命世界自然存在着“王”，皇帝就是人类的“王”，如同“蜜蜂王”一样。参见德沃林克：《早期基督教和拜占庭的政治哲学》(F. Dvrink, *Early Christian and Byzantine Political Philosophy*)，华盛顿 1966 年版，第 2 卷，611 页以后。

perator 的正规的希腊语翻译，它具有突出的军事首脑的意义，它与 Βασιλεὺς 混用反映出皇帝专制制度发展的现实。普罗柯比作为著名作家，不仅在对皇帝称呼的混用方面真实反映了当时的语言习惯，而且在行文中表达了对皇帝专制的不满和仇视。他以尖刻的语言攻击查士丁尼和塞奥多拉独断专行、残暴无情，说他们将整个帝国玩弄于股掌之间，包括达官显贵在内的其他人全都丧失了尊严。显然，他作为拜占庭知识界的代表，不能接受这种社会转型的政治现实。除了上述称呼外，《秘史》还使用了其他名称。

οἱ Ῥωμαίων βεβασιλευκότες ἐν τοῖς ἄνω χρόνοις…（XXIV. 12）（罗马皇帝们在帝国所有边疆……）

οἱ βεβασιλευκότες ἐκ τοῦ δημοσίου χορηγεῖσθαι…（XXVI. 5）（过去皇帝们从国库……）

ταῦτα μαθὼν Ἰουστινιανὸς Ῥωμαίων αὐτοκράτωρ…（XXVI. 30）（当罗马皇帝听说这个……）

Βουλεύσας δὲ Ἥφαιστος οὗτος ὅπως τὴν βασιλέως διάνοιαν πολλῷ ἔτι μᾶλλον ἐξελεῖν δύνηται, προσεπετεχνήσατο τάδε. Διοκλητιανὸς Ῥωμάων γεγονὼς αὐτοκράτωρ…（XXVI. 40, 41）（这个赫菲斯托斯想得到皇帝更多宠爱，便又策划了下面这个新的阴谋。罗马人以前的皇帝戴克里先……）

ὁ μὲν οὖν Σεβαστὸς ἐς ἄγαν διατεινόμενος τὸ πρᾶγμα ἐν σπουδῇ ἐποιεῖτο,（XXVII. 23）（于是，这位奥古斯都便千方百计地安排了这件事）

ἀλλὰ Βιγίλιος τηνικάδε παρὼν εἴκειν βασιλεῖ τοιοῦτον…（XXVII. 24）（但是，当时正在都城的维吉留决定在这件事上不服从皇帝……）

Σεβαστὸς 这个称呼始见于公元 1 和 2 世纪希腊作家的作品，用以翻译拉丁名字 augustus。在普罗柯比生活的 6 世纪,只有熟悉古希腊语的作家才在写作中使用它。它具有特殊的社会地位和司法含义。

这样,人们从《秘史》中了解到,6 世纪拜占庭人对皇帝的称呼主要有以上三种,每种又有各自的变化形式。从中我们又可以进一步了解到,皇帝在拜占庭历史早期逐步发展成为集政治、军事、宗教、司法等多种权力于一身的最高权力的代表者,其权势渗透到拜占庭社会各个方面。他被神化为上帝在人间的代表,无论在军队、元老院,还是在公民中,他都受到顶礼膜拜和山呼万岁。为了体现其特殊的神圣地位,太阳是皇帝的象征,沉默是他保持庄严的方式。自从君士坦丁大帝以后,皇帝就拥有了对教会的"至尊权",不仅掌握着召集宗教大会和任免高级教士的权力,而且拥有对教义的解释权和对宗教争端的仲裁权。他还是法律的制定者。他的这些权力理论上来自于他对帝国全部土地的所有权和由此产生的财政权利,实践上则来自于对军队的控制。为了推行其意旨并保持君主专制制度的运行,皇帝拥有庞大的官僚机构,并逐步使所有的官吏成为只对皇帝个人负责的工具。

## 二

元老院曾在晚期罗马帝国政治生活中发挥过重要作用,拜占庭帝国初期元老政治虽然逐渐衰落,但拜占庭人仍然在名义上沿袭旧制,直到普罗柯比所在的 6 世纪,这在《秘史》中有明确的反映。罗马帝国时代,元老院是权力最大、声誉最高的议事会和咨询机构,积极参与国家重大决策。戴克里先皇帝在强化皇帝权力的改革中,采取多项措施限制其权力,剥夺了元老院大部分行政功能。君士坦丁一世继承了戴氏的改革精神,但是加强了元老院参与市政工作的措施,他不仅保留了罗马城的元老院,而且在君士坦丁堡建立了新的元老院,指令他们在城市金库收支计划、城市粮食和其他食品的供应和城市建筑的规划方面协助市长。因此,普罗柯比在《秘史》中有相关记载。

Πολλάκις δὲ τά τε τῇ συγκλήτω βουλῇ καὶ τῷ αὐτοκράτορι δεδοκιμασμένα…
(XIV. 7)(但是,元老院和皇帝经常相互提交讨论他们的决议并做最终决定……)

ἀλλὰ δόγμα ἐγεγόνει τῆς συγκλήτου βουλῆς…(VIII. 13)(但是元老院通过一项法令……)

οἱ μὲν οὖν ἐκ τῆς συγκλήτου βουλῆς τὴν διάγνωσιν πεποιημένοι τοῦ πράγματος…(XXVII. 29)(于是元老院调查了此事……)

ἥ τε σύγκλητος βουλὴ τὴν διάγνωσιν ποιουμένη τῶν πεπραγμένων,(XXIX. 10)(元老院依据案件事实判定)

显然,元老院在行政和司法方面继续参与工作,他们还经常讨论皇帝的决议,并向皇帝提交自己的决议。特别是他们承袭自古代的立法权在6世纪仍然保留,只是作者没有进一步指出元老院决策和立法范围究竟有多大,他们是否能够对皇帝的意见进行否定。

οὐ μὴν οὐδέ τις ἐκ τῆς συγκλήτου βουλῆς τὸ αἶσχος τοῦτο…(X. 6)
〔没有一个元老院的元老敢于反对和阻止(他)……〕

这里提到的事情是有关查士丁尼修改法律,以便他作为元老身份可以与妓女出身的塞奥多拉结婚。如此重大且敏感的事情元老们当然不敢表态反对。

有些学者认为,查士丁尼时代的元老院只是保留了理论上的立法权与决策权,他们的实际作用是表决通过皇帝法令,元老院议事大厅则成为皇帝颁布立法的场所。[①]《秘史》的记载证明这种意见不完

---

① 赫里斯多非罗布鲁:《拜占庭国家的元老院》(Αικ. Χριστοφυλοπουλου, *Η Συγκλετος στο Βυζαντινον Κρατος*),雅典1949年版,第46页以后。

全正确，第二十七和二十九章提到的事件涉及对元老福斯丁的指控和一桩命案，均属于司法范畴，可见在司法领域，元老院还发挥相当作用。

根据现有的资料，人们知道在拜占庭帝国早期历史上，不仅旧都罗马城和新都君士坦丁堡各自有独立的元老院，而且各个大城市也存在地方元老院。

> οῦτος ὁ Φαυστῖνος ἔς τε βουλῆς ἀξίωμα ἦλθε καὶ τῆς χώρας τὴν ἀρχὴν ἔσχεν,(XXVII. 27)(这个福斯丁曾成为当地的元老和总督)

> Ἀνατόλιός τις ἦν ἐν Ἀσκαλωνιτῶν τῷ λευκώματι τὰ πρωτεῖα ἔχων.(XXIX. 17)(阿什凯隆元老院中有一个最为重要的人物名叫阿纳托里乌斯)

从这两段文字看，至少在巴勒斯坦和阿什凯隆存在地方元老院。有材料显示，君士坦丁大帝建立新都元老院后，明确授予它仅次于罗马元老院的第二位的地位，为了区别两地元老，罗马元老称为 clarissimi，而君士坦丁堡的元老称为 clari，最初的人数有 50 名。随着罗马在动荡局势中地位不断下降，君士坦丁二世于 357 至 361 年间颁布法令，授予君士坦丁堡元老院具有第一位的地位。后来，在查士丁尼一世的法令中提到，罗马元老院只有监督物价和度量衡的权力。而君士坦丁堡元老院不仅继续发挥咨询会议和典礼仪仗队的作用，而且参与司法工作。

与罗马帝国时代相比，拜占庭帝国的元老院已经失去了政治中心的地位，皇帝取代了其原有的地位，元老院的成员元老逐渐成为荣誉头衔。他们作为一个利益集团，在政治生活中形成一种势力，拥有最高的社会地位，成为拜占庭等级社会中的最高等级。为了扩大君主专制的阶级基础，君士坦丁一世取消了戴克里先只允许少数达官显贵成为元老的法令，承认西部新增加的元老数额，鼓励东部名门大户和高级官吏进入元老阶层。同时，他推动“元老”向头衔转化，成为皇帝控制下的荣誉地位的象征。元老头衔被正式划分为“杰出者”(Illustris)、“显赫者”(Spectabiles)和“辉煌者”(Clarissimus)，他们在《礼仪指南》中的位置依此排列。其中地位最高的“杰出者”只授予大政区总督、执政官、首都市长、总理大臣和君士坦丁堡大教长。但是，随着元老名号的大量授出和元老人数的增加，上述头衔逐渐贬值，只有“杰出者”一直被用于元老，并采用了新的拉丁语形式 Magnifiei，到 6 世纪时又改称为“荣耀者”(Gloriosus)，获得者除了上述达官显贵外，增加了陆军司令、司法大臣和皇宫宦官大总管，而贬值了的 Magnifiei 则授予下一级别的各部门或省区伯爵。①

值得注意的是，上述头衔只能终生享用，而不能世袭继承。资料显示，在 7 世纪初被皇帝福卡斯血腥镇压政策消灭的元老家族，是君士坦丁大帝在大贵族和大地主中发展元老以后，存在的最后一批早期元老家族了。在《秘史》中，人们仍然可以发现普罗柯比提到了许多家世显赫的元老。

> Θεοδόσιον ὄνομα, καίπερ ἐς ἀξίωμα βουλῆς ηκοντα, (III. 9)(一名叫塞奥多修的元老)
>
> καὶ Δαμιανοῦ, ἄνδρα ἐκ βουλῆς, τοξεύματι βληθέντα πεσεῖν. (XXIX. 32)(名叫达米安的元老院成员因箭伤而死)
>
> ἀλλ᾽ ἀνέκαθεν αἵματος τοῦ πρώτου εὖ γε τῇ συγκλήτῳ βουλῇ γεγονυῖαι (XVII. 7)(而且她们的祖先也曾是整个元老院最重要的家族的成员)

这些元老在当时可能还是一些大家族的成员。但是，人们在普

① 安海姆:《晚期罗马帝国的元老贵族》(M. T. W. Arnheim, *The Senatorial Aristocracy in the Later Roman Empire*)，牛津 1972 年版，第 46—102 页。

罗柯比的记载中还注意到一些出身低微的人后来成为高官和元老。第二十七章提到的被“提升至元老院阶层”的福斯丁就是来自于当时在拜占庭帝国备受歧视和迫害的犹太人家族。

而一旦获得元老头衔，无论他们原来的出身和地位如何，都可以保持其特殊地位，其财产不受侵犯，他们随时可以进宫觐见皇帝，表明其政治上的特权，其社会地位则反映在婚姻生活中。对此，普罗柯比在行文中有记载。

καίτοι οὐδεπώποτε δημόσιον ἢ βασιλεὺς ἀφ' οὗ γεγόνασιν ἄνθρωποι χρημάτων βουλευτικῶν μετασχεῖν ἔσχε. (XXIX. 20)（在人们记忆中从未有过国库和皇帝分享元老地产的事情）

ἀδύνατον δὲ ὂν ἄνδρα ἐς ἀξίωμα βουλῆς ἥκοντα ἑταίρᾳ γυναικὶ ξυνοικίζεσθαι,(IX. 51)（作为有元老地位的男人，他是不可能娶一位妓女为妻的）

元老们在政治上的特权只是相对于普通民众而言，事实上，在皇帝为最高权力的君主专制统治下，元老已经丧失了与皇帝平等的地位，他们都是皇帝的臣民，只是地位比其他臣民更高些而已。

πάλαι μὲν ἡ σύγκλητος βουλὴ παρὰ βασιλέα ἰοῦσα τρόπῳ τοιῷδε προσκυνεῖν εἴθιστο. (XXX. 21)（在古代，元老院成员晋见皇帝时习惯于遵循下述方式）

即以手捂在右胸向皇帝致敬，同时皇帝要亲吻元老的头顶。其他等级的晋见者则必须右膝跪地向皇帝致敬。但是，查士丁尼要求所有元老和贵族在晋见皇帝和皇后时必须五体投地，分别亲吻皇帝和皇后的两脚，称为“吻靴礼”。这种宫廷礼仪上的变化反映了元老身份性质上的变化。

元老阶层在丧失其政治和立法特权的同时，其称号转变为贵族的荣誉头衔。查士丁尼就授予所有杰出者元老获得贵族头衔。但是，贵族在查士丁尼时代得不到应有的尊重，《秘史》第十五章中涉及贵族受侮辱的事件。

καί ποτέ τις τῶν πατρικίων γέρων τε καὶ χρόνον πολὺν ἐν ἀρχῇ γεγονώς，(XV. 25)〔有一次，一位年迈的贵族，他曾供职多年(依惯例吻了她的脚)〕

ἡ δὲ γυνὴ ἀπεκρίνατο ἐμμελῶς，"πατρίκιε ὁ δεῖνα"，(XV. 34)〔宫女们应和唱道："贵族大人某某某"(您的疝气真让您心烦)〕

综观拜占庭历史上的尊号头衔，大体分为7世纪以前的传统体系，此后一直到科穆宁王朝以前的头衔官职统一体系、科穆宁体系和晚期拜占庭体系。《秘史》只是涉及第一个阶段。元老阶层从实权派向荣誉头衔的转变反映了其实际政治地位的下降。

## 三

拜占庭帝国君主专制制度的重要内容是庞大的国家官僚机构。普罗柯比涉及了多种官职，反映了拜占庭政治生活的这种特点。

Ἡμαρτάνετο δὲ τοιοῦτο κἀν τῇ τοῦ μαγίστρου καλουμένου ἀρχῇ κἀν τοῖς Παλατίνοις，οἳ δὴ ἀμφί τε τοὺς θησαυροὺς καὶ τὰ πριβᾶτα καλούμενα τό τε πατριμώνιον ἐπιτελεῖν ἀεὶ τὴν ὑπουργίαν εἰώθασιν，ἐν πάσαις τε συλλήβδην εἰπεῖν ταῖς ἐν Βυζαντίῳ καὶ πόλεσι ταῖς ἄλλαις τεταγμέναις ἀρχαῖς. (XXII. 12)(相同的弊病也同样发生在人们所说的总理大臣和那些专门管理国库和皇帝产业的官员，广而言之，不仅包括首都拜占庭而且也包括其他所有城市的

常设官吏)

一般而言，拜占庭帝国官僚机构具有庞大完备、等级森严的特点。拜占庭官制大体上分为行政、军事和教会三个系列。[①] 各级官吏都有自己的办公地，其中高级官员的任免权控制在皇帝手中。《秘史》对此有所记载。

οἵ τε οὖν ἄρχοντες διοικούμενοι τὰ εἰωθότα ἐν τοῖς καταγωγίοις τοῖς αὑτῶν ἔμενον，(XXX. 27)(因此过去的行政官员都忙于他们自己的管理事务，呆在各自的衙门)

τας τε γαρ αρχας και ιερωσυνας εχειροτονει，(XVII. 27)(世俗和教会官员的任免都操纵在她手里)

由于拜占庭帝国官职名称复杂多样、变化不定，本文不可能一一探讨，只对《秘史》提到的内容略证一二。

## 一、执政官

执政官产生于罗马共和国时期，到晚期罗马帝国时失去行政职能，逐渐转变为荣誉称号。拜占庭帝国时期，执政官头衔继续保留，其拉丁文形式为 Consul，希腊文形式为Ὕπατος。《查士丁尼法典》第105 条第 1 款规定，皇帝每年任命两名执政官，其中一名在帝国西部都城，一名在帝国东部君士坦丁堡。正如《秘史》所言：

ὕπατοι Ῥωμαίων ἀνὰ πᾶν ἔτος ἐγινέσθην δύο，ἅτερος μὲν ἐν Ῥώμῃ，ὁ δὲ δὴ ἕτερος ἐν Βυζαντίῳ. (XXVI. 12)(每年选出两名罗马人的执政官，一个在罗马城，另一个在拜占庭城)

---

① 布瑞：《九世纪帝国政府制度》，第 36—39 页。

当选为执政官在当时是一种极大的荣誉，通常由皇帝提名任命。但执政官的主要来源是富有的贵族，因为这个头衔需要有大量的资金为后盾。当选的执政官必须负责出资安排大型公共欢宴，向穷苦市民发放救济，在大竞技场组织赛车活动，并向市民免费提供观礼票。普罗柯比估计，仅每年用于比赛活动的开支就高达 2000 金镑，当然，皇帝也要为此支付一定的开支。他写道："其中一小部分出自他自己的钱财，大部分则由皇帝支付。"(XXVI. 13)

ἔς τε ὑπάτων ἀξίωμα ἥκεις καὶ πλούτου περιβέβλησαι τοσόνδε χρῆμα, (II. 7)（你已经晋升至执政官地位，并拥有了如此巨大的财富）

καὶ ὁ Βούζης ……, ἐνταῦθά τε ἀνὴρ ἐξ υπάτων γενόμενος ἄγνωστος…(IV. 8)（这样，布留斯……尽管拥有执政官的头衔……）

οὐκ ἐκ πατρός τε καὶ τριγονίας ὑπάτων μόνον, (XVII. 7)（不仅她们的父亲和祖父都曾担任执政官）

Εὐδαίμων ὄνομα, ἔς τε τὸ τῶν ὑπάτων ἀξίωμα ἥκων…(XXIX. 4)（名叫尤留莫斯，曾官至执政官）

这些记载表明，虽然执政官荣誉贬值，但是当时的拜占庭社会上层仍然认可执政官的荣誉地位。由于 6 世纪前后，像查士丁尼及其舅父查士丁这样一些来自社会下层的人进入上流社会，甚至爬上皇帝宝座，执政官中也增加了许多并非出自大户名门的人物，使得这一头衔逐渐失去了原有的特殊社会地位的象征。特别是，执政官的传统义务使它成为花费巨大的头衔，因此，洞悉其中弊端的上流社会没有人乐于接受这个"徒有虚名而必使倾家荡产的光荣头衔"，以至于"执政官名表的最后一段时间所以常有缺漏"。[①] 目前所知，拜占庭

① 爱德华·吉本著，黄宜思等译：《罗马帝国衰亡史》，商务印书馆 1997 年版，下册，第 213 页。

文献中有关执政官的记载到7世纪上半期即消失了，也就是说在查士丁尼去世后几十年，执政官就退出了历史舞台。

## 二、大政区总督

大政区总督又译为大区长官，其全称的拉丁文形式为 Praefectus praetorio，其希腊语形式为Έπαρχόs τών πραιτωρίων，在实际使用中常有简化形式。从这个名称上人们就可以看出，它起源于晚期罗马帝国奥古斯都或恺撒控制下的御林军。自4世纪拜占庭帝国初期，它成为对御林军事务负责的行政官职。查士丁尼主持编撰的《罗马民法大全》公法部分对大政区总督有如下规定："有必要简要讲述一下大区长官（Praefectus praetorio）是从哪里起源的，根据某些文献的记载，在古时，设立大区长官是为了代替骑兵队长，因为，如同以往一样，把最高治权暂时地赋予独裁官，独裁官自行任命骑兵队长，骑兵队长作为其军队管理方面的助手，位于独裁官之后行使职务，与骑兵队长相似，大区长官也由皇帝任命。并且皇帝赋予其在修改公共规章方面更广泛的权力。"[①]《秘史》对这一名称涉及不多，只有两处。

πρὸs δὲ τοῦ τῶν πραιτωρίων ἐπάρχου ἀνὰ πᾶν ἔτοs πλέον ἤ τριάκοντα κεντηνάρια πτὸs τοῖs δημοσίοιs ἐπράσσετο φόροιs.（XXI. 1）（大政区总督每年除公共税收之外还要上缴皇帝3000镑）

ὄνομα ταύτη ἐπιθεὶs πραίτωρα δήμων…（XX. 9）（定其官名为"庶民总督"……）

大政区是由几个省区组成的，最初是在皇帝戴克里先改革划分四大区的基础上形成的。君士坦丁统一帝国以后，削弱该官职的权

---

① 斯奇巴尼选编，张洪礼译：《民法大全选译·公法》，中国政法大学出版社1999年版，第97页。

力，取消其军事权力，保留其行政司法权力。在拜占庭帝国早期历史上，东方、伊里利亚、意大利和加利亚四大政区设立总督。查士丁尼时代，继续保留了伊里利亚和东方大政区总督，分别驻扎萨洛尼卡和君士坦丁堡，534 和 537 年又分别重新恢复了意大利和非洲大政区，分别以拉文纳和迦太基为首府。作为皇帝和副皇帝的助手，其地位仅次于皇帝。他经常以副皇帝的身份在其所辖区域内行使行政司法职权，负责辖区内的税收、司法、公路、邮政驿站、公共建筑、食品供应、士兵征募、军械兵器生产、区内贸易、商品物价和国立高等教育等事务，代表皇帝处理上诉至帝国最高法庭的案件。他们有权按照皇帝的意旨起草和公布法规。为了完成工作，大政区总督设立各自的府邸，其属下官员大体可以分为行政司法事务官吏（schola exceptorum）和财政官吏（scrinarii）两大类。由于大政区总督权力极大，君士坦丁大帝以后的皇帝，采取逐步削权的措施，其部分职权转移给总理大臣。

大政区存在的时间不长，因为这种体制不利于管理，特别是不能及时应付边境区域的外敌入侵活动。因此，在查士丁尼统治时期，省长的作用日益加强，在一些特殊地区如埃及则实行省区总督制，下文将会涉及。大政区总督在普罗柯比去世后几十年的 7 世纪上半期被取消。

## 三、司法大臣

司法大臣曾是拜占庭帝国早期历史上的高级官吏，由君士坦丁一世开始设立，当时称为 Quaestor sacri palatii，负责起草皇帝法令，并具有呈递皇帝奏折和司法诉状等职责。该官职的希腊语形式为 Κυαίστωρ。《秘史》中多处涉及司法大臣。

τὴν τοῦ καλουμένου κοιαίστωρος Πρόκλος ὄνομα，（VI. 13）（名为普罗柯洛的司法大臣）

οὐ τῷ τὴν κοιαίστωρος ἔχοντι τιμὴν, (XIV. 3)（不交给担任司法大臣的官员）

μόνος ὁ Πρόκλος τὴν τοῦ καλουμένου κοιαίστωρος…（IX. 41）（只有担任司法大臣的普罗柯洛……）

ὄνομα ταύτῃ ἐπιθεὶς κοιαισίτωρα.（XX. 9）（称这个官职为“司法大臣”）

司法大臣的重要性最初并不明显，其协助皇帝的作用大体上与法律秘书相似，但是，作为皇帝心腹的法律顾问，其影响力极为广泛，且具有很强的发展潜力。随着皇帝专制统治的强化，中央政府各部门权力得到发展，包括司法大臣、总理大臣在内的高级官吏日益重要，地位不断提高。查士丁尼统治时期，最著名的司法大臣是具体主持《民法大全》编纂的特利伯尼安。由于他权势太大，在朝野树敌过多，故君士坦丁堡“尼卡起义”的民众迫使查士丁尼将其罢免。《秘史》中提到的普罗柯洛可能是他的后继者。史料记载，查士丁尼一世为了加强司法管理，曾增设君士坦丁堡司法总监，称为 Quaesitor，处理首都政治与司法事务，特别是管理日益增多的外来定居者。司法大臣直到 8 世纪以后地位下降，最终成为普通法官。

《秘史》多处涉及所谓法官。

οἵ τε δικάζοντες τὰς ὑπὲρ τῶν ἀντιλεγομένων…（VII. 32）（那些作出判决的法官们……）

καὶ στρατιῶται οἱ τὴν ἐν Παλατίῳ φρουρὰν ἔχοντες ἐν τῇ βασιλείῳ στοᾷ παρὰ τοὺς διαιτῶντας γενόμενοι βιαίᾳ χειρί τὰς δίκας ἐσῆγον.（XIV. 13）（担任宫廷侍卫的士兵在帝国法庭法官们升堂时参与审判，强制提出意见）

καὶ δικασταὶ ξυνελέγοντο πρὸς αὐτῆς ἀγειρόμενοι,（XV. 21）（会审的法官们被她召集起来）

拜占庭立法和司法体系完备，法官培养与执法水平较高，他们必须接受五年以上法学专门教育，全面掌握罗马民法后，通过严格的国家考试，取得证书，方可从事司法工作。[①] 拜占庭帝国早期历史上，法官享有广泛的司法权，他们中的许多人同时担任行政或财政官职。查士丁尼推行的司法改革要求法官专职化，《新律》第82条第1款规定建立专业法官团体，其目的在于将执法的法官与立法的法学家区别开来。《秘史》提到的这个名称即来自于《新律》，它与以前的称呼有所区别。[②]

## 四、市政长官

市政长官可以简称为“市长”。君士坦丁堡市长起源于罗马帝国时期的罗马市长 Urban Prefect，其希腊语形式为Ἐπάρχος της πόλεως。罗马市长属于高级官吏，排名在大政区总督之后。他的职责是管理罗马城的治安与秩序，打击犯罪。君士坦丁一世确定其辖区为罗马城方圆100英里，并增加了其权限，即除了负责首都治安外，还控制内外贸易，组织提供食品供应，规划公共建筑，安排城市大型活动。他因为掌握治安权，故控制一定的军事指挥权，是罗马帝国政治生活的重要人物。在多数情况下，他担任元老院首脑。君士坦丁大帝建立帝国东都后，其后人于359年设立君士坦丁堡市长一职，赋予其相当于罗马市长的权力，使之地位与一人之下万人之上的大政区总督一样。他的职责包括君士坦丁堡及其郊区范围内的所有事务，举凡市政建设与修缮、食品和饮用水供应、城市卫生与消防、罪犯惩罚与监管、治安与秩序维护、工商业管理、商品物价、高等教育等，都在其职权范围内。他还是君士坦丁堡的最高法官，对司法纠纷和疑难案件作出终审判决。《秘史》虽然没有详细列举市长的工作，但是其行文

---

① 琼斯:《晚期罗马帝国》(A. H. M. Jones, *The Later Roman Empire*)，牛津1964年版，第1卷，第499—507页。

② 舒尔茨:《罗马法学史》(F. Schulz, *History of Roman Legal Science*)，牛津1953年版，第36—67页。

反映出市长的特殊地位。

τότε δὴ ὁ βασιλεὺς τῷ τῆς πόλεως ἐπάρχῳ ἐπέστελλε τῶν πεπραγμένων…(IX. 37)〔皇帝于是下令首都市长对(各种罪犯)……进行惩罚〕

Πρῶτα τῷ δήμῳ ἔπαρχον ἐν Βυζαντίῳ…(XX. 1)〔首先,他在拜占庭城任命了市长(授予他批准店主任意定价出售商品的权力……)〕

πρότερον τὰ ἐγκλήματα ἡ τῷ δήμῳ ἐφεστῶσα ἀρχή. (XX. 8)(以前,首都市长按惯例处理所有申述)

ταύταις τε καὶ τῇ τῷ δήμῳ ἐφεστώσῃ ἀρχῇ πάντων…(XX. 13)〔命令这些官员和首都市长?(同时审理所有犯罪指控)……〕

上述记载清楚地向人们展示出,君士坦丁堡市长在其辖区内的巨大权力,不仅在商业领域,而且在司法领域。当然,他的权力来自于皇帝,首先要贯彻执行皇帝的命令。事实上,首都地区的司法审判原来属于司法大臣的职权范围。当皇帝对司法大臣的工作发生怀疑时,就指派首都市长和其他官员参与司法审判工作。普罗柯比对此颇以为不是,攻击这是对司法大臣权力的剥夺,目的在于通过案件审理聚敛钱财。

早在罗马帝国时期,首都市长的人选多为当地大户和权势家族的代表,后来查士丁尼确定君士坦丁堡市长时仍然挑选地方势力强大的市绅代表。《秘史》提到的隆基努斯就是这样的人。

ὃς καὶ τὴν τοῦ δήμου ἀρχὴν ἐν Βυζαντίῳ ὕστερον ἔσχεν(XXVIII. 10)(他后来还担任过拜占庭城市长)

他正是凭借强大的地方势力,不仅可以全面控制首都事务,顺利开展工作,而且在担任市长期间,甚至对皇帝插手的司法案件也敢于提出否定意见，公开掴了皇帝亲信一个耳光。

## 五、总理大臣

总理大臣或被翻译为“执事长官”①，其拉丁文形式为 Magistre officiorum，其希腊文形式为 Μαγίστρος τῶν ὀφφικίων。这一官职最早见于 320 年的文献，是由君士坦丁一世设立的，目的在于制衡大政区总督权力的发展。最初，该官职是半军事性质的，负责行政事务。后来，大政区总督的部分权力转移给总理大臣。他参与重大国事的决策，与大政区总督、军队司令和司法大臣等一样成为御前会议伯爵②。查士丁尼时代，总理大臣仍然是朝廷最重要的高级官吏。《秘史》多处涉及该官职。

καὶ ἀπ' αὐτοῦ ἔς τε τὸ τοῦ μαγίστρου ἀξίωμα ἦλθε καὶ ἐπὶ πλεῖστον δυναμεώς τε καὶ μάλιστα πάντων ἔχθους. (XVI. 5)〔他(彼得)因此被提升为总理大臣的官阶，获得了巨大的权力也招致普遍的仇恨〕

τὸν Ἑρμογένους τοῦ μαγίστρου γεγονότος，(XVII. 32)(总理大臣埃勒莫耶诺斯的儿子)

Ἡμαρτάνετο δὲ τοιοῦτο κἀν τῇ τοῦ μαγίστρου καλουμένου ἀρχῇ…(XXII. 12)(总理大臣同样如此……)

καὶ Πέτρος δὲ τὸν ἅπαντα χρόνον ἡνίκα τὴν τοῦ μαγίστρου καλουμένου εἶχεν ἀρχήν，(XXIV. 22)(在整个这一时期，彼得担任总理大臣)

① 博克对总理大臣有专题详细研究(A. E. R. Boak, *The Master of the Offices*)，我国学者徐家玲对此也有比较充分的研究，参见其作品《早期拜占庭和查士丁尼时代研究》，东北师范大学出版社 1998 年版，第 62—67 页。

② 御前会议是皇帝的咨询机构，起源于罗马帝国时代的议事会，由于与会者均站立开会而得名。君士坦丁一世确定的御前会议成员包括大政区总督、总理大臣、司法大臣、圣库伯爵、皇家私产长官和军队司令官，以及部分职能部门的顾问和办事官员。琼斯：《晚期罗马帝国》，第 1 卷，第 333—341 页。

οὐ γὰρ θέμις τινὰ ἐκ Βυζαντίου ἀνάγεσθαι οὐκ αφειμένον πρὸς τῶν ἀνδρῶν οἵ τῇ τοῦ μαγίστρου καλουμένου ἀρχῇ ὑπουργοῦσι, (XXV. 3)(因为任何人如果没有获得那个担任"总理大臣"官职的人同意就从拜占庭城运出货物将是犯法的)

7世纪初以前，总理大臣的职权包括：指挥禁军团，检查巡视东方边境部队，派遣稽查使全面监督各级官员，监管全国各级公路和驿站，签发通关文牍(如第二十五章提到的)，主持外交活动，参与对外谈判和缔结条约，安排外宾接待，掌管宫廷庆典仪式，参与审理重大案件，控制宫廷日常事务，管理皇宫内外全部照明事务。[①]

查士丁尼时代总理大臣的来源主要是那些能力超群且忠实于皇帝的中下层人士，其职责的特点决定了这一选任的标准。《秘史》中提到的人名均非贵族出身。有学者认为，在选任总理大臣时不注重其贵族出身和是否有相应头衔反映了当时的皇帝消除古代罗马共和传统和削弱元老政治势力的意图。[②] 7世纪期间，总理大臣的权力被逐步剥夺，最终仅保留其官名，参加宫廷仪式而已。

## 六、地方总督

地方总督是拜占庭帝国在某些特殊地区或城市设立的高级官吏，他们不隶属于省区行政机构，而是直接对皇帝或中央政府负责。《秘史》提到的地方总督涉及埃及、巴勒斯坦等地。

τοῦτον δὴ ἐξεπίτηδες ἄρχοντα ἐπ' Αἰγύπρου καταστησάμενοι ἔστελλον. (XII. 1)(他们有意任命这个人为埃及总督，而后派他去那里)

ὅσπερ παραλαβὼν τὴν Ἀλεξανδρέων ἀρχὴν τὸν…(XXVI. 35)(他成为亚历山大的总督……)

① 克劳司：《晚期帝国的总理大臣》(M. Clauss, *Des magistor officiorum in der Spatantike*)，慕尼黑1980年版，第122—160页。

② 徐家玲：《早期拜占庭和查士丁尼时代研究》，第67—69页。

ἐτύγχανε δὲ Ῥόδων τις, Φοῖνιξ γένος, ἔχων τηνικάδε τὴν Ἀλεξανδρείας ἀρχήν. (XXVII. 3)(某位腓尼基出生的罗得斯当时担任亚历山大的总督)

Λιβέριον οὖν τῶν ἐκ Ῥώμης ἄνδτα πατρίκιον καταστησάμενος ἐπὶ τῆς Ἀλεξανδρέων ἀρχῆς…(XXVII. 17)(他任命罗马的一位贵族利维留担任亚历山大总督……)

οὗτος ὁ Φαυστῖνος ἔς τε βουλῆς ἀξίωμα ἦλθε καὶ τῆς χώρας τὴν ἀρχὴν ἔσχεν, (XXVII. 27)(这位富斯迪诺斯已经晋升为元老阶层，并成为这个地区的总督)

ὡμίλει ἐπίτροπός τε καταστὰς τῶν ἐν Παλαιστίνῃ τε καὶ Φοινίκῃ βασιλικῶν χωρίων …(XXVII. 31)(当他被任命为帝国在巴勒斯坦和腓尼基的总督……)

埃及地区早在罗马帝国时期地位就十分特殊，当时它是皇帝直接控制的行省。戴克里先统治时期，该地区重新得到区划，分为六个行省。由于埃及盛产粮食和农产品而成为君士坦丁堡等帝国中心地区城市的主要食品供应地，所以拜占庭帝国初期，朝廷在埃及设立民事和行政机构，直属中央政府。埃及政府机构的首脑称为“埃及总督”，其衙门设在首府亚历山大城，属下官员包括“将军”(Duces)等武将和“长官”(Praesides)等文臣。382 年立法，确定埃及为高于一般普通省区的政区(Diocese)，其下分为若干地区。查士丁尼于 538 年立法中再度重新区划埃及地区，为强化民事行政和军事权力，特别规定埃及各省区省长(Doux)总揽各自辖区的军事行政权力，同时地方税收则指派专门官员根据特殊方法征收。拜占庭帝国在埃及地区推行的特殊政治经济和宗教文化政策，因此在该地区始终设立特殊统治机构。①

拜占庭帝国时期的巴勒斯坦比今天包括的地域更广泛，约旦、叙

---

① 陈志强:《拜占庭学研究》，人民出版社 2001 年版，第 294—310 页。

利亚都在其辖区内。5 世纪初，巴勒斯坦地区被划分为三个省区，称为“巴勒斯坦甲、乙、丙”，省会分别为恺撒利亚、埃鲁撒和斯基多堡。至查士丁尼时代，该地区首脑地位升至总督，因为查士丁尼认为巴勒斯坦是上帝之子降临人世的圣地，应该在皇帝的直接控制下，并使它更加繁荣。事实上，查士丁尼加强控制该地区是为对抗波斯人对远东国际贸易的垄断，大力发展东地中海和阿拉伯半岛沿海商业区，以求通过海上贸易突破波斯人的封锁。正是在查士丁尼的特殊政策支持下，巴勒斯坦地区进入繁荣阶段。

但是，埃及和巴勒斯坦地区的基督教信徒坚持独立信仰，与拜占庭帝国官方支持的正统信仰发生长期对立，中央政府在这两个地方多次进行宗教迫害，导致地方离心倾向日益增强，最终酿成 7 世纪中期在伊斯兰军事扩张中完全脱离拜占庭帝国，成为哈里发国家的领土。

类似于埃及总督和巴勒斯坦总督这样的官吏在帝国其他地方，如北非和意大利地区也可以发现，因此《秘史》也有涉及。

τα τε προς των αρχοντων και των αλλων απαντων πανταχοθι πρασσομενα της Ρωμαιων αρχης，(XXX. 1)（罗马帝国各地总督和所有其他人的活动）

## 七、其他官吏

### 1. 国库长官

ἰσχυρίζοντο γὰρ οἱ τοῖς θησαυροῖς τε καὶ ταμείοις καὶ ἄλλοις …(XIX. 7)（那些负责国库所有事务和帝国其他所有金钱的官员……）

οἳ δὴ ἀμφί τε τοὺς θησαυροὺς καὶ τὰ πριβᾶτα καλούμενα τό τε πατριμώνιον ἐπιτελεῖν ἀεὶ τὴν ὑπουργίαν εἰώθασιν，(XXII. 12)（和那些专门管理国库和皇帝产业的官员）

Οὕτω γοῦν καὶ τοῦτον τὸν Ἰωάννην ὁ Πέτρος ἐκδεξάμενος θησαυρῶν τω τῶν βασιλικῶν…(XXII. 36)(彼得接替这个约翰负责帝国国库……)

ἄρχει δὲ ταύτης ἔν γε Ῥωμαίοις τῆς ἐργασίας ὁ τοῖς βασιλικοῖς ἐφεστὼς θησαυροῖς. (XXV. 19)(但是,控制这一特殊事务的至少在罗马人中间是负责帝国国库的官员)

μόνος δὲ ἀεὶ ὁ τῶν θησαυρῶν ἄρχων ἐνεργολαβῶν τὸ ἐμπόλημα…(XXV. 26)(但是国库长官始终是这一事务的惟一管理人……)

καὶ χρήματα περιβεβλημένος πολλὰ ἐπίτροπος τέως τῆς βασιλέως οὐσίας ἰδίας. (XXIX. 4)(他非常富有,并一度担任皇家私产长官)

καίτοι οὐδεπώποτε δημόσιον ἢ βασιλεὺς ἀφ᾽ οὗ γεγόνασιν ἄνθρωποι χρημάτων…(XXIX. 20)(无论国库长官还是皇帝都从来没有授权某个人瓜分……)

上述《秘史》提供的信息并不能使人清楚了解拜占庭帝国财政管理体系及其官职,因为其中提到的官吏既有国库长官,也有皇产官员,他们之间的关系如何,各自的职能如何,都没有明确的描述。根据学者研究[①],6 世纪拜占庭帝国财政管理被置于三个部门长官监管之下,即大政区总督、圣库伯爵和皇家私产长官。

大政区总督控制与公共工程、军队供应和谷物贸易有关的财政事务,因此,他掌管大政区金库(ἄρχα)。该金库分为“总银行”(γενικὲ τραπέζα)和“专业银行”(ἰδίκε τραπέζα)两个部门。国库长官在财政上的职责是征收辖区内工商业税收,测定各种税收和薪俸。测定的结果由大政区总督下发给政区首脑和省区首脑,最后各地方议会任命的官员负责向纳税人公布税额和具体要求,完成税收。原则上,大政区总督负责管理税收的征收和使用。政区财务部门中有多种官吏

① 哈尔顿:《七世纪的拜占庭帝国》(J. F. Haldon, *Byzantium in the 7th Century*),剑桥 1990 年版,第 173—214 页。

分头管理，大政区总督则派遣省级巡视员对地方工作进行监督。

圣库伯爵主要负责管理国家金银矿、铸币厂和国家手工作坊，后者包括军械武器生产、高级服装的贵金属装饰、丝绸染色和成衣制作，他还负责发放军饷。为了完成其复杂工作，圣库伯爵主管十个司，分别为教会事务司、岁入统计司、邮驿司、军饷司、铸币司、政区财政事务司、矿务司、工场司、军械司和皇帝服装司。圣库伯爵在各个政区和省区设立办事处或代表，并有独立的运输系统。圣库伯爵还监管国外贸易长官的工作。各司内部管理体系完备，例如铸币司首脑铸币司司长直接控制各铸币厂，查士丁尼时代，设立君士坦丁堡、萨洛尼卡、迦太基和拉文纳四大金币厂，尼克米底亚、安条克、希吉库斯、亚历山大、车绳、卡撒基那六大铜币厂①。

皇家私产长官负责国家土地的管理和地租的征收。所谓国家土地理论上包括所有国土和附属国捐赠给帝国皇帝的土地。有些地区，例如卡帕多利亚和比塞尼亚，几乎整个属于皇帝私产。皇家私产长官后来被称为皇家私产伯爵，其下属官员再分为若干专门司，如土地转让司、地租司、土地出租司等。他们在各省建立自己的工作机构，监督所属职权范围内的事务。皇家私产部门设立独立的金库，其收入主要用于皇家各项开支，有时皇帝从该金库提取金钱用于公共事业。由于拜占庭帝国早期历史上政府部门变动频繁，财政官员及其名称和职责时常变化，后人难于掌握。据566年的资料，皇家私产部分为五个司：私产司、私产库、卡帕多利亚皇产司、(其他地区)皇产司和意大利皇产司。意大利皇产司显然是查士丁尼胜利进行意大利战争的结果。②

总之，《秘史》提到的国库长官是包括上述三类官员。

### 2. 秘　书

秘书是一种专门从事文字工作的职员，或称书记，在拜占庭各级

---

① 琼斯：《晚期罗马帝国》，第1卷，第374，437页。

② 哈尔顿：《七世纪的拜占庭帝国》，第173—175页。

政府中广泛存在，只是因其服务的对象级别不同而地位有别。《秘史》对此多有涉及。

τοῖs δὲ ἀσηκρῆτις καλουμένοις οὐκ ἀπεκέκριτο το ἀξίωμα ἐs τὸ τὰ βασιλέως ἀπόρρητα γράφειν(XIV. 4)（长期履行书记职责的秘书官不再被信任起草皇帝的秘密指令）

Τοῖs δὲ ρεφερενδαρίοις καλουμένοις…(XIV. 11)（被称为秘书官的那些人……）

ἦν δέ τις Ἰουστινιανῷ ἐπιστολογράφος, Πρίσκος ὀνόματι, (XVI. 7)（查士丁尼有个秘书，名叫普里斯柯斯）

καὶ Λέοντα, ὅσπερ ρεφερενδάριος ἦν τὴν τιμήν, (XVII. 32)（包括担任秘书官职的利奥）

τὴν τοῦ καλουμένου ρεφερενδαρίου τιμήν…(XXIX. 28)（前面提到那个担任秘书官职的利奥……）

总体上看，秘书分为皇帝的秘书和普通秘书两类。前者专门为皇帝个人服务，起草各种文书，《秘史》中提到的主要是他们。后者则多为行政和军队长官的副手，发挥重要作用，例如，普罗柯比就是贝利撒留的法律秘书。而据史料记载，道路秘书后来成为邮驿大臣的副官，相当于邮政部副部长。①

3. 使节和驿站

ἀναπείθει τὸν ἄνδρα Πέτρον μόνον αὐτὸν ἅτε πρεσβεύσοντα ἐs Ἰταλίαν πέμψαι…(XVI. 2)（派遣彼得单独出使意大利……）

ἄνδρες πολλοὶ ἐν δημοσίῳ τὸ ἀνέκαθεν ἐσιτίζοντο, (XXX. 12)（自古以来有很多人被派往敌国）

① 薛瓦莱尔：《罗马道路》(R. Chevallier, *Roman Roads*)，伯克利—洛杉矶，1976 年版，第 82—90 页。

Χοσρόης μὲν οὖν μείζους, ὥσπερ φασί, πεποιηένος τὰς τῶν κατασκόπων ξυντάξεις προμηθείας τῆς ἐνθένδε ἀπήλαυσεν. (XXX. 13)(据说侯斯罗伊斯提高其间谍的薪俸,并得宜于这一深谋远虑的措施)

τὰ ἐς δρόμον τε αὐτῷ τὸν δημόσιον καὶ τοὺς κατασκόπους ειργασμένα δηλώσει. …(XXX. 1)(将说明他对公共邮驿和间谍的所作所为……)

ἐς ἡμέρας ὁδὸν εὐζώνω ἀνδρὶ σταθμοὺς κατεστήσαντο, (XXX. 3)(在一天顺畅旅途的距离内建立驿站)

拜占庭帝国对外活动频繁,外交活动多由使节担负。使节地位一般比较高,多为皇帝心腹。他们既包括世俗官员,有时也包括教士,完全依据其担负的外交使命而定。

驿站来源于罗马帝国时代遍布全国各地的邮驿制度。拜占庭帝国早期皇帝重新组织规划国家邮驿系统,君士坦丁一世下令将道路分为用于商旅的商道和用于信使军旅的官道两大类。前者因重于商货运输,规定使用牛车,而后者强调时间且通行规模大,规定使用马车和骡子。除了信使外,官道上禁止任何人骑马疾行。沿国家公路,设立了大量国家驿站。《秘史》中记载,一般信使在一天内可以骑马通行 5—8 个驿站。驿站中备有过往人员所需要的粮草和休息的房间以及国家信使换乘的马匹。驿站和道路最初由大政区总督下的邮驿官管理,后来转交总理大臣掌握,至 7 和 8 世纪专门处理邮驿事务的邮驿长官就上升为邮驿大臣(Λογοθέτες τοῦ δρόμου)。驿站一度成为国家征收紧急物资的工作站。由于驿站所需马匹、粮草等开支成为地方政府的沉重负担,这一体制后来难以维持。[1]

---

① 薛瓦莱尔:《罗马道路》,第 90—106 页。

4. 宫廷管家

《秘史》只有一处涉及管家,但是,拜占庭帝国皇宫中设立了许多类似的官职。

ὄνπερ ταμίαν αὐτὴ καταστησαμένη ἔτύχανεν, (XVI. 11)〔她(塞奥多拉)找了个机会亲自任命他为管家〕

君士坦丁一世设立了宫廷大总管(Πραιποσιτὸs του εὐσεβεστάτου κοιτώνοs)以取代过去的管家(Cubiculo),他的职责是安排皇帝的内室,如寝宫、书房、服装室,并负责安排晋见皇帝的时间表。最初,他的官职地位虽然不高,但是,他作为皇帝的亲信,参与许多重要的事务。到了5世纪,他在官职表中就上升到与司法大臣相当的地位,皇后可以任命自己的管家。宫廷管家权势的扩大也增加了其他官僚的怨恨,其职权遂被逐渐削弱。由于,宫廷生活繁杂,宫廷大总管管理一大批以宦官为主的管家,除了负责内宫生活的管家外,还有负责喂养皇帝坐骑、皇家游艇、狩猎、放鹰等各方面的管家。但是,由于内宫管家与皇帝联系更密切,其地位普遍高于其他管家,例如服装管家被称为“圣装伯爵”(comes sacrae vestis)。①

5. 医生和教师

值得注意的是,在拜占庭帝国领取薪俸的官职表中,还名列医生和教师。《秘史》也证明了这一点。

Ἀλλὰ καὶ τοὺs ἰατρούs τε καὶ διδασκάλουs τῶν ἐλευθερίων τῶν ἀναγκαίων ἀπορεῖσθαι πεποίηκε. (XXVI. 5)(他还停止自由

① 博克等:《对晚期罗马和拜占庭管理机构的两项研究》(A. E. R. Boak, J. E. Dunlop, *Two Studies in Later Roman and Byzantine Administration*),纽约1924年版,第178—223页。

人儿童的医生和教师所必需的薪俸)

显然,部分医生和教师被确定为国家官员。晚期罗马帝国的教师大多在各市镇学校教书,拜占庭帝国初期继承了这一传统。由于教师工作的国有性质,他们从国库领取薪俸,并享有免除劳役和税收的经济特权。查士丁尼继续将教师编入国家官吏系列,《查士丁尼法典》第10卷第53条明确规定教师享有的经济特权。但是《秘史》却指责查士丁尼取消了教师的薪俸。这里两种史料提供的信息出现矛盾,应该如何解释?根据其他史书记载,拜占庭帝国的教师分为初级学校和高级学校两种教师,前者主要从事相当于今天初中以下的教育工作,收入较低,而后者多为高中和大学教师,由于他们大多是著名学者或科学家,故收入较高。医生的情况与教师相似,他们在拜占庭帝国初期也属于国家"干部",直到7世纪中期以后,医生和教师才逐渐失去其传统的特权,只有大学教授、宫廷医生和军队医生继续保持在国家官职名单中[①]。

## 四

军队是拜占庭帝国国家机器的重要组成部分,军事官职在拜占庭帝国官职体系中始终占有重要地位。特别是在7世纪军区制推行到帝国各地以前,拜占庭国家军政权力相对独立,军职也因此具有独立性。本文在此辟专门章节加以探讨。

### 一、司令官

《秘史》多处涉及"司令官"。

---

① 里梅尔雷:《拜占庭人文主义》,堪培拉1986年版,第286—298页;马克金尼:《中世纪手稿中的医药图画》(L. Mackinney, *Medical Illustrations in Medieval Manuscripts*),伯克利—洛杉矶1965年版,图1,5。

Βελισάριος μὲν οὖν ἀρχήν τε ἀπολαβεῖν τὴν οἰκείαν ἠξίου καὶ στρατηγὸς τῆς ἑῴας…(IV. 38)(现在，贝利撒留请求恢复其原来的军职，作为东方军司令……)

τῶν τε ἀρχόντων καὶ τῶν ἐν Παλατίῳ εὐνούχων τισὶν ἐπέστειλε διαδάσασθαι. (IV. 13)(分配给某些司令将军和宫廷宦官)

Διὸ δὴ Βελισάριος ἄρχων τῶν Βασιλικῶν καταστὰς ἱπποκόμων…(IV. 39)(于是，贝利撒留因此被任命为皇家后备军司令……)

καὶ ἀπ' αὐτοῦ ἔς τε τὸ τοῦ μαγίστρου ἀξίωμα ἦλθε καὶ ἐπὶ πλεῖστον δυναμεώς τε καὶ μάλιστα πάντων ἔχθους. (XVI. 5)(他为此被晋升为禁军团司令作为奖励，得到了极大的权力，也招致怨恨)

μετρεῖν τε τοῖς τῶν στρατιωτῶν χορηγοῖς, οὐ καθάπερ πᾶσιν ἀνθρώποις νόμος, ἀλλ' ᾗπερ ἐκείνοις ἂν βουλομένοις εἴη. (XXIII. 12)(他们还要将粮草卖给军队司令官，不是按天下通行的方式，而是按司令官的意愿)

这里，普罗柯比使用了多种表达方式，表明当时这一军职因所在地区或级别不同而在名称上有所区别。他提到的贝利撒留是拜占庭帝国历史上最杰出的军事将领，参与指挥了查士丁尼时代的各次重大战役。贝利撒留出身于日尔麦亚的富裕农民之家，青年时期弃农从军，受到同样出身农民的皇帝查士丁尼的赏识。他先是被当作禁军士兵留在皇宫中，后升任禁军团团长。529 年，年仅 24 岁的贝利撒留被任命为东方军司令，负责对波斯人的战事，这就是《秘史》提到的军职。此后，他在查士丁尼的调遣下，东征西讨，打败波斯人，灭亡汪达尔王国，剿灭东哥特人，立下卓越战功。但是，他同时也受到查士丁尼的猜忌，后者罗织谋反罪名对他进行迫害，只是由于皇后的保护才被无罪开释。这一事件在《秘史》中却给出了完全不同的解释。

然而,贝利撒留后来官复原职,重新担任东方军司令却是事实。[①]

拜占庭帝国初期军队沿袭罗马军队旧制,其司令官也继续使用过去的称呼 Magister Militum。君士坦丁一世为了防止地方分裂势力发展,将大政区总督的军事指挥权力转移给禁军团长官,并将骑兵和步兵分为两种部队。事实上,骑兵和步兵的区别只是理论上的,实际上它们常相互混编。君士坦丁二世时期,确定东方、加利亚和伊里利亚三军设立司令官。此后,直到 6 世纪,司令官人数几经增减。由于 4 和 5 世纪期间日耳曼各部落大举迁徙进入原罗马帝国境内,军队的成分发生变化。特别是君士坦丁一世起用许多日耳曼将领的政策使拜占庭帝国初期军事将领多来自下层和日耳曼人。5 世纪以后大贵族势力一度崛起,司令官也以名门望族和传统军事世家子弟为主。查士丁尼被认为是来自于下层农民的皇帝,他任用军政官员时不注重其出身,而看重其能力和忠诚的程度。他除了在主要的防御地区设立军队司令官外,还任命远征军司令官。各大政区军队司令官只拥有对其辖区内的军事指挥权,他们还被授予征兵权和对属下将士的司法权。自查士丁尼开始,军队司令官的数量再度增加,其作用也逐渐降低。在拉文纳和迦太基总督区,军事和行政权力合一,总揽地方各项权力,为 7 世纪以后推行军区制奠定了基础。军区最高首脑"将军"逐渐取代了司令官。[②]

## 二、禁军团团长

随着拜占庭帝国皇帝专制统治制度的发展,国家权力更加集中于以皇帝为首的中央政府。同时,皇帝及其家族越发处于争权夺利的斗争旋涡,其安全问题显得更加突出。君士坦丁一世完成统一帝国的事业后,立即按照戴克里先的设想,在帝国西部宫廷设立五个禁

---

① 吉本著,黄宜思等译:《罗马帝国衰亡史》,下册,第 216—220 页。

② 博克:"帝国民政和军队中的长官"(A. Baok, The Roman Magister in the Civil and Military Service of the Empire),引自《哈佛古典文献研究》(*Harvard Ssudies in Classical Philology*),1915 年,第 26 期,第 117—164 页。

军团,在帝国东部设立七个禁军团,每个团编制为500人。史料表明,他的禁军团以法兰克人和其他日耳曼人为主,而4世纪后期法律规定,禁军团将士必须信仰基督教。由于禁军团与皇帝保持密切而特殊的关系,它成为贵族子弟升迁的必要阶梯,许多贵族子弟通过购买方式进入禁军团。这也使禁军团在频繁的宫廷斗争中成为各方争夺的力量,查士丁尼舅父查士丁即由此成为皇帝。6世纪时,查士丁尼为了增加国库收入,增设四个禁军团,他还打算派遣禁军团士兵参战,普罗柯比对此大加批评。《秘史》以后的禁军团已经丧失了原有的军事作用,成为礼仪兵,其保卫皇帝人身安全的职能转移给由300人组成的宫廷侍卫队。①

ἄρχοντα γὰρ αὐτον ´Αναστάσιος βασιλεὺς κατεστήσατο τῶν ἐν Παλατίῳ φυλάκων. (VI. 11)〔皇帝阿纳斯塔修斯任命他(查士丁)为宫廷禁军团长〕

καὶ στρατιῶται οἱ τὴν ἐν Παλατίῳ φρουρὰν ἔχοντες ἐν τῇ βασιλείῳ στοὰ παρὰ τοὺς διαιτῶντας γενόμενοι βιαία χειρί τας δίκας ἐσῆγον. (XIV. 13)(担任宫廷侍卫的士兵在帝国法庭法官们升堂时参与审判,强制提出意见)

ἐν δὲ τοῖs τῶν ὑπάρχων στρατιώταις καταλεχθεὶs…(XXII. 5)(当他应征入伍成为宫廷侍卫队成员时……)

ὕστερον καὶ τῶν ἐν Παλατίῳ φυλάκων τινὲs ἀνὰ πᾶσαν στελλόμενοι τὴν Ῥωμαίων ἀρχὴν…(XXIV. 8)(后来,一些禁军团将士被派往整个罗马帝国各地……)

τὰ ἐξ ἀρχῆs ἐπὶ φυλακῇ τοῦ Παλατίου κατέστησαν, οὕσπερ σχολαρίους καλοῦσι. (XXIV. 15)(原属皇宫卫队的禁军被称为"禁军团")

Ἐs μέντου τοὺs ἐντὸs τοῦ τῶν σχολαρίων ἀριθμοῦ οντας ἐπενόει τάδε.

① 佛兰克:《宫廷禁军》(R. I. Frank, Sdnolae Palatinae),罗马1969年版,第28—68页。

(XXIV. 21)(他计划这样对待属于禁军团正规卫队的士兵)

ταῦτα μὲν τοις σχολαρίοις πολλάκις ξυνηνέχθη παθεῖν. (XXIV. 22)(这种事多次偶然发生在禁军团)

Ἰταλίαν γὰρ Θευδέριχος ἑλὼν τοὺς ἐν τῷ Ῥώμης Παλατίῳ στρατευομένους αὐτοῦ εἴασεν, (XXVI. 27)(因为塞奥多里克占领意大利后离开驻扎地,而将罗马宫廷卫队留下)

这里反映出,禁军团将士似乎还享有某些特殊的司法权,但是,目前还缺乏其他材料的佐证,姑且存之。

## 三、军需总监

《秘史》中提到的"总监"(Λογοθέτης)在当时还没有正式列入官职表,而只是作为军队中负责财政事务的下级军官。

οἷς δὴ τοὺς πονηροτάτους ἐπέστησεν ἀνθρώπων ἁπάντων χρήματα σφᾶς (XXIV. 1)(他在士兵之上任命了一个权力很大的军需总监)

οὗ δὴ Ἀλέξανδρος ὁ λογοθέτης σταλεὶς… (XXIV. 9)(当军需总监亚历山大被派到那时……)

根据拜占庭印章学家劳伦特的研究,该官职在6和7世纪时经常见于拜占庭印章,表明是常见的官职。但是,它最初被用于许多下级职能部门的军官。后来,随着大政区总督地位的下降,专职总监,例如道路总监、畜牧总监、水务总监、军需总监权力增加。[①]《秘史》涉及的总监,依据上下文,是指军需总监。

① 布瑞:《九世纪帝国政府制度》,第70—90页。

## 五

宦官是专制皇权统治下的产物。他们虽然出身低下，但是在宫廷生活中，包括在政治斗争中发挥特殊作用。《秘史》涉及到的宦官不仅参与宫闱秘事，而且代表皇帝执行抄没家产的使命，并受到皇帝宠幸而得到赏赐。

φώτιος δὲ κατα τάχος ἐs τὴν Ἔφεσον στέλλεται, τῶν τινα εὐνούχων Καλλίγονον ὄνομα, (III. 3)（这时，愤怒的弗条斯匆匆赶到以弗所，押解着名叫卡里乔诺斯的宦官同行）

καὶ τῶν οἰκετῶν εἴ τι ἐν πολέμῳ δόκιμον ἦν, τῶν τε ἀρχόντων καὶ τῶν ἐν Παλατίῳ εὐνούχων τισὶν ἐπέστειλε διαδασασθαι. (IV. 13)（将他那些在战争中勇敢出色的仆人分配给某些军官和宫廷宦官）

πέμψασα τῶν Παλατίῳ εὐνούχων τινὰ κεκόμισται πάντα. (IV. 17)〔（皇后）就派遣一个宫廷宦官前去全部没收带回宫廷〕

Αμάντιον τῶν ἐν Παλατίῳ εὐνούχων ἄρχοντα (VI. 26)（宫廷宦官大总管阿曼条斯）

καί τις ἄρχων γεγονὼs τῶν ἐν Παλατίῳ εὐνούχω ν ὄνομα Εὐφρατâs (XXIX. 13)（他名叫尤发拉达斯，曾任宫廷宦官大总管）

拜占庭帝国历史上，有许多重要人物系宦官出身，例如大教长日耳曼努斯一世(715—730 年)、美多德斯(843—847 年)、伊格纳条斯(847—858,867—877 年)和尤斯特拉条斯(1081—1084 年)等。还有许多宦官经过多年钻营晋升高官，诸如“宫廷大管家”和“同寝人”之类的高级内宫官员在许多世纪里都是由宦官担任。君士坦丁一世统治时期，皇宫中宦官的数量还比较少。但是其后，宦官与效忠于皇帝的官僚机构同步发展起来，成为拜占庭专制皇权统治的重要标志之一。

# 我国境内发现的拜占庭金币及其相关问题*

张绪山(清华大学)

在欧美史学界,"拜占庭学"已是枝繁叶茂的成熟学科;在我国,这门学科尚处于筚路蓝缕的初创阶段。不过,在"拜占庭学"的一个特殊方面,即拜占庭帝国和中国关系史的研究上,我国学者已有独立的贡献。几十年来中国境内发现的数十枚拜占庭金币,既是我国考古学上的重大收获之一,同时也构成我国学者研究中国与拜占庭帝国关系的一个独特视角。拜占庭金币在中国境内的不断发现和我国学者对这些金币的研究,受到国际学术界的重视[②];从这个角度展示中国和拜占庭帝国的交流,业已获得中外拜占庭学研究者的肯定。本文概述拜占庭金币在中国境内的发现,并对其所反映的问题加以探讨。

## 一、拜占庭金币在我国的历次发现

拜占庭金币最初在我国境内的发现,是在19世纪末20世纪初。这一时期西方列强对我国领土的觊觎和渗透日甚一日,其中"西域"尤为其重要目标。西方各国形形色色的冒险家,特别是以学者名义为伪装的探险家纷至沓来,不约而同地将贪婪的目光投向了这一地区,瞄准了这一地区历史悠久、内涵丰富的文化遗产;他们对地上地下的文物以疯狂、野蛮的手段进行发掘和掠夺,将大量举世无双的珍

---

* 本研究得到国家教育部留学回国人员科研启动基金赞助,特此说明并致谢意。

② 梯叶里、莫里森:"中国发现的拜占庭钱币"(F. Thierry et C. Morrisson, Sur les Monnaies Byzantines Trouvées en Chine, *Revue Numismatique*, 1994, 6' série, XXXVI),第109—145页。

宝和文物珍品裹挟而去，其中就有作为中国和拜占庭帝国物质、文化交流见证的拜占庭金币。解放前的发现计有：

1. 1897 年，新疆和田发现君士坦丁五世(741—775 年)金币一枚。①
2. 1905 年，新疆和田发现金币三枚，其中一枚可能为查士丁尼一世(527—565 年)金币仿制品，其他两枚年代不清。被瑞典探险家斯文·赫定掠走。②
3. 1907 年，英国探险家斯坦因在新疆西部的叶儿羌(古莎车国旧址)南 20 英里的叶城县购得两枚拜占庭金币，一为君士坦丁二世(337—340 年)时所铸，一为君士坦斯(337—350 年)时所铸。③
4. 1915 年新疆阿斯塔那发现三枚拜占庭金币，一枚为查士丁尼一世金币，其他两枚为查士丁尼一世金币仿制品。均含在死者口中。被斯坦因掠走。④
5. 1931 年，河南洛阳发现拜占庭金币仿制品一枚，为托伦多皇家安大略博物馆获得。⑤
6. 1945 年，甘肃武威康阿达墓出土拜占庭金币一枚，年代不清。⑥

---

① 蔡马尔："十世纪以前丝绸之路上的东突厥斯坦"〔E. Zeimal, Eastern(Chinese) Turkestan on the Silk Road, First Millenium AD: Numismatic Evidence, *Silk Road Art and Archaeology*, [Kamakura], II, 1991/92〕，第 169 页；梯叶里、莫里森，前引文，第 110 页。

② 孟特尔："斯文·赫定和阗考古收获"(G. Montell, Sven Hedin's Archaeological Collections from Khotan, *Bulletin of the Museum of Far Eastern Antiquities*, X [1938])，图版 7，第 7、8、5。

③ 斯坦因：《西域考古记》(A. Stein, *Serindia: Detailed Report of Explorations in Central Asia and Western China*, Oxford 1921)，第 3 卷，第 1340、1349 页，图版 CXL 12、CXL 13；怀履光："中国的拜占庭金币"(W. C. White, Byzantine Coins in China, *Bulletin of the Royal Ontario Museum of Archaeology*, X [1931])，第 9 页。

④ 斯坦因：《亚洲腹地》(A. Stein, *Innermost Asia*, Oxford 1928)，第 2 卷，第 46—47、649、994、648、994 页；怀履光，前引文，第 9 页；夏鼐："咸阳底张湾隋墓出土的东罗马金币"(《考古学报》1959 年第 3 期)，见《夏鼐文集》，社会科学文献出版社 2000 年版，下卷，第 87 页。

⑤ 怀履光，前引文，第 9 页。

⑥ 宿白："中国境内发现的东罗马遗物"，《中国大百科全书·考古卷》，中国大百科全书出版社 1986 年版，第 677 页；夏鼐："咸阳底张湾隋墓出土的东罗马金币"(《考古学报》1959 年第 3 期)，见《夏鼐文集》，下卷，第 89 页。

1949年中华人民共和国成立以后，我国的考古事业在全国范围内逐渐展开，拜占庭金币的发现在范围上已大大超出了狭义上的“西域”地区；拜占庭金币的频繁发现，令整个学术界，尤其是考古学界和史学界为之兴奋不已。迄今为止，拜占庭金币在我国的发现已达20余起，计有：

7.1953年，陕西咸阳底张湾独孤罗（534—599年）墓出土查士丁二世（565—578年）金币一枚，直径2.1厘米，重4.4克。入葬时间距铸造时间约为35—22年。[①]

8.1956年，陕西西安土门村唐墓出土一枚希拉克略一世（610—641年）金币仿制品一枚，直径2.15厘米，重4.1克。铸造于7世纪中叶的中亚地区，入葬时间为7世纪后半叶。[②]

9.1959年，内蒙古呼和浩特市以西土默特左旗毕克齐镇发现列奥一世（457—474年）金币一枚，直径1.4厘米，重4克。与众不同的是，这枚金币不是掘自墓中，而是在修建水库工程时随一具尸体掘出，尸体旁还有其他遗物：头部有金饰片一件，金戒指二件，上嵌宝石，还有牙签、刀鞘、铜环等。尸体旁没有棺椁等葬具，可能是一个商人死于途中。[③]

10.1966—1969年，新疆吐鲁番阿斯塔那—哈拉和卓古墓群进行四次发掘，发现拜占庭金币二枚，其一为仿制品。均含于死者口中。发掘者未做鉴定，由于没有相应的文字说明，很难确定为何时所铸。[④] 有人认为其中一枚为毛里斯（582—602年）

---

① 夏鼐：“咸阳底张湾隋墓出土的东罗马金币”，《夏鼐文集》，下卷，第82—89页；陈志强《拜占庭学研究》（北京：人民出版社2001年版）第328—335页对夏鼐考证中的一些讹误做了修正。

② 夏鼐：“西安土门村唐墓出土的拜占庭金币”，《考古》1961年第8期，第446—447页。

③ 内蒙古文物工作队：“呼和浩特附近出土的外国金银币”，《考古》1975年第3期，第182—185页。

④ 新疆维吾尔自治区博物馆：“吐鲁番阿斯塔那—哈拉和卓古墓群清理简报”，《文物》1972年第1期，第8—21页；夏鼐：“赞皇李希宗墓出土的拜占庭金币”，《考古》1977年第6期，第403—406页；宿白，前引书，第677页。

金币复制品。[①]

11.1966 年,陕西西安南郊西何家村出土一枚金币。现藏西安市文物库房,编号为 130,未做鉴定。据铭文、图像判断,这枚金币当为阿那斯塔修斯一世(491—518 年)所铸。[②]

12.1969 年,陕西西安何家村唐代窖藏出土金币一枚,为希拉克略一世时所铸,大约在 756 年埋于地下。[③]

13.1972 年,新疆阿斯塔那发现拜占庭金币一枚,铸造年代不详,下葬时间为 715 年。含于死者口中,死者为昭武校尉沙州子亭镇将张公夫人麴娘(麴仙妃)。[④] 显为西域人。

14.1975 年,新疆吐鲁番以西雅尔和屯发现拜占庭金币仿制品一枚,残损严重,无法鉴定。[⑤]

15.1975—1976 年,河北赞皇县李希宗(501—540 年)墓出土三枚金币。一枚为狄奥多西二世(408—450 年)时所铸,直径 2.1厘米,重 3.6 克;另外两枚为查士丁与查士丁尼叔侄共治时(518—527 年)所铸,直径分别为 1.68、1.7 厘米,重分别为 2.49、2.6 克。其中两枚可能含在死者口中或握在手中。李希宗夫人崔氏葬于 576 年,这三枚金币可能在此时下葬,距铸造时间应分别为 168—126 年、58—49 年。[⑥]

16.1978 年河北磁县东魏闾氏墓出土查士丁尼叔侄共治时金币

---

① 梯叶里、莫里森,前引文,第 111 页、115 页。

② 王长启、高曼:“西安新发现的东罗马金币”,《文博》1991 年第 1 期,第 38—39 页;古达克:《拜占庭帝国铸币手册》(H. Goodacre, *A Handbook of the Coinage of the Byzantine Empire*, London 1965),第 59—62 页。

③ 陕西省博物馆:“西安南郊何家村发现唐代窖藏文物”,《文物》1972 年第 1 期,第 36 页;夏鼐:“赞皇李希宗墓出土的拜占庭金币”,《考古》1977 年第 6 期,第 403 页,图 21,图版 14;宿白,前引书,第 677 页。

④ 李征:“新疆阿斯塔那三座唐墓出土珍贵绢画及文件等文物”,《考古》1975 年第 10 期,第 89—90 页;新疆社会科学院考古研究所编:《新疆考古三十年》,新疆人民出版社 1983 年版,第 107 页。

⑤ 新疆博物馆考古队:“吐鲁番阿斯塔那—哈拉和卓古墓群发掘简报”,《文物》1978 年第 6 期,第 1—14 页;《新疆考古三十年》,第 118 页。

⑥ 石家庄文化局:“河北赞皇东魏李希宗墓”,《考古》1977 年第 6 期,第 382—390 页;夏鼐:“赞皇李希宗墓出土的拜占庭金币”,《考古》1977 年第 6 期,第 403—406 页。

一枚。[①]

17. 1978－1979 年,河北磁县东魏邻和公主(538－550 年)墓出土金币二枚。一枚为阿那斯塔修斯一世时所铸,直径 1.6 厘米,重 2.7 克;另一枚为查士丁一世(518－527 年)时所铸,直径 1.8 厘米,重 3.2 克。邻和公主为柔然人,嫁于东魏高湛时仅 5 岁,武定八年(550 年)死时,年仅 13 岁。以此计,金币入葬距铸造约为 30－20 年。金币可能含在死者口中或握在手中。[②]

18. 1979 年,西安市西郊出土拜占庭金币一枚。现藏西安市文物库房,编号为 168,未做鉴定。据铭文、图像判断,这枚金币为阿那斯塔修斯一世时所铸。[③]

19. 1979 年 12 月,有人在西安市东郊金属回收公司发现金币一枚。现存西安市文物库房,编号为 30 号。据描述,这枚金币与 1966 年西安南郊西何家村出土的 130 号以及同年西安市西郊发现的 168 号外形相似,其铭文、图像也极为相似。[④] 我认为这枚金币也是阿那斯塔修斯一世时所铸。

20. 1981 年,洛阳龙门唐定运将军安菩墓(709 年夫妇合葬)出土福卡斯(602－610 年)金币一枚,直径 2.2 厘米,重 4.3 克。握于死者右手中。周边不甚整齐,正面为一戴王冠、留长须的半身男像,两边有十字架,左边缘铭文为"FOCAS",背面是有翅膀的胜利女神像。按:史道德为唐给事郎兰池正监,死于唐高宗仪凤三年(678 年)。据其墓志,史道德"先祖建康飞桥人事。……远祖因宦来徙平高",知其为西域史国人。[⑤]

21. 1982 年,宁夏固原南郊王涝灞村唐史道德墓中发现金币一

---

① 宿白,前引书,第 677 页。

② 磁县文化馆:"河北磁县东魏茹茹公主墓发掘简报",《文物》1984 年第 4 期,第1－9页。

③ 王长启、高曼,前引文,第 38 页。

④ 王长启、高曼,前引文,第 38－39 页;参见古达克,前引文,第 59－62 页。

⑤ 洛阳市文物工作队:"洛阳龙门唐安菩夫妇墓",《中原文物》1982 年第 3 期,第 21－26 页;夏鼐:"咸阳底张湾隋墓出土的东罗马金币:附记",《夏鼐文集》,下卷,第 91 页;罗丰:《固原南郊隋唐墓地》,文物出版社 1996 年版,第 92 页。

枚,直径2厘米,重4克。圆形,上边有一穿空,正面图案为一戴冠头像,边缘文字已磨损不清;背面图案似一祭坛。含在死者口中。除金币外,死者头骨上还盖有丝织物覆面,额头、眉、眼、鼻、耳、嘴及左侧太阳穴等处都有金属饰片。似为拜占庭金币仿制品。[①]

22. 1984年,内蒙古武川县发现列奥一世时所金币一枚。[②]

23. 1985年,宁夏固原南郊史索岩墓出土金币一枚,直径1.9厘米,重0.8克。据描述,金币边缘有剪痕,单面打押图案,上下均有一圆形穿孔,虽有铭文,但均不清晰,制造粗糙,属于拜占庭金币仿制品。[③] 可能含在死者口中或握在手中。史索岩死于唐麟德元年(664年)。

24. 1986年,宁夏固原南郊唐史诃耽夫妇墓地出土一枚金币,直径2.3厘米,重2克。可能为拜占庭金币仿制品。含在死者口中。据墓志记载,史诃耽为唐游击将军、虢州刺史、直中书省,乃西域史国之后,死于总章二年(667年),其夫人死于咸亨元年(670年)。[④]

25. 1986年,固原南郊史铁棒墓出土拜占庭金币仿制品一枚,直径2.5厘米,重7克。[⑤] 据墓志记载,史铁棒为唐司驭寺右十七监,"曾祖多思,京师摩诃萨宝、酒泉县令。祖槃陀,皇朝左领军、骠骑将军。"可知史铁棒也是西域粟特人。金币可能含在死者口中或握在手中。

26. 1988年,陕西咸阳机场贺若厥墓出土查士丁二世金币一枚,

---

① 宁夏固原博物馆:"宁夏固原唐史道德墓清理简报",《文物》1985年第11期,第21—30页;杨继贤、冯国富:"宁夏固原出土波斯银币、拜占庭金币",《中国钱币》1990年第2期,第72/36页;罗丰,前引书,第92页。

② 内蒙古文物局:"呼和浩特市——草原丝路的中转站"《内蒙古金融》1987年第8期,第58—60页。

③ 杨继贤、冯国富,上引文,第72/36页;罗丰,上引书,第37,151页。

④ 罗丰,上引书,第59,151—152页。

⑤ 杨继贤、冯国富,上引文,第72/36页;罗丰,上引书,第82页称其为萨珊金币仿制品,但同书第152页又将它归于拜占庭金币仿制品。不知是何道理。

直径 2 厘米，重 4.1 克。贺若氏葬于唐武德四年（621 年）。金币含于死者口中。①

27. 1989 年，西安东郊唐墓出土拜占庭金是币仿制品一枚，7 世纪中叶下葬。②

28. 1992 年，甘肃天水发现福卡斯（602—610 年）时所铸金币一枚。③

29. 1995 年，宁夏固原县城南郊唐史道洛墓出土拜占庭金币一枚。尚未鉴定。④

30. 1996 年 5 月，宁夏固原县城西郊北周田弘墓出土四枚拜占庭金币，其一为列奥一世时所铸，其一为查士丁与查士丁尼共治时所铸，其他两枚不详。⑤

以上是我目力所及而注意到的历次对拜占庭金币的发现，凡 30 起，共计 42 枚。其中年代不可辨认者 8 枚，仿制品 12 枚，真品 22 枚。可以肯定，实际发现必定多于这一统计⑥；将来会发现多少，亦未可预料。在中国境内发现的外国钱币中，拜占庭金币在数量上仅次于波斯萨珊王朝银币，这一事实已足以证明中国和拜占庭帝国的关系在整个中西关系中地位的重要性。

## 二、拜占庭金币传入中国的路线

公元 3 世纪，称雄于地中海沿岸、版图横跨欧亚非三洲的罗马帝

---

① 员志安："陕西长安县南里王村与咸阳飞机场出土大量隋唐珍贵文物"，《考古与文物》1993 年第 6 期；罗丰，上引书，第 162 页。

② 张全民、王自力："西安东郊清理的两座唐墓"，《考古与文物》1992 年第 5 期，第 56，57 页。

③ 梯叶里、莫里森，前引文，第 112 页。

④ 《光明日报》1996 年 4 月 8 日。

⑤ 《光明日报》1996 年 8 月 28 日。

⑥ 据称，1873 年英国人道格拉斯·福塞斯（Douglas Forsyth）在和阗获得一些钱币，其中包含有拜占庭金币。见彼得·霍普科夫：《丝绸之路上的外国魔鬼》，杨汉章译（兰州：甘肃人民出版社，1998），第 32 页。因原始材料未曾寓目，而转述文字又极为简略，故本文不将其列入。又据上海博物馆青铜器研究部编：《上海博物馆藏钱币：外国钱币》，上海书画出版社 1995 年版，第 628 页，上海博物馆收有希拉克略钱币一枚，铜制，重 5.2 克。想必为仿制品。因发现地点和时间均未有报道，也不将其列入。

国已经由盛转衰,风光不再;以罗马为政治中心的帝国西部,在内部社会矛盾和外部蛮族入侵的双重打击下,已经不可挽回地走上了穷途末路。330年,君士坦丁大帝将帝国首都迁往博斯普鲁斯海峡西岸的希腊旧城拜占庭,改名为君士坦丁堡,帝国统治中心东移。5世纪后半叶,帝国西部政权被入侵的蛮族所颠覆,帝国正统中断。以拜占庭为中心的东部,即拜占庭帝国,经过几代统治者的励精图治,到6世纪上半叶形成为一个版图横跨欧、亚、非三洲的强大帝国。7世纪中叶以后,新兴的阿拉伯伊斯兰势力夺取了拜占庭帝国在地中海东岸和北非的领土,拜占庭帝国元气大伤。13世纪初又受到十字军东侵的沉重打击,国力更为削弱。1453年这个延续千年之久的帝国被后起的奥斯曼土耳其帝国灭亡。

在中国古代文献中,罗马帝国,特别是它统治下的东部地区即地中海东岸,被称为"大秦";而拜占庭帝国则更多地被称为"拂菻"。不过,有时仍继续沿用旧称"大秦"。"拂菻"这个名称可能起源于"罗马"(Róm 或 Rüm)一词:波斯语中将 Róm 或 Rüm 读作 Hróm,而中亚民族转作 Fróm,汉语则将 Fróm 转读为"拂菻"。[①]

汉、唐时期中国与西方,特别是与大秦和拂菻交往的道路,在两方面的文献中都有记载。《汉书·西域传》称:

自玉门、阳关出西域,有两道,从鄯善傍南山北波河西行至

① 参见伯希和:"拂菻名称之起源"(P. Pelliot, Sur l'origine du nom de Fu-lin, *Journal Asiatique*, XIII [1912]),第497—500页;白鸟库吉:"拂菻问题新探"(K. Shiratori, A New Attempt at Solution of the Fu-lin Problem, *Memoir of the Research Department of the Toyo Bunko*, 15, *Tokyo* 1956),第186—195页。我们还可以为此说提供另一证据:719年突厥可汗为了庆祝拜占庭帝国对阿拉伯人战争的胜利,给其子命名为 *Fromo Kesaro*,意即"罗马皇帝"。可知中亚语言中 *Rom* 或 *Rum* 确读若 *From*。见哈马塔:"西安出土的中世纪波斯文—汉文双语碑及中国与萨珊波斯的交往"(*J. Harmatta, The Middle Persian-Chinese Bilingual Inscription from Hsian and the Chinese-Sassanian Relations, Accademia nazionale dei Lincei, Atti del Convegno Internazionale sul Tema: La Persia nel Medioevo*, Roma 31 Marzo-5 Aprile 1970, Roma 1971),第376页。但劳费尔认为,其转化过程应为:Rum 或 Rom 先转为 Rim,进入中亚语言后转为 Frim 或 Frīm,进入汉语即"拂菻"。见劳费尔:《中国伊朗编》,商务印书馆2001年版,第262—263页。关于其他学说,见张星烺:《中西交通史料汇编》,中华书局1977年版,第一册,第79—82页。

> 莎车，为南道，南道西逾葱岭，则出大月氏、安息。自车师前王庭，随北山波河西行至疏勒，为北道，北道西逾葱岭，则出大宛、康居、奄蔡。

沿塔里木盆地南北两缘西展的两道中，南道出大月氏和安息后，继续向西延伸，到达罗马帝国的东部领土——地中海东岸；北道经疏勒越葱岭后，或经大月氏和安息到达地中海东岸，或经咸海、里海北岸到达罗马帝国统治下的黑海沿岸。经大月氏和安息延伸到西方的道路，即狭义上的"丝绸之路"；经咸海、里海北岸到达黑海沿岸地区的道路则是欧亚草原之路的西段。

从罗马帝国方面，公元1世纪一位出生在埃及、周航过红海、波斯湾和印度洋的希腊人有一部《厄里特里亚航海记》，使我们知道丝绸之路跨越葱岭后还有一条不经波斯，而转向印度西海岸的一条道路：

> 在秦国(Θίνοs)的内陆北部某处，有一称为秦奈的大城，生丝、生线和其他丝织品由彼处陆运，过巴克特里亚抵婆卢羯车(Barygaza)，另一方面又从恒河水道运至利穆里(Limurice)。①

秦国指中国，这个称号是与印度对中国的称呼 Cina、Cinastan 相对应的，相当于中国西南部(云南)和缅甸北部的交接地区，而秦奈的大城则可能为东汉的都城洛阳②。自秦奈大城经巴克特里亚(即大夏)抵婆卢羯车的道路，具体走势为：从塔里木盆地两缘，过帕米尔高原，抵巴克特里亚后不再向西前进，而转经兴都库什山口，到达塔克西拉(Taxila)，沿印度河到印度西海岸的巴巴里贡(Barbaricon)或坎贝湾的婆卢羯车；这条道路的形成主要是得益于贵霜帝国的兴起

---

① 戈岱司：《希腊拉丁作家远东古文献辑录》，耿昇译，中华书局1987年版，第18页。

② 戈岱司，上揭书，第17—18页，第23页。

及其对西北印度广大地区的统治。公元1至3世纪贵霜帝国统治时期，这条交通线上的丝绸贸易是非常繁荣的。

3世纪初，由于匈奴的西迁，中国又开通了一条由天山北麓经乌孙、康居，沿咸海、里海北岸到达黑海沿岸和罗马帝国的道路，史称"北新道"。《魏略·西戎传》记载：

> 北新道西行至东且弥国、西且弥国、单恒国、毕陆国、蒲陆国、乌贪国，皆并属车师后部王。……转西北，则乌孙、康居本国，无增损也，北乌伊别国，在康居北。又有柳国，又有岩国，又有奄蔡国，一名阿兰。皆与康居同俗。西与大秦、东南与康居接。

统属于车师后部王的东、西且弥等六国，分布在现今乌鲁木齐以北的东、西地区，乌孙位于伊犁河地区，康居统治区在楚河流域。"北新道"和汉代的北路在康居境内相合，自康居以西至里海、黑海沿岸一段并无差异。

隋代国运短暂，但于开拓西域，厥功甚伟。隋炀帝经略西域，裴矩掌其事，撰成《西域图记》三卷，记载中国通西方的三条道路：

> 自敦煌至于西海，凡有三道，各有襟带。北道从伊吾，经蒲类海、铁勒部、突厥可汗庭，度北流河水，至拂菻，达于西海；其中道从高昌、焉耆、龟兹、疏勒、度葱岭，又经钹汗、苏对沙那国、康国、曹国、何国、大小安国、穆国，至波斯，达于西海。其南道从鄯善、于阗、朱俱波、喝槃陀，度葱岭，又经护密、吐火罗、挹怛、帆延、曹国，至北婆罗门，达于西海。其三道诸国，亦各自有道，南北交通。(《隋书》卷67《裴矩传》)

上述三道所通达的"西海"并非同一地点，北道西端的西海是地中海，中道西端的西海为波斯湾，而南道指向的西海乃是印度西海岸的印度洋。比较隋代所记中西交通三道和汉代中国、罗马作家所述东西交通三道，可知数世纪中东西交通路线大致走向无大异。

中国境内发现的拜占庭金币，从发现的地点看，均分布于中国北部，毫无例外地集中于丝绸之路沿线各省，即新疆（13 枚，其中和田 4 枚、阿斯塔那 6 枚、雅尔和屯 1 枚、叶城县 2 枚）、甘肃（2 枚，其中武威 1 枚、天水 1 枚）、宁夏（9 枚，全部位于固原附近）、内蒙古（2 枚，其中毕克齐镇 1 枚、武川县 1 枚）、陕西（8 枚，其中咸阳底张湾 2 枚、西安附近地区 6 枚）、河北（6 枚，其中赞皇县 3 枚、磁县 3 枚）和河南（2 枚，全部位于洛阳附近）诸省，长江以南地区迄今尚未有发现。

这一事实大致可以由这一时期东西交通形势加以说明。我们知道，4 世纪以后拜占庭帝国取代西罗马帝国，成为欧洲的政治、经济和文化中心及其与东方交流的主角。君士坦丁堡成为新帝国的政治经济中心，使横贯波斯的丝绸之路在东西交通中的作用得到加强，波斯萨珊朝的贸易中介地位愈显重要。早在公元初的三个世纪中，波斯安息朝就充分利用其优越的地理位置牢固地控制了东西方的丝绸贸易。中国人对此也有所了解。《后汉书·西域传》记载："其（大秦）王常欲通使于汉，而安息欲以汉缯彩与之交市，故遮阂不得自达。"为了从波斯人手中得到中国丝绸，298 年罗马帝国与波斯达成协议，将尼西比（Nisibis）开辟为两国丝绸贸易口岸；408－409 年，拜占庭帝国为扩大贸易规模，又与波斯商定，增加幼发拉底河左岸的拜占庭城市卡里尼库姆（Kallinicum）和波斯－亚美尼亚地区的波斯城市阿尔达沙特（Artashat）作为通商口岸。西方两大帝国通过这三个通商口岸进行丝绸贸易大约两个世纪。①

5 世纪末 6 世纪初，出生在埃及亚历山大里亚的希腊人科斯马斯（Cosmas），曾在印度洋游历、经商，到过锡兰（今斯里兰卡），晚年（6 世纪 40－50 年代）写过一本《基督教风土志》。他在书中记载了

① 琼斯：《晚期罗马帝国》（A. Jones, *The Later Roman Empire 284－602*, Oxford 1964），第 2 卷，第 827 页。

在锡兰所做的观察:“秦尼扎国(Tzinitza,即中国。——引者)向左方偏斜相当严重,所以丝绸商队从陆地上经过各国辗转到达波斯所需要的时间较短,而由海路到达波斯,其距离却大得多。……所以,经陆路从秦尼扎到波斯的人就会大大缩短其旅程。这可以解释波斯何以总是积储大量丝绸。”[①] 6 世纪上半叶,波斯—亚美尼亚地区的第温(Dvin)成为两国通商的重要地点。这一时期的拜占庭作家普罗柯比写道:“人们习惯上用来制作衣服的衣料是丝绸,先前希腊人称之为‘米底布’(μηδικήν εσθήτα),现时称之为赛里斯布(σηρικήν)。”[②]可见波斯西北境的米底亚(Media)地区曾长期向拜占庭帝国供应丝绸。

这一时期,介于波斯和中国间的哌哒人(Ephthalites)在丝绸贸易中发挥着重要作用。1964 年河北定县北魏塔墓中发现波斯伊斯提泽德二世(438—457 年)银币 4 枚,卑路斯(459—484 年)银币 37 枚,其中 1 枚伊斯提泽德铸币边缘上压印一行“大夏语”文字的铭文[③]。阿富汗哈达(Hadda)地区发现拜占庭皇帝狄奥多西(408—450 年)、马尔西安(450—457 年)和列奥一世(457—474 年)时期铸造的几枚拜占庭金币,打有哌哒戳记和大夏铭文。[④]很显然,波斯银币和拜占庭金币随着商贸活动在哌哒统治区进入流通领域,与当地货币一起充当交换媒介;有一些则会继续东流,输入中国境内。几十年来波斯萨珊朝银币在中国境内的大量发现及其与拜占庭金币在发现地

---

① 科斯马斯:《基督教风土志》(Cosmas Indicopleustes, *Christian Topography*, trans. by J. W. McCrindle, London: The Hukluyt Society, 1897),第 365—366 页。

② 普罗柯比:《战争史》(Προκόπις, *Opera Omnia*, I, J. Haury, Lipsiae 1962—64),第 109 页。

③ 夏鼐:“河北定县塔基舍利函中波斯萨珊朝银币”(《考古》1961 年第 5 期),见《夏鼐文集》下卷,第 46—50 页。夏鼐认为铸币边缘上的文字为“哌哒文”,近据林梅村介绍,1960 年英国著名语言学家亨宁(W. B. Henning)对这种文字加以考订,定名为“大夏语”,是一种用草体希腊语拼写的中古伊朗语东部方言。早在哌哒人入侵中亚之前数百年已为大夏人使用,哌哒亡国后,仍在当地广为流行,直到 9 世纪全面伊斯兰化后绝迹。见林梅村:“北魏太和五年舍利石函所出哌哒钱币考”,载《汉唐西域与中国文明》,文物出版社 1998 年版,第 133 页。

④ 阿尔琴、哈门德编:《阿富汗考古》(F. R. Alchin and N. Hammend ed., *The Archaeology of Afghanistan*, London, 1978),第 25 页。

点上的重合，说明二者东流的路线和媒介大致相似。

经黑海、里海和咸海北岸到达中亚的道路，也是拜占庭金币输入中国的通道。6世纪初突厥崛起，成为中亚的新霸主。先前处于嚈哒人统治下的粟特人转归突厥人。粟特人是精明的商人，《旧唐书·西域传》称他们“善商贾，争分铢之利。男子年二十即远之傍国，来适中夏。利之所在，无所不到”。突厥人成为中亚的新主人后，粟特人想依靠新主子的威势挤进波斯人控制的丝绸市场，极尽努力，仍以失败告终，最后不得不于568年远涉南俄草原，跨高加索山，前往拜占庭帝国都城君士坦丁堡，谋求将丝绸直接售给拜占庭人；为共同对付波斯，拜占庭帝国与突厥保持友好关系近十年(568—576年)之久。此后，拜占庭帝国和西突厥的关系仍在继续。① 沿着这条道路，拜占庭金币既可由粟特商人传入中国，也可有拜占庭商人直接带入中国。

公元初期的三个世纪中罗马帝国曾开辟由海路到达中国南部的路线。1944年，法国考古队在越南南部金瓯角古海港奥克·艾奥(Oc-eo)遗址发掘出152年和161—180年铸造的罗马金币。② 中国史籍中也有罗马商人到达中国的记载。③ 拜占庭帝国初期，通过红海、印度洋与东方的海上交流在规模上虽不及罗马帝国鼎盛时期，但与印度和锡兰的间接交流仍然是频繁的。6世纪上半叶锡兰发展成为重要的丝绸市场，拜占庭皇帝查士丁尼不堪忍受波斯对丝绸贸易

---

① 参见张绪山：“六—七世纪拜占庭帝国与西突厥的交往”，《世界历史》2002年第1期。

② 布尔诺瓦：《丝绸之路》(L. Boulnois, *The Silk Road*, Trans. by D. Chamberlin, London, 1966)，第71页。

③ 《后汉书·西南夷传》载，永宁元年(公元120年)，掸国(即缅甸)国王雍由调向东汉朝廷遣使贡献掸国乐器和幻人。这些幻人“自言我海西人，海西即大秦也”。同书《西域传》记载：“桓帝延熹九年(166年)，大秦王安敦遣使自日南徼外献象牙、犀角、瑇瑁，始乃一通焉。”《梁书·诸夷传》记载：“其(大秦)国人行贾，往往至扶南、日南、交趾。其南徼诸国人，少有到大秦者。”同时又记载罗马帝国商人与东吴的一次交往：“孙权黄武五年(226年)，有大秦贾人字秦论来到交趾。太守吴邈遣送诣权。权问论方土风俗。论具以事对。时诸葛恪讨丹阳，获黝歙短人。论见之曰：‘大秦希见此人。’权以男女各十人，差吏会稽刘咸送论。咸于道物故，乃径还本国也。”又，《晋书·四夷传》有简短的记载：“武帝太康中，其(大秦)王遣使贡献。”此次遣使可能发生在太康五年(284年)。关于罗马帝国与中国的交流，参见张绪山：“罗马帝国沿海路向东方的探索”，《史学月刊》2001年第1期，第87—92页。

的垄断，于531年利诱拜占庭帝国在红海地区的盟友埃塞俄比亚人和希米亚提人(Himyarites)前往购买丝绸，然后转卖给罗马人，称“这样做可以赚取很多钱，而罗马人也可以在一个方面受益，即不再把钱送给它的敌人波斯”。埃塞俄比亚人和希米亚提人接受了请求，却没有实现诺言。拜占庭史家普罗柯比解释失败的原因：“波斯人总是占据印度(锡兰)船开进的每一个港口(因为他们是邻国)，通常收购了所有货物，埃塞俄比亚人不能进港购得丝绸；而希米亚提人则无法渡过如此广阔的沙漠，与如此好战的民族(波斯)对抗。”[①]但真正的原因可能是，埃塞俄比亚人与波斯人已在东方贸易上达成默契，即埃塞俄比亚人垄断香料贸易，而波斯垄断丝绸贸易，不愿为拜占庭卷入两败俱伤的竞争；抑或锡兰人不愿损坏已与波斯建立起来商业关系。[②] 毫无疑问，拜占庭帝国通过中介者与锡兰和印度保持着联系。

印度和锡兰出土的大量的4至5世纪的拜占庭金币，表明拜占庭金币在这一地区作为通货使用。[③] 前面提到的希腊人科斯马斯在《基督教风土志》讲到一段故事：一位名叫索巴特鲁斯(Sopatrus)的希腊人经商到达锡兰岛，遇见一位波斯人。锡兰国王垂问这二人，波斯国王和罗马(拜占庭)皇帝哪个更伟大？波斯人回答说波斯国王更伟大，因为他可以随心所欲地得到一切；索巴特鲁斯没有正面回答，而是找来两枚钱币——一枚拜占庭金币和一枚波斯银币——让国王自己比较。金币自然好于银币，结论是罗马(拜占庭)皇帝更伟大。可见拜占庭金币在锡兰是很多的。

有意思的是，科斯马斯提到锡兰与中国南部的联系：

① 普罗柯比：《战争史》，I, xx, 9—12。

② 赫德森：《欧洲和中国》(G. F. Hudson, *Europe and China*, London 1931)，第157页；侯拉尼：《阿拉伯航海》(G. F. Hourani, *Arab Seafaring in the Indian Ocean in Ancient and Early Medieval Times*, Princeton 1951)，第44页。

③ 瓦明顿：《罗马帝国和印度的贸易》(E. Warmington, *The Commerce between the Roman Empire and India*, London 1974)，第122—123页，第140页；瓦尔特：《印度尼西亚的早期贸易》(O. Walters, *Early Indonesian Commerce*, New York 1967)，第80页。

> 该岛(锡兰岛)地处中心位置,从印度、波斯和埃塞俄比亚各地很多船只经常访问该岛,同样它自己的很多船只也远航他方。从遥远的地区——我指的是秦尼斯达(Tzinista)和其他输出地——它接受的是丝绸、沉香、丁香、檀香和其他产品。这些产品又从该岛运往这一边的其他市场,如没来、卡利安那、信德(Sindu,即印度河口的Diul Sindh)、波斯、希米雅提(即也门)和阿杜里(红海非洲之滨的Zula)。没来出产胡椒;卡利安那出口黄铜、胡麻木和布匹,亦为一大贸易市场;信德出产麝香、海狸皮及甘松香。该岛也输入上述各地的物产,转而输往更遥远的港市;同时该岛向两个方面输出自己的物产。①

中国方面也有相应的证据。5世纪初法显由海路自锡兰乘商船返回中国,说明从印度、锡兰到中国的海上航线是畅通的;就文献论,《宋书》卷97:"若夫大秦、天竺,迥出西溟,二汉衔役,特艰斯路。而商货所资,或出交部,泛海陵波,因风远至。……山琛水宝,由兹自出,通犀翠玉之珍,蛇珠火布之异,千名万品,并世主之虚心,故舟船继路,商使交属。"《隋书·食货志》提到南梁时说:"交、广之域,全以金银为货。"元稹《长庆集·钱货议状》说:"自岭以南,以金银为货。"这里的金银之货是否包括拜占庭金币,不得而知,但考古学上没有发现拜占庭金币,毕竟是事实。未来是否会发现,不敢断言,但可以肯定,即使有所发现,也不会很多。怎样解释这一现象?

我们知道,拜占庭商人在海路上的活动范围大致以印度和锡兰为限,所以拜占庭商人将金币带到远东的可能性不大。此其一。更重要的是,拜占庭金币到达印度和锡兰后,会加入当地通货流通中,因其数量较当地钱币为少,且价值高于其他钱币,可能在流通一段时间后,被当地上流社会的一些人收藏,退出流通领域。如此,用于与"昆仑人"(泛指马来亚人和印度尼西亚人)交易的拜占庭钱币会更

---

① 科斯马斯,前揭书,第365—366页;夏德、柔克义,前揭书,第3页。

少;而且印支半岛和南海地区为金产量丰富的地区,东流的拜占庭金币也可能会被熔铸于当地金货中。此其二。其三,唐中叶以前中国经济中心位于长江以北,此前中国和印度的交流主要以西域交通线为主,流入印度的拜占庭金币也有可能通过印度北部流入中国北部,即经大夏,越葱岭,沿塔里木盆地南缘进入中国内地,换言之,即沿裴矩《西域图志》中的南道做逆向流动。4 世纪末叶以后中印关系的繁荣,可能使拜占庭金币不经海路东传,而是经新疆流入中国北部。总之,中国南部未发现拜占庭金币这一事实可以由多种因素加以说明。

## 三、拜占庭帝国与中国的交往

中国史籍提到拂菻与中国的最早的交往,发生在 4 世纪初。《太平御览》卷 758 引《前凉书》:

> 张轨时(公元 313 年),西胡致金胡缾,皆拂菻(原注:力禁切)作,奇状,并人高,二枚。

"西胡"可能为粟特人。拜占庭(拂菻)制造的"金缾"能够经粟特人传入中国,则其他物产,包括与物产交流息息相关的钱币自然可以传入中国。考古发现证明,同一时期的印度的南部和北部存在大量拜占庭金币,狄奥多西二世、列奥一世、芝诺、阿那斯塔修斯一世、查士丁一世各朝的金币都有;而阿卡迪乌斯(395—408 年)及其前后任皇帝的铸币则大量存在于锡兰。这说明拜占庭帝国对东方的贸易是连续、全面展开的。

又,《太平御览》卷 787 引《晋起居注》记公元 363 年拂菻国通中国:

> 兴宁元年闰月,蒲林王国新开通,前所奉表诣先帝,今遣到其国慰谕。

蒲林即拂菻。兴宁是晋哀帝(司马丕)的年号,兴宁元年为公元363年。先帝即晋穆帝聃。晋朝派出的时节是否到达东罗马帝国,不得而知,但称"新开通",似有初次建立邦交的意思。

北魏末年(6世纪初),杨衒之《洛阳伽蓝记》卷三记载:

> 自葱岭以西,至于大秦,百国千城,莫不款附。商胡贩客,日奔塞下,所谓尽天地之区矣。乐中国土风,因而宅者,不可胜数。是以附化之民,万有余家。……天下难得之货,咸悉在焉。

这里的"大秦"指拜占庭帝国统治下的叙利亚。又同书卷四"永明寺"条记载:

> 百国沙门,三千余人,西域远者,乃至大秦国,尽天地之西垂。

如前所述,"大秦"是我国对罗马帝国的称呼,但在拜占庭时期我国有的文献也以此称拜占庭帝国,尤其是它的东部(叙利亚)地区。有学者认为,来自大秦的"沙门"应即混迹于洛阳佛寺的拜占庭(叙利亚)景教徒。[①] 此说有道理。635年景教徒在长安受到唐王朝的承认,显然是在景教势力发展到一定程度之后的事。景教徒在向东方迁徙的过程中虽以宗教活动为其使命,但为生计也不能排除商业活动。[②] 5世纪末6世纪初,希腊人科斯马斯在锡兰游历时就注意到,锡兰岛、印度西海岸、索科特拉岛、巴克特里人和匈奴人(即哌哒人)统治地区以及整个波斯等众多地区拥有无数基督徒,他们来自波

---

① 沈福伟:《中西文化交流史》,上海人民出版社1985年版,第165—166页;林梅村:"中国基督教史的黎明时期",载《西域文明》,东方出版社1995年版,第451页。

② 参见朱谦之:《中国景教》,东方出版社1993年版,第58—63页。

斯。[1] 可以认为，6 世纪初统一于北魏政权之下的中国北方与拜占庭帝国的东部的联系由于景教徒的活动而得到加强。科斯马斯还提到，从波斯到中国的距离较锡兰到中国为近；罗马世界的人为了获得利润，不愿万里前往中国（秦尼斯达）购买丝绸[2]，同时他还指出，“罗马帝国（这里指拜占庭帝国。——引者）还有许多安全保障：它是最强大的国家，它最早皈依基督教，在各个方面都为基督教各国的经济提供服务。上帝赋予罗马人特权的另一标志是，从世界的一端到另一端，所有国家都用他们的货币进行商贸交易，所有人都以羡慕之情接受这一事实，因为他们国家没有类似的货币。”[3]《周书·异域传》载：“高昌……赋税则计田输银钱，无者输麻布。”（《北史·西域传》同）《隋书·食货志》提到，后周（557－580 年）之初“河西诸郡，或用金银之钱，而官不禁”。夏鼐先生认为西域所用金钱即拜占庭金币，银钱则是波斯萨珊朝银币。[4] 波斯银币和拜占庭金币流入中国，可能都与景教徒的活动大有关系。

隋、唐两代经略西域，在规模上逾越以往各代，与包括拜占庭帝国在内的西方世界的交往，自然盛于以往。裴矩受炀帝之命经营西域，诱令至中国境内的胡商言其国俗及山川险易，撰成《西域图记》，记载三道之一的北道是“从伊吾，经蒲类、铁勒部、突厥可汗庭，度北流河水，至拂菻国，达于西海”。这些知识应来自东来的拜占庭商人。《旧唐书》卷 221《西域传·天竺国》：“隋炀帝时，遣裴矩通西域诸国，独天竺拂菻不至，为恨。”隋炀帝欲通使拜占庭也可能与拜占庭商人东来有关。又，同书载，裴矩“访采胡人或有所疑，即译众口，依其本国服饰仪形，王及庶人，各显容止，即丹青模写为《西域图记》，共三卷合四十四国，仍别造地图，穷其要害”。裴孝源《贞观公私画史》载，隋大臣杨素藏有拂菻人物器样两卷。杨素所存拂菻人物画像很可能即

---

① 科斯马斯，上揭书，第 118－121 页。

② 科斯马斯，前揭书，第 47－50 页。

③ 科斯马斯，前揭书，第 72－73 页；琼斯：前揭书，第 825 页。

④ 夏鼐：“咸阳低张湾隋墓出土的东罗马金币”，第 67－74 页。

裴矩依据到达中国境内的拜占庭商人仪容所作。杨素为隋文帝创基功臣，于文帝死后拥立杨广践祚，权势遮天，极有可能得此宝物。因此，隋代拜占庭商人到达中国境内，似无可疑。

643 年，即隋炀帝通拂菻的计划失败后的三十余年，拂菻使者到达唐朝廷。《旧唐书》卷 198 对此有明确记载："贞观十七年拂菻王波多力遣使献赤玻璃、绿金精等物。太宗降玺书答慰，赐以绫绮焉。"现代学者倾向于认为这次拜占庭外交活动与阿拉伯势力的兴起和压迫有关，即向唐朝求援以抗击阿拉伯人的征服。①"波多力"一名可能来自希腊文 Βασιλεύs（国王）②，确切地说，可能是拜占庭历史上的一代名主希拉克略（Heraclius，610—641）；643 年到达中国的使节可能是他在 641 年 2 月死前不久派出③。由于阿拉伯伊斯兰势力已经占领波斯全境，封锁了丝绸之路的交通，拜占庭使节只能从欧亚草原之路东行，即跨越里海、咸海北岸、天山南麓、哈密（即裴矩《西域图记》中的北路）到达长安。由于路途艰难，使者费时两年才到达中国。

中国史籍还记载拂菻国的其他几次通使。《旧唐书》卷 198《拂菻国传》："乾封二年（667 年），遣使献底也伽。大足元年（701 年）复遣使来朝，开元七年（719 年）正月，其主教吐火罗大首领献狮子、羚羊各二。不数月，又遣大德僧来朝贡。"

《册府元龟》卷 970："景云二年（711）十二月，拂菻国献方物。"

《册府元龟》卷 971："天宝元年（742）五月，拂菻国遣大德僧来朝。"

---

① 裕尔：《东域纪程录丛》（H. Yule, *Cathay and the Way Thither*, London: The Hakluyt Society, 1915）第 1 卷，第 54—55 页；赫德逊：《欧洲与中国》，第 130 页。

② 科尔多西斯：《中世纪拂菻（拜占庭）和中国的外交》（M. Κορδώσης, *Πρεσβέεs μεταξύ Βυζάτιο καί Κίναs κατὰ τή διὰρκεια του Μεσαίωνα*, Δωδώνη, τόμοs ΚΓ', Ιωαννίνων, 1995），第 182—183 页："可以肯定，中国人是第一次听到这个名字，因为它出现在希拉克略时代且作为拂菻王的惟一名称。"

③ 比资雷：《近代地理学史》（C. R. Beazley, *The Dawn of Modern Geography*, London 1897），第 474 页："我们认为（这次遣使）乃由希拉克略所为，为的是争取中国的帮助来抗击阿拉伯人。"齐思和：《中国和拜占庭帝国的关系》，上海人民出版社 1956 年版，第 15—16 页。

以上总计六次遣使,即667年、701年、711年、719年(两次)和742年。这一时期正是阿拉伯势力围攻拜占庭帝国方酣之时,因此,从动机上,这几次遣使大致与643年相同,即联合中国抗击阿拉伯伊斯兰势力。不过,后来的这几次遣使似乎并非来自拜占庭本土,而是中亚地区,如开元七年(719年)的两次遣使,中国记载明言为吐火罗大首领所为。如此,则可能与中亚的景教徒有关。

从铸币年代看,中国境内发现的拜占庭金币最早的铸于君士坦丁二世(337-340年)和君士坦斯二世(337-350年)时代,即4世纪上半叶,最晚的铸造于君士坦丁五世(741-775年)时期,即8世纪中叶。从可辨认出的金币看,4世纪中叶至7世纪中叶铸造的钱币表现出很大的连续性,即君士坦丁二世(337-340年)一枚、君士坦斯(337-350年)一枚、狄奥多西二世(408-450年)一枚、列奥一世(457-474年)三枚、阿那斯塔修斯一世(491-518年)五枚、查士丁一世(518-527年)五枚、查士丁尼(527-565年)四枚(其中仿制品三枚)、查士丁二世(565-578年)两枚、毛利斯(582-602年)一枚(仿制品)、福卡斯(602-610年)两枚、希拉克略一世(610-641年)两枚(其中仿制品一枚)。7世纪中叶以后的金币只有君士坦丁五世(741-775年)时期所铸一枚,与其他金币在时间上没有连续性。这种情况说明,随着7世纪中叶伊斯兰阿拉伯势力的兴起,对拜占庭帝国地中海东岸和北非领土的占领,及其对波斯萨珊朝的征服,拜占庭帝国通过中亚和西亚与中国保持的经济联系被切断了。1964年1月西安西窑头村一座唐墓中出土三枚阿拉伯文金币,均在铭文中标明"第纳尔",分别为702、718-719、746-747年所铸。[①] 阿拉伯金币在中国的出现和拜占庭金币在中国境内的消失在时间上大致吻合,颇能证明这种形势的变化。不过,北方的欧亚草原交通线在唐太宗击败西突厥,将势力范围扩张到中亚咸海一带以后仍然是畅通的,

① 夏鼐:"西安唐墓出土的阿拉伯金币"(《考古》1965年第8期),见《夏鼐文集》下卷,第102-107页。

这种形势在高仙芝塔拉斯之战(751 年)失败,中国势力退出西域时仍未改变。1967 年,在北高加索山区库班河上游支流巴勒卡的莫谢瓦亚及其东部的墓葬区,出土了 200 余件丝织品残片,据研究,属于 8 至 9 世纪的产品,其中 60%产于中亚(布哈拉),中国和拜占庭的产品各占 20%。[①] 这说明中国最优质的丝绸一直在向西传输,但随着拜占庭丝织业的发展,在输入中国优质丝的同时,也开始输出自己的生丝。拜占庭输入中国优质丝一直到元代仍在进行。[②] 君士坦丁五世时期的铸币流入中国,可能是通过欧亚草原之路。

## 四、拜占庭金币中的仿制品问题

在迄今为止我国境内发现的 42 枚拜占庭金币中,其中的 12 枚为仿制品,占总数的四分之一多。这些仿制品多数制造粗糙,工艺欠佳,发现时损坏严重,致使人们难以确知其形制特征。这种情况很类似于我国境内发现的波斯萨珊朝银币仿制品。

夏鼐先生在谈到中世纪早期流行于亚洲内陆的拜占庭金币和萨珊银币时说:

> 在阿拉伯帝国兴起以前,西亚的国际货币,金币是用东罗马的,银币是用伊朗(即波斯萨珊朝)的。萨珊朝各帝,大量铸造银币,但很少铸造金币。所以阿拉伯帝国的新铸币,初期(第 7 世纪)是依照民间的习惯,金币采用拜占庭(东罗马)式的(Arab-Byzantine),银币采用萨珊朝式的(Arab-Sassanian),铜币兼采二式。但是拜占庭式阿拉伯铸币没有银质的,而萨珊朝式的阿拉伯铸币没有金币的。当时在中亚的国际货币,大概也是这样

---

① 张广达:“论隋唐时期中原与西域文化交流的几个特点”,见《西域史地丛稿初编》,上海古籍出版社 1995 年版,第 285—286 页。

② 洛佩斯:“元代欧洲的中国丝绸”(R. Lopez, “China Silk in Europe in the Yuan Period,” *Journal of the American Oriental Society*, VXXII [1952]),第 72—76 页。

的。[①]

这段论述基本上回答了阿拉伯势力兴起以后一个时期内阿拉伯征服地区所流行的拜占庭金币和萨珊银币这两种国际货币仿制品的属性问题。7 世纪末(696—697 年)倭马亚王朝进行铸币改革,废止拜占庭式和萨珊式钱币所采用的人物或动物像,铭文改用阿拉伯文,阿拉伯征服地区不再使用拜占庭式金币和萨珊式银币。那么,在阿拉伯势力兴起以前,流行在西亚和中亚的拜占庭金币和萨珊银币仿制品是何人所为呢?

拜占庭金币和萨珊银币仿制品的铸造,不外乎出于两种情况:一是拜占庭帝国和萨珊波斯帝国所为;一是中间商人铸造。在这两种钱币作为国际性货币通行于丝绸之路各国的情况下,后一种可能性更大。就拜占庭金币论,我们知道,540—670 年间拜占庭帝国为了同北海和波罗的海地区进行贸易,同时为了节省帝国的黄金储存,曾经铸造过一种"轻型索里达"(Light-weight solidi)钱币,这种钱币在欧洲大陆范围内已有不少发现。[②] 限于条件,对于这种"轻型索里达"钱币的形制,我们还不了解,是否同样用于同东方的贸易,不得而知。在迄今为止发现的可以辨认的 12 枚拜占庭金币仿制品中,我们仅知道两枚重量较轻:一枚出自宁夏固原南郊唐史诃耽夫妇墓中,直径 2.3 厘米,重仅 2 克,比一般真品 4.5 克少一倍多;另一枚出自宁夏固原南郊唐史索岩墓中,直径 1.9 厘米,重仅 0.8 克,这枚金币边缘已被剪掉,其体积和重量均受损失,估计真实形制与前一枚金币相同。这些金币是否可以归于此一时期拜占庭帝国铸造的"轻型索里达",目前还不敢断言。

就商业利益论,波斯萨珊朝不无可能,但波斯银币也是国际通用

---

① 夏鼐:"咸阳底张湾隋墓出土的东罗马金币",见《夏鼐文集》下卷,第 87 页。

② 刘易斯:"拜占庭轻型索里达与北海、波罗的海贸易"(A. Lewis, "Byzantine Light-weight Solidi and Trade to the North Sea and Baltic," in E. Bagby Atwood and Archibald A. Hill ed., *Studies in Language, Literature and Culture of the Middle Ages and Later*, University of Texas Press, 1969),第 131—155 页。

货币，波斯人没有必要仿铸他国货币，更无必要仿铸价值比银币更高的金币。历史上波斯萨珊朝只铸造银币，所铸少量金币只具有纪念意义，并不用于流通。[①] 事实上，萨珊朝银币仿制品在中国境内的发现，在数量上比拜占庭金币仿制品多得多[②]，因此，波斯仿造拜占庭金币的可能性应该排除。我们认为，拜占庭金币和萨珊银币仿制者应是在中国、波斯和拜占庭之间的贸易活动中最为活跃、其经济利益与东西商贸活动最为密切的民族，换言之，其铸造者应是中亚的商业民族。

中亚地区在中国与西方的商贸交流中居于枢纽地位，中西商贸活动对中亚地区各国经济的影响至关重要，中亚民族仿造当时国际贸易活动中流行的货币，似乎属于情理中的事。事实上，中亚地区向来确有仿造钱币的传统。公元前 2 世纪末大月氏人进入阿姆河以北地区之后，就开始仿造邻国钱币，如塔吉克、乌兹别克和布哈拉等地区分别仿造大夏诸王的钱币，而撒马耳罕则仿造塞琉古王国的钱币。[③] 公元 1 世纪大月氏南渡阿姆河建立贵霜帝国以后，强盛国势持续到 3 世纪，成为中亚地区强权，与罗马、安息和东汉王朝并称欧亚大陆当时的四大帝国，所铸钱币形成自己的风格，称为贵霜钱币，这一时期各地区多仿造贵霜钱币。

5 世纪初叶哌哒征服大夏地区后开始模仿波斯萨珊朝铸造银币，只是铸币上的王像有所不同，铭文采用当地的“大夏文”；同时又利用流入其境的波斯银币和拜占庭金币，就地取材，在钱币上打上“大夏文”戳印后，使之进入流通领域。阿富汗哈达（Hadda）地区发现拜占庭皇帝狄奥多西、马尔西安和列奥一世时期铸造的几枚拜占庭金币，打有哌哒戳记和大夏铭文。1964 年河北定县北魏塔墓中发

---

① 费烈：《古代伊朗史》（R. Frye, *The History of Ancient Iran*, München 1984），第 303 页。

② 夏鼐：“综合中国出土的波斯萨珊朝银币”（《考古学报》1974 年第 1 期），见《夏鼐文集》下卷，第 51—70 页。

③ 张广达、陈俊谋：“中亚古代和中世纪的钱币”，《中国大百科全书·考古学》，中国大百科全书出版社 1986 年版，第 722—723 页。

现41枚波斯银币，其中一枚伊斯提泽德铸币边缘上压印一行“大夏文”的铭文。[①] 1956年陕西西安土门村唐墓出土一枚拜占庭式金币(即前文所列第8号)，其制式与拜占庭式金币相同，但背面周缘铭文不是希腊文或拉丁文。夏鼐先生研究后断定为希拉克略型拜占庭金币仿制品，“年代大概是7世纪的中叶。至于铸造地点，还不能确定，大概是在中亚细亚的国家所仿造的”。[②]

7至8世纪是唐代经略西域大获成功的时期，中西贸易规模达到空前规模，中国货币成为中亚商业民族仿造的对象，如，撒马尔罕城东68公里的片治肯特古城遗址中，曾发现一枚北周时所铸造的“布泉”钱，还有大批康国7至8世纪的铜钱，钱上有粟特铭文和徽号，但与中亚古代钱币无孔的传统铸造法不同，钱型模仿中国内地的方孔铜钱[③]。可见，中亚地区商业民族具有仿造不同时期国际贸易主要货币的悠久传统。因此，在拜占庭帝国和波斯萨珊帝国与中国贸易的繁荣时期仿造拜占庭金币和萨珊朝银币，显然不足为怪。如果要进一步追寻哪个民族可能在这一过程中发挥主导作用，那么我们不能不注意粟特人的活动，因为这一时期正是具有悠久经商传统的粟特人借助哌哒人和西突厥人威势在欧亚大陆交流中纵横捭阖、大显身手的时期[④]，货币的铸造和流通状况显然与这个“善商贾，争分铢之利。……利之所在，无所不到”的精明的商业民族关涉最大。

## 五、拜占庭金币所反映的葬俗来源问题

数年前有学者在研究我国境内发现的拜占庭金币时注意到，出

① 张绪山：“六一七世纪拜占庭帝国与西突厥的交往”，《世界历史》2002年第1期。

② 夏鼐：“咸阳低张湾隋墓出土的东罗马金币·补记”，《夏鼐文集》下卷，第90页。

③ 夏鼐：“西安土门村唐墓出土的拜占庭金币”(《考古》1961年第8期)，《夏鼐文集》下卷，第93页。

④ 刘南强：《罗马帝国晚期与中国中世纪的摩尼教》(S. N. C. Lieu, *Manichaeism in the Later Roman Empire and Medieval China*, Manchester University Press 1985)，第186—187页。

自吐鲁番墓葬中的金币,多含在死者口中。[①] 以我们现在的统计结果看,死者口含或手握金币的现象,不仅仅限于吐鲁番一地,也不仅仅限于新疆地区,新疆地区之外的陕西、河北、河南等省区发现的金币也多有口含或手握的现象。在这 42 枚金币中,可以较为确定的有 17 枚。其他金币因不是出自发掘现场,情形不可知,但可以推断,其中一定有相当部分属于同一范畴。在我国境内发现的萨珊朝银币也多有这类情形。[②]

死者口中含币或手中握币的现象在中亚地区似乎也很多。据介绍,1969—1979 年前苏联、阿富汗联合考古队在阿富汗北部席尔巴甘东北五公里处的蒂利—蒂希(Tilly-Tehe)发掘出著名的"大夏黄金宝藏"遗址,一墓葬中死者脚下有罗马皇帝提比略(Tiberius)金币,手中握有波斯安息朝银币;另一墓葬中死者胸部有佉卢文金币;而另一墓葬死者口中含有安息银币左手握有安息银币。1948—1949 年塔吉克共和国首都杜尚别西北的杜普哈纳(Tup-Khona)墓葬中,死者口中含有两枚银币,身上还有两枚。1960、1961 和 1971 年同一地点的 146 座小型墓葬中,发现八枚钱币含在死者口中,四枚放在胸部,两枚在骨盆处。1955—1959 年卡非尔尼河西侧的吐尔哈尔墓葬中,发现死者口含金币二例,头部上方有金币的一例,身体上发现钱币一例。1972 年,该河下游死者头骨上发现 12 枚钱币。在乌兹别克共和国苏尔汗河流比特泰培墓地,几乎所有死者口中都有钱币。[③] 据研究,"大夏黄金宝藏"墓地的年代为贵霜时期。[④] 可见,在中亚地区死者口含或手握钱币的习惯可能是从古代延续下来的葬俗。

西方探险家斯坦因将这种习惯与古希腊的葬俗联系起来。1915 年他在新疆阿斯塔那一古墓中发现三枚拜占庭金币和仿制品及一枚

---

① 宿白,前引文,第 676 页。

② 夏鼐:"综合中国出土的波斯萨珊朝银币",见《夏鼐文集》下卷,第 51—53 页。

③ 小谷仲男:"有关死者口中含币的习俗——汉唐墓葬中的西方要素",《富山大学人文学部纪要》,第 13 卷,1988 年;转引自罗丰,前引书,第 159—160 页。

④ 林梅村:"大夏黄金宝藏的发现及其对大月氏考古研究的意义"(《文物天地》1991 年第 6 期、1992 年第 1 期),见《西域文明》,第 267—278 页。

萨珊朝银币时，认为"这一事实自然可以使我们将这一仪习惯同古希腊的风俗联系起来，古希腊人将一枚钱币放在死者口中作为付给冥王哈德斯(Hades)的摆渡人彻龙(Charon)的费用"。斯坦因在这里提到的古希腊风俗在西方是极为著名的。根据古希腊宗教传说，人死后的灵魂归宿是冥国，灵魂离开人的身体后便由亡灵引导者赫尔墨斯领到冥国大门口，再由艄公彻龙用渡船将灵魂运过斯提克斯河。彻龙摆渡亡灵要收取摆渡费，所以古希腊人的丧礼中，要在死者的口中放一枚小钱，作为付给彻龙的摆渡钱。这就是所谓"彻龙的小钱"。斯坦因还提到，1916 年法国著名汉学家沙畹向他指出，汉译佛经 Tripitaka 中有一佛教故事，说明这种丧葬习俗也见于远东地区。斯坦因认为，探讨这类习俗与东、西方葬俗之间的关系，必须留待其他掌握更丰富文献资料的人去做。实际上，他本人对于这种习俗的西方起源并不十分肯定，但西方有些学者却把这种观点当成了肯定性的结论。①

我们知道，公元前 328 年亚历山大率领的希腊东征军到达中亚地区，并在大夏(Bactria)建立起希腊殖民地，从此开始了希腊文化东传的过程。希腊殖民地所带来的希腊文化对中亚地区有着重大影响，这已经被考古发现中越来越多的艺术品所证明。但是我们不能说中亚所有文化风俗包括丧葬风俗必然来源于希腊文化的影响。作为各族交汇的历史舞台，游牧民族如塞人、大月氏人、白匈奴人(哌哒人)和突厥人等，定居民族如印度、波斯和中国都对这一地区的文化风俗有着重要影响。在对东方各种文化尚未有深入研究的情况下，只考虑希腊罗马文化对这一地区的影响，显然是不合适的。尤其是我国中原腹地所出现的墓葬死者口含或手握钱币的风习，必须考虑中国文化的影响，所以对于把这种丧葬习惯归于西方起源的观点我

① 怀履光，前引文，第 10 页；比瓦尔："库米斯出土的萨珊朝银币"(A. D. H. Bivar, "The Sassanian Coins from Qūmis", *Journal of the Royal Asiatic Society*, XXXIII [1970])，第 157—158 页。

国学术界多不赞同[1],其中以夏鼐先生对它的批判最具代表性,早在1974年他就明确指出:

> 实际上它是受了中国文化西来说的流毒的影响,事实上证明它是错误的。我国在殷周时代便已有死者口中含贝的风俗,考古学上和文献上都有很多证据。当时贝是作为货币的。秦汉时代,贝被铜钱所取代。将铜钱和饭及珠玉一起含于死者口中,成了秦汉及以后的习俗。广州和辽阳汉墓中都发现过死者口中含一至二枚五铢钱。年代相当于高昌墓地的河南安阳隋唐墓中,据发掘者说,也往往发现死者口中含一两枚铜钱。这种风俗,一直到数十年前在我国有些地区仍旧流行。……高昌这种死者口中含钱的习俗当溯源于我国的内地。[2]

1980年8月他出席在罗马尼亚召开的第十五届国际历史科学大会,做题为《中世纪中国和拜占庭的关系》的发言,涉及到中国境内发现的拜占庭金币,又对此加以强调:

> 正像波斯萨珊朝银币和中国钱币一样,在吐鲁番的阿斯塔那墓地中出土的拜占庭金币,发现时是放在死者的口中的。这种风俗使我们想起了古代希腊人的做法,就是把一枚小银币放在死者口中作为他付给阴间的摆渡神彻龙(Charon)的费用;这在文献中是确有记载的。这种"彻龙的小钱币"的传说,可能使人想起中国的这一风俗可能起源于希腊。但是,这种说法似乎是站不住脚的,因为没有证据可以说明中世纪的希腊人或伊朗人仍是这种做法。另一方面,在中世纪的中国,这种葬俗即便是

---

① 如有学者说:"晋和十六国时期吐鲁番地区的葬俗,如……死者口中含钱,等等,已与内地葬俗无大区别。"见汪宁生:"汉晋西域与祖国文明"(《考古学报》1977年第1期),见《新疆考古三十年》,第208页。

② 夏鼐:"综合中国出土的波斯萨珊朝银币",《夏鼐文集》下卷,第69页。

在中原也很盛行，而且这种风俗可以追溯到商殷和西周时期（公元前2000年末和1000年初），只不过当时还没有金属铸币，死者口中所含的是当时作为货币的子安贝罢了。[①]

夏鼐先生的观点无疑是相当有说服力的。我们知道，中国境内死者口中含物的习惯可以追溯到很早的时期。考古资料表明，在新石期时代晚期的大汶口文化遗址中，有的死者口中就含有石质或陶质小球。殷商时代以后含玉、含贝的葬俗已很盛行——这大概与商品经济的发展有关；并且这种习俗可能与“饭含”——即在死者口中放入粟米、饭食之类——习俗结合在一起了。《周礼·春官·典瑞》：“大丧共饭玉、含玉、赠玉。”郑玄注：“饭玉，碎玉以杂米也。”《荀子·礼记》：“饭以生稻，啥以鳊贝。”秦汉以后中国铸币逐渐发达，死者口含钱币的习俗逐渐兴盛。《汉书》卷59《张汤传》：“会有人盗发孝文圆瘗钱。”如淳曰：“瘗，埋也。埋钱于圆陵以送死也。”《晋书》卷51《皇甫谧传》称，谧自作《笃终》，曰：“吾欲朝死夕葬，夕死朝葬，不设棺椁，不加缠敛，不修沐浴，不造新服，殡啥之物，一皆绝之。”这里的“殡啥之物”可能包含珠宝金钱之类。《唐书·王屿传》：“汉以来丧葬皆有瘗钱。”司马光《书仪》中说：“古者饭含用贝，今用钱，犹古用贝也。”不管死者口中所含为何物，其内在的含义，都是要死者在冥界吃喝无虞，或继续享受荣华富贵。《周礼·地官·舍人》：“丧纪，共饭米。”郑玄注：“饭所以实口，不忍虚也。”这与古希腊习俗中的“彻龙的小钱币”在意义上是不同的。

有论者认为中国传统葬俗中含玉、握玉习俗与相信玉器具有神秘灵性有关，和作为贸易媒介钱币的功能不同。这两种随葬品在汉唐墓葬中同时并存，所以口中含币的习俗应是另外思想背景的产物，换言之，应与古希腊习俗有关。[②] 实际上，这种见解可能是没有考虑

---

① 夏鼐：“中世纪中国和拜占庭的关系”（《世界历史》1980年第4期），见《夏鼐文集》下卷，第100页。

② 小谷仲男：“有关死者口中含币的习俗——汉唐墓葬中的西方要素”，转引自罗丰，前引书，第159－160页。

到中国等级制度对丧葬习俗的影响。《后汉书·礼仪志下》:“饭啥珠玉如礼。”刘昭注引《礼稽命征》:“天子饭以珠,啥以玉;诸侯饭以珠,啥以璧;卿大夫、士饭以珠,啥以贝。”对于没有珠、玉、璧等稀有宝物的社会下层民众,钱币既可归于“宝贝”之列,又不难获得,自然是与其身份地位最相宜的随葬“口含”之物。

《太平广记》卷402引《独异志》“李灌”条记载,有一位名叫李灌的人,在洪州建昌县遇到一位重病的波斯人,怜其病重悲凉,加以照拂,波斯人临终前感激李灌怜悯之情,告诉李灌自己卧下的地毯中有一珠,愿死后相赠,但李灌未私取之,将珠子置于波斯死者口中葬之。《太平广记》还记载其他类似事例。有学者认为李灌“这样做的原因,似乎只能有这样的解释,即他比较熟悉西域胡人的埋葬习俗。具体地说,他知道胡人死后埋葬时口中当含有珠宝之类的物品”。中亚人这种口含珠宝或钱币的习俗可能与中亚地区流行的某一宗教,或与拜火教信仰有一定联系。[①] 这种见解大可置疑。首先,如上所述,死者含玉、珠乃中原内地的葬俗,其历史源远流长;其次,中原人在处理西域胡人丧葬问题上固然有遵循胡人风俗的可能,但更有可能是依当地风俗行事。西域胡人死者口含或手握钱币、珠宝,不能排除胡人久居中原,认同中原文化,以此表示归化之意。[②] 至于这种葬俗是否与拜火教之类中亚宗教有关系,在目前缺乏研究的情况下,还不敢遽下断论。我认为,中原内地死者口含或手握钱币的风俗受中原地区葬俗影响的可能性较大,未可轻易归于西方(希腊)的直接影响。

---

① 罗丰,前引书,第161—163页。

② 此经余太山先生提示,谨致谢意。

# 恶的起源与自由意愿：从存在论的恶到生存论的恶[①]

## ——从尼撒的格列高利《论人的造成》到奥古斯丁《论自由选择》

吴天岳(比利时鲁汶大学)

## 一、绪论：古典晚期的神正论难题及人性反思

柏拉图的形而上学以非物质的理型(εἰδῶs, form)作为存在的根基阐释现实世界，将处于变易中的现象世界还原为对不变本体的"拙劣"摹仿，并且试图以如同太阳一样的"善的理型"来统摄真实不变的理型世界。柏拉图"理型论"中的大一统倾向在普罗提诺对其著作的创造性解释中发挥到极致，成就了古典哲学晚期最为辉煌而完备的形而上学体系。普罗提诺将"太一"(τό ἕν, the One)作为万物之本原和一切欲望之鹄的，一切皆从"太一"中直接或间接地"流溢"而出。他认为太一必然是"善"(τό ἀγαθόν, Good)，他总是说"太一，或善"，

---

① 本文将 ontology (通译"本体论")一词译为"存在论"，以此强调希腊哲学以对存在的研究为"第一哲学"的传统，它指的是对存在(包括人的生存在内)的形而上学的系统解释。本文所谈及的"生存论"取自以克尔恺戈尔为先驱、海德格尔为代表的生存哲学(existentialism)，它强调哲学对人作为个体不可替代、非现成的、不断变化开放的生存处境和体验的关注，对人的生存的理解不能还原为外在的形而上学观念，而只能诉诸对生存自身的洞察。海德格尔在《存在与时间》一书中对生存论的或生存状态的领悟作出了明确的界定："生存问题总是只有通过生存活动本身才能搞清楚。以这种方式进行的对生存活动本身的领悟我们称之为生存状态上(existenziell)的领悟。"[见《存在与时间》(中译本，陈嘉映、王庆节译，三联书店 1987 年版)，第 16—17 页。黑体为原文所有。]

太一和善在普罗提诺的形而上学体系中不相区别地成为“第一原则”(first principle)。神正论的难题也随之而生：如何解释现实世界中的恶(τό κακόν, the evil)，无论是自然之恶还是道德之恶，它作为善的反动都在不停地质疑和否定着作为善的太一的绝对存在：如果一切存在源自至善的太一，恶由何而来？

上述困难延续到那些深受希腊哲学特别是新柏拉图主义思想影响的基督教教父。在教父思想的黄金时代(尼西亚公会议与查尔西顿公会议之间的100余年)，恶的起源造成的神正论诘难犹如挥之不去的阴影笼罩着东西方教会最杰出的思想家。[①] 基督教的创世说与上帝的全能至善使恶的问题更加尖锐：至善而仁慈的上帝如何能容忍现世的恶存在于他的造物之中？上帝是否要为现实存在于造物之中的恶承担罪责？

这一难以回避的难题最终促成古典晚期哲学人性反思视角的转化：对柏拉图主义思想家而言，人的灵魂或作为理性灵魂不能为恶，他们只能向外寻找恶的来源，从形而上学的视角将恶解释为非存在(τό μη ὄν, the non-being)。基督教教父们则由罪的教义出发，将现世的恶追溯到人作为罪者的生存，人因自由意愿而沦为罪者，恶成为个体必须承担的由自由而来的责任。恶的起源问题随之转化为生存论的罪的问题。尽管教父思想仍处于柏拉图主义形而上学的阴影中，但思想的视野已经由外而内转向对自我生存自身的反思，并以自由意愿为核心展现出强调个体性的自我理解，进而区别于将人的本性仅仅还原为理性的希腊哲学传统。

本文选取尼撒的格列高利和奥古斯丁这两位4世纪后半叶最重要的基督教思想家的两部重要著作作为分析的核心文本。格列高利

---

① 奥古斯丁在《忏悔录》一书中详尽地记叙了对恶的本原的追问如何引导着他从摩尼教转向柏拉图主义并最终转向基督教。参奥古斯丁《忏悔录》(Augustine, Confessionum)卷五，特别见5. 14。见中译本(周士良译，商务印书馆1963年版)，第89页。

《论人的造成》(*De opificio humanis*)一书约完成于 379 年[①],它是对其兄巴西略(St. Basil)的代表作《论创世六日工程》(*Hexaemeron*)的补充,全书围绕《创世纪》第 1 章 26 节对上帝造人的记述,集中阐释了这位奥里金之后最具思辨性的希腊教父对人及原罪的理解,他以人的自由意愿为人作为上帝的肖像而具有的与上帝的相似性,揭示出恶作为非存在同人的自由意愿之间的关联,从而突破了普罗提诺仅仅将恶还原为质料(he hule, the matter)的非存在的局限。奥古斯丁的《论自由选择》(*De libero arbitrio*)一书约完成于 388—395 年之间。[②] 这部著作在奥古斯丁思想发展中具有极其重要的作用。[③] 其中关键正在于奥古斯丁在创造性地将恶的问题转化为罪的问题——人作为作恶者(malus)即是罪者(peccatus)——的同时,他强调意愿的自由选择是罪的惟一来源,从而完成了恶的起源的生存论解释,并且揭示出自我作为罪者乃是以意愿为同一性根基的个体存在。

本文将试图通过对上述文本的细致梳理,以恶的起源这一问题为线索,由此折射出古典哲学晚期,"意愿"(voluntas, will)[④]这一范畴如何进入自我反思并成为自我与它者相区别的人格同一性(personal identity)的根基。在进入教父们的思想之前,有必要回溯普罗提诺对恶的起源和人的自由意愿的相关阐释,它们构成了 4 世纪基

---

① 见奎斯顿:《教父学》第三卷(Johannes Quasten, *Patrology*, vol. 3, Allen, Texas: Christian Classics, 1986),第 263 页。奎斯顿认为该书如果不是成于格列高利晚年,极有可能成于其兄巴西略死后不久(379 年 1 月)。

② 见奥古斯丁:《订正》(Augustine ,*Retractationum* ),载《教父文献大全(拉丁编)》第 32 卷(J. P. Migne ed. *Patrologiae Cursus Completus*, *Series Latina* (*PL*), vol. 32),1.9.1,参见《独语录》中译本(成官泯译,上海社科出版社 1997 年版),第 213 页。

③ 英国学者伊文斯认为它是奥古斯丁思想的转折点,奥古斯丁由此摆脱摩尼教和希腊哲学家的影响而开始确立真正属于自己的哲学立场。见伊文斯:《奥古斯丁论恶》(G. R. Evans, *Augustine on Evil*, Cambridge: Cambridge University Press, 1982),第 114 页,伊文斯区分了奥古斯丁著作中涉及的有关恶之难题的四种论证:恶之虚无论、二元论(摩尼教)、一切造物为善论和恶之意愿论,她认为最后一种以人为中心(man-centred)的论证在奥古斯丁对恶的反思中占有核心地位。见该书序言,第 viii-xi。

④ "意愿"(voluntas)一词通常译作"意志"。而在奥古斯丁的著作中 voluntas 作为其自我理解的核心范畴,它一方面是灵魂的内在能力及其表达(这与"意志"的翻译相近);另一方面也更加重要的是,voluntas 保持着与动词 velle(想,渴望,愿意,愿望)天然的直接联系,从而与爱(amare)、罪(peccare)等意向性范畴内在相关。综上所述,本文选择"意愿"这一翻译以强调它的意向性和它同个体生存处境(作为爱者或罪者)的内在关系。

督教思想的重要背景和思想源泉。格列高利和奥古斯丁通常被称为基督教柏拉图主义者,这一回溯有助于澄清其思想发展脉络以及他们不同于前人的特殊贡献。

## 二、普罗提诺:形而上学的恶与人的自由意愿

普罗提诺在《九章集》第1卷第8篇"论何谓恶及恶由何而来"一文中集中探讨了恶的起源及其在形而上学解释上的可能性。普罗提诺认为我们对恶的知识只能是将其作为善的对立物,因为我们只能拥有关于理型的知识,而恶显然缺乏理性。同时,善的本性拥有一切并且就是一切。[①]因此,普罗提诺指出,"如果恶存在,它必定在于非存在的事物中,作为一种非存在的形式并且归属于那与非存在相混淆或分有非存在的事物之一。"[②]普罗提诺明确地将恶指认为非存在。

在普罗提诺的形而上学体系中,灵魂的善只能来自对太一至善的分有,因此,道德的善(美德)预设了超验的绝对的善(αγαθον τὸ μὲν αὐτό),道德的恶(邪恶)必然也预设了超验的绝对的恶(κακὸν τὸ μὲν αὐτό)。[③]而这绝对的恶,在普罗提诺看来就是质料(η υλη, the matter):"当某物绝对地缺乏——即质料——这就是毫不分有善的本质的恶,因为质料甚至没有存在。"[④]正如奥梅拉所指出,它就是"形而

---

① 见普罗提诺:《九章集》,I. 8. 2, 17—18,(translated by A. H. Armstrong, Plotinus in Seven Volumes, Cambridge, Massachusetts: Harvard University Press, 1966—1988),"ἔχει πάντα καὶ ἔστι πάντα."

② 普罗提诺:《九章集》,I. 8. 3, 4—7,"Λείπεται τοίνυν, εἴπερ ἔστιν, ἐν τοῖς μὴ οἶσιν εἶναι οἷον εἶδος τι τοῦ μὴ ὄντος ὂν καὶ περί τι τῶν μεμιγμένων τῷ μὴ ὄντι ἢ ὁπωσοῦν κοινωνοῦντων τῷ μὴ ὄντι."

③ 参见普罗提诺:《九章集》,I. 8. 3, 23—40 和 I. 8. 13, 12—14。

④ 普罗提诺:《九章集》,I. 8. 5, 8—10,"Ἀλλ᾽ ὅταν παντελῶς ἐλλείπῃ, ὅπερ ἐστὶν ἡ ὕλη, τοῦτο τὸ ὄντως κακὸν μηδεμίαν ἔχον ἀγαθοῦ μοῖραν."

上学的恶"(metaphysical evil)。[①]

普罗提诺认为恶的起源与灵魂及其行为自身无关,"我们不应当以为恶之为恶的原则在于或是出自我们自身;恶先于我们。"[②]普罗提诺强调如果灵魂中存在恶,那么它将是善的匮乏(ἡ στέρησις, privation),如果灵魂成为某种匮乏,他就失去了善,同时也就失去了生命。[③]但是,普罗提诺并未否认现实的灵魂的缺陷所导致的过犯,但是他强调灵魂之为恶在于其由于与身体相混合而屈从于灵魂的非理性部分,而身体作为质料的"存在"才导致了灵魂为恶。"质料因此是灵魂缺陷的原因,也是邪恶的原因。它是先在的恶,也是首要的恶。"[④]普罗提诺最终将灵魂的"罪"还原到存在论中作为非存在的质料。

上述阐释必须面对如下困难:1. 将道德的恶归咎于超验的绝对的恶,这一丝毫不分有善的恶由何而来?他要么来自恶的原则,要么来自善。坚决反对诺斯替派的普罗替诺显然不会接受前者,但倘若恶来自善,根据柏拉图主义关于原因在程度上大于结果的主张,作为恶的来源的善必然是更大的恶,这显然自相矛盾;[⑤] 2. 普罗提诺在《九章集》其他章节中将质料的来源归结于不完全的灵魂(partial soul),当该灵魂仰视高于它的理智时,它的本性得以显明;当它反观自身时,它反而被自身的不完全性遮蔽,非存在(缺乏明晰性)亦随之而来,质料就以这样一种迥异于流溢的方式产生。[⑥]此处,质料作为

---

① 见奥梅拉:"普罗提诺的恶"(Dominic O'Meara, "Evil in Plotinus(Enn. I, 8)," *The Structure of Being and the Search for the Good*, Ashgate: Variorum, 1998),第9篇第1页。奥梅拉借用了莱布尼茨的术语,但并未将二者相等同。

② 普罗提诺:《九章集》,I. 8. 5, 27— 29, "Eί δὴ ταῦτα όρτῶs λέγεται, oύ θετέον ἡμᾶs αρχὴν κακῶν εἶναι κακοὺs παρ' αύτῶν ὄντας, άλλὰ πρὸ ἡμῶν ταῦτα."

③ 参见普罗提诺:《九章集》,I. 8. 11, 5— 15。

④ 普罗提诺:《九章集》,I. 8. 14, 49— 51,"Ὕλη τοίνυν καὶ άσθενείας ψυχῇ αίτία καὶ κακίας αίτία. Πρότερον ἄρα κακὴ καὶ πρῶτον κακόν."

⑤ 这正是普罗克洛(Proclus)在《论恶的存在》一文中对普罗提诺的恶的存在论解释的诘难,转引自奥梅拉:《普罗提诺的恶》第12—13页。奥梅拉认为普罗克洛的反驳所依恃的因果原则在普罗提诺的形而上学中具有根本作用,这一自相矛盾是难以克服的。

⑥ 普罗提诺:《九章集》,III. 9. 3。

绝对的恶又成为不完全的灵魂的产物，而灵魂的恶来自于先在的恶，这无异循环论证；[①]3. 随上述循环论证而来的更严重的困难在于道德责任：如果质料是道德的恶的根源，灵魂就不必为其行为承担道德责任，人的自由和自我决定也就无从谈起。即使将质料的起源追溯到不完全的灵魂，按照奥布里恩的解释，灵魂的这一行为决不是出于自愿，灵魂似乎也不必为质料这一绝对的恶的产生承担罪责。[②] 人的意愿的自由选择以及相应的责任承担被消解掉了，这无疑是恶的形而上学解释在现实中难以克服的内在困难。[③]

普罗提诺对自由意愿的论述集中于《九章集》第 6 卷第 8 篇"论自由意愿与太一的意愿"，阿姆斯特朗将其誉为"古代西方哲学文献中对意愿和自由的形而上学最为深刻的讨论"。[④]

普罗提诺对自由的反思从何谓"在我们（能力）之下"（εφ′ ημτν, being in our power）开始，他首先自觉地将它同亚里士多德所说的"出于自愿的"（ἐν τῷ ἑκουσίῳ, voluntary）行为区别开来，后者强调不受限制同时具有应有的知识，"出于自愿的"往往与"在我们（能力）之下"相重合，但有时也不相一致，例如某人有权杀人，但当他在不知情时杀死了自己的父亲，这一行为显然不是自愿的。[①]普罗提诺则强调

---

① 奥布里恩在分析上诉文本时，认为恶的必要原因包括两个方面：灵魂的渴望和质料的在场，并认为前者才是充分原因。见奥布里恩"普罗提诺论质料与恶"（Denis O'Brien, "Plotinus on matter and evil", *The Cambridge Companion to Plotinus*, ed. Lloyd P. Gerson, Cambridge: Cambridge University Press, 1996），第 181—186 页。他的解释显然忽视了质料作为首要的恶的绝对性，从而回避了普罗提诺的形而上学悖论和循环论证的问题。

② 见奥布里恩"普罗提诺论质料与恶"第 190 页对普罗提诺的"神正论"的论述，他将恶归咎于灵魂屈从于由自己产生的对象，它与太一的流溢无关，同时作为非自愿行为灵魂自身也不必承担产生质料的恶。

③ 勒鲁指出灵魂、身体和质料在彼此的交互作用中可以因此共同地为那将要产生的恶负责，他并且认为灵魂在身体中的这一复合存在允许了某种自由观念。这一方面忽视了质料作为恶的终极意义，同时也没有充分注意到普罗提诺所说的自由区别于个体生存实践中选择并承担责任的自由。这在下文对普罗提诺的自由的分析中将更加明确。见勒鲁："普罗提诺思想中人的自由"（Georges Leroux, "Human freedom in the thought of Plotinus", *The Cambridge Companion to Plotinus*, ed. Lloyd P. Gerson, Cambridge: Cambridge University Press, 1996），第 297—298 页。

④ 阿姆斯特朗："两种自由观"（A. H. Armstrong, "Two Views of Freedom", *Studia Patristica* vol. 17, Oxford: Pergamon Press, 1982）.

自由是一定的权能，它保障了我们的行为完全依赖我们自身。这种权能显然不能仅仅出于我们的意愿，也不能出于我们的激情、欲望或伴随欲望的利益的算计，因为这无异于将自由这一神圣权能交付幼童、野兽或是疯人，即使算计也要冒出错的危险，最为关键的是它们最终导致我们对自己的行为丧失主权(τό κύριον, mastery)。[2]同样我们的感性和知识同样要面临不能赋予我们行为主权的责难，因此它必然归属灵魂的本性——理智(ὁ νοῦs, Intellect)，并且首先是在理智停止欲望时表现出来——因为由欲望而来的行为领域不可能处于纯粹的"在我们(能力)之下"的状态中。[3]

普罗提诺强调自由是因理智而来的自我实现的权能，它是对灵魂这一由善和理智而来的实体存在的形而上描述，正如"善"首先是超验的绝对的存在(本体)，普罗提诺认为自由(εφ΄ ημτν)同样并不归属于行为实践领域，而在于行为静止时的理智之中。对于自由的灵魂而言，最根本的是其本性或善的实现，而不是行为当中不受外力强迫的选择的自由。[4]同样，普罗提诺也将理智的意愿同思想等同起来："它的意愿即是思想，但被称为意愿是因为它依属理智；那所谓的

---

① 参见普罗提诺:《九章集》，VI. 8. 1，33— 44。普罗提诺在此指出亚里士多德用应当具有的知识来区分出于自愿的和不自愿的行为，例如认为不知道偶然的具体情况时的行为是不自愿的，而不知道应当知道的道德准则时的行为则不是不自愿的。普罗提诺强调后一种无知的行为自身同样可能是不自愿的。

② 参见普罗提诺:《九章集》，VI. 8. 2，2— 21。

③ 普罗提诺:《九章集》，VI. 8. 2，34— 37，"εί δὲ τὴνὄρεξιν παύσας ἔστη καὶ ένταῦθα τὸ εφ΄ ήμῖν, ούκ έν πράξει τοῦτο ἔσται, άλλ΄ έν νῷ στήσεται τούτο. έπεί καὶ τὸ έν πράξει πᾶν, κἂν κρατῇ ὁ λόγos, μικτὸν καὶ ού καθαρὸν δύναται τὸ έφ΄ ήμῖν ἔχειν."

④ 阿姆斯特朗将希腊传统的自由观区分为两方面:一种是成为自身的自由；另一种是在多样性中选择的权力，一种甚至不受自己本性束缚和决定的观点的自由。自由的这一二重性存在并深深地植根于希腊哲学之中。他认为普罗提诺强调前者而忽视后者，后来的基督教哲学则更突出后者。见阿姆斯特朗"两种自由观"，第 397—406 页。勒鲁也将普罗提诺的自由分为完美灵魂无上的自由和存在于行为中的自我的经验的自由，而后一实践领域中的自由最终为纯粹精神的自由决定所替代。见勒鲁"普罗提诺思想中人的自由"，第 302—311 页。后文的分析将显示出这两种自由观之间的张力实际上延续到奥古斯丁的反思之中。

意愿摹仿那依属心灵的。而意愿需要善,思想确实在地在善之中。因此理智拥有它的意愿之所需,而当它实现意愿时,它就成为思想。”[①]因此人的自由不会对抗其本性或善,而灵魂依其本性没有能力为恶也不表明自由权能的丧失,因为它不意愿恶仍是出于它自身并且因为它自身(παρ' αὐτοῦ καὶ δι' αὐτὸν)[②]由此,绝对的自由只能存在于太一或至善之中,它完全超越实践领域,拥有完全实现自身意愿的权能,对它而言,它的意愿和它的存在(η οὐσία, substance)完全同一[③],也必然出于理智和至善的行为。自由和意愿最终由于他们对灵魂本性或善的依附被普罗提诺整合到他的以善为惟一本原的形而上学体系之中,同他对恶的解释一样,自由意愿同样与个体行为及其责任承担无关,它首先是存在论的谓词而不是个体生存的根基[④]。

## 三、尼撒的格列高利:作为非存在的恶与自由意愿的辩证

尼撒的格列高利无疑深受普罗提诺形而上学体系的影响,即使很难找到直接的文本引用依据,我们仍能清晰地辨识出其思想的柏拉图主义式特征,诸如对可感世界和理智世界区分的强调,相信上帝本性的无限性等等,同时在他有关灵魂特别是经受净化的灵魂回归

---

① 普罗提诺:《九章集》,VI. 8. 6, 36— 41,“ἡ δὲ βούλησις ἡ νόησις, βούλησις δ' ἐλέχθη, ὅτι κατὰ νοῦν ἡ γὰρ λεγομένη βούλησις τὸ κατὰ νοῦν μιμεῖται. ἡ γαρ βούλησις θέλει τὸ ἀγαθόν· τὸ δὲ νοεῖν ἀληθῶς ἐστιν ἐν τῷ ἀγαθῷ. ἔχει οὖν ἐκεῖνος, ὅπερ ἡ βούλησις θέλει καὶ οὗ τυχοῦσα ἂν ταύτῃ νόησις γίνεται.”

② 普罗提诺:《九章集》,VI. 8. 10, 30— 32,“καὶ τὸ ἀδύνατον ἐλθεῖν πρὸς τὸ χεῖρον οὐ κ ἀδυναμίαν σημαίνει τοῦ μὴ ἥκοντος, ἀλλὰ παρ' αὐτοῦ καὶ δι' αὐτὸν τὸ μὴ ἥκειν.”

③ 普罗提诺:《九章集》,VI. 8. 13, 8,“ἡ βούλησις αὐτοῦ καὶ ἡ οὐσία ταὐτὸν ἔσται. Εἰ δ ὲ τοῦτο, ὡ s ἄρα ἐβούλετο, οὕτω καὶ ἔστιν.

④ 勒鲁也透辟地指出普罗提诺实际上更倾向于作为所有存在和本质的最高形式的必然性而不是作为选择和行为力量的自由,而他谈论个别灵魂也是为了确保其作为持存的存在的同一性,而不是要为伦理行为提供同一的根基。见勒鲁:“普罗提诺思想中人的自由”,第 294—295 页。

上帝的有关论述中，普罗提诺的影响极为明显。[①] 格列高利对其思想资源的使用也常常受到这样的批评：柏拉图式的思想不加批判的吸收和隐喻解经法不能让人信服的使用——后者源自斐洛和奥利金调和雅典和耶路撒冷巨大差异的尝试。[②] 下文将试图通过对《论人的造成》一书的细致解析，以他对恶的起源和自由意愿的分析来回应上述批评，由此揭示格列高利的思想在何种限度内突破了形而上学的解释而逼近以人的自由意愿为根的生存论思想。

## 一、《论人的造成》概述

在简短地说明为《论创世六日工程》一书作补充的立意之后，格列高利直接从天地的创造开始，强调天地始终处于运动变化之中，惟有上帝恒常不变。[③] 上帝最后造人，以此凸现人性的尊贵。人的造成，既有灵魂卓绝的优点，又有身体恰当的形式，人自我统治，不受任何别的主宰，随自己的意愿支配。人因此与上帝的至上主权肖似(τὸ ὁμοίωμα, likeness)，上帝是心灵(ὁ νοῦς, mind)、道(ὁ λόγος, word)和爱(ἡ ἀγάπη, love)，人亦如是。(1—5 章)

格列高利在简短地离题辨析父子异性派的谬误之后，转而指出

---

① 瑞斯特指出亨利和施威泽编著的普罗提诺直接引用的索引中仅有一条来自尼撒的格列高利，他强调大多数情况下我们很难将普罗提诺对基督教思想家的影响从柏拉图或其他柏拉图主义者的一般影响中区分出来，格列高利也是如此，他的柏拉图式的观念更多源自奥利金。但瑞斯特也承认我们在二者关于灵魂的论述中可以看到明显的相似。见瑞斯特："普罗提诺与基督教哲学"(John. M. Rist, "Plotinus and Christian Philosophy", *The Cambridge Companion to Plotinus*, ed. Lloyd P. Gerson Cambridge: Cambridge University Press, 1996)，第 399—401 页。有关普罗提诺和格列高利灵魂学说相似性的研究，可参见梅雷蒂特："尼撒的格列高利和普罗提诺"(Anthony Meredith, "Gregory of Nyssa and Plotinus", *Studia Patristica* 17)，第 1120—1126 页。

② 见格列高利欧斯：《宇宙的人》(Paulos Mar Gregorios, *Cosmic Man*, New York: Paragon House, 1988)，第 1 页。

③ 文中《论人的造成》一书引文从威尔逊的英译本(Gregory of Nyssa, *On the Making of Man*, translated by H. A. Wilson, The Nicene and Post-Nicene Fathers, vol. 5, from http:// www. ccel. org /fathers2 /NPNF2－05 /)译出，并参考马葆炼女士的中译文(女撒主教贵钩利《人的造成》，马葆炼译，章文新校，载《东方教父文集》香港：基督教文艺出版社，1992 年第三版)，个别处依据希腊原文有所改动。原文及拉丁文翻译见《教父文献大全(希腊编)》第 44 卷〔J. P. Migne, *Patrologiae Cursus Completus*, *Series Graecae* (*PG*), vol. 44〕。

人之没有天然武器或装备，并且能直立行走和具有与诸兽不同的双手，在于人有理性(ὁ λόγος, reason)，他进一步将灵魂划分为三个等级：植物所具有的生长和营养的机能；动物所有的非理性的感性能力(ἡ αἴσθησις, sensibility)；人所独有的理性能力。(6—8 章)

理性的心灵和身体关系复杂：人的外形构造为理性服务，身体有如灵魂的乐器，灵魂总是借助感官而行动，同时心灵自身又因其与上帝的肖似而不可感知，理性灵魂作为人的统治原则不在具体的身体器官如大脑或心脏之中，身体总是处于无尽的空间运动之中(即使在睡梦中也不得休止)，灵魂的运动方式则有所不同，特别是对于真实完美的灵魂，它在本性上始终为一，这一理智的非物质的灵魂不在运动之中。而灵魂一词的确切含义无论就事实还是名称来说都是指理性灵魂。(9—15 章)

格列高利细致地讨论了《创世纪》中所说“我们要照着我们的形象与样式造人”。他认为人不应当被称为“小宇宙”(μικρὸς κόσμος)，因为人并非与可见的世界相似，而是相似于超越于一切我们所能理解的善之上的上帝，人是上帝的肖像(ἡ εἰκών, image)。随后格列高利提出了“二重创造说”(double creation)解释人性的现实与理想之间的张力。(16 章)

格列高利针对可能的疑问或反对意见对其人性论作了细致的辩解，他指出灵魂在乐园里能够以近于天使的形态进行繁衍，只是人由于屈从于他同野兽相近的激情而堕落，才采取了现有的生殖方式。乐园里的禁树乃是善恶混杂，人因受其外形之善的欺骗而丧失了单纯的善，最终堕落而遮蔽了上帝的形象。(17—20 章)

堕落之后却又复活。在格列高利看来，复活之可能不仅在于《圣经》的教诲，同时也是由有限的恶的终结的必然性所决定的，正如这世界有其开端亦必有其终结。人们不应当为尚未到来的复活焦虑，而应以自己的德性准备将临的恩典。格列高利特别对摩尼教的二元论和斯多亚派的质料永恒说做了批驳。复活的可能性远远超越人的理性所及，即使物质的世界灰飞烟灭，上帝仍然有能力使身体复活而

各归其主，因为人的灵魂作为形式保持着同一性的烙印而成为复活的根基。(21—27 章)

最后，格列高利驳斥了柏拉图主义“灵魂先在”的主张，那将导致人的灵魂的无尽堕落直至湮灭。他也反对先有肉体后有灵魂的说法，强调人的本性乃是复合的，灵魂与身体存在的原因都是同一的上帝。(28—30 章)

## 二、上帝的肖像：人作为自由意愿的存在

人作为上帝的肖像乃是格列高利最为基本的理念之一，构成他对人性以及人和上帝关系理解的核心。[①]格列高利对肖像一词所标明的人与上帝的相似性作了深入的探究。灵魂因与上帝的至上主权相似而成为心灵、道和爱，它如同柏拉图主义传统中的灵魂，因分有“太一”或“善”而成为理性的存在，格列高利也强调灵魂的确切含义首先是理性灵魂，它是灵魂的三重内涵中最能体现人区别于其他生物的特性，理性的能力使心灵在不同的感官作用中保持其本性。[②]理性至上的希腊哲学传统在格列高利的灵魂学说中清晰可辨，其后是以善和理智为世界本原的存在论构架，人的灵魂在这一形而上学框架中的位置决定了它的理性本性，就此而言，格列高利并没有超越普罗提诺的形而上学。

格列高利的卓绝之处在于他明确指出人的本性所分有上帝的善中最为根本的是人的自由意愿：

这（案：指人依据上帝的形象而创造）就如同说上帝使人的本

① 见奎斯顿：《教父学》第三卷，第 292 页

② 见格列高利：《论人的造成》，6. 1，PG44，140A，“Μία γάρ τίς έστι δύναμις, αύτὸς ὁεγκε ίμενος νοῦς, ὁ δί έκάστου τῶν αίσθητηρίων διεξιὼν, καὶ τῶν ὄντων έπιδρασσόμενος”；亦见格列高利《论人的造成》，15. 2，PG44，176D—177A，“Οὕτω τοίνυν καὶ τῆς ψυχῆς έν τῷ νοερῷ τε καὶ λογικῷ τὸ τέλειον έχούσης, πᾶν ὃ μὴ τοῦτό έστιν, ὁμώνυμον μὲν εἶναι δύναται τῇ ψυχῇ, ού μὴν καὶ ὄντως ψυχὴ, άλλά τις ένέργεια ζωτικὴ, τῇ τῆς ψυχῆς κλήσει συγκεκριμένη.”

> 性分有所有的善。因为如果神性是善的丰溢(τὸ πλήρωμα, fullness),而这是他的肖像,这肖像就在充满善的同时找到它和原型的相似之处。因此,在我们之中存在着所有善的形式,所有美德和智慧的(形式),所有那被设想为存在于更高的本性的事物的(形式)。但是所有这些中最重要的必然是自由(τό ἐλεύθερον, Freedom)和不屈从于任何自然的权力而能在我们力之所及中按我们所高兴地决定;因为美德不承认任何主宰(ἀδέσποτος, no master)并且出于自由意愿(ἑκουσιος)——那受强迫或逼迫的绝不能称为美德。[①]

格列高利认为上帝在赐予人实现各种善的能力的同时,将一切善中最为荣耀的自由交付人。因为上帝作为至高无上的存在,他是自在的存在,没有任何东西能与上帝永恒同在,上帝乃是从虚无中创造了世界,而上帝始终是其自身,既不运动也不变化。与前文所谈及的普罗提诺的"太一"的自由相类似,上帝的存在是成为其自身的自由的最完满的体现,上帝的一切都是出于他自身并且因为他自身。

但是,格列高利所说的自由的更为根本的内涵在于它是道德行为的根基,美德是这一自由的充分体现。格列高利的这一自由观可以回溯到前文已经提及的亚里士多德对自愿行为的分析。但是,一方面亚里士多德强调"美德是一种涉及选择的品质"[②],突出道德行为不受他人强制而出于意愿的自主性特征,强调意愿的选择同伦理

① 见格列高利:《论人的造成》,16. 10—16. 11,PG44, 184B,"Ισον γάρ ἐστι τοῦτο τῷ εἰπεῖν, ὅτι παντὸς ἀγαθοῦ μέτοχον τὴν ἀνθρωπίνην φύσιν ἐποίησεν. Εἰ γὰρ πλήρωμα μὲν ἀγαθῶν τὸ Θεῖον, ἐκείνου δὲ τοῦτο εἰκών· ἄρ' ἐν τῷ πλῆρες εἶναι παντὸς ἀγαθοῦ, πρὸς τὸ αρχέτυπον ἡ εἰκὼν ἔχει τήν ὁμοιότητα. οὐκοῦν ἐστιν ἐν ἡμῖν παντὸς μῶν καλοῦ ἰδέα, πᾶσα δὲ ἀρετὴ και σοφία, καὶ πᾶν ὅτιπερ ἐστι πρὸς τὸ κρεῖττον νοούμενον. Ἓν δὲ τῶν πάντων καὶ τὸ ἐλεύθερον ἀνάγκης εἶναι, καὶ μὴ ὑπεζεῦχθαί τινι φυσικῇ δυναστείᾳ· ἀλλ' αὐτεξούσιον πρὸς τὸ δοκοῦν ἔχειν τὴν γνώμην. Ἀδέσποτον γάρ τι χρῆμα ἡ ἀρετὴ καὶ ἑκούσιον, τὰ δὲ κατηναγκασμένον καὶ βεβιασμένον ἀρετὴ οὐ δύναται."

② 亚里士多德:《尼各马科伦理学》〔Aristotle, *The Nicomachean Ethics*, translated by H. Rackham, Cambridge: Harvard (Loeb Classical Library), 1934〕, 1106b35—1107a2。

责任的内在关联;另一方面他关于选择、策划的理性解释以及对不自制行为的实践三段论分析,否定个体行为中自我决断的自由,强调理性和实践智慧是行为的决定性因素,意愿从不具有脱离理性而独立的存在[①]。格列高利延续了美德出于自由意愿的这一希腊传统,同时将意愿及其选择行为的自由提升为人的灵魂最为卓越和可贵的本性,成为人之所以为人的本质性成分和其他一切善的根基,从而突破了以理性为人的惟一本性的形而上学传统。这一自由意愿直接和人的生存相关,既是人走向堕落的根源也是人获得拯救的根基,因此上帝对人的惩罚和救赎都没有剥夺人的自由。格列高利在其他著作中反复强调自由意愿所标明的人的尊严:

> 当他受外力强迫而去做某事违背他的自我统治的意愿时,那就是对他尊严的褫夺。因为如果人的本性在他自己的自由选择中,违背那自我统治的力量而被迫去做那与它(意愿)不相一致的事情,这就等于剥夺了他原初的善,野蛮地抢走了他的与上帝相似的荣誉(its God-like honor)。[②]

## 三、自由意愿与作为虚无的恶

自由意愿作为人的尊贵身份的标志,它容许人的心灵能够朝向它所意愿的运动,恶也就因此而可能产生。然而,至善的上帝如何会允许按他的形象所造的人选择恶吗?堕落于现世的恶丧失了乐园中的种种荣福往往屈从于恶的诱惑,他还可以算作上帝的肖像吗?格列高利用它的二重创造说对此作了肯定的回答。他认为《创世记》中在说明人是上帝照着自己形象所造之后又说:“上帝造他们乃造男造女。”而使徒曾经说过在耶稣基督那里并不分男女,因此,那区分了男

---

① 有关亚里士多德的意愿理论的理性主义特征以及意愿的软弱性与实践三段论的关系,参见英国学者肯尼的卓越研究《亚里士多德的意愿理论》(A. Kenny, *Aristotle's theory of the will*, London: Duckworth, 1979)。

② 格列高利:《论亡者》(Gregory of Nyssa, *De Mortuius*, IX. I. 54/1 to 55/11. PG46, 524A—C),转引自格列高利欧斯:《宇宙的人》,第137页。

女的创造不同于人之原型的创造，人的创造具有两重内涵：一是照上帝的形象所造，一是男女之分。[①] 格列高利认为这一关于创造的学说揭示了人之本性的伟大教义："当两种本性——神圣的无形的本性和野兽的非理性生活——被分别为两个极端，人的本性居于它们之间(μέσον, mean)。"[②] 人性居中这一对人的形而上学理解普遍存在于古代世界，格列高利的特殊之处在于强调人因此命定地要运用自由选择在两极之间寻回自己失落的乐园，居中的人因为禀有自由的权威而与上帝相似，即使人因为意愿的自由选择而被逐出乐园。格列高利认为上帝的第二次创造在某种意义上说也是由人的自由选择所造成：全知全能的上帝预知了"人的自由选择的运动(倾向)"，所以为由于选择而堕落的人区分男女使灵魂得以繁衍。[③]

格列高利在他的二重创造说中明确指出人的自由选择导致人的堕落，人也因意愿的选择而承担相应的被逐出乐园的责罚。上帝将神圣的自由作为至高的善交付与人使人得以肖似上帝，而人误用这一崇高的能力反而遮蔽了自由的本性进而陷入现实的恶之中，因此人的罪与上帝的创造无关，它是灵魂自由选择的结果，上帝的二次创造"预先"承认了这一事实。自由意愿在此同恶的来源取得内在相关性，格列高利不加疑惑地强调恶的源泉即是人的自由选择。[④] "没有

---

① 格列高利：《论人的造成》，16. 7－8，PG44，180D－181A，"Ούκοῦν διπλῆ τίs έστιν ή τῆs φυσεωs ἡμῶν κατακευὴ, ἥ τε πρὸs τὸ Θετον ὡμοιωμένη, ἥ τε πρὸs τὴν διαφορὰν τα΄ υτην διῃρημένη."

② 格列高利：《论人的造成》，16. 9，PG44，181C，"Δύο τινῶν κατὰ τὸ ἀκρότατον πρὸs ἄλληλα διεστηκότων, μέσον ἐστὶ το ἀνθρώπινον, τῆs τε θειαs καὶ ασωμάτου φύσεωs, καὶ τῆs ἀλόγου καὶ κτηνώδουs ζωῆs."

③ 格列高利：《论人的造成》，16. 14，PG44，185A，"καθ ώs φυσιν ἡ προφητεία, ἐπακολουθήσαs, μᾶλλον δὲ προκατανοήσαs τῇ προγνωστικῇ δυνάμει, πρὸs ὅτι ῥέπει κατὰ τὸ αυτοκρατέs τε καὶ αὐτεξούσιον τῆs ἀνθρωπίνηs προαιρέσεωs ἡκίνησιs, ἐπειδὴ τὸ ἐσόμενον εὐῖδεν, ἐπιτεχνᾶται τῇ εἰκόνι τὴν περὶ τὸ ἄρρεν καὶ θῆλυ διαφορὰν, ἥτιs οὐκέτι πρὸs το θεῖον ἀρχέτυνπον βλέπει, ἀλλὰ καθὼs εἴρηται, τῇ ἀλογωτέρᾳ προσωκείωται φύσει."

④ 格列高利欧斯认为恶乃是善的误用，它必然出于自由选择。在东方教父的传统中，自然的罪(he phusike hamartia, natural evil)是没有意义的，罪之为罪在于它是自愿的，它是意愿的疾病。因此罪与人的本性无关，它是自由选择的运动所造成的对本性的破坏。见《宇宙的人》，第157页。莫斯汉默也强调格列高利在任何一处讨论恶的本性和来

恶存在于自身的实体中(κατ' ἴδιαν ὑπόστασιν, in its own substance),而处于自由选择的能力之外。"[1]

这一自由选择的恶的根源在于人作为受造物乃是处于运动变化之中,无论身体还是灵魂都处于变化之中。[2]格列高利对人和上帝关系的理解,既强调他们之间的相似性同时也突出他们的绝然相异性。后者集中地表现于"διάστημα"这一核心概念中。Διάστημα 一般指"分割"、"分离",毕达哥拉斯派用它指一个音阶中音符间的间隔,亚里安派(Arian)则用它指圣父和圣子在时间上的间隔以支持其父子异性论。格列高利强调 διάστημα 只存在于造物主和受造物之间。根据格列高利欧斯的研究,格列高利所说的 διάστημα 具有三层内涵:1. 造物主的存在(ousia)中没有 διάστημα;2. διάστημα 是被创造的存在不断变化的特性;3. διάστημα 是上帝和他的造物之间不可弥合的间隔。[3]人作为受造物中最为尊贵的存在,他虽然与上帝相肖似,但同样处于 διάστημα 的巨大沟壑之中。巴尔塔萨(Hans Urs vonBalthasar)对格列高利的人性理解有一个极为精到的概括:"人

---

源时都强调了自由选择的作用。见莫斯汉默"尼撒的格列高利论恶与非存在"(Alden A. Mosshammer, "Non-being and Evil in Gregory of Nyssa", *Christianity in Relation to Jews, Greeks, and Romans*, ed. Everett Ferguson New York& London: Garland Publishing, Inc. 1999),第 172 页。

① 格列高利:《论贞节》(Gregory of Nyssa ,*De virginitate*, *Gregorii Nysseni Opera*, ed. Werner Jaeger, vol. VIII. 1,299, 12—14),转引自莫斯汉默"尼撒的格列高利论恶与非存在",第 172 页。

② 格列高利在分析人的造成的二重性时强调运动变化只属于人的物质性存在,它与人作为精神的存在而成为上帝的肖像无关,在《论人的造成》后面的论述中他也突出了灵魂作为形式在运动变化中的不变性。参见《论人的造成》,27. 3, PG44, 225D。但正如达尼埃诺所指出,格列高利将极端的可变性归之于整个受造物,而不仅仅是物质的存在,格列高利在此采取斯多亚派的立场而反对柏拉图主义者。参见《尼撒的格列高利论存在与时间》(Jean Danielou, *L'etre et le temps chez Gregoire de Nysse*),第 99 页,转引自格列高利欧斯《宇宙的人》,第 174—175 页。格列高利欧斯认为格列高利并未最终解决上述矛盾,他只是强调人在变化中必然有稳定的因素,它确保了人的本性在变化中的同一性,但这一稳定性并未改变人的本性屈从于变化的存在样态。见格列高利欧斯《宇宙的人》,第 168—176 页。格列高利对人的存在和变化之间关系的对立解释正揭示了他对人的存在样态的解释尚未摆脱旧形而上学的影响,动摇于传统的理性理解和基督教的罪人论之间。

③ 见格列高利欧斯《宇宙的人》,第 67—99 页。διάστημα 一词内涵极为丰富,在格列高利著作中它指的是受造物存在的时间、空间或者是其自身的广延,同时也指他们同造物主之间的绝对差异。很难找到一个与之相对应的汉语词汇,本文姑且保留其原型不作翻译。

性即上帝在 διάστημα 中的在场(presence)。"[①]

因此,一方面人作为上帝的肖像要效仿上帝的存在。格列高利指出,上帝的善的最完美的体现在于他以神圣的意愿将人从虚无带入存在(ἐκ τοῦ μὴ ὄντος εἰς γένεσιν, from nothing into being)并且完全供给他所有的善。[②] 格列高利接受存在即善的传统观念,从无中创造存在揭显出上帝作为自在的存在不可理解不可感知的至善本性。人自然也应进行创造以体现他自身的善,格列高利在论述人的灵魂和身体的关系时指出心灵的本性同样是不可感知的,他也必须通过一系列意愿行为体现心灵的本性。但是,人的创造或行为必然是在 διάστημα 之中,在受造物的无穷变易之中,他不能像作为绝对的存在的上帝那样始终存在并且只意愿存在,它自身并不能成为自己存在的根基,他通过分有上帝的神圣生活而获得其本性真实的生存,此时它如同上帝一样意愿存在。但他完全有可能远离上帝的神圣本性而在创造中意愿非存在(τό μὴ ὄν),这种非存在对于深受柏拉图主义影响的格列高利来说就是恶。[③]

格列高利在其著作中反复地用非存在来定义恶:"那自在的存在(ὁ ὄντος ὤν)就是自在的善……既然恶被理解为美德的对立物而最完美的美德就是上帝,因此恶是在上帝之外;恶的本性不应当从它自身是什么来理解而应当从它不是善来理解。我们将'善之外的'概念命名为恶,恶与善在概念上的对立正如同非存在被区分为存在的对立物。"[④]格列高利在此借用了柏拉图主义的术语对恶的"存在"进行了存在论的界定,但他并没有从质料或其他实体中寻找这一非存在

---

① 转引自格列高利欧斯:《宇宙的人》,第 227 页。

② 格列高利:《论人的造成》,16. 10, PG44, 184B。

③ 格列高利在《论摩西的生活》一书中划分了如下三个范畴:自在的存在(ὁ ὄντος ὤν)和存在者(τά ὄντα)、非存在(τό μὴ ὄν),这一带有鲜明柏拉图主义色彩的区分贯穿了格列高利的整个思想体系,是其存在论的最为基本的构成要素。见《论摩西的生活》(*De Vita Moysis*),*II*,转引自格列高利欧斯:《宇宙的人》,第 108—109 页。

④ 格列高利:《〈传道书〉释义》(Gregory of Nyssa, "Homilies on Ecclesiastes", *in Werner Jaeger ed. Gregorii Nysseni Opera*, vol. V. 406, 7—407, 15),转引自莫斯汉默:《尼撒的格列高利论恶与非存在》,第 174 页。类似的定义可以在莫斯汉默找到相应的引述。

的根源，而是指出恶作为非存在并非绝对不存在的虚无，否则人在自由选择时就无从知道恶的“存在”，也就不可能产生向非存在的恶的意愿。我们看到格列高利所描述的乐园中的恶乃是善的缺乏，它是某种只能从否定的方面加以定义的“存在”(existence)。[①] 这与普罗提诺相类似，格列高利的深刻之处在于他认为恶之所以能获得这样的“存在”方式乃是根源于人的意愿。“恶在我们选择时获得持存性(subsistence)，它在选择的那一刻进入存在，因为在自由意愿(proairesis)之外，恶不能被发现存在于他自己的实体之中。”[②] 非存在仅仅是恶的“潜在”的方式，它是有待现实化的否定性的“存在”，出于意愿的自由选择则是恶的现实化的决定性力量，就此而言，现实的恶是人的自由意愿的产物。形而上学的恶的“存在”必须通过人在生存之中的自由选择才能获得其现实可能性。

格列高利认为人倾向于非存在不仅根源于前文所论及的存在论上作为分有的存在，同时也在于人的生存的基本样态。他认为人的存在乃是复合的存在，上帝造人时既为他准备了灵魂卓越的优点，同时又提供了身体适当的形式，“人是灵魂和身体组成的复合的同一的存在”。[③] 理性灵魂象征着隐藏的人的内在本性，身体则是这一本性的可见的显现，犹如灵魂的器具，二者以一种神秘而不可理解的方式共同构成了人的现实存在。[④] 当然，灵魂特别是理性灵魂必然高于身

---

① 参见莫斯汉默对恶作为非存在的内涵的卓越研究。莫斯汉默“尼撒的格列高利论恶与非存在”，第 172—176 页。值得注意的是普罗提诺在谈到恶的非存在时也指出恶以非存在的方式存在。见前文所论普罗提诺的恶的形而上学解释。

② 格列高利《论至福》(Gregory of Nyssa, *De Beatitudinibus*, PG44, 1256B)，转引自莫斯汉默《尼撒的格列高利论恶与非存在》，第 172 页。此处将“proairesis”翻译为“自由意愿”并不确切，详见后文的讨论。亦见莫斯汉默的相关分析，见莫斯汉默“尼撒的格列高利论恶与非存在”，第 200 页，注释 1。

③ 格列高利《论人的造成》，4. 1，PG44，136B，“τοῖs τε κατὰ την ψυχὴν προτερήμασι καὶ αὐτῷ τῷ τοῦ σώματος σχήματι τοιοῦτον εἶναι παρασκεθάσαs”；《论人的造成》，29. 1，PG44，233D，“Ἀλλ΄ ἐνοσὄντοs τοῦ ἀνυρώπου, τοῦ διὰ ψυχῆs τε καὶ σωματοs συνεστῆκότοs, μιαν αυτοῦ καὶ κοινὴν τῆs συστάσεωs τὴν ἀρχὴν ὑποτίθεσθαι.”

④ 格列高利《论人的造成》，15. 3，PG44，177B，“ἡ δὲ τοῦ νοῦ πρὸs τὸ σωματικὸν κοινωνια ἄφραστόν τε καὶ ἀνεπινόητον τὴν συνάφειαν ἔχει.”

体，它是神性存在的镜像（τό κάτοπτρον, mirror)，而身体则是镜像的镜像（τό κάτοπιρου κάτοπτρον, mirror of mirror)。灵魂的善来自它所映射的上帝的至善，而身体的善则由灵魂所赐，它和质料紧密相关而低于灵魂。因此灵魂也就极可能意愿至高的神性生活，同时也可能屈从于身体的激情（τό πάθos, passion)。“灵魂一旦与激情合作，它就产生大量的恶。”①恶的根源正在于人的灵魂没有依照身体的本性利用身体，反而屈服于身体激情的诱惑，放弃了至高的本性而追逐较低的晦暗的本性，这就遮蔽了灵魂与上帝相肖似的自由意愿从而选择了作为非存在的恶。②

## 四、生存论与形而上学之间

格列高利借用了镜像之类柏拉图式的隐喻来刻画人的生存状态，力图在自在的存在—存在者—非存在的形而上学框架中寻找恶的生存论根基。因此我们看到虽然格列高利也借用了普罗提诺式的“非存在”这一术语来描述恶的存在论本性，但它并没有将灵魂的恶解释为外在的无序的危险的质料或虚无的阻碍——质料或身体作为上帝的造物自身为善——而是强调它是人不能抵御虚无诱惑的直接后果，它是人选择错误的目标所必须承担的责任。③与之同时，格列高利所谈论的人的生存也不再仅仅是由太一或理型而来的理性存在，它是可以因意愿的自由选择而犯罪的生存者，它的生存包括了

---

① 格列高利《论人的造成》，18. 3，PG44，192D—193A，“Τὴν γὰρ παρ' ἑαυτοῦ σὑνεργίαν χρήσαs τῷ πάθει, πολύχουν καὶ ἀμφιλαφῆ τὴν τῶν ἀτόπων γένεσιν ἀπειργάσατο.”

② 格列高利认为人的灵魂必须摆脱激情的束缚，人只有在无情（apatheia）之中才能确保意愿的自由选择不受其本性之外的存在阻碍。无情不是一种消极的逃避，它更多地体现的是对更高的本性的积极地接受（active reception)，从而保证灵魂或个体的自我同一性。参见米尔班克对格列高利的ἀπάθεια的杰出研究“尼撒的格列高利：同一性的力量”(John Milbank, Gregory of Nyssa,“The Force of Identity”, *Christian Origins*, ed. Lewis Ayres and Gareth Jones, London: Routledge, 1998)，第94—110页。

③ 莫斯汉默指出普罗提诺和格列高利的共同之处仅在于用同一术语“非存在”来定义恶，而他们对恶的理解，对灵魂本性的理解都完全不同。参见莫斯汉默：《尼撒的格列高利论恶与非存在》，第195—199页。

身体、感性和激情等理性的他者[①]，而且人对恶的意愿首先是灵魂的过犯，它决不能推诿质料之类形而上学的存在。[②] 同时，灵魂不足以支撑其自身的存在的，它只有通过意愿分有上帝的存在才可能正确地对待身体、感性和激情，真正实现自身的本性，因此人的存在始终是有待于意愿在生命中通过选择而完成的开放的存在，人通过意愿实现美德并接受恩典，同时也由于意愿而承担自身的罪。

格列高利突破但并未最终摆脱希腊形而上学的传统，这突出地体现在他大量的借用柏拉图式的语汇和存在论的思想框架，因此我们看到他一方面将恶的起源追溯到人的意愿的自由选择，同时又强调恶的消亡是一个自然的过程：他在论述复活的必然性时指出恶作为非存在决定了它的有限性，它有开端也必然有终结。而当恶的运动走向终结时，善也就接踵而至。“因为恶不能延伸到无限，而应当受到必然的限制，善将会紧随恶的终结之后再度出现。”[③]恶的终结在此被归结为恶自身作为非存在的存在论特性，人的意愿和行为的意义被形而上学的存在运动理论取消了，而上帝道成肉身受难的意义也将受到质疑。当恶被还原为形而上学的运动过程，普罗提诺所面临的取消道德责任的困境就重新复出水面。恶的自然终结论同前文所描述的恶的起源的意愿理论构成鲜明的对峙。其中关键在于希

---

① 米尔班克指出“爱（eros）或意愿对他（格列高利）而言不再屈从于理性——如同柏拉图式的教为卑贱的部分或亚里士多德的较低的能力——他们也并非灵魂的部分甚至是能力。他们与理性同在，理性同时也会意愿也会爱。”见米尔班克“尼撒的格列高利：同一性的力量”，第 104 页，这一论断虽有过激，但也指出了格列高利的意愿学说已经突破了人的理性还原的束缚。

② 格列高利在反对欧诺密（Eunomius）的亚里安派异端思想时指出，“选择能力的背叛并非身体之罪，选择能力是灵魂的属性，我们本性的全然不幸正是发端于此。”见格列高利：《驳欧诺密》（Adversus Eumomium），174，转引自格列高利欧斯：《宇宙的人》，第 158 页。

③ 格列高利：《论人的造成》，21. 2，PG44，201C，“Μὴ γὰρ προϊούσης κακίας ἐπὶ τὸ ἀόριστον，ἀλλ᾽ ἀναγκαίοις πέρασι κατειλημμένης，ἀκολούθως ἡ τοῦ ἀγαθοῦ διαδοχὴ τὸ πέρας τῆς κακιας ἐκδέχεται.”

腊的哲学传统并未对理智和意愿进行明确的区分[①]，上帝的意愿即是上帝的智慧，自亚里士多德以来，理智和意愿似乎仅仅意味着理论的和实践的区分——如前文所述，他们更强调成为自我的自由意愿，真正的自我无疑是理智自身——格列高利的意愿学说虽然确认了理性的他者的存在，但意愿自由的意义在于不受主宰，只有理性才能真正确保人在感性、意愿和身体的变化之中静态的同一性。这一同一性突出心灵能够超越现实历史的变化而保持不变的统一，它表明人类在受造物中的尊严但却丝毫不涉及个体存在的差异。对格列高利来说，自由意愿（προαίρεσις）更接近于理性的非人格的做出判断和实现判断的能力，他标示出行为的目的性特征。它是理性在现实行为领域的延展。自由意愿同理性一样体现出人和上帝的内在相似。格列高利更多地从肯定的方面来谈论自由意愿，强调出于自由意愿的美德是人获取恩典并最终获得拯救的根基，格列高利相信普世拯救（ἀποκατάστασις πάντος，Universal Salvation）的观念，并且认为这一拯救过程需要人意愿的积极的参与，正如塞潘里斯所说："（普世拯救）是个体迎取圣化的积极的肯定的过程，是日常地对基督的效仿（Imitatio Christi）和对恶的决定性分离。"[②]因此，自由意愿更多地表现为普遍的人性之善和普世拯救的根基，它关注的仍然是人类的存在，格列高利在谈到上帝造人时强调上帝给予的不是特殊的某个人而是整个人类。[①]自由意愿在格列高利的思想体系中更多地是和人

---

① 在前文的分析中我们已经可以看到，voluntas（意愿）一词在希腊语中可以是 προαίρεσις（强调意愿的自由选择），也可以是 ἑκούσιον（强调出于自身的意愿），还可以是 βούλησις（强调意愿是对某物的欲求），它们各自部分地表达了意愿的内涵，但都不完全。参见格列高利欧斯：《宇宙的人》，第 52—56 页。它强调在希腊哲学传统中并没有与拉丁哲学中 mens（心灵）和 voluntas（意愿）严格相对应的概念。瑞斯特在研究奥古斯丁的理性和信仰的关系时强调意愿是连接二者的纽带，但是它所说的 voluntas 完全不同于希腊哲学中的 proairesis，后者往往是一种确定的能力合理性的规定。而 voluntas 则同信仰、欲望以及爱恨内在相关。见瑞斯特"信仰与理性"（John M. Rist，"Faith and Reason"，*The Cambridge Companion to Augustine*，ed. Eleonore Stump，Cambridge：Cambridge University Press，2001）第 31—35 页。

② 见塞潘里斯："尼撒的圣格列高利的普世拯救概念"（C. N. Tsirpanis，"The Concept of Universal Salvation in Saint Gregory of Nyssa"，in *Studia Patristica* vol. 17），第 1140 页。

类的拯救联系在一起，而不是同个体属己的罪内在相关。格列高利既没有形成原罪的确切概念，也没有将个体现实的存在解释为有罪的存在，个体首先是作为罪者而成为它自身。

格列高利对上帝创世的沉思深入到人作为自由意愿的存在，透露出从自由意愿来理解人的生存的丰富性和不可还原性的可能，使人性思考获得了形而上学所缺乏的内在深度，突破了人的理性理解的狭隘性。同时，通过人对罪的承担克服了形而上学的神正论中至善的上帝于现实之恶的内在矛盾。格列高利对人作为理性和作为意愿的存在并未加以区分，因此也就错失了深入人作为个体的更为内在的生存的机会，而他对恶的解释也就摇摆于形而上学的虚无论和生存论的罪论之间。

## 四、奥古斯丁：意愿之恶与作为罪者的自我

如前所述，格列高利所实现的只是对形而上学解释的突破，对恶的来源更彻底的生存论解释需要一种更内在化更突出人作为个体存在的意愿学说支撑，这一学说也必将更深刻地展现个体的生存样态，它将促成哲学思考的现代性转向。这在被称为“第一个现代人”② 的奥古斯丁对人作为罪者的存在的深刻洞察中得以实现，对恶作为生存之罪的彻底性理解以及对人作为个体存在的刻画通过奥古斯丁更加彻底的意愿学说进入思想史。

---

① 格列高利《论人的造成》，16. 16，PG44，185B，“αλλ' ὄνομα τῷκτισθέντι ἀνθρώπῳοὐχ ὁ τὶs，ἀλλ' ὁ καθόλου ἐστίν.”

② 参查德威克：《奥古斯丁》（Henry Chadwick，*Augustine*，Oxford：Oxford University Press，1986），第 3 页，查德威克认为他的“现代性正在于他著作独有的心理学深度和他对内省（introspection）的强调”；亦见瑞斯特：《奥古斯丁：经受洗礼的古代思想》（John M. Rist，*Augustine*：*Ancient Thought Baptized*，Cambridge：Cambridge University Press，1994），第 88 页。

## 1.《论自由选择》概述

奥古斯丁的思考从追问上帝是否恶的原因开始：他首先区分“恶”(malus) 在拉丁语中的两种语义：“作恶”与“遭受恶”[①]。这一区分接近于“伦理之恶”(evil of ethics)与“自然之恶”(evil of nature)的差别。[②] 就后者而言，上帝可算作它的原因，但它只对遭受者而言是恶(坏)，它所彰显的是上帝奖善惩恶的公义。而“伦理之恶”则构成对全能至善的上帝的否定。奥古斯丁并未从存在论的层次讨论恶是否为一独立实体或是绝对的虚无。他用“作恶”(male facere)这一定义将对恶的追问引入生存论的视野。显然只有恶人(quisque malus)才是他自己恶行的原因。[③] 本体论的“恶的难题”由此演化为生存论的罪(peccatum)及罪的承担。而“只要人们为恶出于意愿(voluntate)，他们就被公正地惩罚”。[④] 正是“意愿”使个体成为罪的承担者。

奥古斯丁首先否认我们通过学习(per disciplinam)而犯罪的可能，因为我们学到的一切知识都是好的(bonus)。罪出自欲念(libido)，亦即可指责的欲望(cupiditas culpabilis)。[⑤] 就欲望自身而言，它并不直接造成恶行，罪行产生的关键在于人对欲念的态度，它之所以是可指责的正在于心灵作为理性的存在屈从于非理性的灵魂的冲动。[⑥] 奥古斯

---

① 《论自由选择》，“Duobus enim modis appellare solemus malum; uno, cum male quemque fecisse dicimus; alio, cum mali aliquid esse perpessum.”“malus”一词在拉丁语中用法极广，“坏”、“恶”、“不足”等诸多否定性表达都包含其中，并不特指与善相对的恶。

② 魏泽尔认为“遭受恶”并不等同于“自然之恶”，如代人受罪这样的遭受之恶即超越了自然的范畴。见魏泽尔著《奥古斯丁与德性的局限》，第62页，注释28。但这一区别在《论自由选择》中并无实质性后果，故本文不作进一步的区分。

③ 《论自由选择》，1.1.1，“quisque malus sui malefacti actor est.”中译本译作“谁若作恶，即是他自己恶行的原因。”似不妥，奥古斯丁并不认为有中立于行为之外的行动者。“malus”是对行动者自身的价值断定，而不是针对行为。

④ 《论自由选择》，1.1.1。“Non enim juste vindicarentur, nisi fierent voluntate.”

⑤ 《论自由选择》，1.1.4。中译者将 libido 译为“贪欲”，cupiditas 译为“贪念”。奥古斯丁有时将二者混同，但此处他显然将 cupiditas 作为中性的“欲望”使用。

⑥ 奥古斯丁在更早的《论登山宝训》(*De sermone Domini in monte*，AD394)中指出人的“罪”要经历三个阶段：暗示、快乐、赞同(suggestion, pleasure, consent)，而后者作为心灵对罪的态度无疑是最为关键的。见该书1.12.33，引自英译本(*The Lord's Sermon on the Mount*, translated by John J. Jepson, Westminster: the Newman Press, 1948)，第43页。

丁将人的存在简单地区分为生命(vita)和理性(ratio)。[①] 后者正是人的优越性所在,具体为人的心灵(mens)或是精神(spiritus)。[②] 奥古斯丁在此所说的作为人的优越性的理性在于心灵对欲念的统治,此时人之存在才合于"永恒的律法"(lex aeterna)[③],否则就屈从于欲念而产生罪。

然而,心灵在实施其对欲念的统治时,平等或优越于它的东西都不能使它作欲念的奴隶,因为这样的事物自身是有序的、美好的,不会诱发罪行。而欲念自身低于心灵,它不足以转变心灵的意向,因此,只有一种可能:"并非其他而正是属己的意愿和自由选择(propria voluntas et liberum arbitrium)使心灵沦为欲望的帮凶。"[④]

奥古斯丁进一步指出我们必然有渴望正直诚实生活并达到最高智慧的向善意愿(bona voluntas),这一意愿作为一种伟大的善,始终取决于我们的意愿,"只要意愿就能拥有"。[⑤] 他认为没有人不意愿幸福生活,关键在于是否正当地(recte)意愿。奥古斯丁将欲望的对象区分为属世的(temporalium)与永恒的(aeternarum)。所谓恶行正在于恶人在意愿幸福时不正当地热爱属世之物而忽视永恒之物,这也正是罪。[⑥] 卷一最后得出罪是心灵自由选择的结果,但上帝为何要将这一使人能够犯罪的能力赐予人则有待论证。

卷二的主旨在于论证意愿的自由选择的合法性,奥古斯丁的基本立场在于"人不可能无自由意愿而正当生活,这正是它应当被赐予

---

① 《论自由选择》,1.7.16,"aliud esse vivere, aliud nosse se vivere."奥古斯丁在此(388年)对自我存在的区分直接承袭新柏拉图主义的主张,在后二卷的论证中实际上已经放弃。

② 《论自由选择》,1.8.18。

③ 《论自由选择》,1.8.18,"Ratio ista ergo, vel mens, vel spiritus cum irrationales animi motus regit, id scilicet dominatur in homine ,cui dominatio lege debetur ea quam aetemam esse comperimus."

④ 《论自由选择》,1.11.21,"nulla res alia mentem cupiditatis comitem faciat, quam propria voluntas et liberum arbitrium."

⑤ 《论自由选择》,1.12.26,"……et cum sit tam magnum bonum, velle solum opus est, ut habeatur?"

⑥ 《论自由选择》,1.16.35,"omnia peccata hoc und genere contineri, cum quisque avertitur a divinis vereque manentibus ,et ad mutabilia atque incerta convertitur."

的充分理由”。[①] 其论证步骤如下：1. 上帝存在；2. 一切善来自上帝；3. 自由意愿为善。[②]

正如我们的感觉可以共同知觉同一事物一样，奥古斯丁认为也存在对所有理性都是共同的东西：首先是数的法则与真理[③]，与之相同的是智慧（sapientia），智慧自身呈现给众多心灵并为众人所分有，但它本身却如同光（lux）并不因此而衰减改变，也不为任何人所独有。奥古斯丁将数与智慧称为“不变的真理”（veritas incommutabilem），真理显然不能低于心灵，也不可能与心灵平等，否则它就是可变的。[④] 因此，真理高于心灵。或者上帝即真理，或者上帝是高于真理的存在，比心灵更高的真理的存在即证明了上帝的存在。

奥古斯丁随即指出，一切有形之物的形式必须来自事物之外的永存的不可变的形式，亦即作为真理的数，所以一切存在的事物都源自不可变的上帝，善必然存在，一切善自然也来自上帝，因为上帝作为真理自身即是至高之善。[⑤]

最后，奥古斯丁认为自由意愿如同一切上帝的创造物一样，它自

---

① 《论自由选择》，2. 1. 3，“Satis ergo caus ae est cur dari debuerit，quoniam sine illa homo recte non potest vivere.”

② 《论自由选择》，2. 3. 7，“Quaeramus autem hoc ordine，si placet；primum，quomodo manifestum est Deum esse；deinde，utrum ab illo sint quantunque in quantumcumque sunt bona；postremo，utrum in bonis numeranda sit voluntas libera .”

③ 《论自由选择》，2. 8. 20，“quod ratio et veritas numeri omnibus ratiocinantibus praesto est , ut omnis eam computator sua quisque ratione et intelligentia conetur apprehendere.”中译本作“数目的理序”第 126 页，误。

④ 柏克指出奥古斯丁认为人的灵魂（心灵）相对处所而言不动，但它在时间中变化，参见氏著《源自奥古斯丁的智慧》（Vernon J. Bourke，*Wisdom from St . Augustine*，Houston：Center for Thomistis Studies，1984），第 36—37 页；马库斯则强调此为奥古斯丁与新柏拉图主义对灵魂理解的关键区别，见《剑桥希腊晚期与中世纪早期哲学史》（*The Cambridge History of Later Greek and early Medieval philosophy* , ed. A. H. Armstrong，Cambridge：Cambridge University Press，1967），第 360 页；《论自由选择》卷二论及“数”的永恒性时，以工匠的心灵为例，要求我们越过在时间中的心灵去看数的永恒，那些想成为工匠的人开始学习技艺时，他们在时空中运动自己的身体，而他们的心灵只在时间中：亦即他们在时间中变得熟练。见该书 2. 16. 42。

⑤ 奥古斯丁所说的真理即是智慧，亦即“辨别并实现至高之善的真理”。参《论自由秩序》，2. 9. 26，“Num aliam putas esse sapientiam nisi veritatem in qua cernitur et tenetur summum bonum?”

身为善,只不过它是中等之善(bonum medium)而有被错用的可能。没有自由意愿人就不能正当生活并达至属己的幸福,因此它也是善而应当被赐予,只是在被错用时产生罪。

卷三紧承上卷讨论人为何会错用自由意愿而趋向可变之善。奥古斯丁首先否认心灵的这一运动是自然的(natura),因为独立的心灵的一切活动都出于意愿(voluntarius),并因此使它的活动成为真正属我的活动而为之负责。奥古斯丁困惑的是:当上帝预知(praescire)一切时,人如何能是自由的。[①] 奥古斯丁强调当上帝预知人之罪时,我们作为罪者仍在我们所有的权能之内(in nostra posita potestate)。[②] 上帝预知他引起的一切事,但并不引起他预知的一切事。

奥古斯丁接着论述上帝使罪人(peccatrix)亦在存在的秩序中有其一席之地,并因此提出为自由意愿辩护的著名原则:"那以自由意愿犯罪的受造物优于那因为没有自由意愿而永不犯错的(受造物)。"[③]上帝所看重的是作为意愿者的灵魂,它尽管堕落,但仍是灵魂。人作为罪者必仍保持着自由意愿,不仅魔鬼诱使人犯罪时是靠说服(persuasio)而不是通过强力(per vim),上帝也珍视人的自由意愿,他将恩典赐予人时也不是靠强力。因此,人不是被迫不犯罪而是志愿(sponte)不去犯罪。

人的罪即意味着败坏(corrumpere)人的本性(natura)。[④] 人的本性如同心灵一样不可能为自己或别的本性所强迫,因此罪的原因仍然只能是意愿。奥古斯丁认为不应再追究意愿自身的原因,因为如果这一原因仍是意愿,则罪的原因仍是意愿;如果不是,则不可能

---

① 《论自由选择》,3.2.4,"Quomodo est igitur voluntas libera ubi tam inevitabolis apparet necessitas?"

② 《论自由选择》,3.3.8,"Ecce jam non nego ita nec esse fieri quaecumque praescivit Deus ,et ita eum peccata nostra praescire ,ut maneat tamen nobis volumtas libera ,atque in nostra posita potestate."关于"potestas"这一概念的分析详见后文。

③ 《论自由选择》,3.5.15,"ita est excellentior creatura quae libera voluntate peccat, quam quae propterea non habet liberam voluntatem."

④ 《论自由选择》,3.14.39。

是罪，因为只有出于意愿的罪才是严格意义的属已的罪。[①] 奥古斯丁也敏锐地意识到了我们的习惯（consuetudo）所导致的非意愿之罪，他认为这产自对有罪灵魂的惩罚，因为我们生在始祖的原罪之中。

奥古斯丁为解释我们从始祖而来的原罪，提出关于灵魂起源的四种看法："①来自生殖（de propagine）；②在新生时单独地（in singulis）地受造；它们先存在于别处，③或由神圣者遣入出生时的身体；④或志愿地（sua sponte）进入身体。"[②] 奥古斯丁并没有轻易断定哪一种意见为真，他认为灵魂现世的存在及其将来才是更重要的，因此不应纠缠于人的原罪由来，而应将因原罪而来的无知和无能接受为人的生存的自然处境。人的罪愆并不在于它的这一自然处境[③]，而是它的自由选择的公义的回报。奥古斯丁最后指出，我们有自由意愿和理性但仍会犯罪，同我们的这一处境相关：我们的意愿是自由的，但所意愿的对象给予我们的方式却是神秘的不由自主的，并不在我们权能之内。[④]

## 2. 意愿、理性与自我

《论自由选择》一文紧紧围绕意愿的自由选择是罪（严格意义的个体必须承担的罪）的惟一原因这一论断，深入地剖析了意愿与德性、意愿与幸福、意愿与善、意愿与责任等一系列关涉人的生存伦理处境的重大问题，进而揭示出自我作为意愿的存在如何可能，意愿作为灵魂更加根本的生存样态怎样丰富了我们对人的生存的丰富性与

---

① 《论自由选择》，3. 17. 49，" Sed quae tandem esse poterit ante voluntatem causa voluntaris ? Aut enim et ipsa voluntas est; et a radice ista voluntatis non receditur; aut non est voluntas, et peccatum nullum habet ."

② 《论自由选择》，3. 21. 59，"Harum autem quator de anima sententiarum, utrum de propagine veniant, an in singulis quisbusque nascentibus novae fiant, an in corpora nascentium, jam alicubiexistentes vel mittantur divinitus, vel sua sponte labantur."

③ 同上，3. 22. 64，"Ignorantia vero et difficultas si naturalis est …"

④ 《论自由选择》，3. 25. 74，"Sed quia voluntatem non allicid ad faciendum quodlibet, nisi aliquid visum; quid autem quisque vel sumat vel respuat est in potestate, sed quo viso tangatur, nulla potestas est ……"

开放性的理解。

但是，我们看到一方面奥古斯丁强调意愿对于自我作为罪者的生存具有某种终极性的决定作用；另一方面他在卷二分析自我的存在结构时，他所指出的是人的存在、生存和理解三个层面，其中并没有意愿的地位，并不像他后来在《忏悔录》中所提出的自我存在乃是存在(esse)、认识(cognoscere)和意愿(velle)的三位一体[①]。我们由此还可联想到奥古斯丁关于人的经典定义："人是由灵魂和身体构成的理性实体"(Homo est substantia rationlis constans exanima et corpore)。[②] 当我们试图用意愿来刻画人的生存时，我们首先必须面对它和理性灵魂之间的紧张关系，究竟人首先是理性的实体还是意愿的存在？与之相关的是：《论自由选择》一书是否同样处于柏拉图主义的理性至上的阴影中而未能明确提出自我作为意愿的存在？

## 2.1 理性作为人之类存在的本性

首先，我们应注意到卷二对自我存在的分析的语境：论证上帝作为高于心灵的存在。它所要确定的是人作为理性的存在在宇宙秩序中的等级地位(ordinatio)，它相对于仅仅存在(esse)的事物或存在并生存着(esse et vivere)的动物，在造物中具有不可置疑的优越性，它标示出人作为类概念同其他事物的区别，同时也表明自我作为人，它不能是什么。

正如奥古斯丁所指出，真理作为向一切沉思的人所呈现的不变的认知对象，它决不能成为属于自己私人所有的存在。[③] 对真理的共同认知并不能使"我"的理性同其他人的理性区别开来，而《论自由

---

① 见奥古斯丁：《忏悔录》，13.11，中译本第295页。

② 奥古斯丁：《论三位一体》(Augustine, *De Trinitate*)，转引自霍尔歇：《心灵的实在——奥古斯丁对人的灵魂作为精神实体的论证》(Ludger Holscher, *The Reality of the Mind ——Augustine's philosophical arguments for the human soul as a spiritual substance*, London: Routledge&Kegan Paul, 1986)，第26页。

③ 《论自由选择》，2.10.28，"Hoc ergo verum potest quisque suum proprium dicere, cum incommutabiliter comtemplandum adsit omnibus qui hoc contemplari valent?"。

选择》一文的主旨在于论证自由选择乃是真正属于自我的行为，个体必须为随之而来的罪负责，奥古斯丁必须确立自我之独立于他人的不可替换的存在，因此我们看到他在卷三中深入阐释自我与罪之承担时并未采用上述形而上学的自我图景，而是从个体具体的生存处境出发阐析自我同一性。

众多研究者已经指出理性虽然具备自我认知的能力，也能使“我在”(sum)这一论断由信念上升为确定的知识，还能标识出“我”作为人的类存在概念的内涵，但理性认知并不能向我们揭示我是谁。虽然“我存在”、“我认识”得以确认，但这些行为之后同一的而且独特的我对奥古斯丁来说仍是神秘的。① 然而，我认为奥古斯丁正是尝试用意愿去解决自我认同的这一内在困难，以逼近神秘的自我生存。这一尝试虽不完备，至今却仍然保有活力。②

### 2.2 时间中作为意愿的个体自我

奥古斯丁在卷三中首先强调：“如果我意愿(volo，动词)或不意愿的意愿(voluntas，名词)不是我的，我就不能发现什么还可以叫作我的。如果我用我的意愿行恶事，除了我自己，谁当负责呢？”③奥古斯丁不同于普罗提诺和格列高利强调灵魂在变易中静止的同一性，而是突出自我在行为中的同一性，行为就其严格定义而言必然出自

---

① 参见瑞斯特：《奥古斯丁：经受洗礼的古代思想》，第 85－91 页对内省与理解的分析；亦见霍尔歇《心灵的实在》，第 128－180 页，特别见第 156 页对自我神秘性的强调，值得注意的是奥达利(Gerald O'Daly)在《奥古斯丁的心灵哲学》(Gerald O'Daly, *Augustine's Philosophy of Mind*, London: Duckworth, 1987)一书中强调自我认知同意愿的内在关联，这混淆了奥古斯丁有关自我认知(se cogitare)与自我体认(se nosse)的微妙区别，后者乃是出于自我之爱的意愿对自我的生存论意识，它追问的是我之存在的本性即其有待完成的使命(后文将进一步分析自我作为有所亏欠的存在样态)。可参阅上引霍尔歇著作对自我在心灵中的呈现方式所作区分(第 128—131 页)。

② 奥康奈(James J. O'Donnel)极富见地地指出：“有关意愿的教义所触及的正是人的生存的核心神秘，即我们是谁和我们为何在此的问题。”见氏著《奥古斯丁》(James J. O'Donnel, *Augustine*, Boston: Twayne Publishers, 1985)，第 78 页，可惜他在该书中并未作更深入的阐释。

③ 《论自由选择》，3.1.3，“quid autem meum dicam ,prorsus non invenio, si voluntas qua volo et nolo non est mea : quapropter qui tribuendum est ,si quid per illam male facio, nisi mihi?”

我的意愿,非意愿的行为人不必对其负责。奥古斯丁在卷三起始分析人之罪与落石之自然运动的根本区别在于:人只要意愿就能改变人的生存状态,因此罪之行为显然出于意愿。[①] 正是行为将自我带入律法(lex)和伦理(mors)的领域。奥古斯丁在卷一中曾经提出"永恒的律法"(lex aeterna)这一概念来作为罪之断定的根据。而在律法之中,个体同一性首先表现为被律法判断者是其行为的主体,一切行为皆出自其自身的选择,个体同一性首先是同它对自己行为的罪责承担联系在一起,而行为出自意愿,它首先只能在意愿之中。

与罪相对应的是,幸福作为个体所追求的生存状态,正是对自我作为意愿的行为者的恩典。奥古斯丁强调人不能"非意愿"(invitus)地达至幸福,正如缺少意愿就不存在罪一样,人不可能在意愿缺席的情况下正当地生活。这是奥古斯丁一再强调的意愿被给予的充分理由[②],也是幸福得以实现的必要条件,因为幸福作为人的生存状态,它必须是属于我自己的:"一个人并不能因他人的幸福而成为幸福。"[③]因此,罪和幸福这两个个体生存的极限状态,它们的实现都要求个体作为行为者在行为中的自我同一。自我同一作为生存论概念在奥古斯丁的著作中提出,显然只能在作为行为根基的意愿中实现。

那么,意愿是如何在行为中显现其为最为属已的(propria)的存在呢?霍尔歇(Ludger Holscher)在其研究奥古斯丁心灵学说的杰出著作《心灵的实在》中透辟地指出:首先,当我们意愿时,不是别人而正好是我在意愿;其次,当我所意愿的被实现时也是我而不是别人实现——否则所实现的并非我所意愿;最后,意愿必然是自由的,这就意味着意愿必然指向其身后的自我。他总结道:"正是在自由意愿之中并通过自由意愿,一个人才决定并塑造他自身,因此他才能成为

---

① 关于人的非意愿之罪将在后文关于人的生存的自由悖论的分析中讨论。在此,我们先悬置人的原罪而假设人生而自由能为其一切行为负责。

② 《论自由选择》,2.1.3,"Satis ergo causae est cur dari debuerit, quoniam sine illa(案:指 voluntas)homo recte non potest vivere."

③ 《论自由选择》,2.19.52,"Beatitudine autem alterius hominis non fit alter beatus."

他打算成为的，才能通过进入同世界积极的并承担道德责任的接触来揭示他最为内在的存在。”[①]

奥古斯丁对上帝的预知(prescire)与人的自由意愿的阐释应证并深化了上述理解。奥古斯丁强调上帝预知一切，但人的行为仍是出于自我的意愿。上帝预知一切则必然能预知“我”的意愿，当行为发生时，对于上帝而言是必然，对于我则是出自意愿。奥古斯丁再次以幸福不能非意愿地达至为依据，指出如果上帝预知人的幸福时取消了人的意愿，则根本不可能有幸福，而起初的预知也不成其为预知。[②] 因此，意愿作为意愿，在它身后即是我的生存，而不是任何外在于我的必然性。并且除非我放弃(不意愿)，意愿不可能被外在于我的强力所夺走，而属于我的其他的事物，从身体到财产，都可以违背意愿而被夺走，因而意愿可以说是惟一真正属于我的存在。

如上所述，正是意愿使“我”成其为“我”。意愿及其相应的行为使自我进入在世的生存之中，意愿将时间性带入灵魂的生存中，而灵魂(心灵)在时间中的可变性正是奥古斯丁同新柏拉图主义灵魂学说区别的关键所在。[③] 理性作为对超越时间的真理的认识，显然不足以解释灵魂在时间中的多样性与同一性。而意愿则同智慧一样借着行为而进入时间，它们所共同指向的幸福作为至高之善可以自身保持为同一的永恒，但在时间的发生中显现为不同的存在样态，而为不

---

① 见霍尔歇：《心灵的实在》，第114—120页，霍尔歇的理论深受瓦伊蒂拉(Karol Wojtyla，即现任教皇若望·保罗二世)《行动的位格》(Karol Wojtyla, *The Acting Person*, Boston: D. Reidel Pub. Co., 1979)一书影响，参见该书第281，页注318。

② 参见《论自由选择》，3.2.4—3.4.11。奥古斯丁有关权能上帝与人之自由意愿的这一结论即使在他晚年强调预定论时也并未放弃。他在公元428年的一封信中写道：“任何时候你意愿，你都是借同上帝的帮助和他的事功一起意愿。他的恩典毫无疑问在你之先，因此你才可能意愿，但当你意愿时，那意愿者正是你。”(Epistula 2#.7)转引自魏泽尔：《奥古斯丁与德性的局限》，第195页，关于预知与预定论的区别与联系，本文无力承担，可参阅瑞斯特《奥古斯丁：经受洗礼的古代思想》第267—283页对预定的分析，他强调它们是两个根本不同的问题，奥古斯丁只是在晚年才用预知来定义预定论。”

③ 参见第91页注1。魏泽尔更是以时间限定(time-bound)作为对自我生存的基本描述，见魏泽尔著《奥古斯丁与德性的局限》，第17—37页，奥达利则强调灵魂的可变性在于它虽然是非物质的，但它的存在却是持续性的(durational)，见氏著《奥古斯丁的心灵哲学》，第34—35页。尼撒的格列高利也谈到了灵魂的运动，但它更强调理性灵魂区别于动物植物的静止的同一性。

同的作为意愿者的自我所拥有。[①] 意愿在此使自我的生存开放为非现成的在时间中生成变化但又保持为同一的"我"的存在，这正是现代学者所强调的奥古斯丁意愿学说的革命性所在。[②]

当然，奥古斯丁并未成为非理性的唯意愿论者。[③] 我们看到他在卷一中强调"永恒的律法"这一观念，它所意指的是万物得以有序的安排。[④] 实际上即是神圣的理性，而我们的意愿只有遵循它以正当的方式(recte)去意愿，才能真正实现幸福。意愿要避免犯罪，就应当在理性的指引下去意愿永恒的真理。并且，奥古斯丁相信这才是真正的意愿，因为此时除非我自己意愿(volo)，我对永恒的真理、智慧的意愿不能被夺去。因此，"正当地"(recte)这一状语使奥古斯丁所说的意愿同一般的"欲望"(cupiditas)区分开来，真正的意愿总是依托理性的判断。[⑤] 由此我们就不难理解奥古斯丁对人的经典定义，人作为类存在其本性乃是理性的实体，它从本体论上规定了人的存在的本性，而意愿则在时间中使人的理性个体化为属己的行为。因此，意愿和理性共同出自心灵却具有不同的功能，它们相辅相成，但就人在时间中的生成而言，意愿无疑是个体身份得以确认的根本要素。

### 3. 罪与自由：生存的辩证

奥古斯丁《论自由选择》一书对自我的生存论读解的更为深刻之

---

① 参见《论自由选择》，2.9.27—2.10.29，奥古斯斯论证智慧有如太阳，虽然只有一个，却能被不同的人以不同的方式知觉。

② 参见普罗提诺：《九章集》，I.8.5。魏泽尔亦强调奥古斯丁对意愿的反思带来了哲学的革命，见《奥古斯丁与德性的局限》，第3页。

③ Vecchiarelli Scott 即反对阿伦特将奥古斯丁的意愿学说非理性化，参萨瑞恩《中世纪思想中意愿的软弱——从奥古斯丁到布里丹》(Risto Saarinen, *Weakness of the Will in Medieval Thought——From Augustine to Buridan*, Leiden: E. J. Brill, 1994)，第106—115页。

④ 《论自由选择》，1.6.15，"Ut igitur breviter aeternae legis notionem, quae impressa nobis est, quantum valeo verbis explicem, ea est qua justum est ut omnia sint ordinatissima."

⑤ 《论自由选择》在卷三阐释人的原罪时强调人虽然因罪陷于无知与无能之中，但"更要的是，他赐给人们判断的力量。"参3.20.57，"Dedit enim……judicium illud vel maxime."

处在于他以意愿为根，用罪和自由深刻地揭示出个体处于悖论中的生存状态。他确认了自我作为意愿的存在，但意愿之后的自我究竟是谁、它如何存在等有关自我生存处境仍然晦暗不明，意愿仅仅提供了自我生存论解读的基本框架，只有深入生存自身描绘出个体的基本生图景，这一“自我”才能超越形而上学简单僵硬的图解的现成存在而成为血肉俱全的开放的存在。简而言之，奥古斯丁必须将自我作为意愿这一过于抽象的论断具体化。

### 3.1 自我作为意愿者的自由

奥古斯丁对此的回应是，作为意愿的存在，自我首先是自由的(liber)。这一点在他关于上帝的预知并不取消人的意愿中已经得清晰的表达，它表现为自我对于属已的一切行为具有自我决断的权力。一切意愿就其本性而言必然是自由的，奥古斯丁特强调“voluntas”(意愿)与动词“velle”(想、欲求、意愿)之间的内在关联①，我的意愿必然是我想要的，我或我的心灵是意愿的惟一主体，受他人或外力的强迫而作出的决断既不是自由的也不能称为意愿。正如霍尔歇所指出：“不是自由的意愿决不是意愿。”②这一“自由”或许可以称之为自主(autonomy)的自由，意愿的属已性确保着自我选择的独立性，捍卫着心灵的自足性。

奥古斯丁对自由的深刻的辩证理解在于他从未将自由意愿等同于不受限制的自由。③ 在《论自由选择》中他一再强调意愿的意向性，意愿必然是对某物的意愿(Qui enim vult, profecto aliquid vult)④，人在美德之中所意愿的是人的永恒幸福并因此而处于“永恒律法”的神圣秩序之中，奥古斯丁强调人只有如此意愿时才能实现真

---

① 参注见第100页注1，瑞斯特认为奥古斯丁对voluntas的这一用法可能直接受到塞内卡的影响，见瑞斯特著《奥古斯丁：经受洗礼的古代思想》，第187页。

② 霍尔歇：《心灵的实在》，第115页。

③ 魏泽尔：《奥古斯丁与德性的局限》，第220—221页。

④ 《论自由选择》，3.25.75，亦见他在3.7.20—3.8.2中对人不可能意愿不存在的论述。

正的自由,因为此时除非人不意愿,人所意愿的德性、幸福不能被外力或他人违背意愿地夺走。而当我们意愿属世之物时,我们所意愿的是外在的、可变的事物,它的存在和改变超越了我们的权能,因此能够违背我们的意愿而被夺走,例如我们的身体、财产、公民权等等。[①] 此时,意愿是否实现非由自我决定,它也就不能称为真正的意愿,而人也因此丧失了自由,这也正是人的罪。

奥古斯丁认为意愿从一开始就内在地包含着秩序和秩序中的价值给予,由意愿而来的自由同样也不可能是无所规定的价值中立的形式存在,因此人只有在真理这一最高价值中才能真正实现自由,自由同真理和永恒律法的这一关联正是奥古斯丁自由意愿思想的特出之处:首先,他强调只有通过意愿我们才能使自己进入秩序、真理或永恒律法的光照之中。[②] 其次,所理解的自我决非价值中空的"白板"(tabula rasa),而是处于一定的价值秩序之中。他所关注的是堕落或得救的生存境遇,自由的生存论价值指向自我本性的实现,在奥古斯丁看来即是从现世的堕落中解脱,不受外在于我的世界的束缚。因而真正的自由即是自我在对永恒的意愿中超越时空束缚而成为他应当成为的真正的自我,它必然意味着真正的意愿免于恶和虚无的败坏而处于善的秩序之中。由此可见,奥古斯丁借助形而上学的等级和善的观念要揭示的是:自由意愿(libera voluntas)标识出自我的理想生存状态。

### 3.2 自我作为罪者的存在

人的现世生存显然不能拥有上述理想自由——只有永不犯罪的上帝和天使才拥有这一完满的自由。所以,正如许多研究者指出,奥古斯丁很少谈论自由意愿,而更多地论述意愿的自由选择(liberum

---

① 奥古斯丁在卷一中正是以此论述属世的法律正是通过夺走这些外在于我们的意愿的善而实现其惩戒功能,见《论自由选择》,1.15.32。

② 奥古斯丁后来在《上帝之城》中即将德性定义为"爱的秩序"(*De Civitate Dei*, 22),转引自马库斯:《维克托利努斯和奥古斯丁》,见《剑桥希腊晚期和中世纪早斯哲学史》,第386页。

arbitrium voluntatis)。[①] 他清醒地意识到古希腊传统中延续下来的成为自我的自由和选择的自由之间的区别。魏泽尔对此二者作出了极为精辟的区分:“自由选择是因我们能按欲望去行动的美德而为我们所拥有,因此,强迫性的行为(在非意愿之罪中)、盲目的有罪的行为(意愿之罪中)以及出于德性的行为(在恩典之下)都能表达自由选择。然而只有最后一种才表达出自由意愿。”[②]因此,我们在现实的自由选择之中,并未真正拥有自由意愿,我们的选择就可以背离我们的本性,背离我们在神圣秩序中所处的地位而使自己的生存降格——亦即奥古斯丁所说的堕落。在向罪的这一自由选择中自我背离了自身,实际上也就失去了真正的自由。

奥古斯丁由此提出个体在现实生存中的基本处境:罪者(peccatrix)。在前文中,我们已一再提到奥古斯丁这一基于基督教教义的基本论断,下文的分析将表明,它同时也是对个体作为有限存在、即意愿的软弱性(weakness of the will)的深刻洞察[③]。

“罪”(peccatus)在《论自由选择》一文中具有两重含义,它不仅指严格意义上所说的罪,亦即出于自由意愿的明知故犯,同时也指因此必然导致的惩罚。[④] 前者即魏泽尔所说的“意愿之罪”(voluntary sin),这正是奥古斯丁所强调的出于人的意愿的属己的行为而造成

---

① 参见柯文:《奥古斯丁》,第 88 页,柯文认为奥古斯丁最后强调自由选择不仅仅是意愿,而当奥古斯丁说意愿自由时,则意愿内容在我们的权能之下,而自由选择则不尽然。亦见瑞斯特《奥古斯丁:经受洗礼的古代思想》,第 186—188 页,他认为二者的区别在于自由选择的能力并非人本性中最为优秀之处,瑞斯特认为并不存在纯粹的自由,而只有选择并为之负责的决定的自由。

② 见魏泽尔:《奥古斯丁和德性的局限》。他认为以前的研究者如瑞斯特、奥达利等将自由选择等同于自由,而认为奥古斯丁实际上持一种决定论的观点,他们都未能意识到由对善的回应所决定的意愿也是自由的一种形式,见该书第 219—222 页,引文出自第 221 页。但是,正如上文所指出,魏泽尔在评述《论自由选择》一书时也忽视了自由与善的本质联系。

③ 从《忏悔录》一书中我们可以强烈地感受到奥古斯丁对自我作为罪者的强烈认同。这一深刻的罪感与他的经历内在相关,它首先是对自身生存体验的强烈表达,而不仅仅是对某个现成教义的认同。

④ 《论自由选择》,3. 19. 54,“Sic solum peccatum illud dicimus, quod proprie vocatur peccatum. libera enim voluntate et ab sciente committitur; sed etiam illud quod jam de hujus supplicio consequatur necesse est.”

的过犯，自我必须为此承担伦理的或生存论的责任，我们因为意愿的自由选择而成为罪者。而后者则是所谓“非意愿之罪”(involuntary sin)，奥古斯丁敏锐地觉察到我们不去意愿正当地生活往往是由于无知(ignorantia)和无能(difficultas)，这是一切有罪的灵魂所受的责罚。[①] 它并不直接出于意愿，却是一切意愿之罪的必然结果。

罪的两种表现形态并不是相互独立的，而是呈现为内在的互动关系。当我们犯意愿之罪时，我们应当看到“没有人不意愿幸福”，因此我们之所以会背离正当的意愿，或是出于对幸福与永恒的无知，或是没有能力去行我们所意愿的，或是出于意愿自身的软弱，如此我们在选择之时已在非意愿之罪中作为罪者而存在，终于处在自由的罪之束缚中，自然，我们的选择不可避免地会因这无知与无能而背离自己的本性。

由此势必要追问当个体初生之时，自我尚未有任何意愿及行为，无知和无能就已经作为惩罚而给予我们了吗？奥古斯丁对此的回答是肯定的，他认为这是对亚当因自由意愿的选择而来的原罪的责罚。我们作为亚当的后裔因此而处于无知、无能和可朽性(mortalitas)之中。[②] 但是，我们必须为此而负责吗？奥古斯丁从人类灵魂与亚当灵魂的内在关系入手，并因此提出灵魂起源的四种学说，但正如我们前文中所见，他并未得出任何确定结论，而是强调我们不应留心起航的港口，而要牢记航行的目的，应当假设无知和无能乃是灵魂由之出发的自然起点。这一自然的无知和无能并非罪过，但灵魂拒绝改变这一状况则是属己的意愿之罪。[③]

---

① 《论自由选择》，3.18.52，“Nam sunt revera omni peccanti animae duo ista poenalia，ignorantia et difficultas.”

② 《论自由选择》，3.20.55，“Ut autem de illo primo conjugio，et cum ignorantia，et cum difficultate，et cum mortalitate nascamur，quoniam illi cum peccavissent，et in errorem，et in mortem praecipitati sunt，rerum moderatori summo Deojustissime placuit.”

③ 《论自由选择》，3.22.64，“Ignorantia vero et difficultas si naturalisest，inde incipitanim porficere……Non enim quod naturaliter nescit et naturaliter non potest，hoc animae deputatur in reatum，sed quod scire non studuit，et quod dignam facilitati comparandae ad recte faciendum operam non dedit.”

奥古斯丁所说的“罪”可以解释为人丧失了意愿的权能(potestas)。他在分析上帝的预知与人的意愿时特别强调权能是理解意愿的关键,“若意愿不在我们权能之下,它就不会是意愿”。[①] 权能即意味着“我们做我们意愿的事”(cum volumus, facimus)[②],而这一权能只能来自上帝的恩典。只有上帝才赐予了我们真正的自由意愿。[③] 因此,自由意愿是作为上帝之恩典赐予身陷无知和无能之中的罪者,没有上帝的恩典,人必然处于没有权能的无力状态。奥古斯丁将普罗提诺所说的 εφ' ημτν〔在我们(能力)之下〕发展为明确的权能观念,使我们对生存的有限性和无力状态有了更为深刻地认识。

个体这种无力状态无疑败坏了人的理性本性,奥古斯丁将这一败坏的本性亦称为本性(natura):“我们也这样在两种意义上用‘本性’一语,严格地说,它指人初次受造时无可指责的在其类存在(in suo genere)中人的本性;但它也用来指我们这些由罪过的惩罚中出生的人的本性,即可朽性、无知和屈从肉体。[④] 因此,现实中人的处境,不仅禀有作为类存在的理性本性,更首先是作为丧失了权能和自由的可朽的存在,时间之中有限的存在。

奥古斯丁认为人之作为罪者的生存处境,显然源自始祖亚当最初的罪所导致的人之权能的丧失,他在后来同贝拉基派论争时特别强调人因性欲所生(conceived in consistence)必然承受因亚当而来的原罪。因此即使是夭折的婴儿未受洗礼也会因原罪而被诅咒。[⑤] 与此同时,奥古斯丁强调严格意义上的意愿之罪只限于最初犯罪时的亚当,我们作为亚当的后裔都处于因之而来的无知和无能之中,我

---

① 《论自由选择》,3.3.8,“voluntas igitur nostra nec nisi esset in nostra potestate.”

② 《论自由选择》,3.3.7。

③ 《论自由选择》,3.15.43,“A quo enim accepit posse recte facere cum velit, ab eo accepit ut sit etiam misera si non fecerit, et beati si fecerit.” 亦见《论自由选择》,3.16.46,“quanto magis ille qui et velle praecepit et posse praebuit, et non impune nolle permisit?”

④ 《论自由选择》,3.19.54。

⑤ 参见奥古斯丁:《论婚姻与性欲》(*De Nupitiis et Concupiscentiis*),2.21.36,转引自罗瓦:《奥古斯丁》(O. J. B. Du Roy, *Augustine*),载《新天主教百科全书》(*New Catholic encyclopedia*, prepared by an editorial staff at the Catholic University of America. New York: McGraw-Hill, 1967)第一卷,第1956页。

们所犯的都是非意愿之罪。[①] 然而，我们同始祖的意愿之罪之间的联系乃是神秘的，如我们在《论自由选择》结尾处所见，奥古斯丁并未给出一个令人信服的解释。

### 3.3 自我作为有所亏欠的存在

奥古斯丁特别强调人作为罪者的可朽性(mortalitas)。作为在时间中的有限存在，个体的自我认同必须面对运动、变化乃至朽坏的威胁，而罪即意味着人背弃上帝、背弃至善最终背离自我本性和作为自我认同根基的自由意愿。同时，这一桩罪的发生又是通过意愿的自由选择而实现的，因为人获取了选择的自由的同时，虚无却侵蚀了实现自由意愿的权能。因此人就其本性而言是不自由的，但人同时也禀赋了理性的本性和选择的自由，只要他意愿即能行正当，这又意味着人的生存具有重获自由的可能。奥古斯丁借用“欠”(debere)这一动词准确而生动地揭示出个体生存的这一辩证性：debere 在拉丁语中兼有“亏欠(债务)”和“应该”两种含义。正如《论自由选择》一书的英译者所指出“奥古斯丁的用意正在于两种意义的转化，亦即正当的行为是我们亏欠上帝的，他赐予我们这一本性我们应该实现它。”[②]“亏欠”意味着我们本性(理性)乃是上帝的神圣赐予，当我们背离这一本性，我们就限于罪及相应的责罚的不自由之中；“应该”则意味着这一本性并非给定的现成存在，它要求意愿在时间中去完成，去成为它应当成为的自我。[③] 因此，无论是因亏欠而来的罪，还是我们所应该实现的自由(本性)，都是出于我们的意愿。我们因我们的选择而不自由，同时我们又只能且必须因我们的意愿而自由，奥古斯丁最后用“debere”一词深刻地揭示出个体生存中的罪与自由的辩证统一，由此刻画出一幅充满开放性的生存图景，而这辩证统一的根基和生存

---

① 见魏泽尔：《奥古斯丁与德性的局限》，第 88—89 页，他认为奥古斯丁从《论两种灵魂》一书开始更加强调人的非意愿之罪。

② 见《论自由选择》，英译本，第 100 页注释 9，着重号为笔者所加。

③ 《论自由选择》，3.15.42—3.16.46。

图景的骨架正是我们在上一章所阐明的:人作为自由意愿的罪者。

## 五、结论:罪与自我的生存论洞察

普罗提诺对恶的沉思第一次系统地呈现了神正论的困境,而他在存在即善的形而上学中将恶虚无化的尝试却难以克服一系列内在的悖谬,特别是它忽略甚或取消了人的生存论上的责任承担。与此相应,他将自由等同于灵魂的理性存在同样取消了人的自由选择和相应的罪责,人的意愿行为消融于人的理性构造,人作为个体属己的生存并不在普罗提诺思想视野之中。

尼撒的格列高利在《论人的造成》以自由意愿作为人的最为可贵的本性,在存在论的形而上学框架中切入人作为意愿的生存,揭示出人比理性更为丰富的存在层面,形而上学的恶也因此有了相应的生存论上罪的担负。但是,格列高利的突破带有极大的局限性,意愿和人的理性存在并没有确实的区分,人作为个体的生存的形象是模糊的,自由意愿对他来说更多是人足以迎取上帝恩典的根基,他并不关涉个体作为罪者有限性的生存。

奥古斯丁的《论自由选择》从追问恶的本原入手揭示出人作为意愿的存在,这一自我存在不再依附任何现成的形而上学体系,而是通过最为属已的意愿而同一为区别于他人的自我,个体心灵也在这一意义上成为独立的实体(substantia)①而不受其他外在于我的存在的限制。但与此同时,奥古斯丁仍然强调自我作为类存在而禀有理性的本性和意愿的权能,自我的生存即意味着这一本性的个体化(individulization)。它仍然存留于理性和善的秩序之中,亦即奥古斯丁所说的"永恒的律法"之中,个体中有在理性的指引下才能实现本性达

---

① 奥古斯丁在《论三位一体》中指出实体即意味着"某种单个存在或是个体"(aliquid singulare atque individuum),转引自霍尔歇《心灵的实在》,第193页,霍尔歇在该书中从自我意识、自我认识、自我行为等角度详尽地论述了奥古斯丁所说的"心灵的个体完整性"(the individual wholeness of the mind),见该书第193—204页。

至幸福。

奥古斯丁在揭示出自我生存作为类和作为个体的二重性之后，[①]他区分了自由意愿和意愿的自由选择从而解决了人通过自由选择反而陷入不自由的罪之中的自由悖论。罪是意愿自由选择的结果同时又否定着自我的本性和自由，它标识出个体之我在时间中的有限性。我自己的意愿束缚着我，同时又只有借助意愿的爱我们才能得以解放。意愿的这一二重性在“欠”这一概念中得到最为深切的显现，奥古斯丁由此描绘出个体以意愿为根基的充满张力的生存状态，既是罪者，又是可被拯救的“爱者”，它是一个未完成的，开放的期待个体化的自我。[②]

---

① 瑞斯特认为奥古斯丁在408年之后强调我们具有双重生活，一是在个体的层面，一是在正当之中亦即普遍的层面，参见瑞斯特：《奥古斯丁：经受洗礼的古代思想》，第122页。而我们看到，奥古斯丁在此强调人作为理性的类存在造物的秩序。这是他对自我生活二重性的较为哲学化的表述。

② 毫无疑问奥古斯丁对自由和罪的理解在其后来的著作中发生了一定转变，他更强调上帝恩典在人的拯救中的决定性作用，没有上帝的恩典人甚至不能有向善的意愿，即通常所谓预定论。对自由意愿和预定论之间关系的分析是一个过于庞大的课题，学者们也并没有达到任何可普遍接受的结论。最近的研究可参考瑞斯特的《奥古斯丁：经受洗礼的古代思想》，第256—290页；或魏泽尔“真理的陷阱：奥古斯丁论自由意愿和预定论”(James Wetzel, “Snares of truth: Augustine on free will and predestination”, *Augustine and His Critics*, ed. Robert Dodaro and George Lawless, London and New York: Routledge, 2000)，第124—141页。

# 在婚姻与守贞之间

## ——对奥古斯丁婚姻观的一种解释

夏洞奇(北京大学)

基督教对婚姻的理解植根于《圣经》。在《创世记》中,婚姻的价值就得到了充分的肯定:人不仅"要离开父母,与妻子联合,二人成为一体",还要"生养众多,遍满地面"(第2章第24节,第1章第28节)。但在早期教会的婚姻观中又蕴含着一种张力。教会既认为婚姻圣洁,同时又提倡过守贞和禁欲的生活。这种张力在历史上长期延续下来,而在其发展过程中,奥古斯丁占有特殊重要的地位。[①] 一方面,他的思想常常被视为基督教传统中关于性与婚姻的悲观主义的重要来源,被认为对西方基督教产生了深刻的负面影响;另一方面,又多有学者认为上述批评过于夸张,甚至歪曲了奥古斯丁的原意。[②] 本文拟从奥古斯丁本人的两种重要著作入手,对其婚姻观稍加探究。

---

① 麦克布莱恩:《天主教主义》第二卷(Richard P. McBrien, *Catholicism*, vol. 2. London: Geoffrey Chapman, c1980),第788—790页。

② 亨特:"奥古斯丁的悲观主义?"(David G. Hunter, "Augustinian Pessimism? A New Look at Augustine's Teaching on Sex, Marriage and celibacy," *Christianity and Society: The Social World of Early Christianity*, ed. Everett Ferguson, pp. 125—149. New York: Garland Pub., 1999),第125页。另参迈特:"圣奥古斯丁思想中的基督、上帝与女人"(E. Ann Matter, "Christ, God and Woman in the Thought of St Augustine," *Augustine and His Critics: Essays in Honor of Gerald Bonner*, ed. Robert Dodaro and George Lawless, pp. 164—175. London and New York: Routledge, 2000);兰伯里格茨:"对批评的重估:奥古斯丁对性的看法"(Mathijs Lamberigts, "A Critical Evaluation of critiques of Augustine's View of Sexuality," *Augustine and His Critics: Essays in Honor of Gerald Bonner*, ed. R. Dodaro and G. Lawless, pp. 176—197)。

## 一、问题的提出:奥古斯丁与希腊教父

奥古斯丁生于公元354年,在青年时代他曾先后接触过斯多噶主义、新柏拉图主义、摩尼教等非基督教的思想。公元386年,奥古斯丁发生了一次重大的思想转变,他在米兰受洗,改信了天主教。此后,他的思想仍然经历了复杂的发展过程。396年,他出任北非希波城的主教。这一年是奥古斯丁思想中的又一个转折点,此后他的成熟期思想逐步确立。401年,奥古斯丁完成了自传体名著《忏悔录》的写作。同年,他还写成了两部集中论述婚姻问题的著作:《论婚姻的善》(*De bono conjugali*/*On the Good of Marriage*)与《论圣洁的守贞》(*De sancta virginitate*/*On Holy Virginity*)[①]。这两部著作,为我们了解奥古斯丁的婚姻观提供了一个良好的切入点。

4世纪末出现的约维尼安异端(The Jovinians),是奥古斯丁作此两文的直接原因。这一异端主张婚姻与守贞对基督徒是平等的,独身的基督徒并不比已婚者享有更高的地位。这种观点很快受到了罗马天主教会的谴责,哲罗姆还专门撰文《反约维尼安》,作为对这种观点的驳斥。奥古斯丁的《论婚姻的善》与《论圣洁的守贞》,正是为此而作。[②] 在两文中,奥古斯丁的观点既是对约维尼安异端的批评,又不同于哲罗姆等人贬低婚姻的倾向。他既赞美了婚姻,又颂扬了守贞,尤其是终身守贞的独身生活。然而问题在于,婚姻与守贞,二者在形式上构成了一对“矛盾”。因为,奥古斯丁所主张的婚姻是以生育为目的,这样的婚姻必然会以失掉童贞为代价。正如奥古斯丁本人所言,只有圣母玛利亚才能既是贞女,又能生育;常人却只能在

① 需要特别指出的是,奥古斯丁笔下的“守贞/童贞”(virginitas)与“守贞者”(virgo)并非专指女性。本文出于行文的方便,常径将virgo译为“贞女”。

② 关于约维尼安论争,参亨特:“奥古斯丁的悲观主义?”,第129—130页;马库斯:《古代基督教的终结》(R. A. Markus, *The End of Ancient Christianity*. Cambridge and New York: Cambridge University Press, 1998),第38—40页,第45—46页。

贞女与母亲之间选择其一。[①] 正是在这一张力中,奥古斯丁在婚姻问题上的独特立场得到了充分的展现。

### (一)婚姻的善:奥古斯丁与约翰·克里索斯顿

《圣经》虽然正面肯定了婚姻的价值,但它同时也相信基督将要再临,站在末世论的立场上看,婚姻毕竟又是次要的。因此,在基督教对婚姻的看法中就蕴涵着一种深层次的张力。[②] 在婚姻问题上,在教会中长期存在着一种相对消极的倾向。这类观点虽然不从根本上否定婚姻,却把它视为一种带有灰色的现象或制度。著名的希腊教父约翰·克里索斯顿(John Chrysostom)就是其代表之一。

克里索斯顿认为,在基督已经宣讲过守贞、地面已经被人类遍满之后,人类已经进入了基督教的时代。在这一时代中,婚姻虽仍继续存在,但它仅仅是在宽容中徘徊着。婚姻是年轻人的"避风港",它的作用是限制性冲动,防止通奸的发生。婚姻是一道防波堤,从淫荡的汹涌深海中隔出了一湾止水。婚姻是一个马勒,用以套住野兽。婚姻是一种遏抑剂,能够阻挡危险的淫欲之潮。[③]

在这种婚姻观的指导下,克里索斯顿企图按照基督教式的家庭来改造古典社会。在他的理想中,基督教家庭就类似于一个小修道院,父权和夫权在其中几乎是绝对的,婚姻则被视为节制性欲的手段。人的肉体应受到严格的监视,裸体在公共场合中的出现更是被严禁。在他看来,完美主义的禁欲生活并非只能存在于群山之中,已婚的基督徒同样可以过类似隐修士的生活。在这种禁欲主义的城市中,古典社会中的公共生活都是多余的。[④]

---

① 奥古斯丁:《论圣洁的守贞》(Augustinus, *De sancta virginitate*),第 7 章第 7 节[载《教父文献大全·拉丁编》第 40 卷(*Patrologia Latina*, vol. 40, ed. J. P. Migne. 以下简写为 PL 40),第 399—400 栏]。

② 麦克布莱恩:《天主教主义》第二卷,第 788—790 页。

③ 布朗:《身体与社会》(Peter Brown, *The Body and Society: Men, Women and Sexual Renunciation in Early Christianity*. New York: Columbia University Press, 1988),第 307—309 页。

④ 布朗:《身体与社会》,第 309—317 页。

不同于克里索斯顿带有禁欲色彩的婚姻观，奥古斯丁从多种角度肯定了婚姻的积极意义。在《论婚姻的善》中，他将“婚姻的善”(bonum conjugali)总结为三个方面：生育、忠贞和圣事。[①] 克里索斯顿认为婚姻的主要目的不在于生育[②]，而奥古斯丁强调婚姻的善首先在于生育子女，婚姻是为这个目的而结成的。在各民族中，婚姻本身都是为了生育子女这同一个目的而设立的。[③] 既知人有生有死，婚姻就自然是某种善[④]，舍此就不能合法地繁衍人类的种族。可见，婚姻是合乎人的自然本性的。

进而，在奥古斯丁看来，婚姻的善还不仅仅在于生育。因为即使不存在性关系，两性之间也可能存在某种友爱的、真正的结合。[⑤] 对于无后的老人，只要夫妻之间保持着充沛的爱，婚姻就仍然存在。[⑥] 奥古斯丁虽然指责婚姻中存在的淫欲，但却认为夫妻之间的忠贞值得赞美。这种忠贞是极大的善，比身体的健康更可贵。对它的侵犯就是通奸。[⑦] 在他看来，虽然婚姻的正当目的是生育，但生育本身并非是使婚姻有效的必需条件。只要夫妻双方之间能信守忠贞，并且不故意避免生育，这种关系就有可能满足构成婚姻的基本条件。退一步说，即使不贞洁的性关系不能构成婚姻，但只要双方能保持忠贞，就不能被轻率地视为通奸。再退一步说，只为满足淫欲虽然可耻，但在性关系上保持忠贞，仍然值得嘉许。[⑧] 已婚者不仅为生育子女而保持性关系的忠贞，还以相互服务来支持对方的软弱，以防止不

---

① 奥古斯丁：《论婚姻的善》(Augustinus, *De bono conjugali*)，第 24 章第 32 节(载 PL 40，第 394—395 栏)：Haec omnia bona sunt, propter quae nuptiae bonae sunt; proles, fides, Sacramentum.

② 布朗：《身体与社会》，第 307—309 页。

③ 奥古斯丁：《论婚姻的善》，第 7 章第 7 节(载 PL 40，第 378—379 栏)，第 17 章第 19 节(载 PL 40，第 386—387 栏)。

④ 奥古斯丁：《论婚姻的善》，第 3 章第 3 节(载 PL 40，第 375 栏)。

⑤ 奥古斯丁：《论婚姻的善》，第 1 章第 1 节(载 PL 40，第 373 栏)：Poterat enim esse in utroque sexu, etiam sine tali commixtione, alterius regentis, alterius obsequentis amicalis quaedam et germana conjunctio.

⑥ 奥古斯丁：《论婚姻的善》，第 3 章第 3 节(载 PL 40，第 375 栏)。

⑦ 奥古斯丁：《论婚姻的善》，第 4 章第 4 节(载 PL 40，第 375—376 栏)。

⑧ 奥古斯丁：《论婚姻的善》，第 5 章第 5 节(载 PL 40，第 376—377 栏)。

法的性行为。不经过对方的同意，一方就不能选择禁欲的生活，因为“妻子没有权柄主张自己的身子，乃在丈夫；丈夫也没有权柄主张自己的身子，乃在妻子”(《哥林多前书》，第7章第4节)。[1]

婚姻的前两种善，生育和忠贞，普遍适用于所有民族、所有人。而其第三种善——圣事，则只针对基督徒。[2] 奥古斯丁认为，对基督徒而言，婚姻具有某种圣事的性质。这具体表现在：第一，除非夫妻中的一方死亡，婚姻就不能解除，即使是在离婚之后才与他人结合，也以通奸论。[3] 第二，虽然婚姻为生育子女而结成，却不能为生育子女而解除。[4] 对于基督教，不育不能构成休妻的理由。按罗马的做法，丈夫可以休掉不育的妻子；而对于基督徒，为生育而分离是非法的。[5] 第三，基督教的婚姻圣事要求实行一夫一妻。一夫一妻的婚姻圣事象征着所有服从于上帝的基督徒的统一。圣事的神圣远比子宫的多产更为重要。[6] 总的来说，圣事的性质决定了基督教婚姻的三个特点：第一，它具有不可解除性；第二，它独立于、高于生育；第三，它严格要求一夫一妻。很显然，通过坚持圣事的性质，奥古斯丁就将婚姻规定到了很高的位置上。

既然生育、忠贞、圣事都是善，婚姻本身也就是善。[7] 奥古斯丁引用《圣经》的经文概括道：“婚姻，人人都当尊重，婚床也不可污秽”(《希伯来书》，第13章第4节)。因为，婚姻本身就是善。婚姻不是某种恶，只是与更大的恶(如通奸)相比较而言的相对的“善”。[8] 为

---

① 奥古斯丁：《论婚姻的善》，第6章第6节(载PL 40，第377—378栏)。

② 奥古斯丁：《论婚姻的善》，第24章第32节(载PL 40，第394—395栏)。

③ 奥古斯丁：《论婚姻的善》，第7章第7节(载PL 40，第378—379栏)，第17章第19节(载PL 40，第386—387栏)，第24章第32节(载PL 40，第394—395栏)。

④ 奥古斯丁：《论婚姻的善》，第7章第7节(载PL 40，第378—379栏)：Quae si ita sunt, tantum valet illud sociale vinculum conjugum, ut cum causa procreandi colligetur, nec ipsa causa procreandi solvatur.

⑤ 奥古斯丁：《论婚姻的善》，第7章第7节(载PL 40，第378—379栏)。

⑥ 奥古斯丁：《论婚姻的善》，第18章第21节(载PL 40，第387—388栏)。

⑦ 奥古斯丁：《论婚姻的善》，第24章第32节(载PL 40，第394—395栏)。

⑧ 奥古斯丁：《论婚姻的善》，第8章第8节(载PL 40，第379—380栏)：Honorabiles ergo nuptiae in omnibus, et thorus immaculatus. Quod non sic dicimus bonum, ut in fornicationis comparatione sit bonum; alioquin duo mala erunt, quorum alterum pejus. . . .

此他引用使徒保罗的话说："你若娶妻，并不是犯罪；处女若出嫁，也不是犯罪。"(《哥林多前书》，第7章第28节)[①]奥古斯丁谴责婚姻中的淫欲，但正是婚姻将其引向生育子女的正途。在淫欲的恶中，婚姻能带来某种善。[②] 恶习使人放纵，婚姻却能防止人通奸。放纵不因婚姻而产生，却因婚姻而得宽恕。[③] 或者说，婚姻中的不正当行为，"属人之罪，非婚姻之过。"[④]

## (二)圣洁的童贞:奥古斯丁的另一面

奥古斯丁一面宣称婚姻是善，应捍卫它对付一切谗言[⑤]，但同时，他又认为守贞是值得赞美的，鼓励夫妻经相互的同意而过禁欲的生活[⑥]。他同样引用使徒保罗的话说："没有娶妻的，是为主的事挂虑，想怎样叫主喜悦；娶了妻的，是为世上的事挂虑，想怎样叫妻子喜悦。妇人和处女也有分别。没有出嫁的，是为主的事挂虑，要身体、灵魂都圣洁；已经出嫁的，是为世上的事挂虑，想怎样叫丈夫喜悦。"(《哥林多前书》，第7章第32—34节)[⑦]正因为如此，基督徒才应看到"怀抱有时，不怀抱有时"(《传道书》，第3章第5节)，因此他们选

---

① 奥古斯丁:《论婚姻的善》，第10章第11节—第11章第12节(载PL 40，第381—382栏)，第18章第21节(载PL 40，第387—388栏):Si acceperis uxorem，non peccatisi；et si nupserit virgo，non peccat.

② 奥古斯丁:《论婚姻的善》，第3章第3节(载PL 40，第375栏):Habent etiam id bonum conjugia，quod carnalis vel juvenilis incontinentia，etiamsi vitiosa est，ad propagandae prolis redigitur honestatem，ut ex malo libidinis aliquid boni faciat copulatio conjugalis.

③ 奥古斯丁:《论婚姻的善》，第6章第6节(载PL 40，第377—378栏):Neque enim illud propter nuptias admittiur，sed propter nuptias ignoscitur.

④ 奥古斯丁:《论婚姻的善》，第6章第5节(载PL 40，第377栏):vitium est hominum，non culpa nuptiarum.

⑤ 奥古斯丁:《论婚姻的善》，第20章第24节(载PL 40，第389—390栏):Bonum，inquam，sunt nuptiae，et contra omnes calumnias possunt sana ratione defendi.

⑥ 奥古斯丁:《论婚姻的善》，第3章第3节(载PL 40，第375栏)。

⑦ 奥古斯丁:《论婚姻的善》，第10章第10节(载PL 40，第380—381栏):Qui sine uxore est，cogitat ea quae sunt Domini，quomodo placeat Domino. Qui autem matrimonio conjunctus est，cogitat quae sunt mundi，quomodo placeat uxori. Et divisa est mulier innupta et virgo(此句或作:Et divisa est mulier nupta，et virgo quae innupta est)；quae innupta est，sollicita est ea quae sunt Domini，ut sit sancta et corpore et spiritu；quae autem nupta est，sollicita est quae sunt mundi，quomodo placeat viro.

择童贞或守寡的禁欲，以摆脱肉体的折磨。[①] 如今，没有一个在虔信上已经完美的人会寻求肉的子女。[②] 时候既已完满(《加拉太书》，第4章第4节)，“谁能领受，就当领受”(指为天国而自阉，《马太福音》，第19章第12节)，因为“不婚的贞洁好过婚姻的贞洁”。[③]

奥古斯丁在完成《论婚姻的善》之后，又作《论圣洁的守贞》。在此文中，他进一步讨论了婚姻和守贞这两个题目。一方面，奥古斯丁继续肯定婚姻在生育、忠贞和圣事中有自身的善，不能错误地谴责它，不能把它当作某种恶[④]；另一方面，他又断言，肉的任何果实(指生育。——译者按)都不能与圣洁的童贞相比，肉的果实，不能弥补童贞的丧失。贞女的纯洁是献给神的，理当受到极大的尊荣[⑤]。因此，凡能领受圣洁的守贞的，就当领受(《马太福音》，第19章第12节)；只有不能禁欲的，才会结婚(《哥林多前书》，第7章第9节)。[⑥] 虽然婚姻有生育之功，已婚者的善功仍然不能与禁欲者相提并论。[⑦]

在奥古斯丁看来，基督本人就是守贞者的榜样。而圣母玛利亚的生育是所有圣洁贞女的修饰，她在灵、肉两方面都是贞女。[⑧] 他还将教会本身与贞女相类比。教会就是献给基督的贞女。整个教会(Ecclesia universa)在灵与肉上都是圣洁的，然而其整体(universa)只在灵上才是贞女。在肉上，教会只有部分成员才是贞女，她们是更

---

① 奥古斯丁:《论婚姻的善》，第13章第15节(载PL 40，第383—384栏)。“怀抱有时，不怀抱有时”原文为：Non amplectendi, sed abstinendi ab amplexu.

② 奥古斯丁:《论婚姻的善》，第17章第19节(载PL 40，第386—387栏)。

③ 奥古斯丁:《论婚姻的善》，第22章第27节(载PL 40，第391—392栏)：Ex quo autem venit venit plenitudo temporis, ut diceretur, Qui potest capere, capiat... sed melior est castitas caelibum quam castitas nuptiarum.

④ 奥古斯丁:《论圣洁的守贞》，第8章第8节(载PL 40，第400栏)，第17章第17节—第18章第18节(载PL 40，第404—405栏)。

⑤ 奥古斯丁:《论圣洁的守贞》，第8章第8节—第9章第9节(载PL 40，第400—401栏)。

⑥ 奥古斯丁:《论圣洁的守贞》，第9章第9节(载PL 40，第400—401栏)：... membra Christi colligi possint, sacram virginitatem qui potest capere, capiat; et ea tantum qui se non continet, nubat.

⑦ 奥古斯丁:《论圣洁的守贞》，第10章第10节(载PL 40，第401栏)。

⑧ 奥古斯丁:《论圣洁的守贞》，第35章第35节(载PL 40，第416栏)，第5章第5节—第6章第6节(载PL 40，第398—399栏)。

加圣洁的。[1] 奥古斯丁甚至说,贞女是“选民中的选民”[2]。

### (三)性的自然本性:奥古斯丁与尼撒的格列高利

在奥古斯丁的婚姻观中,有两点是突出的:其一,他始终在肯定婚姻之同时推崇守贞,尽管二者之间在逻辑上存在着紧张,在形式上是相互“矛盾”的;其二,他认为性的存在是合乎人之自然本性的。性是婚姻的前提。先有男性与女性的区分,人的婚姻才可能发生。对性的认识,从根本上影响着奥古斯丁对婚姻本质的认识。

正如彼得·布朗所论,奥古斯丁对性的看法,在古典晚期的基督教思想中是独特的。在当时的其他教父,如安布洛斯、哲罗姆和尼撒的格列高利等人看来,婚姻、性关系与乐园是不相容的。那样,性与婚姻就只能后于亚当和夏娃的堕落。换言之,始祖从乐园中的“天使”状态堕落到物质性(physicality)之中,性与婚姻才由此产生。按照对始祖堕落的这种解释,婚姻就不合乎人的自然本性,而仅仅是堕落的结果。[3] 约翰·克里索斯顿同样认为,婚姻是一种多余,是亚当的堕落所招致的。隐修士们在群山中所过的,才是亚当般的乐园生活。[4]

在著名的希腊教父尼撒的格列高利(Gregory of Nyssa)看来,在堕落发生之前,亚当的肉体与今人迥异,是后人所难以想像的。男性和女性虽为上帝所造,但在乐园之中,两性的区分还只是潜在性的。因此,在人类本性的原型中,并没有性与婚姻的位置。然而,在亚当犯罪之后,两性的分化就被激活了。伴随着死亡,性被追加到了人的本性之上。从此,人类就丧失了按上帝形象受造的自然本性,生活在反常状态之中。男、女两性的区分,正反映了这种反常状态。虽然,性不是造成亚当堕落的原因,也不是对犯罪的惩罚,但分化了的性本性的出现,毕竟只是对堕落引发的新状态的调整。在堕落之后,人类

---

① 奥古斯丁:《论圣洁的守贞》,第 2 章第 2 节(载 PL 40,第 397 栏)。
② 奥古斯丁:《论圣洁的守贞》,第 40 章第 41 节(载 PL 40,第 420 栏)。
③ 布朗:《身体与社会》,第 399—400 页。
④ 布朗:《身体与社会》,第 305—307 页。

才开始面临死亡的威胁，于是婚姻这种社会制度产生了。性是为婚姻与生育而设计的，而生育正是人类试图暂时阻遏死亡之潮的手段，并非根本的出路。在尼撒的格列高利看来，人的灵与肉最终都将向始祖犯罪之前的“纯洁”回归。只有放弃婚姻，才能摆脱时间消逝所产生的焦虑，才能最有效的解决对死亡的恐惧。或者说，通过童贞的身体，人才能瞥见伊甸园中的纯洁形象，触及亚当的纯洁的时间。①

而奥古斯丁对乐园状态的解释与尼撒的格列高利迥异。在《论婚姻的善》中，他第一次提出，乐园中的亚当和夏娃可能具有动物性的身体，可能通过性生育子女。② 在对《创世记》第1章第28节（神说：“要生养众多，遍满地面。”③）的解释中，奥古斯丁讨论了最初的人能否生育子女的问题，也就是说，如果亚当和夏娃并未犯罪、堕落，那么他们是否可能通过性关系生育后代？在此他讨论了三种观点。第一种可能性是，他们可能凭着造物主的恩赐，无需通过性关系，而以某种无性的方式来得到子女。第二种可能性是，神所说的“要生养众多，遍满地面”只能作灵性化的解释，仅指心智和美德的增长，子孙的繁衍则是死亡因他们犯罪而出现之后的事。奥古斯丁则提出了第三种可能的解释：亚当和夏娃的身体最初不是灵性，而是动物性的，只有凭着以后的善功，他们才可能拥有灵性的身体，取得不朽。这样，他们就可能通过性关系而繁衍后代。④

到了《〈创世记〉字句注》中，奥古斯丁进一步明确，在堕落之前，亚当和夏娃拥有充分的肉体生命，包括性与生育。不同于哲罗姆、尼撒的格列高利等教父的观点，奥古斯丁不再把性的生育视为堕落的结果，不仅仅是用来弥补人丧失了不朽的损失的。⑤ 换言之，奥古斯

---

① 布朗：《身体与社会》，第293—299页。

② 亨特：“奥古斯丁的悲观主义？”，第138页。

③ 奥古斯丁：《论婚姻的善》，第2章第2节（载PL 40，第373—375栏）：Crescite, et multiplicamini, et implete terram.

④ 奥古斯丁：《论婚姻的善》，第2章第2节（载PL 40，第373—375栏）。

⑤ 亨特：“奥古斯丁的悲观主义？”，第138页。关于该观念的发展过程，可参瑞斯特：《奥古斯丁：洗礼后的古代思想》（John Rist, *Augustine: Ancient Theught Baptized*. Cambridge: Cambridge University Press 1994），第112—114页。

丁将亚当和夏娃描绘为物质性的人，具有与今人相似的肉体和性征。如果堕落没有发生，他们就将在乐园中生儿育女。[①]

不同于尼撒的格列高利等教父的观点，奥古斯丁认为，在亚当堕落以前，人类在乐园状态中就具有动物性的身体，可能通过性关系来生育子女。因此，性与婚姻就不是堕落的结果，而是合乎人之自然本性的。一方面，通过论证性的自然性，奥古斯丁移走了悬在人类社会之上的问号[②]；另一方面，既然性与婚姻是完全合乎人的自然本性的，并非始祖犯罪的后果，那么，奥古斯丁又为何要赞美婚姻的"对立面"，提倡过终身守贞的独身生活呢？面对这一逻辑上的张力，奥古斯丁又将如何解决？

## 二、常见的解释及其不足

对于奥古斯丁的婚姻观，学界有种种不同的解释，其中比较常见的，一是"性"的解释，一是"社会"的解释。前者的基本思路是区分婚姻与性，对二者分开来看。后者则立足于友爱、团契等社会性的价值来理解他的婚姻观。如前所述，婚姻与守贞之间的张力，是奥古斯丁婚姻观中的关键之一。为了理解这一张力，就需要先了解"性"与"社会"这两种解释思路。

### （一）"性"的解释

奥古斯丁关于性的观念，所受诟病甚多。甚而，他曾被称为"将基督教与对性与欢娱的憎恶熔(fused)为一体的人"[③]。在伊丽莎白·克拉克等人看来，奥古斯丁对性与婚姻的消极态度，为罗马天主教神学中的类似观点提供了基础。[④] 从性的角度入手，通过区分婚

① 布朗:《身体与社会》，第400页。

② 彼得·布朗语，见《身体与社会》，第404页。

③ 语出兰克·海涅曼(Uta Ranke-Heinemann, *Eunuchs for the Kingdom of Heaven*)，引自兰伯里格茨:"对批评的重估:奥古斯丁对性的看法"，第176页。

④ 对克拉克等人观点的总结，见迈特:"圣奥古斯丁思想中的基督、上帝与女人"，第171页。

姻与性(及性欲),以此来理解奥古斯丁的婚姻观是一种最常见的做法。在"性"的解释中,又可以细分出三类不同观点。

第一类观点可以称为"婚姻善而性恶"说。如柯文就认为,婚姻在奥古斯丁看来是一种善,而性却是恶的。与独身相比,婚姻是一种"次善"(lesser good),因为性行为是恶的。只有生育才能使性行为合法化。不以生育为目的,性就是一种罪。柯文所不能理解的是,奥古斯丁为何视性为恶?为此他提出了两种解释。一是,奥古斯丁错误地理解了保罗的文本(《罗马书》,第13章第13节);二是,他认为性活动不服从于意愿的支配,体现了堕落的后果。这两种解释都不能完全使人信服。因此,在柯文看来,奥古斯丁为何视性为恶是不能理解的,而基督教文化长期以来追随这种观点,则更不可理解。[①]

可以说,上述说法代表了对奥古斯丁的一种误读。在他的成熟期思想中,性并非是某种恶的东西。正如奥唐奈尔所总结的那样,对于奥古斯丁来说,性在根本上是善的。奥古斯丁对乐园生活的理解,正反映了他对性的根本价值的认识。与他相比,哲罗姆等人对性的看法要消极得多。[②]

第二类观点实际上修正了第一类观点中的不确之处。这类观点不把性的本性直接界定为某种恶,却用性欲(sexual desire)代替了它的位置。换言之,按照这类观点,奥古斯丁认为婚姻是善的,但性欲却包含着恶;婚姻不仅引导性欲,还使之正当化。这一类观点可以称为"婚姻善而性欲恶"说。

如伊文思认为,区分"婚姻之善"与"肉欲之恶"是理解奥古斯丁婚姻观的关键。婚姻本身是一种善,但性的欲望却不是。后者不受理性的控制,在本质上是一种恶。只有在婚姻当中,并以生育为目的,它才能成为正当的。虽然生育的欲望本身不是恶,但由于亚当之

---

① 柯文:《奥古斯丁》(Christopher Kirwan, *Augustine*. London: Routledge, 1991),第192—196页。

② 奥唐奈尔:《奥古斯丁》(James J. O'Donnell, *Augustine*. Boston: Twayne Publishers, c1985),第54页。

罪的结果，生育的方式已被恶渗透。进一步说，假使亚当没有犯罪，生育就能出于理性而非出于淫欲。①

麦克布莱恩也在他的系统神学中认为，在早期教会中，婚姻逐渐被视为使性正当化(justification)的手段。这一趋势在奥古斯丁身上得到了充分的发展，在此他对教会的影响无人可及。奥古斯丁将性与动物性(animality)联系起来。婚姻的目的只是生育。性欲不过是原罪的不幸后果。每个孩子都生于父母的"罪"，因为生育避免不了肉欲。但它毕竟是可以容忍的"罪"，因为它毕竟提供了一条限制欲望的合法途径。②

第三类观点可以说是第二类观点的变体。如在兰伯里格茨看来，奥古斯丁承认婚姻的地位，却对性与肉欲(concupiscentia carnis)作了消极的(negative)理解。对他来说，性并不属于婚姻的本质。但需要强调的是，不能说性冲动本身就已经构成了罪。不如说，肉欲只是犯罪的冲动(impulse to sin)，是罪的诱因(incitement)。只有经过理性之人的赞同，才能构成现实的罪(actual sin)。性欲是一种扰乱性的力量，显示了原罪的后果，应当尽可能地去避免，而真正的完美却存在于灵性之爱(spiritualis delectatio)当中。因此，与其作出努力去正当地对待肉欲，还不如去追求基督教的禁欲生活。③

瑞斯特的解释同样强调了性的因素。对奥古斯丁来说，婚姻具有双重的属性，既是一种世俗的制度，又是一种宗教的制度。一方面，婚姻是上帝所设立的，是一种圣事，具有政治社会所不能比拟的善；但毕竟，它又显示了人类的堕落状态。作为一种堕落的制度，婚姻有别于并低于宗教的守贞制度。在此瑞斯特强调了两个概念，一是奥古斯丁关于婚姻与肉体的一般观点(general account)，一是关于婚姻之内的性与性行为的特定观点(specific account)；对于二者

---

① 伊文思：《奥古斯丁论恶》(G. R. Evans, *Augustine on Evil*. Cambridge: Cambridge University Press, 1982)，第 144 页。

② 麦克布莱恩：《天主教主义》第二卷，第 789—790 页。

③ 兰伯里格茨："对批评的重估：奥古斯丁对性的看法"，第 180—188 页。

需要区别对待。在堕落之后，婚姻是一种经常被滥用的善；而性则涉及肉欲(concupiscence)之恶。若非堕落发生，性就会完全和谐地适应亚当和夏娃之间的夫妻关系。但这种和谐已经被堕落破坏，性活动经常变成难以抑制的淫(lust)。[①] 瑞斯特进而指出，在奥古斯丁的成熟期著作中，肉欲主要不是指构成罪的淫，而是人身上的缺陷(defect)或持久的软弱(permanent weakness)，它本身是罪的后果。因此，肉欲本身不是罪性的，但在人对它的同意(consenting)之中，它就构成了罪。[②]

魏采尔的观点也与他们类似。他认为，并非肉的一切欲望都是问题(trouble)。奥古斯丁虽为性欲而苦恼，但他的问题并不来自性本身(sex per se)，而是出在满足性欲的方式上。[③]

在兰伯里格茨、瑞斯特等人对奥古斯丁的解释中，婚姻是一种善，而性欲却是使婚姻之善受威胁的诱因。他们虽未将性欲本身直接界定为罪，但它却无疑倾向于诱发罪。这一类观点可以称为"婚姻善而性欲倾向于恶"说。

"婚姻善而性欲恶"说与"婚姻善而性欲倾向于恶"说有其共性，都通过对婚姻与性欲的区分来解释奥古斯丁的婚姻观。相对而言，这两类观点比较合乎奥古斯丁的原义，但仍然存在着两方面的不足。

首先，在奥古斯丁的成熟期思想中，他越来越将罪归因于意愿[④]的分裂，其根源在于扭曲的意愿，而不是性。一方面，与其说性的欲望(the desire for sex)本身是恶，不如说是"淫"而非"性"(sex)才是问题之所在；另一方面，肉欲仅仅是淫(libidines)的多种表现之一，

---

① 瑞斯特：《奥古斯丁：洗礼后的古代思想》，第248—249页。

② 瑞斯特：《奥古斯丁：洗礼后的古代思想》，第136页；另参同作者，"奥古斯丁与尤利安"(John Rist, "Augustine and Julian: Aspects of the debate about sexual concupiscentia," in idem., *Augustine: Ancient Thought Baptized*, pp. 321—327)。

③ 魏采尔："预定论、佩拉纠主义与预知"(James Wetzel, "Predestination, Pelagianism, and Foreknowledge," *The Cambridge Companion to Augustine*, ed. Eleonore Stump and Norman Kretzmann, pp. 49—58. Cambridge: Cambridge University Press, 2001)，第57页。

④ Voluntas/will，原常译为"意志"，本文从北大哲学系吴天岳先生的译法，作"意愿"。

骄傲与支配的欲望(the lust for domination)才是更根本的。[①] 因此,对性因素的强调,容易造成对奥古斯丁思想中某一侧面的夸大。

其次,奥古斯丁承认,性虽然常常伴随着恶,但在自然本性上它毕竟不失为一种善;离开了性,生育之善就是不可能的。因而,从他对性之本性与现实的认识中,所能得出的适度主张就应当是对它的节制与引导。然而,“终生守贞”的主张,不仅断然取消了性存在的空间,还上升到了对更高的善——婚姻与生育的根本取消。诚然,“终生守贞”能够避免与性相关的淫欲之恶,但不止于此,它还取消了生育这一自然之善;进而,它还取消了在恩典的扶持下,人的自由意愿可能抵制淫欲之恶的可能性;最终,它还涉嫌否定了性在自然本性上的善。换言之,性常常伴随着恶的事实,并不足以构成充分的理由,说服人彻底放弃合乎自然之善的婚姻。仅从这个角度来看,奥古斯丁对守贞的倡导是没有充分根据的,属于“纠枉过正”的过激反应。站在这个角度上,奥古斯丁的同时代人尤利安(Julian of Eclanum)对他的指责就显得不无道理:他对性的处理,实际上是在暗示婚姻本身的恶;脱离了性,婚姻的目的——生育,又将如何实现?[②]

“性”的解释所能提示我们的是:性的因素在奥古斯丁的婚姻观中具有特殊重要的地位。然而,它却未能充分地说明:既然婚姻与性合乎人的自然本性,那么,奥古斯丁为何不满足于采用较为温和的方式,通过对性欲的节制,还婚姻以自然本性(或至少是“接近”自然本性),而是非要上升到守贞的“极端”,走向对婚姻之善本身的“否定”?

### (二)“社会”的解释

“社会”的解释在“性”的角度之外另辟蹊径。正如马库斯所论,奥古斯丁非常强调社会对人的重要性。就自然本性而言,人是社会

---

① 亨特:“奥古斯丁的悲观主义?”,第127—129页,第140—142页。

② 瑞斯特:“奥古斯丁与尤利安”,第321页;兰伯里格茨:“对批评的重估:奥古斯丁对性的看法”,第178页。

性的。[1] “社会”的解释，正是试图从那些社会性的价值入手，来理解奥古斯丁的婚姻观。

如彼得·布朗所论，奥古斯丁在《论婚姻的善》与《论圣洁的守贞》中，“既捍卫了婚姻，又在教会之中为守贞找到了位置”。布朗认为，他正是通过使婚姻与守贞都变得“非常社会”(magnificently social)来做到这一点的。“社会”的解释从社会性的角度来理解婚姻的善。布朗指出，奥古斯丁认为性爱是次于友爱的。在乐园中，是友爱而非性欲，确立了亚当和夏娃之间的关系。在乐园中，性欲虽然存在，但它是与善的意愿完全一致的。若非堕落，性就不会把破坏性的因素引入婚姻之中。[2] 因此，乐园中的婚姻就是善的，合乎人的自然本性。这样，奥古斯丁就从社会的角度论证了婚姻的自然之善。即使在亚当堕落之后，虽然乐园中原初的和谐已被损坏，但夫妻之间友爱的结合仍然重于性的“插曲”，“爱之流”(vena caritatis)仍然在人的婚姻中流动着。[3]

然而，亚当的堕落造成了人的善良意愿的扭曲，这才是人类所面临的真正难题。尽管婚姻与性都合乎人的自然本性，都合乎社会的善，但扭曲的意愿支配了人类社会中原初的关系，包括友爱与婚姻，扭曲了它们的自然本性。[4] 正如查德威克所论，人类虽有社会合作的天分，但“内在的腐蚀”使他变得“反社会”了。[5] 在扭曲的意愿的支配下，人的肉体不再能够保持原初的和谐。因此，在肯定婚姻之善的同时，奥古斯丁也确信，在那些献身于禁欲生活的人身上，爱之流会涌动得更深、更快。因为，在堕落状态中，性欲总是会在人的意愿中激起“漩涡”，妨碍真正的和谐。而对于那些守贞者，对性关系的放

---

① 马库斯：《尘世：圣奥古斯丁神学中的历史与社会》(R. A. Markus, *Saeculum: History and Society in the Theology of St. Augustine.* Cambridge: Cambridge University Press, 1970)，第 95 页，第 99 页。

② 布朗：《身体与社会》，第 402—403 页。

③ 布朗：《身体与社会》，第 403 页。

④ 参布朗：《身体与社会》，第 404—405 页。

⑤ 查德威克：《奥古斯丁》(Henry Chadwick, *Augustine.* Oxford: Oxford University Press, 1986)，第 68 页。

弃会给予他们以自由，以享受那一心一意的亲密关系。[1]

在奥古斯丁看来，是家庭中的和谐与秩序，而非性的结合，才是基督教婚姻的不变本质。因此，正如那些过着守贞生活的人，和谐的基督徒夫妻同样可以代表奥古斯丁的了理想。[2] 正如布朗所论，在奥古斯丁眼中，婚姻与禁欲是“人的和谐”(human concord)的两个前后相继的阶段，是友爱(friendship)的两种形式。前者生儿育女，涉及性爱；后者则然。二者最终都指向天上的耶路撒冷，也就是上帝之城。[3] 或者说，这种解释将婚姻与守贞理解为两种人的社会关系的形式，它们都以友爱为根本，都值得肯定。

大卫·亨特进一步发展了这种“社会”的解释。他认为，在《论婚姻的善》中，奥古斯丁一开始就将婚姻放在一个“社会的框架”(social framework)中来讨论，那也就是友爱这一自然之善中的社会关系(connexio societas)。奥古斯丁认为，“友爱的团契”(societas amicalis)是人类之大善。而婚姻与性爱，被认为是对友爱这种更大的善有益的。“社会”(societas)的观念，包括相互结合、和谐、夫妻相伴等等，在每一点上都支配着他对婚姻的讨论。正是从这种观念出发，奥古斯丁才不把生育子女当作婚姻惟一的善。因为，在两性之间存在着一种“自然的结合”(natural association)，这是在爱的秩序中的联合，即使性关系已经终止，它依然存在。换言之，真正的婚姻以夫妻的团契为基础，不必依赖于性爱或生育的能力。[4]

进而，在亨特看来，“社会的框架”为奥古斯丁对婚姻之善的具体讨论提供了语境。他在《论婚姻的善》中所提出的“婚姻三善”，即生育、忠贞和圣事，都具有社会的维度。就生育之善而言，奥古斯丁提出了“淫欲的补救”(remedium concupiscentiae)这个概念，也就是说，婚姻将性欲引导到生育的任务上来，以父母之情来缓和肉欲。就

---

① 布朗：《身体与社会》，第 403 页。
② 参布朗：《身体与社会》，第 404 页。
③ 布朗：《身体与社会》，第 402 页。
④ 亨特：“奥古斯丁的悲观主义？”，第 131—132 页。

忠贞之善而言，它不仅指防止通奸，更是指夫妻之间相互配合对方的性要求的义务。忠贞是一种社会关系(bond)。即使是仅仅出于性要求的结合，忠贞也使它具有某种善。忠贞是一种义务，是一种相互服务。在其中，夫妻双方相互支持着对方的软弱。婚姻的第三种善，圣事，指夫妻的社会关系不可解除，其社会性更加明显。一夫一妻的结合象征着上帝之城的统一。婚姻的圣事性质将基督教夫妻之间的世俗团契引导向上帝之城的永恒团契。①

总之，奥古斯丁比他的同代人更能理解，婚姻的自然本性是团契，它是构成所有人类社会的基础。在他成熟的观点中，婚姻是一种脆弱然而有效的社会关系，婚姻是一种团契，它能为罪所造成的无常与混乱带来某种稳定与团结。生育与忠贞之善为社会提供了基础，能为尘世中的破坏性力量带来某种秩序。靠着圣事之善，婚姻的社会(marital society)被引向上帝之城的永恒社会。②

奥顿也认为，“社会学的维度”(sociological dimension)在奥古斯丁的婚姻观中十分重要，对“友爱”的强调是其最大特点。她试图将“社会”的解释与当时的历史背景结合起来。在君士坦丁之后，罗马帝国逐步基督教化，基督徒与异教徒之间的差别减小。然而在基督教内部，禁欲的精英与已婚大众之间的差别却增大了，开始威胁到基督教社会的团结。守贞变成了基督徒首选的生活方式，对婚姻构成了严重的挑战。奥古斯丁的婚姻观旨在团结守贞者与已婚者，在他眼中，婚姻与守贞同样是基督教社会的基石。一方面，他认为婚姻甚而性都出于友爱的目的；另一方面，他又通过对骄傲、殉教等问题的讨论，大胆地相对降低了守贞在尘世中的意义。奥顿认为，奥古斯丁发展出了一个特定的教会模型，其中包括了不同的生活方式。奥古斯丁把教会当作一个不完美的社会，在其中婚姻、守贞甚至修道都有自己的特定位置。在这种教会模型中，守贞者与已婚者之间应是一

① 亨特:“奥古斯丁的悲观主义?”,第 131—135 页。

② 亨特:“奥古斯丁的悲观主义?”,第 137 页,第 142 页。

种“和而不同”(harmonious variation),或者说“和谐中的差异”(difference with concord)。[①]

按照彼得·布朗的解释,我们可以对婚姻之善作一个简要的概括。首先,婚姻合乎人的自然本性,在堕落以前的自然状态中,它完全合乎社会的自然之善。其次,在亚当堕落之后,婚姻的原初之善虽然受到了扭曲之意愿的干扰,但其善的本性依然存在,婚姻依然是人类社会的基础,并且还能发挥某种“化恶为善”的作用,遏制堕落之人性中的“反社会”因素。但是,诚如奥古斯丁所问,在已婚者中间,有谁敢宣称他从未为生育之外的动机与妻子发生过性爱?[②] 可见,由于罪对人的自然本性的深刻影响,扭曲的意愿很难不再通过难以节制的性欲,在“爱之流”中激起个个“漩涡”。正如奥古斯丁所说,婚姻虽不逼迫淫欲产生,却捎带着它。[③] 因此,在堕落的社会中,守贞就不失为一条可行之路,在它的基础上,可以在婚姻之外建立另一种社会关系,也就是禁欲的独身生活。

较之以“性”的解释,“社会”的解释具有明显的优势。毋庸置疑,“社会”在奥古斯丁心目中占有不可动摇的地位。正如《论婚姻的善》开篇所论,“正如每个人都是人类的一部分,人的自然本性就是某种社会性的东西,拥有一种大而自然的善,友爱的力量”[④];“男人与女人是人类社会中的第一种自然结合”[⑤]。在同书第九章中,奥古斯丁又强调,婚姻与性爱是为了友爱而追求的善;靠了它们人类才能繁

---

① 奥顿:“奥古斯丁论婚姻、修道主义与教会团体”(Willemien Otten, “Augustine on Marriage, Monasticism, and the Community of the Church,” 原载 Theological Studies, Sep98, Vol. 59 Issue 3, p. 385 以下),见“学术期刊全文库”(Academic Search Elite), http://search.china.epnet.com。

② 奥古斯丁:《论婚姻的善》,第 13 章第 15 节(载 PL 40, 第 383-384 栏)。

③ 奥古斯丁:《论婚姻的善》,第 13 章第 15 节(载 PL 40, 第 383-384 栏):non cogunt nuptiae, sed ferunt.

④ 奥古斯丁:《论婚姻的善》,第 1 章第 1 节(载 PL 40, 第 373 栏):Quoniam unusquisque homo humani generis par est, et sociale quidam est humana natura, vim quoque amicitiae.

⑤ 奥古斯丁:《论婚姻的善》,第 1 章第 1 节(载 PL 40, 第 373 栏):Prima itaque naturalis humanae societatis copula vir et uxor est.

衍,而在其中友爱的团契是大善。[①]

彼得·布朗敏锐地捕捉到,奥古斯丁对婚姻的肯定,正是以这些社会性的价值为基础的。按照他所指引的思路,婚姻与守贞可以被理解两种社会关系的形式,各自拥有某些社会性的善。这样,奥古斯丁就“既捍卫了婚姻,又在教会之中为守贞找到了位置”[②]。借助于“社会”概念的引入,婚姻与守贞之间的张力就可能得到缓解。亨特与奥顿等人则沿着布朗的道路继续前进。亨特明确提出了“社会的框架”是理解奥古斯丁婚姻观的语境,不但立足于文本,从生育、忠贞、圣事这三个不同角度具体讨论了婚姻之善的社会含义,还强调了婚姻可能对社会起到的积极作用;奥顿不但将“社会”的解释与历史结合起来,还明确提出,作为不同的生活方式,婚姻与守贞在奥古斯丁的教会模型中是一种“和而不同”的关系。

但是,这类解释仍然有其不足。“社会”的解释所能做到的,是在“社会”之善中为婚姻与守贞找到一种“相容”的可能性。然而,在解释奥古斯丁何以要提倡守贞而放弃婚姻,也就是守贞何以具有比婚姻更大的社会之善时,彼得·布朗又转而强调了性欲之“漩涡”,这实际上又回到了“性”的解释的老路上。亨特虽然发展了布朗的观点,但是他的文章只是深入地论证了婚姻之善,对于解决婚姻与守贞之间的张力,并无进一步的贡献。奥顿虽然提出婚姻与守贞之间是“和而不同”的,但也没有解释清楚奥古斯丁何以认为守贞高于婚姻。

正如前文所述,在肯定婚姻之善的同时,赞美并鼓励守贞,这是奥古斯丁婚姻观的一个显著特点。换言之,在他的思想中,婚姻与守贞是相互制约的两端。因而,对其婚姻观的比较全面的解释,就应能同时兼及婚姻与守贞。只及婚姻不顾守贞,或者只及守贞不顾婚姻的解释,都容易失之偏颇,既无助于深入理解其婚姻观,亦无助于深入理解其守贞观。而我们注意到,“社会”的解释并不能充分地说明,

---

① 奥古斯丁:《论婚姻的善》,第9章第9节(载PL 40,第380栏)。

② 布朗:《身体与社会》,第402页。

在奥古斯丁的思想体系中，婚姻之“善”与守贞之“善”并存的局面是如何出现的？换言之，“社会”的解释是一种“消极”的解释，它能够使婚姻与守贞之间的张力得到缓和，却不能从“积极”的角度来说明这一张力何以出现。

从“性”的解释来看，婚姻总是与性方面的因素有着千丝万缕的关系，这一联系总是暗示着婚姻的局限，而守贞正可以避免它。从“社会”的解释来看，婚姻与守贞是社会关系的两种形式，二者在社会性的价值中得到了统一。这两种思路各自从某个侧面澄清了奥古斯丁的婚姻观，但又依然有所不足。

在奥古斯丁眼中，无论是婚姻还是性，它们都具有善的自然本性，在人类社会中都有某种不可替代的位置。虽然，在堕落的社会中，人类原本善良的意愿已被扭曲，难以节制的性欲常常发挥负面作用，使得人类自然本性中的和谐被破坏，本应以团契为追求的婚姻也常常受到干扰。然而，从这一现实中，奥古斯丁并不必得出弃绝婚姻与性这两种自然之善的激进主张。换言之，在奥古斯丁面前，极端的“终生守贞”并非惟一可能的出路。既然婚姻与性合乎人的自然本性，那么，奥古斯丁为何不肯满足于以“纠枉”的方式回归于人的自然本性，而是非要走向“终生守贞”的极端，宣扬彻底放弃本身即“善”的婚姻，以“过正”的方式“否定”人的这两种自然本性？既然婚姻与守贞是友爱的两种形式，既然婚姻是一种不容“谗言”的善，那么，奥古斯丁为何要在肯定婚姻、保留婚姻的同时，极力提倡在它之外的另一种生活方式？奥古斯丁为何主张彻底放弃婚姻之善，而选择了“终生守贞”这条最激进、最“不近人情”的道路？无论是“性”的解释，还是“社会”的解释，对此似乎都没有给出充分的正面解答。

## 三、“超越”的解释

按照奥古斯丁的历史观，亚当从乐园中的堕落，开始了人类在尘世中的生活。对于基督徒而言，这种尘世生活只是一段“天路历程”，是一个向往天国的旅途。在奥古斯丁眼中,在尘世教会中也就是"天国"的代名词,它是为了未来的永恒生命而聚集的。[①] 天国的理想,深刻地制约着奥古斯丁的社会思想。正是在天国之望的末世论语境中,奥古斯丁的婚姻观将能得到更深的理解。

### (一)"乐园"与"天国"

正如《上帝之城》后半部的布局[②],奥古斯丁把人类存在的历史划分为三个阶段,分别对应于天上之城与地上之城的起源、发展和终结。与这三个阶段相对应的时空,分别是乐园、尘世和天国。这三种时空分别代表着三种不同的世界秩序,即创造、堕落和拯救的秩序。在不同的时空中,以不同的秩序为坐标,对于人的婚姻就可以得出不同的评价。

首先需要明确,"乐园"(paradise)与"天国"(heaven)是两个极为不同的概念。"乐园"所描述的是上帝创造世界时的状态,而"天国"则是一个描述末世的概念,二者不能混淆。对于奥古斯丁来说,人类在乐园与天国中的状态是有明确区分的。正如瑞斯特所论,奥古斯丁的天国状态高于乐园状态。乐园和天国的根本差别在于:对于乐园中的亚当来说,由于自由意愿的作用,他不无犯罪的可能;而在天国中,人已经被重造得"更好"(melius)了,罪不再成为可能的选择。换言之,在得到拯救之后,人不是被简单地恢复到亚当的状态,而是得到了更大的福分,进入了更好的天国状态。[③]

乐园与天国的差异还表现在:乐园中的人与天国中的人所拥有的肉体是根本不同的。在奥古斯丁的成熟期思想中,乐园中的人类拥有与今人相似的肉体。若非堕落发生,亚当和夏娃将会通过性关系在乐园中生儿育女。因此,他眼中的乐园是一个物质性的世界。然而,奥古斯丁心目中的天国却与此截然不同。在他看来,天国是一个完全灵性的国度,复活的人将拥有灵性的身体,那与亚当犯罪以前

① 奥古斯丁:《论圣洁的守贞》,第24章第24节(载PL 40,第408—409栏)。
② 参奥唐奈尔为《上帝之城》的组织与内容所作的表格,见同作者《奥古斯丁》,第45页。
③ 瑞斯特:《奥古斯丁:洗礼后的古代思想》,第278—283页。

所拥有的身体是根本不同的:“由老朽的动物性身体复活而为新的灵性身体,得到不朽与不死。”[①]复活后的人虽然仍有性别,但是,奥古斯丁深信,在天国中既无性爱与生育,也没有人类婚姻的位置。[②]他曾在《上帝之城》中引用《马太福音》第22章第30节:“当复活的时候,人也不娶也不嫁,乃像天上的使者一样”[③],将它解释为“这样基督就否认了在复活后存在婚姻”,“就是那些曾在今生中出嫁或娶妻的,在那儿也将不复如此”[④]。

在奥古斯丁的成熟期思想中,起初的乐园是一个物质性的世界,在其中人类既可以有婚姻,又可以有性爱。按照乐园的秩序,婚姻合乎人的自然本性。但是,在亚当堕落以后,人与社会在乐园中的原初和谐就被罪打乱了。在尘世中,由于扭曲之意愿的干扰,人的婚姻也就丧失了自然状态中的和谐。然而,最终上帝的拯救将结束人类在尘世中的天路历程,复活的人将上升到天国,过类似于天使的生活,重又进入和谐的状态。但需要注意的是,上升到天国并不单单是回归到乐园中的状态。换言之,靠了上帝白给的恩典,人类不是回归自然本性,而是“超越”了它。

如前所述,在奥古斯丁看来,天国中的人将是无婚姻、无性爱的。因此,人的婚姻虽然合乎乐园状态,合乎人的自然本性,却不会与天国生活息息相关。不同于人的婚姻,守贞的禁欲生活才是朝向天国中的超自然状态的,因为,在那里,“人也不娶也不嫁,乃像天上的使者一样”(《马太福音》:第22章第30节)。奥古斯丁明确地意识到,基督徒之望(hope),不是追忆乐园的“向后看”,而是朝着天国的“向

---

① 奥古斯丁:《上帝之城》,第22卷第21章:in spiritalis corporis novitatem ex animalis corporis vetustate mutatum resurget incorruptione atque inmortalitate vestitum. 见 http://ccat. sas. upenn. edu/jod/augustine. html,下文所引《上帝之城》网址同此。

② 奥古斯丁:《上帝之城》,第5卷第16章,第22章第17节。

③ 奥古斯丁:《上帝之城》,第22卷第17章:In resurrectione enim neque nubent neque uxores ducent, sed sunt sicut angeli Dei in caelo.

④ 奥古斯丁:《上帝之城》,第22卷第17章:Nuptias ergo Dominus futuras esse negauit in resurrectione, non feminas... Erunt ergo, quae vel nubere hic solent, vel ducere uxores; sed ibi non facient.

前看"。正所谓,在教会的一切善功中,它都不是顾念"所见的,乃是顾念所不见的;因为所见的是暂时的,所不见的是永远的"。[①] 这"所不见的"(quae non videntur),正是天国中的生活。因此,在奥古斯丁看来,人的婚姻虽然拥有自身的善,但与之相关的一切只是凡人的事情,在天国中却无所谓婚姻的贞洁。而"童贞的纯洁"属于天使般的生活,是"在可朽肉身中对永恒不朽的凝思"。[②] 或者说,当人类已经处于"更好"的状态之时,那些善虽然合乎他们的自然本性,却已不再为人所必需。[③] 这样,正如恩典超越自然,天国胜似乐园,圣洁的守贞同样可以超越贞洁的婚姻。正如此,奥古斯丁才在《论圣洁的守贞》中呼唤道:"而今,来自所有的种族,来自所有的民族,基督的成员当向上帝的子民与天国之城聚拢,谁能领受圣洁的守贞的,就当领受(《马太福音》:第19章第12节)。"[④]

彼得·布朗等人曾有憾言:在当时传统的影响之下,奥古斯丁终于未能充分认识到性本身的价值,看不到性能够充盈(enrich)夫妻之间的关系。[⑤] 但若与奥古斯丁对天国的向往相比,性所能带来的益处,也许并不足以改变他对婚姻的基本看法。正是在末世论的语境中,奥古斯丁才得出了守贞高于婚姻的结论。因为,贞女虽然放弃了这种与时而止的婚姻,却进入了那种永远无尽的婚姻。[⑥]

---

① 奥古斯丁:《论圣洁的守贞》,第24章第24节(载PL 40,第408—409栏):in omnibus tamen bonis operibus suis non respicit quae videntur, sed quae non videntur. Quae enim videntur, temporalia sunt; quae autem non videntur, aeterna.

② 奥古斯丁:《论圣洁的守贞》,第13章第12节(载PL 40,第401—402栏):Haec tamen omnia humani officii sunt munera: virginalis autem integritas, et per piam continentiam ab omni concubitu immunitas angelica portio est, et in carne corruptibili incorruptionis perpetuae meditatio.

③ 奥古斯丁:《论婚姻的善》,第9章第9节(载PL 40,第380栏)。

④ 奥古斯丁:《论圣洁的守贞》,第9章第9节(载PL 40,第400—401栏)。

⑤ 这一观点最早出自《性欲与爱》(Eric Fuchs, *Sexual Desire and Love*)一书,后为彼得·布朗、兰伯里格茨、汉斯·昆(Hans Küng)等人采纳。见布朗:《身体与社会》,第402页;兰伯里格茨:"对批评的重估:奥古斯丁对性的看法",第188页;汉斯·昆:《基督教大思想家》(北京:社会科学文献出版社,2001年),包利民译,第79—80页。

⑥ 劳莱斯:"奥古斯丁对禁欲主义的去中心化"(George Lawless, "Augustine's Decentring of Asceticism," *Augustine and His Critics: Essays in Honor of Gerald Bonner*, ed. Robert Dodaro and George Lawless, pp. 142—163),第156页。

## (二)更大的善

奥古斯丁虽然向往超越自然本性的天国生活,但是,他十分清醒的认识到,对天国的向往不能构成贬低甚至否定人的自然本性的理由。在《上帝之城》中,奥古斯丁极力肯定了自然之善,因为,上帝从虚无中创造了世界,善的神所创造的自然必然也是善的。[①] 因此,对于奥古斯丁来说,对超越的追求并不必以对自然的贬低为代价,对自然的肯定也并不意味着对超越的放弃。按照他的思路,自然诚然是善的,超自然却是更大的善。

他再三坚持,禁欲的善超过性爱,守贞的善超过婚姻。婚姻中以生育为目的的性爱不是错,但免于一切性爱的禁欲却甚至比它更好。[②] 上升到婚姻本身的层面来说,情况同样如此。婚姻不是罪,但禁欲却是更大的善功。[③] 或者说,结婚是善的,因为生儿育女,做家庭中的母亲都是善的;但不结婚却更好,只因为人的团契本身而放弃这种工作更好。[④] 对基督徒而言,"不婚的贞洁好过婚姻的贞洁";守贞者的善功无疑超过同代所有其他的人,无论是已婚者还是在婚后才禁欲的人。[⑤] 一切肉的果实,一切婚姻生活的贞洁,都不能与守贞的贞洁相比。[⑥] 总的来说,婚姻不是罪,但它的善不仅低于守贞,也低于守寡的禁欲生活。[⑦] 正如奥古斯丁引保罗所说:"叫自己的女儿出嫁是好,不叫她出嫁更是好。"(《哥林多前书》,第7章第38节)[⑧]

---

① 可参看奥古斯丁在《上帝之城》第12卷第12—13章中的讨论。

② 奥古斯丁:《论婚姻的善》,第6章第6节(载PL 40,第377—378栏)。

③ 奥古斯丁:《论婚姻的善》,第7章第6节(载PL 40,第378栏)。

④ 奥古斯丁:《论婚姻的善》,第9章第9节(载PL 40,第380栏):Ac per hoc est nubere, quia bonum est filios procreare, matremfamilias esse: sed melius est non nubere, quia melius est ad ipsam humamam societatem hoc opere non egere.

⑤ 奥古斯丁:《论婚姻的善》,第22章第27节(载PL 40,第391—392栏),第26章第35节(载PL 40,第396栏)。

⑥ 奥古斯丁:《论圣洁的守贞》,第13章第12节(载PL 40,第401—402栏)。

⑦ 奥古斯丁:《论圣洁的守贞》,第21章第21节(载PL 40,第406—407栏):nec peccatum esse dicimus nuptias, et earum tamen bonum non solum infra virginalem, verum etiam infra vidualem continentiam constituimus.

⑧ 奥古斯丁:《论圣洁的守贞》,第18章第18节(载PL 40,第404—405栏):Qui dat nuptum, bene facit; et Qui non dat nuptum, melius facit.

在坚持守贞之善的同时，奥古斯丁又反复强调，虽然婚姻的善不及守贞，但为了追求守贞而贬低婚姻的想法同样必须避免。他告诫说，婚姻不是与通奸相比较而言的善，好像二者都是恶，只因为通奸属大恶，婚姻才显出“善”来。他强调，婚姻与通奸不是两种恶，通奸更坏；而是，婚姻与禁欲是两种善，禁欲更好（dua bona sunt connubium et continentia，quorum alterum est melius）。正如健康与疾病不是两种恶，疾病更坏；而是，健康与不朽是两种善，不朽更好。同样，知识与虚荣不是两种恶，虚荣更坏；而是，知识与爱是两种善，爱更好。正如知识虽为现时所必需，却“终必归于无有”，然而“爱却永不止息”（Scientia destruetur，charitas nunquam cadet，《哥林多前书》，第 13 章第 8 节）。[①] 正因为婚姻与守贞都是善，奥古斯丁才告诫男女的禁欲者、守贞者们，虽然他们的善超过婚姻，但决不可视婚姻为恶。因为，在选择更大的善之时，不能谴责较小的善。[②]

在守贞之中，不是婚姻之恶被避免，而是婚姻之善被超越。更大的善的荣耀，正于此可见。[③] 一方面，对守贞的追求不会贬低婚姻；另一方面，正是在婚姻之善中，守贞的荣耀更得以显示。因为，更好的不可能被成就，除非其他的善被超过。除非戒除婚姻，就不能拥有守寡或贞女的贞洁。[④] 如果婚姻是恶的，那么终身禁欲就只是免受谴责而已，并不值得受到特别的赞美。谴责婚姻不但没有劝勉，反而会贬低圣洁的贞女，因为那样她们就仅仅逃避了对婚姻的判决。可见，贞女的贞洁之善不会因婚姻非恶而变得更小。虽然结婚不会受到谴责，但她还当渴望得到更受尊荣的冠冕。[⑤]

---

① 奥古斯丁：《论婚姻的善》，第 8 章第 8 节（载 PL 40，第 379—380 栏）。

② 奥古斯丁：《论圣洁的守贞》，第 18 章第 18 节（载 PL 40，第 404—405 栏）：sic eligere dona majora，ne minora damnentur.

③ 奥古斯丁：《论圣洁的守贞》，第 21 章第 21 节（载 PL 40，第 406—407 栏）：... ex hoc gloriam majoris illius boni esse majorem，quod ejus adipiscendae causa bonum conjugale transcenditur，non peccatum conjugii devitatur.

④ 奥古斯丁：《论婚姻的善》，第 8 章第 8 节（载 PL 40，第 379—380 栏）。

⑤ 奥古斯丁：《论圣洁的守贞》，第 21 章第 21 节（载 PL 40，第 406—407 栏），第 18 章第 18 节（载 PL 40，第 404—405 栏）。

奥古斯丁曾用登山的比喻来说明婚姻与守贞的关系。婚姻仿佛小善之丘，只有超越了它，才能在大善，也就是禁欲的山巅休憩。[①]玛利亚与马大的故事同样说明了这个道理。马大忙于为基督与门徒们服务，这是善；玛利亚坐在基督身旁聆听他的道，这却是更好。因为，为基督和门徒们料理必需是善，但放下所有这些事情，更自由地去追随这同一位主，却是更好。[②]

哲罗姆在驳斥约维尼安时曾对《哥林多前书》第7章第1节(男人不接触女人就好)作了这样的评注："若男人不接触女人就好，那接触就是不好；因为善的对立面除恶无他。"[③]在这条评注中，哲罗姆实际上陷入了"非此即彼"的思路。而奥古斯丁的逻辑则与此截然不同。他的思路，是从小善到大善的"拾级而上"[④]，大善虽然超越了小善，但并不从根本上否定较小的善。奥古斯丁借助恩典超越自然，而非否定自然的思路，其实质正与托马斯·阿奎那的名言相通："恩典并不毁坏自然，而是使之完美。"

## (三)为天国守贞

奥古斯丁曾谓，正如义人的酒肉好过渎神者的斋戒，诚信者的婚姻也先于不虔者的守贞。这不是因为婚姻好过守贞，而是因为诚信好过不虔。[⑤] 在他看来，守贞的根本意义不在于限制肉体的欲望本身，它的善应当在信仰中来认识。信仰而非童贞，才是衡量基督徒之善的最高标准。正因为如此，当时彻底禁欲的基督徒，其善仍不能与

---

① 奥古斯丁:《论圣洁的守贞》，第18章第18节(载PL 40，第404—405栏)。

② 奥古斯丁:《论婚姻的善》，第8章第8节(载PL 40，第379—380栏)。

③ 哲罗姆:《反约维尼安》(Jerome, *Against Jovinianus*)，第1卷第7章，载《尼西亚与后尼西亚教父文库·续编》第六卷(*A Select Library of the Nicene and Post-Nicene Fathers*, *Series II*, Vol. 6, ed. Philip Schaff and Henry Wace)，见"基督教经典灵性图书馆"(Christian Classics Ethereal Library)，http://www.ccel.org/fathers2/NPNF2—06/TOC.htm。

④ "我要超越我本性的力量，拾级而上，趋向创造我的天主。"见奥古斯丁:《忏悔录》，第10卷第8章，周士良中译本(北京:商务印书馆，1997年)，第192页。

⑤ 奥古斯丁:《论婚姻的善》，第8章第8节(载PL 40，第379—380栏)。

《旧约》时代生儿育女的先圣相提并论。[①] 他认为，顺从的善重于禁欲的善。因为婚姻不受谴责，而不顺从却不然。因此，考虑到顺从是一切美德之母，顺从的妇人就要好过不顺从的贞女。[②] 在上帝眼中，骄傲是最大的恶。故而顺从的妇人就比骄傲的贞女更能追随主。[③]

在奥古斯丁的成熟期思想中，对性的贬低并非主导性的因素。恰恰相反，性在他眼中合乎人的自然本性，在社会中有其积极意义。因而，守贞的目的就不能在于保持肉体的童贞本身。正如婚姻之善在于生育，守贞之善在于人的团契。"圣洁与纯洁的团契"，才是劝诫人放弃婚姻之善而选择禁欲之大善的理由。[④] 守贞之所以受尊荣，不是因为它本身，而是因为它献身于神。它既存在于肉，也因灵的圣洁与献身而得保存。[⑤] 所以，肉体的童贞也是灵性的，虔诚的禁欲誓愿并保存了它。无人能在肉体上保持节制，除非爱已先植入了他的灵。[⑥]

在他看来，守贞是超越婚姻，而非逃避婚姻。在信仰中看来，守贞恰恰表现了一种积极的姿态。守贞与禁欲是为了摆脱负担与烦恼，却不是为了摆脱恶与罪。[⑦] 奥古斯丁再三坚持，守贞不是为了现世，而是为了天国。不是为了未来的生命，而是为了逃避现世之艰辛而禁欲的做法，这在他看来是根本错误的。[⑧] 相反，正是为了许在天国中的未来生命，基督徒才会选择终生的禁欲。因为，若非为了天国，禁欲就失掉了意义；若非为了天国，就不值得放弃婚姻中的性爱。[⑨] 可见，奥古斯丁对守贞与禁欲的支持并非一概而论。除非立

---

① 奥古斯丁:《论婚姻的善》，第 23 章第 31 节(载 PL 40，第 393—394 栏)。

② 奥古斯丁:《论婚姻的善》，第 23 章第 29—30 节(载 PL 40，第 393 栏)。

③ 奥古斯丁:《论圣洁的守贞》，第 51 章第 52 节(载 PL 40，第 426 栏)。

④ 奥古斯丁:《论婚姻的善》，第 9 章第 9 节(载 PL 40，第 380 栏)。

⑤ 奥古斯丁:《论圣洁的守贞》，第 8 章第 8 节(载 PL 40，第 400 栏)。

⑥ 奥古斯丁:《论圣洁的守贞》，第 8 章第 8 节(载 PL 40，第 400 栏):Ac per hoc spiritualis est etiam virginitas corporis, quam vovet et servat continentia pietatis... ita nemo pudicitiam servat in corpore, spiritu prius insita castitate.

⑦ 奥古斯丁:《论圣洁的守贞》，第 16 章第 16 节(载 PL 40，第 403—404 栏):... non tanquam a re mala et illicita, sed tanquam ab onerosa ac molesta.

⑧ 奥古斯丁:《论圣洁的守贞》，第 13 章第 13 节(载 PL 40，第 402 栏)。

⑨ 奥古斯丁:《论圣洁的守贞》，第 22 章第 22 节(载 PL 40，第 407—408 栏)。

足于积极的心态之上，守贞就不值得赞美。换言之，他所真正欣赏的不是肉体之童贞本身，而是体现于禁欲之中的对信仰的追求。

## 四、"怀抱有时"

"怀抱有时，不怀抱亦有时。"(《传道书》，第3章第5节)。在奥古斯丁看来，对当时的基督徒来说，这已是一个选择守贞或守寡的禁欲生活，而不再忍受肉之折磨的时候了。在天国中，他们有无数禁欲的兄弟和同伴。[①] 婚姻固然有自己的善，但如今，时候已经满足(venit plenitudo temporis，《加拉太书》，第4章第4节)，"谁能领受的，就当领受"(《马太福音》，第19章第12节)。[②] 在他眼中，当时的基督徒不如尽力而为，放弃婚姻之善而追求守贞。因为，以《新约》为标志，人类现已进入了一个不同的时代。

### (一)"时代的不同"

奥古斯丁曾将人类的历史划分为六个时代，分别对应于上帝创造世界的六日。但在这种六分法中还潜伏着一种更内在的两分，因为基督道成肉身的这一决定性事件可以将前五个时代压缩为一。这样，历史就被划分为两段，前一个是应许的时代，后一个是成全的时代。现今人类正处于后者，也就是所谓的"第六时代"。这个时代以基督的降临与布道为开端，以人子在荣耀中的再临、第七日(天国生活)的开始而告终。在此阶段中新人出现，靠圣灵而得新的生命。这第六时代也就是人重生(reformation)的时代，"我们按上帝的形象重生"，在基督中重新受造。[③]

奥古斯丁用《旧约》时代与《新约》时代的对比来说明这两大时代的不同。在《旧约》时代，肉的种族繁衍是必需的；而今，基督的成员

---

① 奥古斯丁：《论婚姻的善》，第13章第15节(载PL 40，第383－384栏)。

② 奥古斯丁：《论婚姻的善》，第22章第27节(载PL 40，第391－392栏)。

③ 马库斯：《尘世：圣奥古斯丁神学中的历史与社会》，第17－18页，第22－24页。

当向上帝之城聚拢,能领受圣洁的守贞的,就当领受。[①] 在人类当今的状态中,缺的不是子孙的众多。在人类历史上的第一次,基督徒为了上帝子民的繁衍而聚集,为了圣洁的守贞而放弃婚姻,选择更大的善,也就是禁欲。[②] 不同于《旧约》时代,现已没有生育众多的必需。如今,只要能够禁止得住,不娶妻就是更好;如今,没有一个在虔信上已经完美的人会寻求子女,除非是在灵的意义上的。[③]《旧约》与《新约》标明了两个不同的时代。无论是《旧约》时代的婚姻,还是《新约》时代的禁欲,都为了耶路撒冷而生育。虽然,前者是肉的生育,后者是灵的生育,但二者出于同样的"爱之流",只是时代的不同(diversitas temporum)使其工作不同。[④] 诚然,生育、忠贞、圣事都是善,因此婚姻也是善。但如今,与其寻求肉的子孙,不如去寻求永远的解脱,以灵性的方式追随基督,这无疑更善、更圣洁。[⑤]

在奥古斯丁看来,在这个"第六时代"之中,上帝之城将实现,世界末日将来临。他引用使徒保罗的话说:"弟兄们,我对你们说,时候减少了。从此以后,那有妻子的,要像没有妻子;哀哭的,要像不哀哭;快乐的,要像不快乐;置买的,要像无有所得;用世物的,要像不用世物。因为这世界的样子将要过去了。我愿你们无所挂虑。"(《哥林多前书》,第7章第29—32节)[⑥]诚然,那些虔诚的基督徒一心渴望把天国带到尘世的生活,在地上的可朽状态中过天上的天使生活。[⑦]对他们来说,婚姻只能是留给不能禁欲者的权宜之计。

## (二)自由选择

奥古斯丁清楚地认识到,在保罗的"谁能领受的,就当领受"

① 奥古斯丁:《论圣洁的守贞》,第9章第9节(载PL 40,第400—401栏)。

② 奥古斯丁:《论婚姻的善》,第9章第9节(载PL 40, 第380栏)。

③ 奥古斯丁:《论婚姻的善》,第15章第17节(载PL 40,第385栏),第17章第19节(载PL 40,第386—387栏)。

④ 奥古斯丁:《论婚姻的善》,第16章第18节(载PL 40,第385—386栏)。

⑤ 奥古斯丁:《论婚姻的善》,第24章第32节(载PL 40,第394—395栏)。

⑥ 奥古斯丁:《论婚姻的善》,第10章第10节(载PL 40,第380—381栏)。

⑦ 奥古斯丁:《论圣洁的守贞》,第24章第24节(载PL 40,第408—409栏)。

(《马太福音》,第 19 章第 12 节)与“倘若自己禁止不住,就可以嫁娶”(《哥林多前书》,第 7 章第 9 节)这两句话[1]之间,存在着内在的关联。守贞的生活虽然更加圣洁,但基督徒不能忘记,人的婚姻不但不是恶,还是教会的圣事。因此,尽管天国终将降临,放弃婚姻而选择终生禁欲的行为,依然只能是个人层面上的自由选择。

守贞只能作为个人意愿的选择,这是奥古斯丁的一个重要观点。他坚持,在地上的可朽肉体中模仿天上的生活,这应出于誓愿而非诫命;应出于选择的爱,而非服务的必需。守贞应是自由的,因为这是基督的意愿。[2] 退一步说,守贞虽然是大善,但拒绝它亦无不可。虽然现世的必需对未来可能是某种妨碍,但它们不会使人与天国相绝,不会是一种罪。因为使徒保罗所给贞女的,只是劝告(consilium),并非诫命(praeceptum)。诫命与劝告的性质截然不同。不服从诫命就是罪,而不听从劝告,只是选择了较小的善。[3]

虽然守贞仅仅是一个“自由选择”的问题,但在奥古斯丁眼中,“自由”的概念预设着特定的价值取向。正如魏采尔所论,奥古斯丁的“自由”不等于摆脱约束,不等于“自愿”。只有对善的正确回应,才称得上“自由意愿”。[4] 正如此,婚姻虽善,他仍认为:“自由选择没有肉的果实,天上没有婚姻生活的贞洁。”[5]

进而,奥古斯丁相信,天国中的福祉不是平等分配给每个人的。虽有每人都会得到同一钱银子(《马太福音》,第 20 章第 9—10 节),但“这星与那星的荣光,也有分别”(《哥林多前书》,第 15 章第 41—

---

① Qui potest capere, capiat; si se non continent, nubant. 见奥古斯丁:《论婚姻的善》,第 21 章第 25 节(载 PL 40,第 390 栏),《论圣洁的守贞》,第 9 章第 9 节(载 PL 40,第 400—401 栏)。

② 奥古斯丁:《论圣洁的守贞》,第 4 章第 4 节(载 PL 40,第 398 栏)。

③ 奥古斯丁:《论圣洁的守贞》,第 13 章第 13 节—第 15 章第 15 节(载 PL 40,第 402—403 栏)。

④ 魏采尔:《奥古斯丁与美德的局限》(James Wetzel, *Augustine and the Limits of Virtue*. Cambridge: Cambridge University Press, 1992),第 216—217 页,第 220—222 页。

⑤ 奥古斯丁:《论圣洁的守贞》,第 13 章第 12 节(载 PL 40,第 401—402 栏):Fecunditatem carnalem non habet liberum arbitrium, pudicitiam conjugalem non habet coelum.

42节),在永生中善功之光将会在差别中闪耀。[①] 专给基督贞女的欢乐,将会与给予他人的有所不同。[②] 他深信,不同的人将得到不同的恩赐:"只是各人领受神的恩赐,一个是这样,一个是那样"(《哥林多前书》,第7章第7节)。甚而,也许永生并非是给每个人的,仅仅避免罪并不足以得到它,而是还需要进一步的誓愿。[③] 为了得到更好的结果,基督徒就需要尽其所能地来努力。总之,在天国中,将是"差别与和谐共存"[④],那时虽有普遍的大恩赐,但根据不同的善功,荣光的闪耀依然各各不同[⑤]。

因此,基督徒完全可以结婚,选择与他人平等;但这样他就不能得到"更好的位置"(meliorem locum)。[⑥] 从恩典有差的观念出发,奥古斯丁鼓励基督徒放弃世俗的婚姻,而追求更善之守贞。但同时,他也十分小心,注意保持着鼓励守贞与尊重婚姻之间的微妙平衡。为此他曾作过一个花园的比喻。在这同一个花园之中,有殉道者的玫瑰,有贞女的百合,有鳏寡者的紫罗兰,也有已婚夫妇们的常春藤。[⑦] 他还把教会比作基督的新娘。教会本身在信、望、爱中成为贞女,既在圣洁的贞女中,也在鳏寡和已婚者中。[⑧] 正如彭小瑜先生所论,"基督教禁欲主义是一种完美主义,不是教会期望推广于普通教徒中间的一种主张。"[⑨]在奥古斯丁看来,基督徒虽应尽其所能地追随主、

---

① 奥古斯丁:《论圣洁的守贞》,第26章第26节(载PL 40,第410栏)。

② 奥古斯丁:《论圣洁的守贞》,第27章第27节(载PL 40,第410—411栏):Gaudia propria virginum Christi, non sunt eadem non virginum, quamvis Christi.

③ 奥古斯丁:《论圣洁的守贞》,第40章第41节(载PL 40,第420栏),第14章第14节(载PL 40,第402—403栏)。

④ 奥古斯丁:《论圣洁的守贞》,第29章第29节(载PL 40,第411—412栏):... concors est differentia.

⑤ 奥古斯丁:《论婚姻的善》,第26章第35节(载PL 40,第396栏)。

⑥ 奥古斯丁:《论圣洁的守贞》,第24章第24节(载PL 40,第408—409栏)。

⑦ 引自劳莱斯:"奥古斯丁对禁欲主义的去中心化",第157页。

⑧ 语出奥古斯丁:《论鳏寡之善》(*On the Good of Widowhood/ De bono viduitatis*),第10章第13节,引自亨特:"贞女、新娘与教会"(David G. Hunter, "The Virgin, the Bride, and the Church: Reading Psalm 45 in Ambrose, Jerome, and Augustine," 原载Church History, Jun2000, Vol. 69 Issue 2, p. 281以下),见"学术期刊全文库"(Academic Search Elite), http://search.china.epnet.com。

⑨ 彭小瑜:《中古西欧骑士文学和教会法里的爱情婚姻观》,载《北大史学》第六辑(北京:北京大学出版社,1999年),第129—152页,此处见第143页。

仿效主,但肉的守贞却不是给所有人仿效的。[①] 诚然,当基督在守贞的恩典中行进时,他们便不能追随;但仍然可以肯定,即便是已婚的基督徒,也能照着那步子前进,即使他们的脚不能完美地踏在同一个印子上,也是行进在同一条道路上。[②]

---

① 奥古斯丁:《论圣洁的守贞》,第 27 章第 27 节(载 PL 40,第 410—411 栏):et multa in illo ad imitandum omnibus proponuntur; virginitas autem carnis non omnibus; non enim habent quid faciant ut virgines sint, in quibus jam factum virgines non sint.

② 奥古斯丁:《论圣洁的守贞》,第 28 章第 28 节(载 PL 40,第 411 栏):Sequantur itaque Agnum caeteri fideles qui virginitatem corporis amiserunt, non quocunque ille ierit, sed quousque ipsi potuerint. Possunt autem ubique, praeter cum in decore virginitatis incedit... Sed certe etiam conjugati possunt ire per ista vestgia, etsi non perfecte in eadem forma ponentes pedem, verumtamen in eisdem semitis gradientes.

# 东派教会:历史背景的解析

林奇(John E. Lynch)*

王 涛 译

根据标题的使用情况,我们就可以看出最近公布的两部教会法之间存在着深刻不同。其中的拉丁教会法典被简单地称为《教会法典》(*Codex Iuris Canonici*),而另一部则叫《东方教会法典》(*Codex Canonum Ecclesiarum Orientalium*)。① 每部法典的第一条教规都能表明它所适用的范围。前者说:"本教规只对拉丁教会起作用"②;后者则表示"本教规涉及所有而且主要是东方天主教会"③。于是,拉

* 林奇是教皇中世纪学研究所的硕士(M. S. L., 1959)和多伦多大学的哲学博士(1965),美国天主教会大学教会法史和中世纪史教授。本文是作者在1991年4月19—20日召开的"现代教会法研讨会"(Current Canonical Concerns Workshop)上发表的一次演讲,这个研讨会由美国天主教会大学教会法学系主办。本文的英文本发表于《教会法学家》(*Jurist*)第51卷(1991年),第1—17页。中文译文的出版已经获得作者和《教会法学家》的同意,特此致谢。

① *Codex Iuris Canonici Auctoritate Ioannis Pauli Pp. II promulgatus* (Vatican City: Libreria Editrice Vaticana, 1983); *Codex Canonum Ecclesiarum Orientalium Auctoritate Ioannis Pauli Pp. II promulgatus*, AAS 82 (1990) 1045—1363. 关于这两部法典标题的历史分析,可以参考 George Nedungatt, "The Title of the New Canonical Legislation", *Studia Canonica* 19 (1985) 61—80. 1987年,东派教会法典修改委员会在 *Nuntia nn.* 24—25 中主张,法典的总标题应该是 *Codicis Iuris Canonici Orientalis*. 委员会在1988年11月召开了一次全体会议,会上通过了一些修改方案,然后在1989年1月28日,把修改过的文本提交给教皇。在最后阶段,标题还是改变了。因为"有人认为 *Codicis Iuris Canonici Orientalis* 的标题容易让东方天主教会的法律成为拉丁法律的附件。新的标题被确定为 *Codex canonum Ecclesiarum orientalium*"。——Clarence Gallagher, "Marriage in the Revised Eastern Canon Law", *Studia Canonica* 24 (1990) 70.

② Canon 1: "Canones huius Codicis unam Ecclesiam latinam respiciunt."

③ Canno 1: "Canones huius Codicis omnes et solas Ecclesias orentales catholicas respiciunt, insi, relations cum Ecclesia latina quod attinet, aliud expresse statuitur."

丁教会法典只适用于一个教会,而后者则适用于多个教会。本次演讲的目的,就是来分析我们采用术语的困难以及这些教会的历史背景,评价这种多样性。

最初,我们将会遭遇一个显而易见的问题:如果东方天主教会内部存在着不同的制度,它们将如何共享一部统一的法典呢?毕竟,教会法专家们不会忘记注定走厄运的《基本教会法》(*Lex Ecclesiae Fundamentalis*)的最新经验,它谋求对所有普世教会产生效能,以此实现自己的身份确认。[①]在第一届梵蒂冈公会议的预备会议期间,也就是大约125年前,具有漫长历史的教会还没有制定出特别完备的教会法。因此,相同的问题再次出现:普世教会是否应该有一部统一的法规,或者拉丁教会一个法规,所有东方天主教会则共用另一套法规,或者拉丁教会一个法规,其他东方天主教会又有各自的法规?[②]最终的方案终于确定了。1917年出现了一部拉丁教会法典,而教皇庇护十二世则在1950年代发布了适用于东方天主教会法典的部分内容。[③]后来,有人指出,这个"'表面上是拜占庭的,实质是拉丁的'教会行为规范,忽略了许多非拜占庭教会,比如亚美尼亚、科普特、埃塞俄比亚、迦勒底、马龙派教、马拉巴(Malabarese)以及马拉卡(Malankarese)等教会的真正传统"。[④]

---

① 关于 *Lex Ecclesiae Fundamentalis* 的产生原因以及对它的不同态度的简短小结,可以参考 Thomas J. Green, "The Revision of Canon Law: Theological Implications", *Theological Studies* 40 (1979) 601—605. John Alesandro 在"The Revision of the Code of Canno law: A Background Study", *Studia Canonica* 24 (1990) 137—138 中,为这个失败的计划制定了时间表。Garrett Sweeney 关于 *Lex Ecclesiae Fundamentalis* 两篇重要的研究性论文发表在 *The Tablet* (London) November 18, 1978, 1112—1114 和 November 25, 1978, 1136—1138 中。

② Mansi 49: 1087—1088.

③ 四部教皇法令(motu proprios)分别是:*Crebrae allatae*, February 22, 1949: AAS 41 (1949) 80—119 (marriage law); *Sollicitudinem Nostram*, January 6, 1950: AAS 42 (1950) 5—120 (procedural law); *Postquam Apostolicis Litteris*, February 9, 1952: AAS 44 (1952) 65—150 (temporal goods of the Church; the meaning of terms); and *Cleri sanctitati*, June 2, 1957: AAS 48 (1957) 385—600 (rites; persons).

④ Ivan Zuzek, "The Ancient Oriental Sources of Canon Law and the Modern Legislation for Oriental Catholics", *Kanon* 1(1973)150 (*Acta Congressus* 1971〔Vienna: Herder, 1973〕).

第二届梵蒂冈公会议之后，除了稍许一些反对意见，负责东方天主教会法规修改工作的委员会都认为，四部教皇法令提出的相关经验，将对所有东方天主教会很有利。“在很大程度上，东方教会的法律遗产建立在共同的传统和相同的古代教会法基础之上，几乎所有的东方教会法汇编都具有这样的继承关系：因此这些显然来自它们自身的汇编，常常会包含某种相同宗旨的法律。”[①]委员会相信：这些传统为所有东方天主教会法典的制定提供了一个相同的基础。伊万·茹热克(Ivan Zuzek)作为东方教廷天主教会法修改委员会的秘书，后来指出了制定一部统一法典的合理性。

虽然东方五个伟大的传统教会(亚历山大、安条克、君士坦丁堡、迦勒底以及亚美尼亚)在礼拜遗产(patrimonium liturgicum)方面有特别大的差别，但是他们在精神和神学传统上(patrimonium spirituale et theologicum)差别不大。至于他们的法纪(patrimonium disciplinare)，考虑到教会自治法律的圣统结构以及教会法的其他方面，我们有理由相信这五个主要的传统东方教会都具有基本上相同的教会法。

确实，所有东方天主教会都有同一个“神圣教规”作为它们的立法基础，这一原则已经被列入特鲁罗公会议的第二条教规之中，而且毫无例外地直到今天，在拜占庭东正教会中还发挥着作用[②]，虽然根

---

1929 年，教皇庇护十一世任命了一个由枢机主教组成的委员会起草东方教会法(AAS 21〔1929〕669)，另一个由学者组成的委员会为所有东方教会搜集和出版了许多东方教会法的资料。从 1930 年到 1980 年间，有大约 55 卷划分为三个系列以 *Fonti di codificazione canonica orientale* 的总题目出版。

① “*Guidelines for the Revision of the Code of Oriental Law*”(在 1974 年 3 月 18—23 日的第一届全体会议上得到通过)，*Nuntia* 3 (1976) 18.

② “但是并不是所有的现代神学家和教会法专家都认同这个观点：东正教教会需要而且有可能拥有一套统一的 *Codex Iuris Canonici*。有些学者对法典编纂并没有原则上的反对，但是他们认为这是一个很艰巨的任务，因为各种东正自治教会的法律体系没有太多的相似性；因此，他们认为应该为每一个教会编撰法典。我们否认了这样的观点，因为东正教或非东正教学者都承认，东正教基本上有一个单一法律，它最重要的来源十分普遍而且具有泛东正教的性质。”Bartholomew Archondonis，“A Common Code for the Orthodox Churches”，Kanon 1 (1973)48.

据衡平的原则,并不是所有条款都适用于现代生活环境[①]。至于非拜占庭教会,也有同样的问题,惟一的例外是迦勒底公会议的法典以及特鲁罗公会议的法典——既然这些非拜占庭教会并没有认可这两个公会议;因此可以说,这些教会仍旧在施行前迦勒底时代的法典,它由大约 500 条法规组成;至于对拜占庭教会有效的特鲁罗法典,则有大约 635 条……[②]

但是,没有哪一个教会"从法律汇编、宗教大会以及教父作品中获得所有的经典,实际上都仅仅获得了主要部分"。每一个教会都发展了一套自己的法律文献系统,当然它们并不是在真空中实现这个目标的;"每一个教会都有一种共融关系(communio),它们在觉得必要时会相互借鉴。"[③]要为这些东方天主教会寻找专门的法律术语,就会出现一个特别困难的问题。1917 年的教会法[④]以及 1957 年教

① 比如,特鲁罗宗教大会通过的教规第 72 条确立了不同宗教的信徒不能通婚的原则。从 1958 年直到 1972 年罗马教廷的圣部和法庭,就不同宗教的妨碍婚姻关系的原则目前是否适用于东正教进行了辩论。"教义圣部和教会法专家在最初的争论中认为这种妨碍同样适用于东正教会,这同 1917 年拉丁教会法典以及相关法学理论中体现出来的教会学以及教会法的观点是一致的。根据特鲁罗公会议的决议,罗马教廷并没有认可东正教圣统拥有真正的教会司法权,虽然它们确实通过承认这一妨碍的法律价值发生变化,结束了这样的争执。在讨论中,东正教会习惯法的法律价值得到了一定程度的认可,不同信仰造成的婚姻妨碍并没有因此被完全否认。自从 1968 年一个特别的枢机主教委员会作出决定以来,没有人愿意承认,东正教会应该顺从天主教会为东方天主教教会制定的教会法或者罗马教会的其他立法。"参考 John J. Myers 的博士论文节选,*The Trullan Controversy*: *Implications for the Status of the Orthodox Churches in Roman Catholic Canon Law*, Canon Law Studies 491 (Washington: The Catholic University of America, 1971), THE JURIST 37 (1977) 419.

② Ivan Zuzek, "The *Ecclesiae Sui Iuris* in the Revision of Canon Law", in *Vatican II Assessment and Perspectives*: Twenty-five Years After (1962—1987), ed. Rene Latourelle (New York: Paulist Press, 1989), 2: 298—299. Neophytos Edelby 观察到,"尽管叫法多种多样,仍然存在一个东正教会,正如也存在着一部东正教会法,它是如此完善,能够自成体系,足以与西方的拉丁教派的法典区别开来。而且它还成为具有东方特色的法律基础。真正的东方传统和第二届梵蒂冈公会议对东正教会的通谕……", *Kanon* 1 (1973) 61.

③ John D. Faris, "Codification and Revision of Eastern Canon Law", *Studia Canonica* 17 (1983) 462.

④ 1917 年的教会法提到了组成天主教会的拉丁以及东方教会对"rites"的解释:"Inter varios catholicos ritus ad illum quis pertinent, cuius caeremoniis baptizatus fuit ……"(c. 98, §1);"Clerici nullo modo inducere praesumant sive latinos ad orientalem, sive orientales ad latinum ritum assumendum"(c. 98, §2). 但是,历史中的"rite"一词具有了许多含义。在佛罗伦萨公会议(1439)时,"'rite'一词在教皇以及会议记录中,一共有大约 35 种不同用法",参考 William W. Basset, *The Determination of Rite*, Analecta Gregoriana 157 (Rome: Gregorian University Press, 1967) 12.

皇法令 *Cleri sanctitati*[①] 在继续使用“教派”(ritus)这个已经被使用了好几个世纪的词语。因此，在 1963 年关于东方天主教会的第二届梵蒂冈法令草案中，为了避免使用“教派”一词而采用“特别教会”的说法。[②]有人反对这种改变，因为在关于教会的宪令(LG 23)和关于主教牧民职责的法令中(Bishops' Pastoral Office Chritus Dominus)(CD 11)，“特别教会”表示的是主教教区[③]，因此最后的决定是在东方天主教会的法令中同时使用这两个术语。梵蒂冈法令的第 2 到第 4 条总的题目是“关于个别教会或教派”(De ecclesiis particularibus seu ritibus)。[④] 根据沃尔格里姆勒(Vorgrimler)在 1966 年编辑的文件评注，赫克(Johannes M. Hoeck)注意到：“最简单——同时最准确的词汇，应该是自治教会！但是，有权能的东方天主教会人士自己是不敢这样使用的。”[⑤]因此，在公会议上没有勇气提出来的事情，在教会法中却被大胆地宣布出来。新《东派教会法典》第 27 条说：“按照法律通过圣统制度，信仰忠实的基督徒被联合在一起，得到最高权威明确地承认或者默许具有自治(sui iuris)权力，他们的组织在本法

① *Titulus I De ritibus orientalibus*, c. 1:“Orientales ritus, quorum augusta antiquitas et praeclaro est ornamento Ecclesiae omni et fidei catholicae divinam unitatem affirmat. Religiose serventur.”AAS 49 (1957) 436.

② *Schema decreti De Ecclesiis Orientalibus*, n. 2:“Ecclesiarum particularium Orientalium varietas in Ecclesia nedum noceat catholicitati……” *Acta synodalia Sacrosancti Concilii Oecumenici Vaticani II*, 3/5 (Vatican City: Typis Polyglottis Vaticanis, 1975) 744.

③ 关于使用“特别教会”来区分地方基督教教区的讨论，请参考 Patrick Granfield, “The Church Local and Universal: Realization of Communion”, THE JURIST 49 (1989) 452—457. 同时参考 Gianfranco Ghirlanda, “Universal Church, Particular Church, and Local Church at the Second Vatican Council and in the New Code of Canon Law”, 见 *Vatican II Assessment and Perspectives*, 2: 233—271.

④ *Orientalium Ecclesiarum* 2—4, COD 900. 委员会的法律草案解释说：“Ob difficultates in usu dictionis 'Ecclesiae particulares' opportunum visum fuit dictionem hanc aequiparare aliae, nempe 'Ritibus', quae hucusque in use est, tum canonico tum quotidiano, tum etiam in ipso schemate, proposito; hoc modo maior claritas obtinetur tum quoad alia schemata, tum quoad usus quotidianum; ubi dictio 'ritus' sensu liturgico adhibetur, id clare notatur.”*Acta synodalia* 3/8 (1976) 558.

⑤ *Commentary on the Documents of Vatican II*, ed. Herbert Vorgrimler, 1 (New York: Herder and Herder, 1967) 314.

典中被称为自治教会。”①

教派这个术语在本质上无法具备法律上的定义,在接下来的一条教规中(c. 28, §1),它被描绘为属于每个自治教会的传统:“教派是一种礼仪的、神学的、属灵的以及法纪的组织。由于文化和人民所处的历史文化环境的不同,而被区分开来。其特性以特有的方式表现在各个自治教会所实践的信仰当中。”法规继续解释说,法典中涉及到的教派“继承了亚历山大、安条克、亚美尼亚、迦勒底以及君士坦丁堡等教会的传统②。”各种传统或者不同类型的宗教内容主要体现在各种自治教会当中。一些自治教会确实有共同的宗教文化(不包括只在亚美尼亚教会具有的亚美尼亚宗教文化)。尤其需要注意的是受洗者,他属于自治教会,而不从属于宗教传统的范畴。③

东方天主教会法认可了四种形式的自治教会:

1. 具有牧首职位的教会(Ecclesiae patriarchales)(cc. 55—150);

2. 具备大主教职位的教会(Ecclesiae archiepiscopales maiores)(cc. 151—154);

3. 具有自治都主教职位的教会(Ecclesiae metropolitanae sui iuris )(cc. 155—173);

4. 其他的自治教会(Ceterae Ecclesiae sui iuris)(cc. 174—176),“其中一些教会实际上仅有一个主教区或者只要惟一一个大

---

① Canon 27:“Coetus christifidelium hierarchia ad normam iuris iunctus, quem utsui iuris expresse vel tacite agnoscit suprema Eclesiae auctoritas, vocatur in hoc Codice Ecclesia sui iuris.”

② Canon 28, §1:“Ritus est patrimonium liturgicum, theologicum, spirituale et disciplinare cultura ac rerum adiunctis historiae populorum distinctum, quod modo fidei vivendae uniuscuiusque Ecclesiae sui iuris proprio exprimitur.

“§2. Ritus, de quibus in Codice agitur, sunt, nisi aliud constat, illi, qui oriuntur ex traditionibus Alexandrina, Antiochena, Armena, Chaldaea et Constantinopolitana.”

③ 1983 年的拉丁法典第 111、112 条提及把有些人归属于“Ecclesiae rituali sui iuris”,但是在东方天主教会法典中“ritualis”被认为是“多余的和达不到预期目标的”,尤其是因为“许多不同的自治教会具有完全相同的仪式”。(Zuzek,“The *Ecclesiae sui iuris*”, 296).

教区(exarchia),但是它们都具有发展成为其他三种形式教会的潜力。"[①]

自治教会主要建立的是牧首制。在关于东方天主教会的第二届梵蒂冈会议议事文件中,有四篇内容(7—11)讨论了牧首。根据牧首马克西莫斯四世(Maximos IV)的意见,这一个章节是整个法令中最薄弱的环节:它不仅无视历史传统,而且对未来的发展趋势也一无所知。[②]博洛尼亚的枢机主教贾科莫·莱尔卡罗(Giacomo Lercaro)是公会议的协调员,他同样认为本来应该考虑到历史因素。[③]赫克写道:"更令人遗憾的理由是,这个问题是东方天主教会的核心问题,也确实涉及整个教会的结构"[④];这并不是东方天主教会独有的问题。确实,罗马教皇在自己的头衔中仍然保留了"西方的牧首"(Patriarch of the West)的称号。[⑤]在最终确定的文本,会议记录再次肯定了"牧首区是从教会很早时候就开始,存在了很久的一个机构,并且已经得到了最初几届普世公会议的认可"。

---

① Ibid.

② "但是,在这部法案中最薄弱的环节,毫无疑问是描写教皇的那些章节,因为它既不尊重历史,也不符合未来的发展。"Congregatio generalis 102, October 15, 1964: *Acta Synodalia* 3/4 (1974) 532.

③ "Quam ob rem hoc thema aut ita tractetur ut principia et rationes authenticas resumamus quas Concilium Nicaenum et Constantinopolitanum acceperunt, quasque Ecclesia Romana sua ex parte confirmare voluit in Canone Concilii Florentini, aut aggrediendum non est in hoc momento pro conscientia quam haec Synodus adhuc usque (in hac, dico, seesione) de se habet." Congregatio generalis 104, October 19, 1964: Acta Synodalia 3/5: 66.

④ "麦尔凯特宗教大会在评论版本 B 时,表达了一个相似的观点(*Observations of August* 24 1963, 50 ff)"(Hoeck,319)。

⑤ 牧首马克西莫斯四世(Patriarch Maximos IV Saigh)在公会议上的发言中坚持说:"把牧首制度当作一项东方特有的制度是错误的。西方的天主教会也有同样的制度,同样也从整个罗马教会中选择他们的首脑——彼得的继承人。天主教会的第一位教皇是罗马的红衣主教,这是经过多次公会议确定的,也见于历代《教皇年鉴》的记载,正如圣彼得大教堂的名称所确定的那样。"*Acta Synodalia* 3/4: 532,533. 但是,伊万·茹热克警告说,"在基督授予的彼得和他的继承人的首席主教权威之间,完全区分掌管了罗马主教的大教主、都主教、意大利首主教以及西方的牧首是很困难的。所以,拉丁教会很难在结构上同东方天主教会牧首区相同或者相似,其中(由于这样的事实,它不是根据神法确定的结构,而仅仅是根据人间教会法确立的结构〔LG 23〕)牧首被限定为具有 *ad normam iuris* 的权力,先决条件常常是宗教大会上主教的一致同意,而宗教大会只有一些特殊的权力——有时是排他性的,比如那些关系所有牧首区利益的立法权。"Zuzek,"The *Ecclesiae Sui Iuris*", 298.

梵蒂冈法令继续说道:"根据法律规范以及在承认罗马教皇首要地位的前提下,'东派牧首'一词意味着他在自己辖区内部,对所有主教(包括都主教)、教士和信徒拥有治权。"(OE 7)。这个定义主要来自 *Cleri sanctitati*(c. 216, §2,1),但有两点重要变化。首先,该教皇法令规定"法规授予其治权"(cui canones tribuunt jurisdictionem),而梵蒂冈会议的法令指出"治权归属于他"(cui competit jurisdictio);因此这个问题历史的一面被留待进一步讨论。其次,教皇法令说"在罗马教皇的权威之下"(sub auctoritate Romani Pontificis),而梵蒂冈法令则规定"在尊重罗马教皇首要地位的前提下"(salvo primatu Romani pontificis)。[①] 虽然有一些牧首属于比其他人更晚的时代,但是所有在牧首神职等级上是平等的(OE 8)。

梵蒂冈法令的第九篇文章如果能够得到贯彻,将可能是最重要的一篇:"宗教会议因此制定法律说,(牧首的)权利和特权应该根据每一个教会的古代传统以及普世宗教会议的法律得到恢复。"最后一刻,在第八条中加入了这样一条:"这些权利和特权在东派和西派教会统一的时候有效,虽然它们要做一定程度上的调整来满足现代教会的需要。"新《东派教会法典》第 78－101 条教规详细地说明了牧首的权利和义务。[②]

目前,六个自治的东方天主教会有自己的牧首。很自然地,其他大约 14 个教会也希望有一天能够获得自己的牧首。公会议的预备委员会特别建议印度的马拉巴尔教会、乌克兰教会以及埃塞俄比亚

① 1963 年草案包括了这两个方面,*cui canones tribuunt tribuunt iurisdictionem and sub auctoritate Romani Pontificis*(*Acta Synodalia* 3/5: 745)。1964 年的草案则提到 *cui canones tribuunt iurisdictionem*,以及 *salvo primatu Romani Pontificis*(*Acta Synodalia* 3/4: 487)。

② Abbot Hoeck 在一篇书面评论中列举了牧首的 12 条主要权利和特权,比如建立和变更新都主教和主教区、监督都主教的选举、召集和引导宗教会议等。*Acta Synodalia* 3/5:794－795。

教会建立牧首制度。[①]但是由于一些具体的困难，法律文本的定稿最终只是简单地说(OE 11)："普世的宗教会议热切地希望建立起新的牧首制度，其章程由普世会议或者罗马教皇来确定。"[②]

正如枢机主教莱尔卡罗观察到的，关于牧首制度的讨论应该在比较早的公会议上开始。第一次普世公会议，325年的尼西亚会议，肯定了包括罗马、亚历山大以及安条克主教的特别权限，并且认可了埃利阿(耶路撒冷)主教的尊贵地位。这次公会议绝对没有改革的意图，只是承认了古代习惯。它确实没有使用"牧首"这个术语。教规的标题是"关于某些城市首要地位的形式；在没有都主教同意的情况下，主教无法产生"。[③]公会议为发展都主教之上的组织提供了一个法律的基础，但是关于主教的权利和义务则没有特别详细的说明。

381年的第二次普世公会议君士坦丁公会议，不仅没有让教会组织变得明朗，反而让它复杂化。这次公会议宣布君士坦丁堡主教的尊贵地位次于罗马主教，因为君士坦丁堡是新罗马的所在地。[④]许

---

① 1961年6月28日，在委员会的第28次全体会议上，相关的一些提议获得通过："Quia bonum fidei christianae in vastissimis plagis Indiarum Orientalium efficacius propagandae id postulat, statuit Sancta Oecumenica Synodus ut Patriarchatus Orientalis Indiarum Orientalium quamprimum constituatur, cui titulum Ecclesiae et sedem residentiae Partiarchae, praemissis praemittendis, Romanus adsignabit Pontifex."1961年7月1日，修正案获得通过："Studio benevolo submittatur, an non in dignitatem Sedis Patriarchalis sublevanda sit pro Ucrainis Catholicis Sedes ex antiques temporibus clarissima Kioviensis. Studius fit etiam de crigendo Patriarchatu pro Ecclesia Aethiopica." *Acta et Documenta Concilio Oecumenico Vaticano II Apparando, Series II Praeparatoria*, 3/2 (Vatican City: Typis Polyglottis Vaticanis, 1969)1194—1195.

② 伊拉克阿玛底亚(Amadiyah)的主教比德维德(Raphael Bidawid)，最后一个在关于法律的辩论中发言，他号召建立更多的牧首区："Et si Papa Ioannes XXIII, sanctae memoriae, numerum em. morum cardinalium Sanctae Romanae Ecclesiae, bono universali Ecclesiae, opportunum augere censuit, cur numerus patriarchatuum, ita suadente bono communitatum, augeri nequit?" *Acta Synodalia* 3/5:102.

③ 教规第6条："De primatibus episcoporum"(戴奥尼夏的拉丁译本)COD 8.早期教会行政管理的决定因素不是使徒起源，而是罗马帝国的政治区划。参考"The Guiding Principle in the Evolution of Church Organization"，见 Francis Dvornik, *The Idea of Apostolicity in Byzantium and the Legend of the Apostle Andrew*, Dumbarton Oaks Studies 4 (Cambridge, MA: Harvard University Press, 1958) 3—39以及书后的参考书目。

④ 教规第3条："Verumtamen Constantinopolitanus episcopus habeat honoris primatum praeter Romanum episcopum, propterea quod urbs ipsa sit iunior Roma."COD,32.

多历史书籍写道,教皇达马斯(Damasus)和 382 年的罗马宗教会议立刻否定了这项教规,拒绝接受君士坦丁会议的普世性。[①]这样的否定是没有什么证据的,最古老的拉丁教会法汇编已经包含了这种性质的教规。罗马接受的原则是,教会组织应当为帝国的政治组织提供服务。既然现在帝国的首都已经迁移到了君士坦丁堡,它的主教地位得到提升是毫无疑问的事情。但是,接受这次公会议的普世原则还是被耽搁了,主要是因为它引起了调整东方天主教会内部事务的事件;没有一个西方高级教士被邀请或者出席这次普世公会议。[②]

但是,教皇利奥一世在 451 年断然抗议加尔西顿(Chalcedon)公会议通过的教规第 28 条。让他警醒的不是对君士坦丁堡地位的肯定,而是"三个政治主教教区——色雷斯、本都以及亚细亚——现在要完全服从于君士坦丁堡的直接领导。[③]他担心,君士坦丁堡在宗教生活中影响的日益扩大,将会危及教会的和平发展,以及罗马主教特权的获得"。[④]教规第 28 条并没有提及罗马教皇的使徒性质和彼得起源,而早在尼西亚会议上已经肯定过的亚历山大和安条克教会的特殊地位也被否定,这些都是利奥一世很生气的地方。[⑤]由于教皇利奥一世的反对,在西方制定的戴奥尼夏(Dionysius)法律汇编没有收录教规第 28 条,在东方由学者约翰制定的法律汇编也把这条教规排

---

① Walter Ullmann, *A Short History of the Papacy in the Middle Ages* (London: Methuen, 1972)10. Trevor Jalland, *The Church and the Papacy* (London: SPCK, 1944) 255—257.

② Francis Dvornik, "The See of Constantinople in the First Latin Collections of Canon Law", *Melanges Geroges Ostrogorsky*, ed. Franjo Barisic, Recueil des travaux de l'Institut d'Etudes Byzantines VIII (Belgrade: Nauchno delo, 1963)1: 997—1001.同时参考 Hermes Kreikamp, "Rome and Constantinople in the Fifth Century: A Study in the Relations of Patriarchal Churches", THE JURIST 31 (1971)319—331.

③ 罗马行政大区是一个政府组织,包括数个行省,同美国的 13 个天主教大教区的划分十分相似。根据 *Notitia Dignitatum* (circa 408 A.D.)的划分,一共有 15 个帝国行政大区。如果教会的组织继续以帝国的结构为模型,每一个教区最终都会具备自己的牧首;但是由于君士坦丁堡同我们刚才提到的三个地区有许多相似之处,这些地区的首都——赫拉克利亚、以弗所、卡萨里亚——并没有演变成牧首区。

④ Dvornik,"The See of Constantinople",100.

⑤ Francis Dvornik, *Byzantium and the Roman Primacy* (New York: Fordham University Press, 1966)54.

除了。但是,君士坦丁堡没有理会教皇的反对,它继续履行自己对上述三个小教区的治权,它的牧首也成为权威牧首,与此同时亚历山大和安条克由于聂斯托里教派和基督一性论的传播,地位受到了很大影响。

公元6世纪,在查士丁尼[①]的统治时期,五个牧首区(罗马、君士坦丁堡、亚历山大、安条克和耶路撒冷)划分了 oikoumene(帝国)的范围,塞浦路斯被排除在外,因为以弗所公会议已经肯定了它独立地位。[②] 神学家们开始使用“五头统治”的说法,暗指有五个牧首。西奥多(Theodore the Studite)在大约800年说起五个寡头的教会:“真正的公会议是得到五个牧首认同的公会议。授予彼得(《马太福音》,16:19)的权力属于使徒和五个牧首的继承人。”君士坦丁堡的牧首尼塞福(Nicephorus),是和西奥多同时代的人,他明确地表示罗马在所有牧首中的主导地位。“这五个牧首区以其职权可以代表整个教会”[③],并且像五种感官控制整个躯体一样,它们管理着所有教会。[④] 牧首的权利包括上诉、废止权,有时会插手教省内部事务。牧首在他们各自的辖区祝圣都主教。在罗马帝国的版图之外,形成了同牧首区相似的区域——大主教辖区,它们是波斯、亚美尼亚、格鲁吉亚等。

**使徒因素**

如果不是论证其合理性,可以用什么样的解释来说明牧首区的形成呢?毫无疑问,圣彼得和圣保罗的身份确认是罗马获得权威地

---

① Novel 123. 3:“Iubemus igitur beatissimos quidem archiepiscopos et patriarchas, hoc est senioris Romae et Constantinopoleos et Alexandriae et Theopholeos et Hierosolymorum, si quidem consuetudo habet episcopis aut clericis in eorum ordinatione minus quam XX libras auri dari, ipsa solummodo praeberi quae consuetudo recognoscit, plus autem ab hac quantitate nihil supra XX auri libras praeberi.”*Corpus Iuris Civilis* (ed. R. Schoell) 3:597.

② COD, 68.

③ Bernard Schultze, “Eastern Church”, in *Sacramentum Mundi* (New York: Herder and Herder, 1968) 2: 127. 参考 Patrick O'Connell, The *Ecclesiology of St. Nicephorum I* (758—828), *Patriarch of Constantinople: Pentarchy and Primacy*, Orientalia Christiana Analecta 194 (Rome: Pont. Institutum Studiorum Orientalium, 1972) 36,223.

④ John Meyendorff, *Orthodory and Catholicity* (New York: Sheed and Ward, 1966) 29—30.

位的重要原因。但是亚历山大的状况则完全不同。亚历山大的使徒起源因素在四世纪之前并没有出现,而优西比乌斯(Eusebius,教会史之父)很不自信地指出:“有人说马可曾经是第一个被派遣到埃及传播福音的使徒,他也是福音书的作者之一,而且首先在亚历山大建立了教会。”[①]这个城市地理和政治上的重要性显然会决定它在神学上的地位;几个世纪以来,亚历山大一直是统摄整个埃及的中央政府所在地。至于安条克,虽然它由于使徒特别是彼得的活动,在《圣经》中具有相当的重要性,但是尼西亚会议让它的地位在东方罗马行省中处于一种“可悲的不确定状态之中”。“实际上,第六条教规没有采取任何措施定义属于安条克的治权。”[②]至于君士坦丁堡,只有政治地位具有决定意义。由于受到世俗化起源的拖累,鼓吹其特权地位的人们在850年杜撰了安得烈的传说故事。这个传说宣称,君士坦丁堡确实由安得烈建立,他就是第一个被基督称作门徒的人(《约翰福音》1:40)。[③]

有人认为,“君士坦丁堡和罗马之间的冲突具有悲剧性,它来自于教区的使徒起源和牧首区的行政权力这两个立场之间的混乱。”“牧首制的原则属于后君士坦丁大帝时代,它的内在冲动是行政的,这一原则的运用因此同政治和地理因素有密切的联系。”[④]但是,我们没有必要认为牧首区的组织发展是不幸的,必然会导致冲突的发生。使徒因素的影响决不能被低估。虽然牧首区会导致真正的多样性,它同时在共融关系中扮演着重要角色。

三彼得教区理论在一定程度上是对君士坦丁堡立场的回应。教皇达马斯(circa 375)力图论证亚历山大和安条克的至上地位,理由

---

① *Ecclesiastical History* 2, 16, 1 (Loeb Classical Library 1, 145).

② Henry Chadwick, "Faith and Order at the Council of Nicaea: A Note on the Background of the Sixth Canon", Harvard Theological Review 53 (1960) 182.

③ Francis Dvornik, *The Idea of Apostolicity in Byzantium and the Lengend of the Apostle Andrew*.

④ Karl Rahner and Joseph Ratzinger, *The Episcopate and the Primacy* (New York: Herder and Herder, 1962) 58.

是它们同彼得有密切的关系。"第一个由使徒彼得建立起来的是罗马教会,它没有污点、错误或者类似东西。第二个彼得教区在亚历山大,它被《福音书》的作者、门徒马可在彼得名义下祝圣;在使徒彼得的引导下,马可在埃及传播真理,修成为一个荣耀的殉道者。最后,安条克的彼得教区受到了高度重视,因为最神圣的使徒彼得在动身前往罗马之前定居在这里。而且,基督徒的称谓也首先给予这个新教区。"①

然而,这三个彼得教区却只组成了一个宗座。教皇大格列高利(590—604)写道:"实际上只有一个宗座,那就是由惟一的彼得拥有的,而现在由三个主教领有。"②大格列高利没有明说,但是我们可以推断出来,亚历山大和安条克的主教以彼得——罗马主教——的真正继承人的名义自居,实施彼得职务。这套理论企图建立一个神学基础来论证这种实际状况,也就是亚历山大和安条克的主教统治着部分基督教教会。

**治权的历史界定**

牧首的权利和特权并不是来自罗马,不是像1917年通过的法典第二卷第七题"至上的权力以及依法有权力参与者"宣布的那样。③相应地,教规第108条,第3项指出,由神意建立的圣统所具备的治权,在于至上教皇和下属主教们;"其他等级由教会自己建立"。④ 教规第271条规定,除非有特别的法律允许,牧首没有特别的治权。但是,在牧首区形成的时候,没有丝毫迹象表明所有权力都获得了罗马的认同,而它也仅仅在4世纪刚刚开始实践自己在普世教会中的应

---

① Mansi 8: 160. 参考 Thomas Kane, *The Jurisdiction of the Patriarchs of the Major Sees in Antiquity and in the Middle Ages*, Canon Law Studies 276 (Washington: The Catholic University of America, 1949) 8—9.

② *Acta Romanorum pontificum*, ed. Pontificia Commissio ad redigendum codicem iuris canonici orientalis (Rome: Libreria Editrice Vaticana, 1943) 498, no. 268.

③ Vincent Walsh, "The Theological and Juridical Role of the Bishop: Early Twentieth Century and Contemporary Views", *Apollinaris* 44 (1971) 39—92.

④ 1917 code c. 108, § 3: "Ex divina institutione sacra hierarchica ratione ordinis constat Episcopis, presbyteris et ministris; ratione iurisdictionis, pontificatu supremo et episcopatu subordinato; ex Ecclesiae autem institutione alii quoque gradus accessere."

有角色。特伦托主教会议之后,是一个僵硬的中央集权的时代,不应该被认作是符合神意的(iure divino)。[①] 同样地,另一个极端也应该避免:各种教会不应该如此独立,以至于会威胁根本的统一,破坏神圣的共融关系。

因此,牧首具有的特权,不是来自上层的核准,而是来自习惯以及公会议的同意。[②] 为了同这些牧首保持一致,罗马并不承认给予了这些特权而只是认为它们很古老。因此,牧首委派都主教,批准主教的任命。他们有权监督整个教区,召集宗教会议。问题是,牧首是否可以自行调动主教。《使徒法规》(*Canones apostolorum*)第 14 条明确地表示,调动只能由主教集体决定。因重罪而招致的教会处分,不能触及牧首。[③] 符合正当传统的自治表现如下:(1)东方教会自由地选举自己的牧首和主教;(2)东方教会有完全的独立性调整自己的礼仪和法典的制定;(3)东方教会在教士和平信徒纪律上有一定的独立性。[④]

毫无证据表明,整个教会在第一个千年里,牧首或者主教的任命是罗马委任的。在一些情况下,对不合法的选举罗马可以拒绝承认,比如教皇尼古拉斯处理佛提乌(Photius)[⑤]事件。然而,对于教会的

---

① 参考 Avery Dulles,"*Ius Divinum* as an Ecumenical Problem",*Theological Studies* 38 (1977) 681—708.

② OE 7 notes:"Ab antiquissimis temporibus in ecclesia viget institutio patriarchalis, iam a primis synodis oecumenicis agnita. Nomine vero patriarchae orientalis venit episcopus, cui competit iutisdictio in omnes episcopos, haud exceptis metropolitis, clerum et populum proprii territorii vel ritus, ad normam iuris et salvo primatu Romani pontificis."

Canon 55 of the 1991Eastern code follows the decree closely:"Secundum antiquissimam Ecclesiae traditionem iam a primis Conciliis Oecumenicis agnitam viget in Ecclesia institutio patriarchalis; quare singulari honore prosequendi sunt Ecclesiarum orientalium Patriarchae, qui suae quisquis Ecclesiae patriarchali tamquam pater et caput praesunt."

Canon 56 emphasizes the supreme authority:"Patriarcha est Episcopus, cui competit potestas in omnes Episcopos non exceptis Metropolitis ceterosque christifideles Ecclesiae, cui praeest, ad normam iuris a suprema Ecclesiae qictoritate approbati."

③ Kane,40—52。

④ H. D. Kreilkamp, *The Origin of the Patriarchate of Constantinople and the First Roman Recognition of the Patriarchal Jurisdiction* (Washington: Catholic University of America, 1964).

⑤ 佛提乌(810—895),拜占庭教会君士坦丁牧首,与西部教会决裂的发难者。858 年,君士坦丁堡牧首依纳爵被赶下台,佛提乌被选为牧首。但是罗马教皇尼古拉一世拒绝承认,并于 863 年绝罚佛提乌。他于是在 867 年绝罚尼古拉,被认为是东西教会分裂之始。——译者

统一尤其关键的一个事实是，重要的决定应该同其他牧首协商。

**东派教会(Ritus Orientales)**

随着时间的推移，东方教会和西方教会由于各种原因分离的裂痕越来越深。真正的大分裂发生在1054年，当时罗马和君士坦丁堡的主教互相施行绝罚。[①] 显然，这个裂痕由于1204年十字军对君士坦丁堡的洗劫而最终完成。同时，采用马龙派(Maronite)礼仪的安条克牧首区在1181年同罗马建立了良好的关系，一直保持到现在。东方一些教会开始在16世纪中叶的时候寻求联合，罗马则同其他五个近代牧首区建立关系。巴比伦的迦勒底牧首区在1553年首次表达了联合的愿望，最终在1830年完全实现。安条克的叙利亚天主教牧首区与罗马的联合始于1662年，形成于1783年。安条克的麦尔凯特(Melchite)始于1724年，在西里西亚西斯的亚美尼亚牧首区形成于1741年，亚历山大的科普特牧首区则在1895年。“罗马建立这些天主教牧首区(不包括科普特)的目的，是要在当时还处于分离状态的所有牧首区之上，建立一个统一的天主教圣统制度。但是，这样的努力并不成功，因为反对统一的宗教人士常常会建立一个与之对应的非天主教的牧首区，因此天主教牧首区的建立仅仅意味着等级制度的复制。”[②]

众所周知，在第一届梵蒂冈公会议上，成立了一个委员会预备东方天主教会法纪的起草工作。但是事实证明，根本无法确定这个草案应该涉及哪些东派教会。“没有列出一个教会名单，因为没有足够的历史资料，因为反对者要反对这样的分类法，因为担心不同分组之间的冲突，因为一个鲜为人所知的‘格鲁吉亚的因素’可能被忽略。”[③]因此，在主要教派(有各自独特宗教仪式传统)和次要教派(也就是“借用了主要教派的礼仪，但是不受其治权的管辖”)之间产生差

---

① Yves Congar, *Neuf cents ans après: notes sur le "Schism Oriental"*: 1054—1954, 2 vols. (Chevetogne: Editions de Chevetogne, 1955).

② Wilhelm de Vries, "Patriarchate", in *Sacramentum Mundi* 4: 369.

③ Mansi 50: 1131.

别。[1] 主要教派或者礼仪谱系在庇护十二世1952年2月9日发布法令(Motu Proprio *Postquam Apostolicis*)之后才获得正式的分类。新《东派教会法典》第28条首次界定了教派,并且重新列举了主要教派的名单:“教派是一种礼仪的、神学的、属灵的以及法纪的组织。由于文化和人民所处的历史文化环境的不同,而被区分开来。其特性以特有的方式表现在各个自治教会所实践的信仰当中。”很清楚,教派要比礼仪传统更宽泛;它是一种特别组织。需要特别注意的是,一个人不是归属一种教派,而是归属一个自治教会。该教规然后继续列举了许多主要教派:“除非有另外的说法,本法典中面对的教派主要是从亚历山大、安条克、亚美尼亚、迦勒底和君士坦丁的传统中产生出来的。”法典采取的谨慎政策,在第一届梵蒂冈公会议上取得了共识。它没有在任何地方尝试列举次要教派或者自治教会。

要列举自治教会,我们就要详细审查《教皇年鉴》(*Annuario Pontificio*),并且请教有勇气的作家,比如维克托·波斯皮希尔(Victor Pospishil)、约翰·法里斯(John Faris)以及罗恩·罗伯逊(Ron Roberson)。如果人们知道我们对其中一些教会的了解如此之少,就会明白为什么教会法典不愿意提供一个正式的名单。

1.科普特教会和埃塞俄比亚教会产生于亚历山大教派。

2.从安条克教派中,出现了马拉卡教会,马龙教会以及叙利亚教会。

3.亚美尼亚教派只有亚美尼亚教会。

4.从迦勒底教派中出现了迦勒底教会和马拉巴尔教会。

5.从君士坦丁堡教派中出现了14个教会:乌克兰,罗塞尼亚,麦尔凯特,罗马尼亚,希腊(拜占庭-天主教),南斯拉夫,保加利亚,斯洛伐克,匈牙利,意大利-阿尔巴尼亚[2],阿尔巴尼亚,俄罗斯,白俄罗斯,以及格鲁吉亚教会。

---

① Bassett, 66.

② 意大利境内的东仪天主教会,其信徒为迁居意大利南部和西西里岛的古希腊人以及15世纪不堪忍受奥斯曼帝国统治的阿尔巴尼亚人。——译者

所有这些东方天主教会，除了马龙和意大利－阿尔巴尼亚教会，都有对应的非天主教教会，而且在绝大多数情况下比对应的天主教会规模大许多。[①]

同教会法专家们实际或者职业的动机完全不同，第二届梵蒂冈公会议解释了处于西方的我们为什么要花费力气去理解东方各派教会的原因。“历史、传统以及许多教会制度都十分清楚地表明，东方教会对于教会的普世运动有巨大的贡献。”(OE 5)关于普世主义(UR 14)的法令指出：“在它们诞生的最初年代，东方各派教会具有丰富传统，西方教会的礼仪、灵修传统和法律都源自这些传统。但是，我们也不能低估如下事实，关于三位一体和基督学的基督教信仰的基本教义是在东方举行的公会议上确立的。为保护这一信仰，这些教会历经磨难，并且至今还在受苦。”

---

① 据估计，东方小教会（Oriental Orthodox Churches，也叫 Lesser Eastern Church。——译者注)的信徒大约有4千万；东方叙利亚教会信徒人数不超过20万人；东正教(Eastern Orthodox Church)可能有1亿5百万信徒。东仪天主教信徒估计有9百万人。Michael Fahey，“Eastern Churches”，in *The New Dictionary of Theology*，ed. Joseph A. Komonchak et al.（Wilmington，DE：Michael Glazier，1987）301—304.

# 教会史的学科界定与方法论

## ——以宗教改革和宗教裁判所研究为例

彭小瑜(北京大学)

中国社会科学出版社组织翻译出版《新编剑桥世界近代史》[①]是一项功德无量的事业。出版这一类代表国外历史研究高水平的译作会置放我们自己的世界史研究于新的起点,防止、至少会减少低水平的重复工作。本文在下面仅就这部著作的第2卷(即将出版)和第3卷(已经出版)涉及宗教改革和宗教裁判所的部分介绍和讨论教会史的学科界定和方法论问题。

宗教改革当然是教会历史上的重大问题。在西方史学界,“教会史”(Church History)和“基督教史”(History of Christianity)是有区别的:前者是神学的一个分支,是以基督教信仰为出发点来理解和诠释人类的过去、现在和将来,并且以此构造世界历史的体系;而后者是近现代学者用客观的实证方法对教会历史上发生的事件所进行的研究。我们在下文所说的宗教改革研究状况涵盖上述两种学科的情况,但主要涉及前一种学科的学者,因为他们构成教会历史研究者的绝大多数,而且到了近现代他们一般也不排斥实证的科学态度,而是试图调和信仰和理性;纯粹的“基督教史”在西方是例外的情况。宗教改革的教会史特性意味着从一开始研究者就卷入到充满敌意的教派纷争之中。超越教派之争,是晚近宗教改革研究的成绩和特点。

---

① 译者们在英文原文的标题(*The New Cambridge Modern History*)上加入“世界”二字,可能是为了表明这部著作不涉及中国史,亦无不可。不过这部多卷本的通史是以欧洲历史为主线和中心的,对世界其他地区历史的介绍是附带的,作者们并没有试图撰写整个世界文明在近代的发展进程。

**教会史与神学的关系** 教会史的对象是基督教会在时间和空间中的成长,教会史的研究在很大程度上受到教会学观点的定向作用。路德认为,教皇制度、经院哲学以及天主教会的法律和规章模糊,甚至遮掩了基督拯救的教义。在这种观点指导下写作的教会史对中世纪西欧教会的一系列传统采取鲜明的批评态度,而天主教历史学家针锋相对的作品则倾向于把历史描绘成教会反对异端邪说挑战、捍卫和代表信仰真理的过程。这种论战性的历史写作早已过时了,西方学者们现在明确认为教会史研究虽然带有浓厚的宗教色彩,但同时又应该是实证地运用理性方法的科学。耶丁在其主编的十卷本《教会史手册》中指出,信仰和理性在教会史研究中的调和,在于从多个层面上对历史的这一侧面进行解释。① 首先,在纯事实的层面上,教会史学家和其他历史学家一样,受到有限的史料的制约,不可故意无中生有或歪曲真相。他们都必须尊重事实,力图正确地重建过去所发生的事件和情形,避免随意删减或添加。在这个层面上,教会史学家和非教会史学家的方法论并无不同。

其次,对历史事实的解释超越对历史事实的重建,受到历史事实之外的价值观念的指导。教会史学的传统在这个层面上是非历史唯物主义的,甚至反历史唯物主义的。教会史承认神的超现实的干预,接受奇迹发生的可能性,所用于解释历史的价值观是永恒的、非历史的,诸如人的原罪状态、人在拯救史上的责任,不赞同以"历史的眼光"评价罪恶、灾难和悲剧以至于淡忘。不过教会史学家并不企图裁判教会本身,因为他们意识到神意之深不可测;他们在坚持自己的宗教和哲学观点的同时也遵循历史学的逻辑,知道不能以虚假的历史事实来论证宗教真理。

再次,教会史是上帝拯救人类的历史。教会史的最终意义只有通过信仰才能得到理解。教会史学家曾经提出过关于历史规律的许

---

① 耶丁、多兰(编):《教会史》(H. Jedin and J. Dolan, ed., *History of the Church*, 10 vols. Freiburg im Breisgau: Herder KG and New York: Crossroad, 1965—1981),第1卷,第1—10页。

多范式。有的认为教会史是不断游离早期教会传统、不断经过改革回归这一传统的历史;另一些人认为,教会在持续地进步,为基督的再次降临做准备;还有学者把教会看成是"没有污痕的新娘",不是说她时刻都完美无缺,而是说其本质上的神圣性不可为人类历史的具体事件所毁损,圣灵指示教会通过更新和改革不断地纠正谬误。历史的最终意义在世界末日才能得到完全的解释,人对于神的谦卑要求人接受人的理性所能把握的事实,有的事实甚至是让教会难堪、让信仰在世人眼中受辱的,但神意玄妙,一切都应留待到最后审判才显现其真正意义。换言之,耶丁认为,即使在其最高的层面上,教会史也不因为宗教性而丢失客观性。

宗教改革的研究曾经是科学性和客观性极为贫乏的领域。比较《新编剑桥世界近代史》对宗教改革的论述和往昔西方历史学家的观点,我们可以清晰看见由教派之间激烈的论争到超越宗教观点分歧的一个转变过程。[①]

**路德的多面形象** 500 年来,马丁·路德始终是宗教改革研究的中心,不同教派的历史学家提供了多姿多彩的路德形象,有的把他描绘成圣人,有的将他丑化为魔鬼,在这两个极端之间另有其他种种的图画。《新编剑桥世界近代史》第 2 卷(宗教改革)中译本所依据的 1958 年英文版[②]就是以路德的传记为主导线索来展开德国宗教改革运动的,其观点基本上是客观公允的,但是避免做任何尖锐批评。

新教史学家在路德故世以后就将他推崇为上帝委派的使者,其使命是恢复被教皇歪曲或模糊的基督教信仰的纯洁性,他们不是太注意他的个人宗教体验和生平。到 17 世纪末 18 世纪初,路德派中一些重视个人宗教生活的成员开始从另一个角度评价自己教派的创始人,认为他之所以成为基督徒生活的表率是因为他内心深处与邪

---

① 本文提及作者、但没有标明书名和出版地的著作,均可在狄肯斯详实介绍宗教改革史学史的作品中查到。狄肯斯:《历史观念中的宗教改革》(A. G. Dickens, *The Reformation in Historical Thought*. Cambridge, Mass.: Harvard University Press, 1985)。

② 埃尔顿(主编):《新编剑桥世界近代史》第 2 卷(G. R. Elton, ed., *The New Cambridge Modern History*, vol. 2. Cambridge: University Press, 1958)。

恶诱惑的斗争、对神恩的向往以及最终所充满的上帝之爱。18世纪的路德教徒相信路德是个人自由的鼓吹者，而19世纪的新教学者则指出，他的自由观是指脱离罪恶的自由，不是脱离正统和权威的自由。20世纪的新教神学家则强调，路德对基督教的重大贡献在于他以基督为中心来把握信仰，在于他解释《圣经》的方法突出了其中的宗教内涵。新教各派对路德一般没有系统的批驳，忽视研究他个人人品的缺陷和他思想上的不足之处。

天主教的史学家曾经激烈地攻击路德。约翰·考克雷(Johann Cochalaeus)在1543年出版了一部路德评传，对他进行愤怒的声讨(也可以说是恶毒的漫骂)。考克雷引用了大量路德的原著，但是作了偏激的片面的解释，将他描写成蔑视圣事毁坏正统教义的恶棍、教会和神职人员的死敌。考克雷还把1525年德国农民战争的起源归咎于路德。此时比较冷静的天主教学者主要致力于驳斥路德在《圣经》、信仰、神恩、圣事和教会等关键问题上的见解，觉得路德的神学思想对理解信仰毫无积极意义。1883年路德的全集开始出版，当时实证的历史学学风也引导天主教学者花费大量时间精力研读他的作品，但是最初的成果仍然充满教派之争的色彩。德宁福雷(Heinrich Denifle)于1904年出版了研究路德早期生活和思想的著作，使用了许多第一手的资料，但是不仅没有减弱对路德的人身攻击，反而以丰富的细节将他栩栩如生地刻画为受肉欲主宰的小人，指责说，他的神学体系骨子里是为他自己的堕落所做的辩护。德宁福雷的名言是："路德啊，你哪里有一丝一毫的神圣!"德氏的偏激几近黑色幽默，透露出他对路德引发宗教改革和教会分裂的极大愤怒，他的作品提醒人们，剪裁史料以适应作者的成见可以将历史研究变成神话。奥地利因斯布鲁克大学的教会史教授、耶稣会士格里萨尔(Hartmann Grisar)于1911—1912年出版了多卷本的路德研究，不再纠缠路德个人的私生活和品行，而是从思想史和心理学的角度批判路德。在他看来，路德错误的根源是他受到威廉·奥康思想的不良影响，而他走向分裂教会的原因在很大程度上是他的心理疾病：年轻时期的情绪在病态的缄默和歇斯底里的疯狂之间摇摆，到年老时则陷入严重的抑郁症。

20 世纪 20 和 30 年代以后，天主教历史学家对路德的批评主要集中于他的神学思想，并且开始注意其中由价值的成分。默克勒(Sebastian Merkle)和洛茨(Joseph Lortz)在这一转变中起了表率作用，也为路德派教会与天主教会的建设性对话铺平了道路。60 年代以来，许多天主教学者的路德研究指出，他的神学和天主教神学在一些根本的问题上有相通之处，分歧在一定程度上来自可以消除的误会。佩施(Otto Pesch)在 1967 年出版了托马斯·阿奎那和路德的比较研究，创立了天主教和新教之间的"对话神学"。在佩斯看来，这两位伟大的神学家对一系列关键的信仰问题有不同意见，但是分歧来源于风格的差异，而且他们二者的不同风格是互相补益的，片面地采用一种风格、排斥另一种风格将会导致对信仰的错误理解。

《新编剑桥世界近代史》对路德的评价是在上述史学史语境中展开的。英国的天主教和新教教会史学者在 19 世纪中叶以后受到兰克的实证史学的深刻影响，一方面继续坚持本教派的立场，另一方面试图冷静客观地处理历史问题，天主教学者开始注意路德思想中属灵的积极因素，新教学者则开始留心路德的局限性。苏格兰新教学者林赛(T. M. Lindsay)于 1906—1907 年出版了《欧洲宗教改革史》上下卷①，着力研究宗教改革的社会、经济和思想背景，认为对路德不可以孤立地作为个人来观察，他的巨大影响是当时整个社会史的有机组成部分，并且一反当时的主流观点，指出，"再洗礼派"等宗教改革的激进派别有宗教宽容等值得肯定的思想和实践。林赛还是旧版的《剑桥世界近代史》第 2 卷中有关路德章节的撰写人，他在写作时不拘泥于教会史的传统思路，不局限于神学的探讨，而是采用社会史的方法，提出，理解路德必须从理解当时民众的宗教情绪开始。《新编剑桥世界近代史》1959 年版第 2 卷第 3 章涉及路德和德国宗

① 商务印书馆 1992 年已经出版该书上卷。

教改革[1],其作者鲁普(E. G. Rupp)是曼彻斯特大学的教会史教授。他对路德的处理仍然带有为其辩护的色彩,注重对青年路德个人经历和心路的描写和探索,实际上是在有意无意地驳斥德宁福雷和格里萨尔等天主教历史学家对路德的批评,也继承了新教神学家的传统,把路德的神学体系看成是宗教改革思想的首要范式。鲁普本人的专长是路德早期的神学思想[2],他对"十字架神学"和"因信称义"给予浓墨重彩的评介,并且指出这些神学观点的起源和发展是路德通过自己修道院生活苦苦追寻基督教信仰和真理的结果,绝不是像德宁福雷所说的,是路德为自己道德堕落辩护的产物。鲁普还刻意地论证说,路德对社会秩序和国家权威有着与闵采尔等激进分子截然不同的立场,路德希望王公贵族明白,他们在神所安排的宇宙秩序中有恰当的重要地位,闵采尔则力图强调贫穷平民是上帝眼里的选民。鲁普明确地指出,路德提倡臣民对国家权威的服从,反对农民战争和其他形式的叛乱行为,同时希望贵族不要蛮横专制地进行统治。换言之,在鲁普看来,路德既没有鼓吹社会动乱,他之号召王公镇压起义农民也不应被指责为丧失人性。与林赛相比,鲁普在处理宗教改革历史的时候因循传统的教会史方法,视野比较狭隘,而且时时在考虑反驳天主教历史学家对路德的攻击。

1990年版的《新编剑桥世界近代史》第2卷第3章虽仍然以路德和德国宗教改革为内容,但反而回归林赛那种更注重社会史的治史风格,完全没有教派的论争性,进一步清除了新教学者神化路德的倾向,认定路德是宗教改革这场波澜壮阔社会运动的一个重要人物,但同时又受制于他自身所处的宗教和社会环境。也就是说,宗教改革不是路德个人的奋斗历程,宗教改革研究也不应该以他个人的思想和活动为中心。作者斯克里布纳(R. W. Scribner)还说明,路德

---

① 《新编剑桥世界近代史》(1958年版)第2卷,第70—95页。因为这一卷的中文本尚未出版发行,我这里用的是英文本页码。

② 鲁普:《正义的上帝》(E. G. Rupp, *The Righteousness of God*. London: Hodder and Stoughton, 1953)。

的神学对当时的宗教和教会不仅具有建设性,在适当的条件下也引发出极具破坏性的思想和行为。[①] 鲁普还花费笔墨刻画了路德的婚姻和家庭生活,斯克里布纳觉得此事根本不值一提。这两位作者的风格差异清楚地展示了西方历史学家当前在教会史的研究中已经超越了教派之争,耶丁所推崇的客观理性的教会史研究已经成为现实。

**宗教改革研究的"瞻前"和"顾后"** 宗教改革研究曾经非常注重这一运动对欧洲历史发展的影响,是一种"瞻前"的观察。18 世纪启蒙运动鼓吹理性和自由,路德反对教皇、赎罪券、圣徒及其遗物崇拜、中世纪教会等级制度,被誉为基督徒自由的斗士、开创近代西方文明和自由民主风气的先锋[②]。19 世纪的历史学家从不同的角度把宗教改革看成是欧洲历史的重大转折点。基佐如是说:"依我之见,宗教改革既非属私利支配下的偶然实践,也非仅仅为了改善宗教事务,出于对仁爱和真理的空想。它有更为强大的原因,压倒其他一切的特殊原因。它是一次人们要求独立思考和判断迄今欧洲从权威方面接受或不得不接受的事实和思想的运动。这是一次人类心灵争取自治权的尝试,是对精神领域内的绝对权威发起的名符其实的反抗"。[③] 英国 19 世纪的辉格党人习惯于将宗教改革后信奉新教的欧洲民族看成是经济进步、政治民主的代表,认为天主教国家坚持落后和专制的传统。[④]

阿克顿勋爵的天主教自由观则从另一角度看待宗教改革的影

---

① 埃尔顿(主编):《新编剑桥世界近代史》第 2 卷(G. R. Elton, ed., *The New Cambridge Modern History*, vol. 2. Cambridge: Cambridge University Press, 1990),第 69—93 页。这一章的标题也不同于 1958 年版(前者的是:*The Reformation Movements i Germany*;后者的是:*Luther and the Germany Reformation to* 1529)。

② 施皮茨:《文艺复兴和宗教改革运动》(L. W. Spitz, *The Renaissance and Reformation Movements*. Chicago: Rand and McNally, 1971),第 301—308 页。

③ 基佐:《欧洲文明史》(商务印书馆,1998 年),第 194—195 页。

④ 麦考利:《詹姆斯二世登基以后的英国史》第 1 卷(T. B. MaCaulay, *The History of England from the Accession of James the Second*, 7th ed., vol. 1. London: Longman, 1850),第 47—48 页。

响。[①] 他指出，路德不仅没有捍卫宗教自由和宽容的原则，而且提出了比天主教会的迫害理论具有更强烈反对个人自由色彩、更加赤裸裸奴性的政治思想和宗教迫害理论。“自由的观念，无论是政治的还是宗教的，都因为他本人专制的个性而遭到他的仇恨，而且与他对《圣经》的理解相矛盾”。[②] 阿克顿的意见是，路德强调，接受他的宗教和信条的国家对教会和民众在政治上有无上权威，“因信称义”，拯救无需善工，基督徒不必为社会正义和政治自由而作出努力，如果政府专横跋扈，公民应该消极地服从；新教政权应该无情镇压天主教徒，任何对话都是多余的。阿克顿还认为，天主教会在历史上也曾严酷迫害异端，但是使用与路德和其他新教领袖不同的理论来论证迫害的合理性：教会只有在说服和使用宗教手段纠正谬误无效的情况下才请求世俗国家出面用武力镇压，而且不是镇压单纯宗教上的不同意见，而是在特定历史语境中具有反社会倾向的人。换言之，天主教比新教更具有潜在的接受近代民主自由观念和制度的取向。阿克顿的观点长期以来为新教学者所漠视，也因为 20 世纪 60 年代以前天主教会各项政策的保守性而失去可信性和说服力，但是随着晚近西方学者研究的客观性加强，越来越多的人开始在不同程度上赞同他的上述见解[③]。

对宗教改革，《新编剑桥世界近代史》的新旧版本都没有用简单赞美其历史进步意义的方式来处理。鲁普和斯克里布纳都没有详细讨论路德的政治和社会思想。埃尔顿在为旧版本所写的导言（第 1 章）中不同意阿克顿对路德政治思想的评价，认为后者对世俗政权的尊重并不过分，但还是注意到了国家和新教之间密切的关系，以及政治认同和宗教认同的同一所导致的宗教迫害。斯克里布纳，和鲁普

---

① 阿克顿：《自由史和其他论文》(J. E. E. Dalberg－Acton, *The History of Freedom and Other Essays*, ed. J. N. Figgs and R. V. Laurence. London: Macmillan, 1919)，第 150－187 页。

② 前述书，第 156 页。

③ 麦格拉斯：《宗教改革思想导论》(A. E. McGrath, *Reformation Thought: An Introduction*. Oxford: Basil Blackwell, 1988)，第 141－147 页。

一样，批评路德呼吁贵族镇压农民战争的行为，但他避免系统地贬斥他的社会政治学说，只是认为他没有充分发展这一方面的思想。《新编剑桥世界近代史》第2卷有大量篇幅涉及经济、政治制度和文化教育的发展，但是没有笼统地将之归因于宗教改革的影响，摆脱了启蒙运动以来简单化地将宗教改革运动和欧洲近代文明联系在一起的思路。埃尔顿在导言中强调说，"除了在非常特别的意义上，宗教改革不是一场提倡自由的运动。"新教反对以教皇为代表的天主教会权威，除此之外，再没有表现出抗议权威的趋向，更谈不上推崇个人主义；宽容不是宗教改革的精神，就像现代西方流行的对信仰的怀疑和世俗化不是这场运动和当时社会的弱点一样。

对宗教改革的另一种研究角度是追溯它的历史起源，强调它与中世纪文化的关联，是一种"顾后"的观察。鲁普已经简略谈到路德受晚期经院哲学的影响，埃尔顿在新版序言中也提到路德与中世纪的思想遗产难分难解的联系。斯克里布纳归纳晚近的研究成果，提醒读者说，宗教改革是发源于天主教会内部的一场改革运动，由教会自己的神职人员领导，其中有不少人并没有像路德那样走上分裂教会的道路。不过斯克里布纳并没有像奥伯曼那样明确地将路德与特定的经院哲学传统勾连起来。①《新编剑桥世界近代史》第1卷（文艺复兴）也没有正面论述经院哲学对路德的影响。该书作者们的态度总是谨慎的，有时他们似乎过于拘泥，对带有假说性的观点通常不予采纳，治学虽严谨，但也剥夺了读者兴奋和探索的机会。

**"反宗教改革"还是"天主教改革"？** 《新编剑桥世界近代史》第3卷的标题（"反宗教改革运动和价格革命"）值得玩味。该书只有一章涉及天主教会的改革运动②，但标题中的"反宗教改革运动"

---

① 奥伯曼：《宗教改革的发端：中世纪晚期和宗教改革早期思想论文集》（H. Oberman, *The Dawn of the Reformation: Essays in Late Medieval and Early Reformation Thought*. Edinburgh: T. & T. Clark, 1986），第39—83页。

② 中文本第58—94页。

(*Counter Reformation*)却透露出主编和作者将天主教会当时的改革主要看成是对路德等人领导的宗教改革运动的反应和对策。《新编剑桥世界近代史》第1卷对前宗教改革时期天主教会内部的改革尝试评价不高。[①] 第3卷第3章论及“教皇,天主教的改革和基督教的传播”,也顺理成章地将特伦托会议看成是为抵制新教而召开的,认为改革——消除教会中的腐败和无能现象——是与新教斗争的必要前提,惟有改革才能提高教会的声望,将民众从新教的影响下争取回来。作者帕克在第3章结尾处指出,天主教改革的成功,既是“教会在危急中”这一口号激励的结果,也应归功于16世纪天主教会内部“深沉灵性所激发的热情”。这一评价不失公允,但是大大低估了教会在中世纪后期已经兴起的改革运动。

1946年,耶丁发表了著名的《天主教改革还是反宗教改革》[②],就自从兰克以来流行的“反宗教改革”一语的合理性提出疑问。这一语词的原初含义是指天主教会在《威斯特伐利亚条约》之前对新教运动在军事、外交和政治领域的反攻。兰克后来用此语指称这一时期天主教会在各个方面的活动,另外一些作者则以此来描述天主教会的复兴和改革运动。正如耶丁认为的那样,“反宗教改革”的概念将天主教会的改革局限在一个过于狭窄的范围之内,甚至暗示教会使用暴力,天主教学者历来不愿意使用,通常以“天主教改革”(*Catholic Reform*)代替之,强调这一改革的开始远在路德改革之前,也没有随着特伦托会议的结束而结束,而且将“地理大发现”后天主教会在美洲等地的传教也视为宗教复兴的有机组成部分。耶丁主张用“反改革运动”来特指针对新教的天主教会政治和军事活动。[③] 当然,并不是所有的学者都计较用什么词语来称呼天主教会这一时期的改革。狄肯斯和伊文尼特(H. O. Evennett)都使用“反宗教改革”一语,但

---

① 中文本第121—126页。

② H. Jedin, *Katholische Reformation order Gegenreformation*? Lucerne: Josef Stocker, 1946.

③ 耶丁、多兰(编):《教会史》,第5卷,第431—432页。

所描述的是耶丁所谓的“天主教改革”。狄肯斯在其所著的《反宗教改革》一书中说[①]：

反宗教改革还是天主教改革？难道两个词语不是都明明可用吗？复兴的源流在路德之前就已经出现了。甚至在路德的反叛之后，天主教会中最有成就的男子和妇女认为他们不是在攻击路德，而是在寻求基督。不过，问题的另一方面是，人们似乎也可以同样清楚地意识到，天主教改革的展开比较缓慢，路德的改革进展神速。在天主教改革取得重大成果之前，在这一改革远远还没有抓住教廷注意力之前，教会史上最严重的两次分裂之一就已经发生在改革者的面前。无疑，危机激励具有自我更新能力的天主教会加大改革的力度，而与此同时自我保护和反击敌手的工作消耗掉不少教会日益增进的力量。上述事实表明，两个术语都是可以使用的，在本书中我试图在恰当的意义上使用二者：天主教改革是指教会内部自发的运动，而反宗教改革是指运动在其发展的阶段以抵抗和重新征服为重要的任务。

伊文尼特的名著是《反宗教改革的精神》，由他1951年在剑桥大学所做的教会史演讲稿构成，细致深入地研究了西班牙和耶稣会在改革中的作用。他概括说，他从两个角度去理解反宗教改革的精神[②]：

首先，所谓反宗教改革在根本上是一场深刻的宗教复兴，对之应该如是地进行研究。其次，无论在精神上还是制度上，反宗教改革所使用的方法是为了给天主教注入生命力，为了让她在

---

① 《反宗教改革》(A. G. Dickens, *The Counter Reformation*. New York: Norton, 1968)，第7页。

② 《宗教改革的精神》(H. O. Evennett, *The Spirit of the Counter-Reformation*. Cambridge: Cambridge University Press, 1968)，第125页。

现代世界面对新的力量和组织，在教皇的指引和控制下走上新的道路，也为了天主教能够在16和17世纪从地中海和法国文明中直接吸取主要的政治实力。所有的那些方法都在很大的程度上符合当时流行的精神和准则。

《新编剑桥世界近代史》第3卷第3章相当注意西班牙天主教徒对反宗教改革的贡献[①]，但是没有充分说明，这一改革的起源先于路德，后来其中心未必是反对路德和新教。该章的作者不仅没有辨析"反宗教改革"和"天主教改革"这两个概念，对天主教会内部宗教信念的热情深刻也惜墨如金，点到为止。为什么作者作如此处理？是教派之争的余波还是纯粹学术观点的分歧？读者的困惑在很大的程度上来自这一巨作的写作风格。主编和作者们没有注意交代学说史和晚近的研究动态，也没有提供书目。通史的写作的确要简洁、要保持语气的连贯，过多的插入学说史的讨论是麻烦的，但是这又是一部比较详尽的欧洲近代史，触及许多有争议的敏感问题，简洁必须有别于故意遗漏，完全避开学说史和不同观点的介绍肯定会影响陈述的客观性，而且会误导和蒙蔽一些历史知识贫乏或粗浅的读者。在国内时下流行编写通史和文明史的今天，这一问题值得我们重视。通史，特别是大部头的多卷本，完全不涉及学说史和没有书目（不是瞎编的、而是作者确实了解和使用的书目），看来是一大缺陷。

超越教派之争是《新编剑桥世界近代史》在处理宗教改革时的突出特点。该书吸收了西方学者晚近的研究成果，极其谨慎地处理有争议的学术问题，是严谨治学的经典成果。由于在体例上忽视学说史介绍和省略注释，该书对反宗教改革这一重大历史事件的阐述看似平稳、面面俱到，其实片面粗糙。这一不足之处，令人惋惜。

教派之争只是教会史研究中偏见和固执的来源之一。其实，任

---

① 沃纳姆（编）：《新编剑桥世界近代史》第3卷：《反宗教改革和价格革命1559—1610》（北京：中国社会科学出版社，1999年），第58—93页（第3章）。

何思潮都有可能干扰教会史研究的实证性。这方面最好的例证恐怕就是与宗教裁判所有关的史学史了。

**妖魔化宗教裁判所** 宗教裁判所是国内学术界注意比较多的问题,实际上是一个专门的教会法历史问题。不过我们以往是把宗教裁判所作为黑暗、愚昧、不宽容和思想禁锢的象征来批判的。审判异端分子的"宗教裁判所"(the Inquisition),准确地说,是西方学说史和思想史上的一个"神话",是一个被偏见、成见和无知扭曲的概念。彼得斯已经对此进行了详尽的论述。[①] 而使用于教会法庭的"纠问式程序"(inquisition)则是法制史上的一大进步,后来又为世俗法庭所采纳,是保证司法正义的重要手段,由此发展出现代的公诉制度。从 12 世纪末叶开始,控诉式程序(accusation)在西欧司法中的主流地位逐渐被纠问式程序所取代,也就是说,法官作为公共权威的代表可以对名声败坏(publica fama)的犯罪嫌疑人提起控诉,并在证实其罪行后给出判决。在原则上,匿名检举和证人以及刑讯逼供是被禁止的,控诉的罪名必须明确告知被告,并允许被告有为自己辩护的权利。在纠问式程序用于司法实践的时候,特别是在审判异端的法庭上,这些保护被告的原则并没有得到很好的贯彻,给后人对宗教裁判所的诟病留下了根据。[②] 然而在宗教改革以后,直到 20 世纪中叶,妖魔化宗教裁判所成为潮流。宗教改革思想家不仅将自己和中世纪后期的威克利夫、劳拉德派、胡斯派和瓦尔多派视作受到宗教裁判所迫害的真正基督徒—殉教者,而且将教会自古以来与异端的关系史简单地描绘成前者对后者野蛮的错误的镇压,而其中最黑暗的一页就是对新教派别和思想进行有效遏制的西班牙宗教裁判所。新教各

---

① 彼得斯:《宗教裁判所》(E. Peters, *Inquisition*. London: Collier Macmillan Publishers, 1988)。

② 纠问式程序与罗马法和日耳曼习惯法的关系历来有争议。特鲁森认为这一新制度是教皇英诺森三世结合了若干传统因素引入教会法庭的,不是凭空产生的。另外一些学者则强调纠问式程序中没有明显的旧制度的痕迹。见特鲁森:"纠问式程序"(W. Trusen, "Der Inquisitionsprozeβ: Seine historischen Grundlagen und frühen Formen," *Zeitschrift der Savigny-Stiftung für Rechtgeschichte* 74/1989),第 168—230 页,特别是第 193—194、210—211 页。

派，特别是加尔文派，也点起火刑柱迫害天主教徒，他们对宗教裁判所的批评因此被指责是虚伪的。孟德斯鸠和伏尔泰等启蒙运动的精神领袖们为了提倡自己的社会主张，在没有对其真实状况进行认真研究的情况下就对宗教裁判所进行攻击，认为这是妨碍政治自由、经济发展和社会进步的邪恶制度。他们对宗教裁判所的看法被19世纪的文学家和艺术家所接受，继而影响20世纪大众媒体对宗教裁判所的描写。在鼓吹自由探索科学真理的旗帜下，布鲁诺和伽里略受迫害的事件被夸大到忽略和修改历史事实的地步，比如说下列事实：布鲁诺所宣传的并非是哥白尼的天文学知识，而是一种神学、星象学、巫术和哥白尼的观点的混合物；伽里略并没有受到拷打、带上镣铐和被刺瞎眼睛，也没有被长期关在监牢里，他在被监禁一年后就得到了软禁的待遇。对布鲁诺和伽里略的神化是妖魔化宗教裁判所的一个重要环节。19世纪前半叶出现的一些记述宗教裁判所历史的著作开始系统地使用原始档案文献，但是作者的观点仍然富有教派争论的性质，关于宗教裁判所的大量作品只是貌似历史著作的伪历史书。这种情况要到19世纪后半期和20世纪才有所改变；要到20世纪后半叶，人们才看到完全摆脱教派色彩的有关研究著作[①]。

宗教裁判所当然不能被我们现代人当作宽容和仁爱的典范，但是宗教改革以来有众多的思想流派用不尊重历史事实的方式批判宗教裁判所的愚昧，对其进行浪漫的非法制史的处理，结果反而是普及和扩散了愚昧。脱离了事实考证的理论方法和研究态度就是那么苍白无力，那么贫乏可怜，而且贻害无穷。要而言之，关于宗教裁判所的思想史，是一部知识精英分子歪曲历史真相和对民众掩盖历史真相和真理的历史。当人们在听到和读到宗教裁判所简直就等同于愚昧和迫害时候，很少产生过怀疑，他们正在受到蒙蔽和被迫接受自己无从判断是非的谬误观点。这是很不公平的。对教会史进行比较系

① 有关的学说史和思想史文献出处，见彼得斯前述书。彼得斯没有给出注释，但是在正文后附加了详尽的书目介绍。德文的文献出处可以在特鲁森的上述论文中找到。

统和实证的研究和介绍，有助于人们全面了解宗教裁判所，更准确地认识西方文化的特点，学会独立思考，不再人云亦云。

《新编剑桥世界近代史》在处理宗教裁判所问题时也以尊重事实的态度克服了一些流传甚广的偏见。陀思妥耶夫斯基在《卡拉马佐夫兄弟》第5卷第5章里的宗教大法官将教会列为自由和基督的对立面："你没有从十字架上下来。你没有下来是因为你仍然不愿通过奇迹来役使人，你苦苦追求的是自由信仰，而不是奇迹信仰。你渴望自由的爱，而不是奴隶面对彻底把他镇住的权威表现出来的谄媚性狂喜。但这里你又把人们估计得太高了，因为他们无疑是奴隶，虽然作为反叛者被创造出来。"所以，"世上仅有三种力量……能彻底征服这些孱弱的反叛者的良心，为他们造福。这三种力量是：奇迹、秘密和权威"。① 《新编剑桥世界近代史》第3卷对宗教裁判所的认识完全摆脱了文学家的这种违背历史事实的动情描述，指出："在16世纪，一般情况是，宗教迫害的主要动机是政治原因，即担心宗教上的分歧将破坏国家的统一与权力，而且会导致少数派与外国政权结成叛国的联盟。"虽然罗马天主教会本身也拒绝与新教教会和解，"世俗统治者宁愿在不受罗马干涉的情况下自己进行宗教迫害，在这种倾向中，臭名昭著的西班牙宗教裁判所是最典型的例证：这个名义上依赖于教皇的机构，实际上被一个国家的政府所攫取"②。

教会史当然不应该是为教会辩护的历史，而应该是客观实证、以事实为基础的、科学的历史研究。不仅教派之争的色彩应该被淡化，而且来自其他种种思想和意识的偏见和成见也不应该成为遮掩事实的障眼之物。

---

① 《卡拉马佐夫兄弟》，荣如德译（上海：上海译文出版社，1998年），第308－309页。
② 《新编剑桥世界近代史》第3卷，第78－79页。

# 法国革命热月时期社会“还俗”现象片论

高　毅(北京大学)

法国革命政治文化有一个重要特点,就是所谓“日常生活的政治化”或“私人生活的公共化”:革命始而把私人生活坚决地排斥于公共领域之外,继而又迅速消除了公共与私人之间的界限,在私人道德品质与公共政治行为之间划上了等号。总之,在革命者看来,“良好的公共生活有赖于个人的襟怀坦白,在国家与个人之间不应有党派或利益集团作为中介,但个人应当完成反映国家革命的内心的、私人方面的革命”——由此,私人生活在法国革命中“经受了西方历史上最全面的打击”。[①]

法国大革命中出现这一现象是不难理解的。这场革命既然要同旧传统实行彻底的决裂,就不能不触及社会道德风尚的层面,就不能不要求每个人都要在自己的“灵魂深处爆发革命”,把自己改造成符合新社会需要的“新人”。而在当时法国革命派的心目中,个人能否成为这样的新人,关键就在于他讲不讲“道德”。比如,马拉曾攻击政治倾向温和的国民议会,说其中的大多数议员都“与大革命尖锐对立”,因为他们是一伙“丧失灵魂、道德败坏、不讲荣誉、寡廉鲜耻”的“腐化、奸诈之徒”。[②]共和2年雨月17日(1794年2月5日),罗伯斯比尔也以救国委员会的名义宣布:“在法国大革命的制度下,凡是不

---

① 参见林·亨特:“法国革命中的私生活”(Lynn Hunt,“The Private Life during the French Revolution”,此文系作者1984年来北大历史系的演讲稿,打印件),第1—5页。

② 同上,第2—3页。

道德的便是不得当的，凡是使人堕落的便是反革命的。”[1]那么在当时，所谓“道德”究竟又是以什么为标准的呢？我们知道，在法国大革命的高潮时期，人民群众——这在巴黎也就是无套裤汉——曾被视为共和美德的天然拥有者而备受赞美，因此当时的道德标准实际上是由无套裤汉的价值观和生活方式规定着的，其基本特点可以概括为简朴勤劳、忠于共和、崇尚平等、反对奢侈腐化和投机剥削。[2]

正是在这种下层人民的文化价值观的影响下，当时法国的社会上，不仅无套裤汉的装束——宽大的长裤、工作服、平坦的头发和小红帽等风行一时，而且还流行着一种共和主义的严肃刻苦的风尚，骄奢淫逸的贵族习气广受谴责，各种商业投机活动则受到了严厉的制裁。我们看到，1793 年贴出的一张文字水平很差（显然出自半文盲的下层民众之手）的布告，对当时的革命对象——“温和派、斐扬派、贵族”下了这样一个惊人的定义：“公认很有才华但却不设法改善贫困爱国者命运的人；居心不良地不佩带三色徽的人；买其他服装而不买民族服装的人，尤其是不以无套裤汉的称号和发式为荣的人。”[3]在被更名为解放市的里昂，有一个共和派临时监督委员会。该委员会在 1793 年 12 月发布公告宣称：“为了真正成为共和派，每个公民都必须对自身来一场同这场改变了法国面貌的革命一样的革命。……任何热中于冷酷的投机钻营的人，任何打算从一块土地、一个职位或某种才能中谋取私利的人，……身为这样的人而胆敢自诩‘共和派’者，实属欺天之罪。……这种人即使逃离了自由的国土，也会被迅速查获并将在自由国土上撒下他们污血。”[4]——法国大革命的“决裂”信念就这样通过对人人都必须把自己改造成为共和主义新人的强调，在雅各宾专政时期实现了对旧制度社会风气的革命。

---

① 转引自索布尔：《法国革命史》（A. Soboul, *La Révolution française*, Paris: Editions Sociales, 1982），第 354 页。

② 参见孚雷和李舍：《法国革命史》（F. Furet et D. Richet, *La Révolution française*., Paris: Verviers, 1979），第 210—212 页。

③ 参见林·亨特：“法国革命中的私生活”，第 3 页。

④ 同上，第 4—5 页。

然而这种革命的成果并没能维持很久，它很快就随着罗伯斯比尔派的垮台而遭到了热月反动的猛烈冲击。

热月反动分子对雅各宾专政所倡扬的“共和美德”的挑战，是从他们在热月政变的第二天即大兴跳舞之风的行动开始的。关于这场突然兴起的、带有某种疯狂性的“跳舞热”，当时的一个名叫若尔日·迪瓦尔的公证处职员、死硬的“金色青年”分子在他的《热月回忆录》中作了详尽的描述。按照他的说法[①]，热月政变后，断头台未及推倒，盛放死者鲜血的大坑未及填平，

> 首都的各个角落就已经在组织舞会了。到处回荡着单簧管、铃鼓和三孔笛的欢快的乐声，召唤着成群结队前来享受跳舞乐趣的恐怖幸存者们。……这场跳舞热席卷了整个城市，吸引了社会的所有阶级——至少我不知道哪个阶级不曾被卷入其中。加尔代乐最优美动人的芭蕾舞剧之一——《舞狂》(La Dansomanie)至少因此而重返舞台，并在整个冬季始终吸引着广大的观众。

这场跳舞热，显示的是在雅各宾专政时期受到严厉压抑的社交生活在压抑突然解除后发生的一种强劲的反弹。那么，究竟是什么力量压制了雅各宾专政时期的社交生活呢？根据迪瓦尔的解释，原因只有一个，那就是当时由恐怖统治造成的普遍恐惧和忧伤的情绪。在迪瓦尔看来，法兰西民族是最富于舞蹈的才能和热忱的，这种热忱在大革命爆发后仍不见稍减，甚至在1792年9月屠杀期间人们仍在各公共舞厅轻歌曼舞。然而到1793年间，人们对于跳舞的兴趣就渐渐冷却了，而进入1794年之后则完全看不到自发的跳舞活动了，那时所有的舞会都是官方组织的，而人们参加这样的舞会也全都是被

---

① 参见迪瓦尔：《热月回忆录》(George Duval, *Souvenirs thermidoriens*, Paris: V. Magen, 1844, t. 2)，第69—76页。加尔代乐(Maximilien Gardel, 1741—1787)，外号“加尔代乐老头”，法国著名舞蹈家和编舞家。

迫的、不情愿的。迪瓦尔这样描述了当时官方舞会的气氛[①]：

> 但那跳的都是什么舞呀，我的上帝！笼罩着舞场的"欢乐"竟是那样地充满悲戚！……跳舞的人们大都是年轻的姑娘和小伙子，他们的亲人不是已经被捕就是将要被捕，不是已经被斩首就是将要被斩首，试问这些人还怎么能够高兴得起来？

——总之，迪瓦尔认为是国民公会"对法国人的一部分实施定期屠杀"的政策，压制了共和2年法兰西民族的跳舞热忱。

然而，迪瓦尔接下来记录的一个小故事，却使我们感到这一说法不免有点毛病。迪瓦尔这样回忆道[②]：

> 我记得有一天，人们在巴士底狱遗址上跳舞庆贺弗勒吕斯大捷，一个四对舞舞组少了一个人，于是人们就叫一位站在观众中的年轻人过来参加。可这位年轻人置之不理，仍一动不动地站着。这情况被一个名叫贡尚（他是圣安托万郊区的一个演说家）的舞场监察员看到了，他走了过来，命令那位年轻人立即入场跳该舞组第四人的位置。
>
> "我不会跳这个舞，"年轻人回答。
>
> "也就是说你是不愿意跳的啰？"
>
> "跟您再说一遍：我不会跳这个舞。"
>
> "这不要紧，随便跳就行。"
>
> "我不跳。"
>
> "这么说，你无疑是一个贵族分子了？人民的胜利刺伤了你的心，你才这样蔑视人民的欢乐！好吧，走，跟我上波盘库尔区走一趟，我要看看你到底是什么人！"

---

① 参见迪瓦尔：《热月回忆录》，第63—68页。

② 同上，第68—69页。字的仿宋体形式是引者采用的，以期引起特别注意。

说着，监察员贡尚一把揪住这个年轻人的衣领，而后者早已吓得瑟瑟发抖了。另外几个暴徒这时也一拥而上，拳脚相加一顿暴打。最后，在一群下等人的嘲骂声中，这个被打得鼻青脸肿的青年被押往波盘库尔区去了。

迪瓦尔的阶级立场是很清楚的。他讲的这个小故事透露了一个事实，即在雅各宾专政期间，并非整个法兰西民族都因沉浸于丧亲悲痛而失去了跳舞的情绪，而是在应该为何种理由和应该在什么场合下跳舞的问题上，当时的确存在着阶级的或亚政治文化的差异和对立。

从迪瓦尔的叙述来看，当时不愿参加官方舞会活动的人大概多是一些"贵族分子"或上层社会分子，这从那位拒绝跳舞的青年坚持或习惯于把"您"字而不是"你"字作为第二人称单数来使用的做法中即可略见一斑。在共和2年的无套裤汉看来，两人交谈时以"您"相称是贵族社会的习惯，而以"你"相称则是平民百姓的风气，共和派应当摈除前者而坚持后者，以便"少一些傲气，少一些差异，少一些敌意和多一些亲密气氛、多一些友爱精神，从而建立起更平等的关系"；尽管国民公会的议员们并不都赞同以"你"相称，但以"你"相称的风气却在更广大的革命派群体中得到了普及。[①]而迪瓦尔笔下的那位青年在贡尚对他以"你"相称时仍坚持以"您"相称，说明了他和无套裤汉在价值观上的格格不入。既然如此，这个年轻人不愿在这时与革命派们共舞同乐，也就不能说仅仅是由丧亲悲痛所致了。

当然，也不容否认，丧亲悲痛在恐怖时代的确可以使一部分人失去跳舞的情绪。然而问题在于，当时是否仅仅只有贵族和有产者才有这种忧郁的心情？我们不应忘记这样一个事实，即在雅各宾专政时期受到恐怖威胁和打击的，绝不仅仅只是贵族和有产者。据一项具有权威性的研究成果显示，巴黎在1792年8月至共和2年热月这

---

① 参见林·亨特："法国革命中的私生活"，第10页。

一期间逮捕的5605名职业或身份明确的嫌疑犯（总数为9294名，其中3689名身份不详）中，特权等级（不包括下层僧侣）、大资产者和军官有1918名（占34.21%），中等资产阶级亦即自由职业者有755名（占13.47%），这两类加在一起一共不过2673名（占47.68%），而另外属于下层人民的两类人——小资产阶级、城市平民和下层僧侣有1847名（占32.84%），各级政府职员（军官除外）有1091名（占19.46%）——总数为2932名（占52.3%）。[①] 从恐怖时期被处死者的身份来看，贵族占8.5%，僧侣占6.5%，资产阶级占25%，农民占28%，无套裤汉占31%[②]——可见下层人民（农民和无套裤汉）所占的比重（59%）仍比特权等级和资产阶级所占的比重（40%）要大。可是，这一情况似乎并没有影响迪瓦尔笔下那些“下等人”的跳舞热情。这，又该作何解释？

看来，雅各宾专政时期贵族和有产者及其子女跳舞热忱低落的根本原因，恐怕还应从他们的传统习惯或文化风尚的根源中，乃至从这种剥削阶级的文化与下层人民的文化、尤其是革命政治文化之间的矛盾冲突中去寻找。显而易见，在特权等级和有产阶级的文化中，跳舞活动是一种社交的和寻欢作乐的方式，是私人之间的感情交流。而按照法国革命时代“私人生活公共化”的逻辑，这种活动其实是应当被取消的。革命时代的跳舞活动，就像革命时代的政治活动一样，应该在广场上、在大庭广众中公开进行。不仅如此，它还应该采取下层民众喜闻乐见的形式，即应当是“随便的”、不矫揉造作的、无拘无束的——因为在难得有闲暇的劳动人民的文化中，跳舞本来就是在喜庆的时刻彻底放松情绪、尽情狂欢，以实现对艰苦乏味的劳作生涯的精神调剂的一种手段。所以，雅各宾专政时期有产者阶级跳舞热忱的低落，反映的实际上是有闲阶级的文化对当时占统治地位的下

---

① 参见马塔汉：“1793年和共和2年的嫌疑犯拘捕”，《法国革命史学年鉴》（J.-L. Matharam, “Les arrestations de suspects en 1793 et en l'an II, Profession et repression,” in *Annal d'histoire de la Révolution française* 〔*AHRF*〕, no. 262, janvier-mars, 1986），第74—85页。

② 这些数据转引自索布尔：《法国革命史》，第305页。

层人民的文化的一种抵制。

很有可能,就连迪瓦尔本人都不相信有产者子女会因丧亲悲痛而失去跳舞兴趣。我们可以从他对热月时期臭名昭著的"牺牲者舞会"的谴责态度看出这一点。

所谓"牺牲者舞会",是一种专门为恐怖时代被处死者的亲属举行的舞会。按恐怖时期的法律,被处死者的遗产一律充公。热月政变后不久,国民公会便作出决定,把所有这些被充公的遗产发还给被处死者的亲属,"牺牲者舞会"之风便由此而起。迪瓦尔吃惊地看到:那些意外地获得一大笔遗产的恐怖牺牲者的亲属得财忘义,眨眼间就忘却了丧亲悲痛,并别出心裁地发起了这种只允许被处死者的直系亲属参加的狂欢活动。在"牺牲者舞会"上,他们竟然拿父兄受刑的痛苦开玩笑,发明了一种被称作"牺牲式致意"的礼仪动作[①]:

> 进门时要来一个"牺牲式致意",走过女士面前时要来个"牺牲式致意",邀请女士伴舞时也要来一个"牺牲式致意"。这种"牺牲式致意"是一个头部动作,模仿着上了断头台的人躺在断头机的搁板上,即将把颈项送到断头机的承颈圈中去时脑袋挣扎晃动的样子……

写到这里,迪瓦尔愤怒了,不禁破口大骂:

> 多么残酷的玩笑!这对他们父辈血迹未干的灵魂是何等卑鄙的侮辱!这种丑行在人类历史上闻所未闻,简直令人作呕,也只有这场革命才能产生这种丑行!不过这一次,干下这种丑行的并不是刽子手,而恰恰是牺牲者自己的子女们。他们将为此而蒙受耻辱!

① 以下有关"牺牲者舞会"的情况,均引自迪瓦尔的《热月回忆录》,第76—85页。

迪瓦尔还看到,这些无耻之徒不仅对自己亲人的遇害毫不感到悲伤,反而兴致勃勃地借"牺牲者舞会"之机大肆攀比服饰的华丽与怪诞,极力炫耀自己的富有与时髦:

由于打扮的复兴始终是热月反动令人高兴的结果之一,因而在"牺牲者舞会"上,所有的年轻人都以在风度、服饰和美容上竞相攀比为最大的乐事。女人们曾一度被迫放弃了帽子和绸缎、天鹅绒等一切妇女打扮用品,现在她们愉快地得到了补偿的机会,便极力追逐最荒诞甚至最下流的奢华。正是在这个时代,出现了那些以领导服饰潮流为荣的女人。她们身着希腊式和罗马式连衣裙,半裸着身体,在剧院、音乐会及其他集会场所卖弄风骚,在舞厅里翩翩起舞,在马路上和公园里招摇闲逛。这些女人喜爱古装竟达到了如此地步,以至于只须把她们的衣服再稍稍脱去一些几乎就可以把她们变成美第奇的维纳斯。而这种能显出贵族优雅身段的、用薄纱或细麻布制成的希腊—罗马式连衣裙,在"牺牲者舞会"上不仅比比皆是,而且显得特别光怪陆离。

迪瓦尔还描述了"牺牲者舞会"上流行的其他一些怪诞而无聊的时尚:

"牺牲者舞会"不仅带来了这种希腊罗马式连衣裙的时髦,一种至今还在流行的时髦也归因于它。这就是所谓的"蒂图斯发式",它也是在"牺牲者舞会"上诞生的。舞会的发起人嫌"牺牲式致意"还不够带劲,于是就又提出了一条规则,规定此后所有参加者都必须按刽子手处理死囚的方式把头发齐脖颈上端剪去。这个主意在欢呼声中被采纳了,从此"牺牲者舞会"中的男男女女都留起了牺牲者的发式,从而给"牺牲者致意"增添了新的"妩媚"。……另外还应提一下:"牺牲者舞会"的常客们还采纳了一种"红披肩"的服饰,而这正是刽子手桑松在沙洛特·科黛和圣阿玛朗特家的女士们上断头台时搭在她们裸肩上的那种红披肩!!! 真不知道这种卖俏风要走向何处!

更有甚者,迪瓦尔还在"牺牲者舞会"参加者们的一次酒宴上,听到了这样一段令他瞠目的祝酒词:

"先生们,让我们为纪念罗伯斯比尔而干杯!(有人诧异了:什么?为纪念罗伯斯比尔?)对,为纪念罗伯斯比尔——这个杀害你们亲人的刽子手。可是大家要知道,也正是因为有了他,你们现在才能拥有丰厚的遗产,才能这样大把大把地花钱呀!所以,让我们为罗伯斯比尔干杯!"

此可谓寡廉鲜耻的登峰造极。既然如此,如何还能以"丧亲悲痛"来解释这些人在恐怖时期跳舞热忱的低落呢?所以,恐怖时期一切非公共舞会(即非为庆祝革命节日而举行的舞会)的绝迹,与其说是缘于所谓"丧亲悲痛",毋宁说是体现了这个时期人民大众亚政治文化的绝对统治,因而也反映了法国革命总体政治文化中的"决裂"信念的彻底贯彻。而热月时期的"跳舞的反动",以及由此而来的各种剥削阶级奢靡风气的迅速复活,则说明了大革命要以政治行为彻底决裂旧传统并造就"共和主义新人"只是一种不切实际的空想,同时也预示着一度占据主导地位的雅各宾派—无套裤汉的激进民主主义亚政治文化,最终将不得不为另一种在当时历史条件下真正有实力、有前途的资产阶级亚政治文化所取代的必然历史趋势。

随着跳舞热的勃兴,旧时代社交生活的另一重要形式——贵夫人的沙龙,也在巴黎迅速复苏。围绕着一个个出身高贵、气度优雅、衣饰华丽的沙龙女主人,聚集起一群群高谈阔论、狂欢暴饮着的"社会名流"。大概再没有什么能比这种沙龙——尤其是旧贵族的"金色沙龙"——中的这些社会名流的聚集更能说明热月时期旧贵族和资产阶级的妥协与合流了。据国民公会议员蒂博多后来的回忆[1]：

> 这些聚会被一种极其彻底的平等气氛笼罩着。革命降低了贵族的身份，提高了资产阶级的地位，使二者在一条中线上相互靠近，谁也不再侮辱别人，谁也不再遭受侮辱了。君主制的过于考究和共和制的激烈粗鲁相互中和。……"公民"的称呼获得了与"先生"的称呼同等的价值，尽管有人非议，我们的前侯爵夫人或前公爵夫人并不觉得革命军官们的风度太糟糕，而且为了让他们高兴，她们也不傲慢地反对人们称她们为"女公民"。

就这样，旧贵族阶级和新生资产阶级在沙龙中捐弃前嫌、握手言和了，而这一现象，多么生动地体现了大革命的"决裂"信念在热月时期的动摇！历史学家索布尔指出[2]：

> 当贵族、大资产阶级和归国逃亡者恢复旧制度社交传统的时候，一度受恐怖统治压制的金融家、银行家、军火商、投机商又占据了首要地位，由此，旧的主导阶级和那些靠纸券、国有财产和军需品投机发了横财的人相互融合，开始形成一个新的资产阶级。……许多厌倦于道德束缚的国民公会议员，如果不是被人收买了的话，也是采取了随波逐流的态度。

然而热月时期沙龙社交的意义还不止于此。谈到这种沙龙社交的复兴，人们一般都不会忘记当时最著名的沙龙女主人、被奉为"热月圣母"或"慈善圣母"[3]的塔利安夫人——特蕾丝娅·卡巴吕斯(1773—1835)。这个女人堪称当时法国上流社会风流艳妇的典型，

---

① 蒂博多：《国民公会及督政府时代杂忆》(A. C. Thibaudeau, *Mémoires sur la convention et le Directoire*, Paris: Baudouin frères, 1824)，第129—130页。

② 索布尔：《法国革命史》，第398—399页。

③ 特蕾丝娅·卡巴吕斯曾为保护受到迫害的斐扬派和吉伦特派人士出过不少力，故而得此尊号。

也是热月时期腐化淫乱风气的化身。下面是加拿大历史学家让德龙对这个女人的一段不无揶揄的描述[①]：

> 特蕾丝娅·卡巴吕斯系西班牙银行家之女，当时芳龄21，美丽绝伦，有口皆碑："从未见过她那样的娇媚，"旺德雷男爵夫人这样写；"艺术般均匀的身段，纯丝般秀美的头发，笑颜迷人，"松塔侯爵补充说；她的衣着总是"惊人地雅致，她真是无可挑剔，又优雅又尊贵"，拉居兹公爵继续赞美；"她浑身上下绝对地和谐，"阿伯朗泰公爵夫人仍赞不绝口。而在蒂博多看来，她体现了"法国式的活泼和西班牙式的快乐"的结合。……她于1788年嫁与封特内侯爵，时年15岁半，当时伯爵正在为一笔价值百万的不动产所"困扰"。1793年离婚后，她轮流做过拉梅特特兄弟、埃圭雍公爵、菲利克斯·勒佩勒蒂埃、塔利安(此公后来一度做过她的丈夫)、巴拉斯、马弗阿尔等人的情妇，最后以卡拉芒—希梅亲王夫人的身份结束了这一"职业"(如果可以这么说的话)。

就这么一个贵族阶级的尤物，这么一个与共和2年的社会风尚格格不入的大淫妇，在热月时期竟成了热月反动分子狂热崇拜的偶像。曾在热月时期积极参与制造反动舆论的沙尔·拉克勒特尔后来回忆起卡巴吕斯太太时，语气里仍带着无限的柔情[②]：

> 我常常在她家里和在一些为答谢她而举行的聚会上亲睹她的芳容。她和我的关系带有十分有趣的友情色彩。我为此而陶

---

① 让德龙：《热月时代的青年》(François Gendron, *La jeunesse sous thermidor*, Paris: Presses Universitaires de France, 1983)，第49—50页。特蕾丝娅·卡巴吕斯在恐怖时期坐过监狱，热月政变后在塔利安的搭救下出狱，随后为报答此恩而一度屈尊下嫁与塔利安。

② 参见拉克勒泰尔：《革命时期的十年磨难》(Ch. Lacretelle, *Dix années d'épreuves pendant la Révolution*, Paris: A. Allouard, 1842)，第243，245—246页。

醉，一直维持着这种友情，而没有贸然向她求爱。……我将永远忠实于一种崇拜，这就是对“慈善圣母”的崇拜。

“慈善圣母”作为热月时期巴黎社交界的“泰斗”人物，对当时有闲阶级妇女的服饰样式起了时尚领导者的重要作用。我们知道，服饰的问题在法国大革命时代从来就不是小事情。林·亨特曾这样指出①：

从1789年三级会议开幕之日起，服装就被赋予了政治的意义。米什莱就曾想像过走在入场行列之首的衣着朴素的第三等级代表（“一群身着黑色……简朴服装的人”）和“一小队戴着羽毛、花边和金饰物的富丽堂皇的贵族代表”之间的差异。从此，按英国人约翰·摩尔的说法，“服装的异常朴素（或者不如说是寒酸）……就成了爱国主义的证据。”1790年，某些时装杂志为妇女设计了一种“制宪服”，这种服装到1792年又演变为“和在共和派中极为时髦的小红帽配套的平等服”。据《时趣报》介绍，1790年“贵妇人”穿的是带民族式条纹的色彩鲜艳的衣裳，而“爱国妇女”则身穿蓝色的国王呢，头戴别有饰带和三色徽的黑毛帽。

尽管一贯轻视妇女的雅各宾派（他们认为妇女只是私人生活的代表）并不重视妇女的穿着，但共和2年盛行的无套裤汉的简朴风尚仍一度迫使妇女“放弃了帽子、绸缎、天鹅绒等一切妇女打扮用品”，实现了服装的“革命化”（即简朴化）。然而时间不长，热月政变一来，这种革命化的服饰风尚便立即受到了在服装上追求奢华与性感的卖俏风气的强劲冲击。我们已经看到这种“卖俏风”是怎样在“牺牲者舞会”上大行其道的。不过，“牺牲者舞会”只是热月时期的“时髦女

① 林·亨特：“法国革命中的私生活”，第5－6页。

郎”在服饰上争奇斗艳的一个重要场所，而这种奢靡淫荡的时装潮流的最初源头还是“热月圣母”塔利安夫人。孚雷和李舍就曾这样描绘过她的装束及其对热月时期上流社会妇女服饰的重大影响①：

> 妇女们再不是共和 2 年男人们所设想的那种女伴——即那种脸上挂着痴笑的贞淑女士了。塔利安夫人决定了妇女装束的样式：一件质地轻柔的、带古式褶裥的平纹细布连衣裙，两肩饰有浮雕玉石，腰身上部系一根腰带，短短的卷发，无卷发者可以戴假发；最重要的是要袒肩露臂，这样能给人以解放的快乐。

除了“牺牲者舞会”之外，上流社会的贵妇人们还有一个重要的卖俏场所，那就是各种音乐会。也正是在这里，我们看到了热月时期巴黎上流社会最俗不可耐的夜生活场景：赴音乐会的贵妇人们浑身珠光宝气，乘坐着豪华的马车；男人们一个劲地向女人们献着“法国式的殷勤”，贵妇人们被恭恭敬敬地让到了剧场的前排，她们金蛇狂舞般的假发、宽大的礼帽和耀眼的宝石受到众人的惊羡和喝彩……②

资产阶级社会为这种旧制度时代骄奢风尚的复活而欣喜若狂。《信使晚报》共和 3 年霜月 2 日（1794 年 11 月 22 日）写道：

> 被恐怖统治赶走了的优雅风气和欢歌笑语又回到了巴黎。你们看，我们戴金假发的女士们有多可爱！公共的和社交界的音乐会有多美妙！……这就是那位暴君（按：指罗伯斯比尔）倒

---

① 孚雷和李舍：《法国革命史》，第 280 页。

② 参见奥拉尔编：《热月反动时期的巴黎〔史料汇编〕》（Aulard, éd., *Paris pendant la Réaction thermidorienne*, t. 1, Paris: L. Cerf, 1898），第 344－345 页。比约，即比约—瓦莱纳（Billaud-Varenne, 1756－1819）；科洛，即科洛·德布瓦（Collot d'Herbois, 1750－1796）。二者均为共和 2 年著名的雅各宾派激进分子、恐怖主义者。后两人均参加了热月政变并在其中扮演了关键的角色，但终因在恐怖统治期间“劣迹”昭彰而受到热月党人的排斥，于 1795 年一同被流放到圭亚那。

台以来我们的风尚所经历的变化，而那帮嗜血鬼，那帮比约们、科洛们和忿激派分子却把这种观念的转变称作“反革命”。

——“反革命”也许未必，但作为一场“社会文化的大反动”，这却是实实在在的。经过这种反动，雅各宾派—无套裤汉亚政治文化所包含的造就“共和主义新人”的理想被彻底否定了，一度被以政治高压手段强制“道德化”了的社会迅速而全面地实现了“脱魅还俗”。这个事变进程，在显示了法国革命“决裂”信念的虚妄性的同时，也清楚地反映了这样一个事实，即法国革命本来就是资产阶级的革命，在这个时期，任何非资产阶级势力试图借机实现自己的社会政治理想，至多只能逞一时之功。

# 巴黎高等法院与十八世纪法国政治文化的演变*

庞冠群(北京大学)

## 引　言

> 有一种社会,其法律界人士在政界不能获得他们在民间所处的地位。在这种社会体制下,我们可以肯定法学家必将成为革命的急先锋……1789年推翻法国的君主政体,主要应当归功于法学家。
>
> ——托克维尔[①]

18世纪后期,巴黎高等法院与王权的对立、冲突构成了法国旧制度末年政治生活的突出特征。高等法院打着捍卫王国法律的旗号掀起了反对专制政府的一轮又一轮的抗议,这些抗议在整个社会中广泛传播从而将大革命越推越近。通过谏诤的形式限制王权的行使本是巴黎高等法院的传统职能,然而这在18世纪50年代之后却成了愈演愈烈的斗争。1771年的莫普革命将斗争推向了高潮:掌玺大臣莫普解散了巴黎高等法院,100多名法官遭受流放。一时间舆论哗然,双方的支持者展开了激烈的小册子战争。但三年之后,随着新国王路易十六的上台,莫普革命的成果付诸东流。另一个斗争的高潮出现在1787年,由于拒绝注册新税法,巴黎高等法院引发了一场

* 本文的考察以巴黎高等法院为主,但有时也包含外省的高等法院,因为巴黎高等法院经常和外省的高等法院联合行动,正因为如此它们对王权的反抗才显得十分有力。

① 托克维尔:《论美国的民主》(北京:商务印书馆,1993),上卷,第304页。

所谓的"贵族革命",正是这场斗争谱写了大革命的序曲。

这段混乱并具激情的历史一直为后世的史学家们所关注,使人们颇感困惑的是:这些法官到底出于怎样的动机而与王权相对抗?是出于对法律和公益的热爱,还是出于一己之私?

自19世纪以来,人们在两种相冲突的史学观点之间不断摇摆。19世纪的史学家们倾向于将高等法院描绘成法律统治的捍卫者,反对君主的专制与残暴〔以弗拉麦尔蒙(Flammermont)、波凯(Pocquet)、格拉松(Glasson)为代表〕。而在20世纪前半期的史学编纂中,高等法院则被描绘为出于维护其传统特权的自私心态,阻挠了王权所进行的现代化的伟大改革〔马里翁(Marion)、盖克索特(Gaxotte)、洛日耶(Laugier)、穆尼耶(Mousnier)都持这样的观点〕。到60年代又有为高等法院辩护的声音出现:申南提出以前的历史学家混淆了保守的绝对遵守法律的原则与自私自利之间的区别,而巴黎高等法院当属前者。[①] 对高等法院进一步的辩护来自让·埃格雷。埃格雷虽然很清楚高等法院法官的许多缺点,但他认为他们毕竟构成了对武断的政府的最后屏障。在他们的许多谏诤书中高等法院努力表达了对个体权利、外省特权和政府滥用权力等问题的广泛关注。[②] 1970年威廉·多伊尔发表了一篇论战性的文章,他对改革派政治家莫普发起了攻击,将他描绘成了一名野心勃勃的机会主义者,并认为其改革是不必要的。[③] 由此可见近几十年历史学家们给了高等法院更多的同情,但他们的观点不能视作是向19世纪史学观点的简单回归。申南、埃格雷等人对巴黎高等法院进行了前所未有的系统考察,他们不再轻信法官们的自我辩白,而是关注他们的司法角

---

① 申南:《巴黎高等法院》(J. H. Shennan, *The Parlement of Pairs*. Sutton Publishing [first published in1968],1998)。

② 埃格雷:《路易十五与高等法院的对抗,1715—1774》(Jean Egret, *Louis XV et L'opposition Parlementaire* 1715—1774. Armand Colin, 1970)。

③ 多伊尔:"法国高等法院与旧制度的崩溃,1770—1788"(William Doyle, "The Parlements of France and the breakdown of the Old Regime, 1770—1788", *French Historical Study*, VI, 1970—1)。

色。另外还应注意到,站在改革的君主制的立场上抨击巴黎高等法院的观点并没有绝迹,米歇尔·安托万就依然持这样的观点。①

随着政治文化研究的兴起,对高等法院这一传统课题的研究大大超越了维护特权与捍卫法律的争论,转而关注巴黎高等法院在旧制度末年的政治文化演进过程中的特殊地位。这种研究喜欢分析高等法院谏诤书中所使用的新语言、体现的新思想,并挖掘它们对公共领域的影响。凯思·贝克 90 年代初出版的著作即代表了这种努力。他认为从 1750 年代以来法国的政治文化冲破了绝对主义的模式,出现了三种话语在公共政治领域相互竞争的局面:高等法院代表的是司法的话语;改革派大臣代表的是行政的话语;卢梭、西耶斯等体现的是政治的话语。贝克通过对马尔泽尔布和勒佩日(Le Paige)等高等法院理论家的言论的分析,阐释了司法话语的内涵与特征,并揭示了它对公共舆论的争夺、它对代表制理论的贡献等问题。② 这种新的研究路数不久便招致了罗杰斯特与斯旺等英国历史学家的攻击。他们以典型的英国经验主义的态度指责政治文化研究太过抽象和理论化。斯旺批评说,"考察法官的思想而不涉及争论的背景,如同脱离水来研究鱼","为了理解高等法院的行为,必须离开空洞的'话语'的世界,并返回到个人品格、社会与制度的背景以及法官们自身的观点等领域进行研究。这种研究方法能够更复杂、更精确地描绘出路易十五时期的司法政治。"③罗杰斯特的态度则更为极端,他声称要写一部"只叙述事件的历史"(histoire événementielle),将宫廷的阴谋与法院的内部争论作为考察的重点。他根本否认高等法院与王权

---

① 安托万:"绝对君主制"(Michel Antoine, "La monarchie absolue", in Keith Baker ed., *The Political Culture of the Old Regime*. Oxford, 1987)。

② 贝克:《创造法国革命》(Keith Baker, *Inventing the French Revolution*. Cambridge University Press, 1990)。除贝克外,梅里克也有这方面的研究,参见梅里克:"十八世纪巴黎高等法院的谏诤书中的臣民与公民"(J. W. Merrick, "Subjects and Citizens in the Remonstrances of the Parlement of Paris in the Eighteenth Century", *J. Hist. Idea*, 51[1990])。

③ 斯旺:《路易十五统治下的政治与巴黎高等法院,1757－1774》(Julian Swann, *Politics and the Parlement of Paris under Louis XV*,1757－1774. Cambridge University Press, 1995),第 79、366－367 页。

存在结构性、内在的紧张,而把问题归结于历史人物的个性等偶然性的因素。政治文化研究非常看中的公共舆论在罗杰斯特笔下也无足轻重,他认为,国王与高等法院的和解没有任何来自外部的压力,“公共舆论没有扮演什么角色,尽管存在着大量的公报、小册子和手抄新闻”。[①] 罗杰斯特与斯旺的著作刚一问世就引起了美国历史学家大卫·贝尔的关注。倾向于政治文化研究的贝尔认为这两部著作的缺点在于“没能深入挖掘1750年以来法国政治特色的转变”,并指明这种传统的描述史学的研究应整合入政治文化的变化中。[②]

可以说,对巴黎高等法院的研究已经成了持有不同的史学观点与研究方法的历史学家的竞技场,这无疑增加了这一领域的丰富性,但也带来了想要洞悉它的难度。本文不想陷入巴黎高等法院是王国法律的捍卫者还是自身特权的卫护者这样传统的争论,我以为巴黎高等法院反抗的初衷远没有它所导致的结果重要。虽然一些专家认为法官们在谏诤书中阐发的思想是不足信的,那只是对其真实意图的一种掩饰而已,但是我还是对高等法院提出的反对王权的理论怀有浓厚的兴趣。在我看来,无论这些理论在多大程度上反映了法官们的真实意愿,它们毕竟对绝对君主制构成了严重的威胁,更重要的是这些理论在社会上广泛传播、深入人心,对公众有一定的启蒙效果。由于笔者的兴趣所在,只能选取政治文化研究的方法,另外也只有这种方法能够超越二者冲突内部错综复杂的细节,洞察出作为整体的政治文化的变化。不过,本文也不希望完全致力于话语的分析从而忽略话语与政治现实之间的差异,笔者仍希求尽量贴近具体的

---

① 罗杰斯特:《路易十五与巴黎高等法院,1737—1755》(John Rogister, *Louis XV and the Parlement of Paris*, 1737—1755. Cambridge University Press, 1995),第258页。

② 贝尔对斯旺的著作还是相当肯定的,认为它全面、完整,对巴黎高等法院与王权的关系的解释比前人复杂。但他对罗杰斯特明显持批评态度,认为他对个人品格的论断似乎反映的是他个人的敏感而非文献本身要说明的,另外他严重低估了他所研究的危机的严重性。参见贝尔:“如何(以及如何不)撰写只叙述事件的历史:关于十八世纪法国政治的几本近著”(David A. Bell, “How [and How Not] to Write Histoire Evénementielle: Recent Books on Eighteenth-Century French Politics”, *French Historical Study*, Vol. 19, Fall, 1996),第1174—1180、1185页。

历史语境。

贝克告诉我们，18 世纪 50 年代巴黎高等法院在宗教事务上与王权的对抗是冲破绝对主义政治文化模式的关键，自此产生了新型的竞争的政治。[①] 而贝尔认为，贝克过分强调了 18 世纪前半期与后半期之间的鲜明对比，而忽略了其中的连续性。他进一步指出，法理学家关于君主制的观点、关于公众的概念都植根于中世纪与文艺复兴以来的政治思想之中。[②] 我以为应将贝克和贝尔的研究结合起来，可以认为 1750 年既是某种断裂也是对古老的司法君主制传统的延续。

在我看来，巴黎高等法院的特殊之处在于它既是保守的又是激进的，既希望复古又谋求革新；它一方面延续着中世纪以降的政治传统，另一方面通向某些现代的政治思想（比如民族享有主权）与新型的政治运作形式（比如诉诸公共舆论）。它同时还连接着强调等级的传统宪政主义与拥护平等的新宪政思想。在新的历史条件，出于斗争的需要，高等法院对于古老传统的捍卫过程中产生了某种新的东西，促进了绝对主义君主制的灭亡。从这一角度出发我们或许可以更好地理解为什么崇尚传统、热爱秩序、力求维护等级社会的法学家却宣扬了激进的政治理论，从而成了革命的急先锋。

20 世纪 80 年代以来，曾受新史学排挤的政治史又重新抬头，对高等法院的研究遂成为法国史学界颇受瞩目的题目。但由于国内尚无专门文章研究巴黎高等法院与王权的冲突，所以本文只能是较为初步的探讨。全文的写作分为四部分：首先简单介绍巴黎高等法院的历史、它与君主制的冲突；其次分析巴黎高等法院反抗王权的理论资源；然后揭示高等法院与王权对公共舆论的争夺；最后发掘巴黎高等法院与旧制度的没落、大革命的来临之间的内在关联。

---

① 贝克：《创造法国革命》，第 168—169 页。

② 贝尔："十八世纪法国的'公共领域'、政府以及法律的世界"(David A. Bell, "The 'Public Sphere', the State, and the World of Law in Eighteenth-Century France", *French Historical Studies*, Vol. 17, Fall 1992)，第 920、922 页。

# 一、巴黎高等法院的历史及其与王权的对抗

巴黎高等法院能够和王权对抗与其古老的起源、悠久的历史分不开。在旧制度下,古老的历史本身就意味着合法性,是人人都要尊重的。另外,限制王权的努力早已有之,并非自18世纪中期才开始,只是此时表现频繁、格外激烈,并具有了意识形态的维度。关于二者的冲突,涉及的史实甚多,本文不可能详细描述,只选择具有代表性的事件加以介绍。

## (一)巴黎高等法院的起源、功能及其成员

巴黎高等法院是王室法庭,它以国王的名义对司法案件行使最终的审判权。巴黎高等法院的历史可以追溯到卡佩王朝初期。中世纪文献中出现的"pallamentum"一词便指的是在卡佩王朝的君主们的支持下举行的各种会议。[①] 随着王权的扩大以及诉讼事务的增多,大约在13世纪末、14世纪初在巴黎出现了一个被称作高等法院(parlement)的固定法庭。[②] 从15世纪中期开始,外省也陆续设立了高等法院以分担巴黎高等法院的司法事务。到18世纪后期共存在12所外省高等法院[③],但巴黎高等法院享有最高的权威。外省的高等法院和巴黎高等法院彼此联同一气,他们自称原属一体,不过等级不同而已。另外高等法院和审理间接税案件的最高法院(cour des aides)、最高审计法院(chambre des comptes)等一起构成了最高法

---

① 斯通:《法国高等法院与旧制度的危机》(Bailey Stone, *The French Parlements and the Crisis of the Old Regime*. The University of North Carolina Press, 1986),第17页。

② 关于巴黎高等法院作为固定法庭的时间说法不一,斯通认为是13世纪末期,罗杰斯特指出是1301年,分别参见斯通:《法国高等法院与旧制度的危机》第17页;罗杰斯特:《路易十五与巴黎高等法院,1737—1755》,第2页。

③ 这12所外省的高等法院分别设在图卢兹、格勒诺布尔、波尔多、第戎、鲁昂、埃克斯、雷恩、波城、麦茨、贝藏松、杜埃、南锡。参见索布尔:《法国大革命史》(北京:中国社会科学出版社,1989),第58页。

院(cour souveraine,英文译作 sovereign courts)。最高法院内部关系密切,互相支援。比如,当莫普要撤消巴黎高等法院时,审理间接税案件的法院本未受株连,但那里的法官情愿挺身而出,同受处罚。[①] 巴黎高等法院历史悠久,又加上外省高等法院和其他种类的最高法院与之关系密切,常常共同行动,这无疑扩大了巴黎高等法院的权力与影响。

巴黎高等法院除了司法的角色还拥有行政的功能,比如维护公共秩序、进行书报检查、监督行会等。巴黎高等法院拥有的最引人注目的权力是负责注册国王的法令,国王的任何法令、敕令或谕旨,甚至外交条约,非经他们注册不能生效;如果高等法院对国王的政策持有异议,可以拒绝注册,并以法律的名义呈递给国王谏诤书表示抗议。到 16 世纪谏诤权发展成为了一种工具,以法律的名义反对王室的政策。[②] 他们利用这种权力来反抗新税,攻击宫廷之奢侈、浪费及各种弊端。他们有时对最高级官吏发出传票,予以出庭受审的耻辱。[③] 不过,国王可以亲临法院举行御临高等法院(lit de justice)会议,强行命令注册。巴黎高等法院注册前谏诤的权利曾被路易十四于 1667 年削弱,又在 1673 年废除,新的规定要求先注册国王的敕令然后才能谏诤。[④] 同时路易十四的司法改革大大减少了法官的行政能力,加强了他们的司法角色。[⑤] 路易十四死后,奥尔良摄政王必须寻求高等法院的支持以加强他的权力。为赢得法官的联合,他恢复了高等法院注册前的谏诤权,此外他还许诺法官们拥有更广泛的政治影响。

---

① 托克维尔:《旧制度与大革命》(北京:商务印书馆,1992),第 153 页。

② 多伊尔:"高等法院"(William Doyle,"the Parlememt", in Keith Baker ed., *The Political Culture of the Old Regime*),第 158 页。

③ 马迪厄:《法国革命史》(北京:三联书店,1958),第 5 页。

④ 柯林斯:《法兰西早期近代的国家》(James B. Collins, *The State in Early Modern France*. Cambridge University Press, 1995),第 146 页;汉利:《法国国王的御临高等法院:传说、仪式与话语中的立宪意识形态》(Sarah Hanley, *The Lit de Justice of the Kings of France: Constitutional Ideology in Legend, Ritual, and Discourse*. Princeton University Press, 1983),第 327.

⑤ 柯林斯:《法兰西早期近代的国家》,第 113 页。

作为国家机构的高等法院一直享有很高的声誉。据说,宗教战争结束时,惟一仍保有公共信任的国家机构就是巴黎高等法院。[①]在以后的历史发展中,在高等法院举行过君主制的最为庄严的活动,包括1610年、1643年和1715年举行的确立摄政的御临高等法院会议。1715年那次著名的会议竟推翻了路易十四的遗嘱。这些活动加强了高等法院的地位。另外,在旧制度的法国存在着两种权利定义的冲突,一是基于法律,一是基于特权。这些冲突的权利导致了无休止的法律诉讼[②],处理司法事务的高等法院便显得格外重要了。还需注意的是,因为君主制对于自由出版和代议制的不宽容,加之它对高等法院不能全面控制,使得几乎所有的合法的政治活动进入了司法的渠道。[③] 这些无疑都赋予了高等法院独一无二的重要性,使之能在18世纪中后期对绝对王权发出持续的抵抗。

在巴黎高等法院最初的历史中,法官多是大贵族、高级教士。但逐渐有越来越多的法官出自法律专家,他们有着不同的社会背景:有的是教士,有的是下层贵族,还有的甚至不是贵族成员。到15世纪中期以后,法官不再以教士、贵族为主,而主要是那些出身卑微的世俗人。[④] 这些出身卑微的法官逐渐得到了贵族的封号,到18世纪初,没人再去怀疑高等法院的法官不是真正的第二等级的成员。[⑤]不过,法官之间的内部差异也很明显,有的拥有大量的财产、身居要职,而另外一些人只获得了一点虚名而已。[⑥]

从16世纪开始,买官鬻职的做法扩展到了司法界,法官捐纳来的职位可以担任终身,并可以父子相传,由此国王便失去了对任命权

---

① 罗尔克:《一个国王,一种信仰:巴黎高等法院与十六世纪的宗教改革》(Nancy Lyman Roelker, *One King, One Faith: the Parlement of Paris and the Religious Reformations of the Sixteenth Century*. University of California Press, 1996),第60页。

② 柯林斯:《法兰西早期近代的国家》,第114页。

③ 贝尔:"十八世纪法国的'公共领域'、政府以及法律的世界",第919页。

④ 申南:《巴黎高等法院》,第110页。

⑤ 申南:《巴黎高等法院》,第121页。

⑥ 申南:《巴黎高等法院》,第147页;斯旺也指出法官并不是一个同质化的社会阶层,无论是财产还是社会背景,他们都具有多样性,参见斯旺:《路易十五统治下的政治与巴黎高等法院》,第12页。

的控制。这样就形成了一些世代在高等法院任职的家族,加强了高等法院作为一个团体的认同感。不过高等法院并未因此而成为完全封闭的团体。[①]

从巴黎高等法院的内部构成来看,它包括:一个大法庭(Grand' chambre)、五个调查庭(Enquêtes)、两个诉讼审理庭(Requêtes)和一个轮审庭(chambre de la tournelle)。大法庭审理那些牵涉大贵族、王室高官的案件和一些重要的刑事案件,在大法庭任职的都是些资格老、地位高的法官。而调查庭的法官多是些缺乏经验的年轻人,他们一有机会就喜欢卷入激烈的国事纷争。诉讼审理庭的法官没有大法庭的法官那样资深,但比调查庭的法官经验丰富。轮审庭则从上述法庭中轮流选人组成。[②]

据统计,1750 年时巴黎高等法院共有法官 248 名。[③] 如此众多的法官难免造成人浮于事,除了少数法官热心公务,大多数在调查庭任职的年轻法官都过着轻浮放荡的生活。[④] 在这些法官当中有多少人积极领导了反抗王权的斗争,我们无从知晓,可以肯定的是大部分人是跟随潮流。那么为什么有这么多法官愿意跟随潮流,跻身于反抗的行列,并表现出愿与高等法院共命运的精神?我们应该注意到这样一个事实:在巴黎高等法院任职意味着升迁困难,甚至毫无希望,近一半的法官只能在同一个法庭内度过一生。18 世纪中叶,红衣主教贝尔尼斯(Bernis)曾评论说:"一个有些长处的高等法院的法官,其优点并不会被人知晓,他不可能希望什么时运到来:他的命运被永远固定住了……他被高等法院保护,那是他惟一的法官,法院在他受贬黜时会保护他,在他遭流放时会要求他回归。他的职位带给

① 传统观点认为高等法院越来越走向封闭,斯旺推翻了这一看法,参见斯旺:《政治与巴黎高等法院》,第 11 页。

② 坎贝尔:《旧制度法国的权力与政治,1720－1745》(Peter R. Campbell, *Power and Politics in Old Regime France* ,1720－1745. London and New York, 1996),第 225 页。

③ 斯旺:《政治与巴黎高等法院》,第 7 页。

④ 坎贝尔:《旧制度法国的权力与政治》,第 228 页。

他的是艰辛、孤寂的生活，他的工作不具有什么非凡之处。他必须为自己赢得声名……只有当他在宗教利益或人民的安康受到威胁时，决定加入抵抗王权的行列，他的声名才会非常显赫。”贝尼斯甚至认为法官们只有如此，才能迫使政府为他们打开迁升之门，最终为君主所用。[①] 从反对君主到为王权所用，这种可能性似乎不大，但贝尼斯的描述提醒我们在升迁无望的情况下，反抗王权是一种为个人赢得名誉的方式。再考虑到调查庭有那么多年轻法官，百无聊赖，乐于卷入政治斗争之中，那么法官们反对王权的力量如此强大便不难理解了。除了法官之外，巴黎高等法院还有大量的律师，这些律师一般不是贵族出身，在反抗王权的过程中他们有着比法官们更不妥协的立场。[②]

### (二) 巴黎高等法院与王权的对抗

由于巴黎高等法院位高权重，自然易与王权发生龃龉，17 世纪中期爆发的“福隆德运动”就是以高等法院的造反为开端的。[③] 路易十四执政时期巴黎高等法院的权力曾被大大削弱，而太阳王之死则意味着它的权力开始复苏。对此圣西门公爵曾评论说：“曾被(路易十四的)法令、统治压服的高等法院和法官们，现在已经开始期望新的自由和权威了。”[④]不过巴黎高等法院权力的恢复与扩张有一个过程。大体来说，以 18 世纪 50 年代为界，前期的反抗保持着克制、缓和，它严格地控制在政府的手中，只是涉及以恭敬的态度改变国王的意愿[⑤]，但从 1750 年开始冲突越来越多，并且更加激烈。杜尔哥曾经说过，“高等法院就像生命力旺盛的终年野草，它们经常被从地面

① 坎贝尔：《旧制度法国的权力与政治》，第 232 页。

② 贝尔：“‘公共领域’、政府以及法律的世界”，第 923—924 页。

③ 1648 年 5 月，政府因国库空虚，向巴黎高等法院的法官征收“官职税”，这引起了高等法院的抗议，王室于是逮捕了领导运动的法官，遂引发了叛乱。

④ 圣西门：《华丽的岁月：路易十四宫廷的回忆录》(Saint-Simon, *The Age of Magnificence, The Memoirs of the Court of Louis XIV*, selected, edited and translated by Ted Morgan. New York, 1990)，第 183 页。

⑤ 埃格雷：《路易十五与高等法院的对抗，1715—1774》，第 45—50 页。

上割掉,但一再长出,并且更加旺盛。"[①]这一论断形象地概括了高等法院与王权斗争的情况。18 世纪后期的君主制理论家莫罗认为 1750 年代标志着法国政治生活的转折点:此前,高等法院与政府的冲突是时有时无的,而且高等法院也被其内部的个人要求、主张所分裂。但是冉森主义和对圣事的拒绝改变了这一切。在 1753 年的放逐中,法官们查询历史文献,寻找一切可以支持新思想的东西。[②] 贝克据此指出君主制已经面临高等法院提出的系统的反对王权的理论,并认为拒绝圣事事件开始冲破了绝对主义的政治模式。斯旺也赞同 1750 年代的转折意义,他认为在此之后高等法院对王权的对抗变得更持续并获得了意识形态的维度。[③]

巴黎高等法院与王权之间经常因为宗教与财政事务发生分歧乃至冲突,这在 18 世纪中期的政治文化转变的过程中起了重要的促进作用。早在 1718 年巴黎高等法院就因反对约翰·劳的体系(尤其是新银行)而与摄政王发生摩擦。对此申南认为,高等法院反对劳是因为他们不愿赞成未尝试过的政策,尤其当这个政策是出自一个外国人之手时。[④] 1725 年和 1749 年高等法院又分别反对过五十分之一税与二十分之一税。[⑤] 但这些摩擦与日后的冲突相比显得并不严重。巴黎高等法院对宗教问题的抗议,是围绕着 1713 年教皇克莱芒十一世颁布的迫害冉森派的《乌尼詹尼图斯谕旨》(la bulle Unigenitus)[⑥]展开的。在高等法院看来这一谕旨明显违背了他们所遵循的高卢主义原则,但在 1720 年高等法院和政府就谕旨问题达成了某种

---

① 转引自哈德曼:《法国政治 1774—1789》(John Hardman, *French Politics* 1774—1789. London and New York, 1995),第 218 页。

② 莫罗:"对于高等法院的管理原则"(Jacob-Nicolas Moreau, "Principes de conduite avec les parlements"),转引自贝克:《创造法国革命》,第 37 页。

③ 斯旺:《政治与巴黎高等法院》,第 27 页。

④ 申南:《巴黎高等法院》,第 287 页。

⑤ 埃格雷:《路易十五与高等法院的对抗》,第 38—39 页。

⑥ 该谕旨指责 1671 年奎斯奈尔写的一部祈祷书《新约道义探讨》中提出的 101 条论点是冉森主义的。以往在同冉森主义争论时发表的教皇训谕,主要是针对神学家的,但这次却选了一部广为传阅的祈祷书作为对象。这部书曾得到过巴黎大主教的公开推荐。因此谕旨是对巴黎大主教的独立性以及法国教会高卢传统的间接攻击。参见克拉克(主编):《新编剑桥世界近代史》(北京:中国社会科学出版社,1999),第 7 卷,第 294—295 页。

妥协。[①] 然而问题并没有真正解决,1726 年强烈反对冉森派、坚决拥护谕旨的红衣主教弗勒里(Fleury)成为首相,使得矛盾又逐渐激化。与此同时,冉森主义者"同巴黎高等法院中的高卢派法官和律师结成联盟,试图利用它干预宗教裁判的权力保护自己"[②]。1730 年弗勒里通过御临高等法院会议迫使法官们将谕旨注册为法兰西教会与王国的法律,这遭到了他们的谴责与抗议,高等法院通过罢工、出版司法判决的形式与弗勒里展开了一番较量。

1750 年代关于《乌尼詹尼图斯谕旨》老的争吵又成为支配性的政治问题。这一次是关于拒绝圣事的争论。1752 年支持谕旨的主教们命令其教区的神甫不得给予某些教民圣餐,因为这些教民没有出自法定神甫的表明其为正统的证明。在巴黎,当法定的神甫拒绝给几个濒死的冉森主义者临终圣餐(viaticum)时,激起了冉森主义者和巴黎人民的反对。[③] 巴黎高等法院支持冉森主义者,下令禁止神甫以这种理由拒绝圣事,并起诉了几名仍在拒绝的教士。对此当时的国务秘书达让松(d'Argenson)在《回忆录》中写到,至 1753 年他已经不能再在文雅的社会中保护教士了,因为害怕承受参与审讯的羞辱。[④] 国王不得不进行干预,命令高等法院停止此举。而法官们拒绝接受,并于 1753 年 4 月提交了大抗议书(Grand Remonstrances)。路易十五拒绝接受这些谏诤,高等法院则举行了司法罢工,于是国王流放了他们。[⑤] 大法庭本来未遭流放,但他们要求和他们的兄弟们承受同样的命运。[⑥] 国王最后缓和了,法官们经历了 15 个月的流放之后,于 1754 年 9 月被召回了巴黎。对于高等法院来说,这无疑是个胜利,法官们也因此信心大增。不过,法官们返回的

① 申南:《巴黎高等法院》,"第二版导论"第 38 页。

② 高毅:《法兰西风格:大革命的政治文化》(杭州:浙江人民出版社,1991),第 48 页。

③ 柯林斯:《法兰西早期近代的国家》,第 213、240 页。

④ 转引自柯林斯:《法兰西早期近代的国家》,第 213—214 页。

⑤ 申南:《巴黎高等法院》,第 309—310 页。

⑥ 柯林斯:《法兰西早期近代的国家》,第 214 页。

条件是注册了一个“肃静法令”,要求停止宗教争吵。

然而这个法令只带来了王权与高等法院之间的短暂的和谐,随后国王又被法官与主教之间的争吵所烦恼。到1756年,路易十五在巴黎高等法院再次受挫:当时正值七年战争爆发,为了支付战争的惊人花费,国王不得不诉诸增税和贷款,于是便有一系列的财政法令需要注册,而巴黎高等法院坚决反对。路易十五因此于12月举行了一次御临高等法院会议,强迫高等法院注册三个严酷的法令,其中一个是惩罚性的,要求废除五个调查庭中的两个,以清除那些最年轻、最具反叛精神的法官。结果巴黎高等法院的调查庭和诉讼审理庭的全体成员以及大法庭的半数法官以辞职作为回应。[①] 王权的虚弱以及七年战争的困扰迫使国王再次妥协,路易十五于1757年9月召回了辞职的法官。

但王权与高等法院之间的矛盾仍在持续激化,终于促发了70年代初的“莫普革命”,而巴黎高等法院与君主制的冲突也随之被推向了另一个高峰。事情缘起于布列塔尼事件。1764年布列塔尼的三级会议和高等法院抗议新增加的捐税,省长埃吉永(d'Aiguillon)支持政府,而雷恩(Rennes)法院的高级检查官(Procureur－Général)拉夏洛泰(La Chalotais)为该省利益辩护。[②] 由于政府不肯让步,雷恩法院的法官于1765年全体辞职,于是国王在埃吉永的支持下于雷恩建立了一个新的法院代替高等法院,这遭到了旧的雷恩高等法院与当地人民以及巴黎高等法院的抵制。此时出现了攻击国王的匿名信,而有人控告拉夏洛泰是匿名信的作者,埃吉永遂将其逮捕。一时间,巴黎高等法院及其外省的同僚纷纷拿起了武器,他们在1766年2月的谏诤书中声称,他们不仅要保护拉夏洛泰与布列塔尼高等法院,还要保护整个的社会秩序。[③] 国王不久便做出了反应,1766年3

---

① 柯林斯:《法兰西早期近代的国家》,第214、240页;申南:《巴黎高等法院》,“第二版导论”第41页、正文第310－311页;斯旺:《政治与巴黎高等法院》,第87页。

② 米盖尔:《法国史》(北京:商务印书馆,1985),第247页。

③ 柯林斯:《法兰西早期近代的国家》,第251页。

月3日他亲临巴黎高等法院，做了著名的“鞭笞训辞”(séance dé la flagellation)，斥责高等法院的离经叛道。到1769年国王做出了一定的妥协，他恢复了布列塔尼高等法院并撤回了埃吉永，但拉夏洛泰仍处于流放之中。

高等法院并不满意部分的胜利，决定控告埃吉永滥用职权。1770年当法院指控埃吉永时，路易十五感到自身的权威受到了挑战，插手制止此事。但高等法院无视国王的命令，这导致了路易十五又举行了御前高等法院会议，但高等法院拒绝妥协。为了结束布列塔尼事件，掌玺大臣莫普(Maupeou)颁布法令控制高等法院的权力，法官们当然拒绝接受，双方僵持不下，最后莫普于1771年1月流放了巴黎高等法院的法官，并以新的司法机构取代了巴黎高等法院。这就是著名的莫普革命。[①] 托克维尔在《旧制度与大革命》中对莫普革命有一段精彩的描述：

> 当巴黎高等法院被撤消时，高等法院的法官们丧失了他们的地位和权力，但是在国王的意志面前，没有一个人屈服退让。不仅如此，种类不同的各法院，如审理间接税案件的法院，虽然并未受到株连和威胁，但当国王的严厉处罚已经确定无疑时，他们情愿挺身而出，同受处罚。还有更精彩的事例：在最高法院出庭辩护的首席律师们甘愿与最高法院共命运；他们抛弃荣华富贵，宁可缄口不言，也不在被羞辱的法官面前出庭。我不知道在各自由人民的历史上还有什么比此时此刻所发生的事情更加伟大，可是这事件就发生在18世纪，发生在路易十五宫廷附近。[②]

1774年5月路易十五的去世标志着莫普实验的结束，路易十六上台后不久即因公共舆论的压力被迫考虑召回旧的巴黎高等法院。

① 斯旺：《政治与巴黎高等法院》，第314页。
② 托克维尔：《旧制度与大革命》，第153—154页。

8月掌玺大臣莫普被解职，11月1日巴黎高等法院被流放的法官终于被召回，其机构也被恢复。

巴黎高等法院重建后，法官们与国王政府保持了十年的相对和平时期。但随着1783年卡隆就任财政总监，巴黎高等法院与王权的关系又逐渐走向破裂。卡隆及其继任者布里埃纳(Brienne)因财政问题与高等法院矛盾重重。1787年巴黎高等法院又拒绝登记布里埃纳的新税法，并提议召开三级会议以决定臣民如何自由地向国王纳税。路易十六采取高压政策，逮捕了两名法官并准备继续镇压。而法院得到了公众的支持，于是引发了一场"贵族革命"。[①] 这一著名的事件已无须赘述。值得注意的是，高等法院在取得了短暂的胜利之后，便因大革命的到来而迅速并一劳永逸地与君主制一道退出了历史的舞台。

高等法院与王权的斗争似乎一直遵循着这样一种模式：国王或大臣先提出了不受欢迎的法令，然后高等法院提出谏诤，随后国王举行御临高等法院会议强迫高等法院注册法令，接下来不是高等法院因顽强抵抗遭到流放就是法官们自动辞职，最后双方和解。虽然每次斗争中高等法院的成员都表现得慷慨激昂，但从整体来看这种冲突循环往复，似乎成了没完没了的闹剧。从这种斗争模式当中，我们发现双方的对抗之中包含着相互的妥协，而这种妥协又常常成为新的斗争的起点，使二者的冲突旷日持久。其实谏诤、御临高等法院、流放都只是政治的公开外观，在这背后还有复杂的接触，包括争论、劝说和交易[②]，这一切为最终达成妥协提供了可能。然而这些幕后政治只为当时的权贵与今日的一些历史学家所知晓，而留给18世纪后期法国公众的只有法官们不畏强权的光辉形象，以及王权的专制

① 张芝联(主编)：《法国通史》(北京：北京大学出版社，1989)，第139页。

② 比如从1772年大法官马尔泽尔布在流放期间致杜埃(Douet)夫人的书信中，我们了解到，杜埃夫人实施了一个计划，使国王与莫普相分离。为了达到这一目的，王公们要以精明的方式向国王建议。马尔泽尔布称赞了这一计划。参见马尔泽尔布：《马尔泽尔布及其时代》(Malesherbes, *Malesherbes et son Temp*, Pierre Grosclaude ed. Paris, 1964)，第67—68页。

与虚弱无力，这一切对于君主制权威的腐蚀是不可估量的。

我们从双方的冲突模式中还应注意到高等法院与王权之间存在着高度的互相依存关系。一方面，正如多伊尔所说，高等法院并不是真正的叛乱者，否则莫普不会如此轻易的打败他们。① 同时，无论谏诤书中传达了怎样的思想，它的措辞都保留了尊敬、忠诚与谦卑。这一形式并非无关紧要，它意味着高等法院依然是王权的衍生物。另一方面，国王并不能真的取消高等法院，这不仅是因为公共舆论施加了很大的压力、幕后交易起了作用，也在于高等法院是国王权威链条中的重要一环，它有着无法取代的重要作用。② 正是这种相互的依存关系，使得唇亡齿寒，法国的君主制一旦灭亡，高等法院便会立即消失。

## 二、巴黎高等法院反对王权的理论资源

1750 年代的转折意义在于高等法院拥有了系统的理论，具有了意识形态的维度，出现了民族的代表等新理论，并有了勒佩日这样的高等法院理论家。但所谓的新理论也是深深地植根于传统之中的。国王的权力本质上是司法的观念为高等法院的宪政主义提供了基本的主题，而这一观念来源于古老的司法君主制。可以说，在行政君主制日趋发展之际巴黎高等法院谋求古老的司法君主制的复兴，但在 18 世纪中后期的历史环境下，出现了冉森派与各级高等法院的联合、王权的非神圣化、公共领域的形成、启蒙思想的传播等新的因素，在这些新的条件下，对古老传统的捍卫产生了一些新的东西，比如法兰西民族的观念、对国王与民族关系的重新思索、代表制的思想等。

---

① 多伊尔："高等法院"，第 160 页。

② 罗杰斯特认为 1753—1754 年的事件揭示了国王权威的真正力量位于权威之链中，高等法院是这个链条的重要一环，只有这个链条被打断时人们才意识到它存在的重要性。参见罗杰斯特：《路易十五与巴黎高等法院》，第 258 页。

### (一)司法君主制反对行政君主制

要理解巴黎高等法院持续的抗议,必须将其放置在君主制发展的历史背景中。君主制从起源上来看,有着深刻的司法的本质与结构。法国国玺上国王的形象并不是戎装跨马的形象,而是端坐王位主持司法的法官形象。这是卡佩王朝对于君主制本质特征的理解,这种观念也传给了波旁王朝的继承者们。[①] 另外国王也是通过司法机构来管理王国事务的。巴黎高等法院在治理国家方面尤其享有较高的权威,它不仅拥有司法权还有行政管理的职能。然而自亨利二世(1547—1559)统治以来,传统的司法管理不再能单独地保证王权的尊严及其安全,更重要的是,司法管理运作缓慢,在形势紧急的时候不够迅速、有效,因此需要一种行政管理加以巩固和补充。具体做法是在旧有的司法体系旁边建立与之平行的行政部门,另外派遣特派员(commissaires)、总督(intentants)等代表国王执行任务。[②] 国王设立行政机构、派遣钦差大臣也是为了扩大自己的权限,使君权朝着绝对主义的方向发展。但想真正削弱司法机构的权力却相当困难,需要一个长期缓慢、甚至不断反复的过程。16 世纪后期旷日持久的宗教战争并没有削弱巴黎高等法院的地位,相反宗教战争结束时,惟一仍保有公共信任的国家机构就是巴黎高等法院。这一方面是因为战争期间很少有法官抛弃王朝的事业,另一方面则是因为高等法院是帮助亨利四世重建国家、加强王权的得力助手。[③]

法国君主制从 17 世纪到 18 世纪初则完成了重要的转变。在 17 世纪的战争状态下,宗教、政治分裂,经济衰退,社会混乱,法国君主要行使他的传统角色——国王是公共利益的仲裁者、公共秩序的保护人和王国的捍卫者——就要通过加强他的权力来调动社会资

---

① 在卡佩王朝前的加洛林王朝已经支持这种君主制的观念,认为国王的首要职责是司法。参见申南:《巴黎高等法院》,第 151 页。

② 安托万:"绝对君主制",第 8—11 页。

③ 罗尔克:《一个国王,一种信仰》,第 60 页。

源，协调团体的活动。地方政府逐渐让位于更加代表中央集权的总督，作为国王政府模式的司法管理逐渐让位于行政管理。[①] 在路易十四时代基本确立了行政君主制，绝对主义达到了最高阶段。不过行政君主制并不可能取代传统的司法君主制，二者长期并存，并使后者逐渐衰落。这种漫长的转变过程伴随着持续的紧张，高等法院不甘心失去传统的权力，不断向王权与行政制度发出挑战。

早在17世纪初高等法院的律师安托万·阿尔诺(Antoine Arnauld,1541—1604)就攻击过国王的特派员，认为他们削弱甚至摧毁了古老的价值观念，罪莫大焉。他说，他们(还包括耶稣会士等人)在"吸食法兰西的血"，相比之下，高等法院的法官们"热心公益超过自身的光荣"。他还强调高等法院应与特派员截然对立，高等法院本身便能作为国王与人民的纽带。[②] 1648年福隆德运动开始后，高等法院曾提出要废除总督的职位，指责他们损公肥私、敲诈勒索。[③] 18世纪，以高等法院为代表的司法机构与行政机构、行政官员的摩擦冲突更为突出。由于对行政君主制不满，高等法院往往将斗争的矛头指向国王的大臣(如马肖尔[Machault]和莫普)，攻击大臣的专制主义。大臣们像走马灯一样一任连一任。布列塔尼事件中法院与省长的冲突就是一个典型的例子。(本文第一部分中已经介绍了二者的冲突)高等法院的敌人、布列塔尼的省长埃吉永在给路易十五的信中说道：高等法院想要了解并监督国王的行政，并且要对那些循规蹈矩的大臣、总督和特派员指指点点，公然批判。[④] 这些行政官员未必像埃吉永说得那样循规蹈矩，但他的评论基本道出了高等法院反抗的实质——以司法体系制约行政。巴黎高等法院1760年提交给国王的谏诤书中就明确指出，"国家的一切行政都要以法律为基础。这包括自由注册，注册前的确认与检验……。"[⑤]

---

① 贝克：《创造法国革命》，第114—115页。
② 罗尔克：《一个国王，一种信仰》，第35—36页。
③ 申南：《巴黎高等法院》，第265—266页。
④ 斯旺：《政治与巴黎高等法院》，第328页。
⑤ 转引自申南：《巴黎高等法院》，第312页。

18世纪后期最著名的大法官马尔泽尔布在莫普革命后的流放期间更是大力谴责了大臣的专制主义以及当时的行政体系。他写到,“掌玺大臣的那些可恨的行为是他支撑自己权威的惟一方法,而我相信他是自我欺骗。”他还说,“我毕生为了人民的利益与大臣斗争。”[①]马尔泽尔布甚至认为当时的行政制度已经走向了所谓的“东方专制主义”,成为一种不受司法约束、免于一切控制的暴政,因此他建议实行行政改革,使所有的行政运作公开化。[②] 也许是因为处于流放期间,马尔泽尔布并没有提出新的行政体系需要司法的监督,甚至表明它并不依赖高等法院。[③] 流放结束后,马尔泽尔布则在1775年的谏诤书中大力宣扬应以司法体系监督行政制度。他再次谴责了当时的行政制度将“东方专制主义”引向了法国,摧毁了绝对主义君主制的基本原则。他认为这种制度首先排除了民族的代表(主要指三级会议),尔后它又禁止高等法院和其他最高法庭——在三级会议缺失的情况下它们代表了民族的利益——讨论行政事务。这种秘密的行政体系脱离了司法的限制,这是其成为专制主义的根本原因。他还指出在古老的时代司法与行政并不分离,现在应恢复这种古老的传统以防止行政权的滥用。[④] 以马尔泽尔布为代表的高等法院理论家谴责行政体系离开了司法的限制,也正是司法君主制与行政君主制的冲突的体现。

司法君主制对于行政君主制的抗拒一方面体现在攻击大臣的专制主义,试图通过司法体系来约束行政制度,另一方面体现在以司法制约君主的权力。17、18世纪随着行政君主制的发展,君主的权力日益趋向绝对主义。然而法学家关于君主制的观点仍然深深植根于

---

① 马尔泽尔布:《马尔泽尔布及其时代》,第71、126页。

② 马尔泽尔布区分过两种专制主义:一种是普鲁士的专制主义;另一种专制主义权威的行使没有任何准则、不求助于司法的约束,类似于东方的专制主义,它比第一种专制主义更可憎,更难以忍受,而这正是法国当时的制度。参见马尔泽尔布:《马尔泽尔布及其时代》,第67—68、75—76页。

③ 马尔泽尔布:《马尔泽尔布及其时代》,第72页。

④ 转引自贝克:《创造法国革命》,第117—119页。

中世纪的政治思想之中。高等法院的政治传统可上溯到文艺复兴时的政治思想家克洛德·德·塞瑟尔(Claude de Seyssel ,1450? —1520,此人曾在巴黎高等法院任职)。他在1519年出版的《法国的君主制》中论证了有三种力量约束、指导着王权的运用:即宗教、司法和王国基本的法律和习俗(La police)。他认为司法在法国的权威比在任何其他国家都大,高等法院是约束国王绝对权力的主要机构,从一开始高等法院就辅佐着君主,国王也一直怀着对司法的尊重受其约束。[①] 他还认为高等法院对王权的限制不是消极的,它加强了君主的威望以及君主制的稳定性。经过高等法院批准的国王的法令,比没有批准的更具价值;如果高等法院有时抵抗国王的意愿,远非在削弱他的权威,而是完成了王权所确立的角色。[②] 塞瑟尔的思想很好地表达了司法君主制的核心,反映了一种传统的宪政主义思想,它被后世的法学家们奉为圭臬,他们不断强调法国国王愿意遵守法律是最值得褒扬的优点,以此来反对法国君主制日益明显的绝对主义倾向。

自中世纪以来的政治神学中存在着关于国王的两个身体的理论,即作为个体的自然之身的国王和作为王权化身的永恒的国王,这一理论对司法君主制有着至关重要的影响。16世纪著名的法学家埃蒂安·帕基埃(Etienne Pasquier)曾说国王是正义的源泉,它通常经由最高法院流向人民。他还说,一个单独的国王只是一个个体;王权才是国王第二个、永恒的身体。如果作为个体的国王违背了法律,他的行为是不合法的,因为他违背了他的信誉。[③] 由此可见,作为永恒王权化身的国王是正义的源泉,是不可违背的;而作为自然个体的某一特定的国王是要受王国法律制约的。"两个身体"的理论为高等法院反抗王权提供了依据,据此约束某个国王并不会对永恒的、绝对

---

① 塞瑟尔:《法国的君主制》(Claude de Seyssel, *The Monarchy of France*, trans. by J. H. Hexter. Yale University Press, 1981),第51、54—55页。

② 转引自帕克:《法国绝对主义的形成》(David Parker, *The Making of French Absolutism*. Edward Arnold,1983),第1—2页。

③ 罗尔克:《一个国王,一种信仰》,第68页。

的王权产生不敬。贝尔指出，自1610年以来王室的政论家努力拒绝国王的两个身体的区分，但法理学家明确坚持，到18世纪仍有影响。[①] 在17世纪末和18世纪，王权开始支持一种“行政君主制”的观念，因为它更有利于王权的绝对化，但高等法院要求返回到“司法君主制”，司法君主制使国王深深地陷入于一系列的约束之中，尤其要尊重王国的基本法和习惯法。

在18世纪高等法院与王权的冲突中，谏诤的一个基本主题就是劝诫国王及其政府在法律的范围内行事，同时强调自身捍卫法律的职责，这体现的是司法君主制的原则，也是传统的宪政主义的精神。18世纪后期，虽然宗教问题是一个主要的争端，但在抗议书中谈论的不仅是宗教原则，也涉及宪政的原则。比如在1753年的大抗议书中，高等法院说：“如果国王的绝对权力与公职的道德发生冲突，法院会尊重后者而非前者，这不是违背而是履行法院的职责，”法官们还声称，“在有秩序的国家中不存在专制的政府——它惟一的法律就是君主的意愿；在我们中间这种政府没有存在的空间；它显然与合法的政府相对立。”[②]

绝对主义王权镇压法官们的谏诤的有利武器便是御临高等法院——国王在法院主持会议代表了活的法律，法令必须立即注册，不容法庭商讨。高等法院的成员对这种专制的形式非常反感。[③] 于是

① 贝尔：“‘公共领域’、政府以及法律的世界”，第922页。贝尔提出了1610年以来王室的政论家努力拒绝国王的两个身体的区分，但并未仔细分析。在基塞的“想像中的国王”一文中，我们得到了较详细的解释。1610年的加冕典礼中用“睡觉的国王”的仪式更新了“国王的两个身体”的理论，新的仪式对比了睡去的自然躯体和永不睡去的政治躯体，强调两个身体是合一的，代表着永不死去的尊严。另外在17世纪尤其在路易十四时期发生了从国家礼仪向宫廷礼仪的转变，前者强调的是王室的永恒性而非国王本人，后者更重视国王本人。从中我们可以看出作为个体的国王的神圣性在不断增长。参见基塞：“想像中的国王”(Ralph E. Giesey, “The King Imagined”, Keith Baker ed., *The Political Culture of the Old Regime*. Oxford, 1987)，第46—49页。

② 转引自申南：《巴黎高等法院》，第309—310页。

③ 斯旺认为如果政府尊重高等法院所认可的注册法令的规则形式，并愿意偶尔的让步，法官们可能不会长期抑制他们对政府的赞同之情。只有当国王拒绝妥协，或诉诸让人感觉是武断的方法，诸如御临高等法院，才会激起反抗。在整个奥地利王位继承战中，高等法院很少抵制政府用来支付战争的各种财政支出。参见斯旺：《政治与巴黎高等法院》，第158页。

巴黎高等法院的著名理论宣传家勒佩日又根据司法君主制的传统对御临法院展开了批判。勒佩日于1756年写作了《关于御临高等法院的信札》，在书中他征引16、17世纪作家的观点，论证御临高等法院的起源与性质。依勒佩日之见，御临高等法院本是由君主召集的立宪法庭，这个法庭将国王、诸侯、贵族、王家官员和高等法院成员结合成了一个整体，它代表了民族并商讨国事。御临高等法院是法国宪法的必要组成部分，并且是民族智慧的源泉，君主可以从中汲取统治好王国的可靠法则。他认为当前的御临高等法院只是过去的一个影子。他批判了意见由大臣秘密汇报的程序，谴责在高等法院强迫注册法令，含沙射影地指出会议不再作为三个等级的代表，并将国王描绘为只是一个旁观者，他只是简单地重申在会议之外已经商讨好的决定。这忽视了传统的宪政实践，会使君主支持错误的法令。他得出结论，御临高等法院会议的召开现在是一个举国哀痛的日子，因为丧失了质朴的古代会议而代之以不正当的当代形式。[①]

这一论断十分有力，广为流传。连高等法院的反对派莫罗都承认以这种方式注册法令在法律上是可疑的。[②] 但根据当代学者莎拉·汉利的研究，勒佩日所描述的御临高等法院的起源与性质，其实是16世纪后期至17世纪前期的作家的历史想像，而这种宪法起源逐渐变成了民族的神话。18世纪的勒佩日重新建构了这一神话。在司法君主制日渐衰落，君主制呈现出绝对主义的倾向时，法学家们对御临高等法院会议中表现出的国王法律权力的扩张颇为不满，但只能以婉转的方式抗议，因而赋予了御临高等法院光辉的传统。[③]

综上所述，我们可以看出高等法院从司法君主制的传统中调动各种资源，无论是真实的还是虚幻的，来捍卫他们的宪政原则，同时也是和行政体系争夺他们逐渐丧失的权力。其实高等法院除了求助传统还可以从当代思想中寻求支持。曾担任过波尔多高等法院法官

① 汉利:《御临高等法院》,第3—4页。
② 汉利:《御临高等法院》,第176页。
③ 汉利:《御临高等法院》,第8—11,320页。

的启蒙哲人孟德斯鸠便充分肯定了高等法院的宪政职能，他在1748年出版的《论法的精神》中写道：

> 一个君主国，只有中间阶级是不够的，还应该有一个法律的保卫机构。担当这个保卫机构的，只能是政治团体。这些团体在法律制定时便颁布法律，在法律被忘掉时，则唤起人们的记忆。由于贵族自然的无知、怠慢和轻视民政，所以必定要有一个团体，不断地把法律从将被掩埋的尘土中发掘出来。[①]

孟德斯鸠所谓的法律保卫机构指的便是高等法院[②]，这对于法官们是很大的鼓舞，因此他们在谏诤中经常征引孟德斯鸠的言论，以此作为反抗王权的思想武器。新的时代背景带给法学家的不仅有启蒙思想，还有冉森主义的宪政理论，高等法院从中获益匪浅。

## （二）高卢主义与冉森主义的结合

18世纪20至50年代，巴黎高等法院因《乌尼詹尼图斯谕旨》而与国王政府产生了重大分歧，在拒绝圣事事件中法官们宁遭流放也决不妥协。高等法院在宗教事务上之所以不肯让步，一方面是由于它坚持强调限制教皇权力的高卢主义的原则[③]，另一方面与冉森主义支配了巴黎高等法院密切相关[④]。这二者都不是单纯的宗教原则，都在政治层面有着深远的影响。高等法院的高卢主义代表了一

---

① 孟德斯鸠：《论法的精神》（北京：商务印书馆，1995），上册，第17页。

② 孟德斯鸠在《论法的精神》中并没有明确说这个机构就是高等法院，但我们可以推知。另外原编者注中也指出这一机构"指的是高等法院（中文译者误译为国会），有登录法令与规劝国王的权利"。参见《论法的精神》，第331页。

③ 15世纪开始，随着王权的兴起，在法国逐渐出现了一套强调限制教皇权力的宗教和政治理论，即高卢主义。它的主要原则是：法国君主的世俗权力不受教会干预；公会议权力高于教皇；法国教会与国王联合反对教皇干涉法兰西内部事物。1682年法兰西教会所通过的《高卢派四条款》是高卢主义的最好体现。

④ 冉森派是17世纪初在法国兴起的一个基督教教派。这个教派保持着天主教的色彩，但在坚持"恩宠论"、"先定论"等问题上又深得加尔文派的要旨，因而屡屡被天主教会视作异端加以迫害。参见高毅：《法兰西风格》，第47页。

种传统的司法的民族主义(juridical nationalism),当国王违背了高卢派的特权(Gallican liberties)时,高等法院和国王的对抗就变成了一项爱国主义的事业;冉森主义则蕴含了某种宪政思想,它在18世纪的法国简直成了"政治激情的源泉"[①]。高卢主义与冉森主义的结合便构成巴黎高等法院反抗王权的重要理论资源。下面我就介绍一下这二者是如何在高等法院相结合的,又产生了怎样的思想。

1438年,法国国王查理七世在法兰西主教会议上宣称教皇应服从公会议,教皇权限应由国王决定。自此巴黎高等法院就成了高卢主义的捍卫者,并从未减弱过对它的拥护。[②] 巴黎高等法院的高卢主义代表了这样一种努力,即通过法院确立对法国天主教会的世俗的控制[③],而王权派则更强调法兰西国王有权干预教务。此外,在捍卫高卢主义的原则时,巴黎的法官们经常比王权更具有热情。[④]

1713年教皇颁布的迫害冉森派的《乌尼詹尼图斯谕旨》得到了路易十四的支持,这主要是因为在宫廷听忏悔的神甫都是耶稣会士,他们与冉森派素为死敌,自然导致了国王对冉森派的厌恶之情。[⑤] 然而,高等法院的成员永远不会赞同这样一个谕旨,他们觉得权力从法兰西民族转交给了外人——教皇。当国王同意这样做时,高等法院的成员及其同盟开始认真思考国王与民族的关系。[⑥] 他们越来越倾向国王与民族的二分[⑦],并将反对教皇谕旨与国王政府的活动视为一项捍卫法兰西民族的爱国主义事业。这样一来,对于古老的高卢主义传统的捍卫,在新的历史条件下就变成了对法兰西民族的捍

---

① 科班(A. Cobban)指出,"18世纪法国的冉森主义,与其说是深刻的宗教思想的源泉,还不如说是群众热情和政治激情的源泉,虽然在意大利开展的规模不大的冉森主义运动采取了一种更为纯粹的宗教形式。"参见《新编剑桥世界近代史》,第七卷,第140页。

② 罗尔克:《一个国王,一种信仰》,第91页。

③ 赖尔和威尔逊:《启蒙运动百科全书》(Peter Hanns Reill and Ellen Judy Wilson, *Encyclopedia of the Enlightenment*. New York, 1996),第220页。

④ 斯旺:《政治与巴黎高等法院》,第21页。

⑤ 关于路易十四对冉森主义的厌恶可参见圣西门在《回忆录》中写的"国王对冉森主义的厌恶(1707)",见《华丽的岁月》,第276页。

⑥ 柯林斯:《法兰西早期近代的国家》,第244页。

⑦ 当这一观点表述在高等法院的诤谏的印刷品上时,高等法院对创造自我意识的民族共同体贡献颇多。参见贝尔:"'公共领域'、政府以及法律的世界"。

卫。蒙受教皇与法国教会迫害的冉森派看出巴黎高等法院是他们潜在的同盟军,便于18世纪20年代与高卢派法官和律师结成了联盟。冉森主义者因此变成了高卢派权利的捍卫者(Gallican-Jansenist),并热情支持巴黎高等法院享有的各项权利及其与国王政府的对抗,或者甚至可以说冉森派是推动高等法院斗争的主要动力。正因为如此法国冉森主义的政治色彩也越来越重。

冉森主义的理论家滋养了巴黎高等法院的反抗理论,他们首先重新阐释了传统的高卢主义理论,将其推向极至,成为了范·克雷所谓的极端的高卢主义。[①] 1752年高等法院的冉森派律师莫尔特罗(Gabriel-Nicolas Maultrot)和梅伊(Claude Mey)出版的《为高等法院反对教会分裂所做判断的辩解》(两卷本)即是这样的著作。作者在书中首先承认国家的世俗权威与教会的精神权威的经典划分,以及这两种权威互不侵犯的原则。然后作者将教会的权威进一步地精神化以至于剥夺了教会的一切的实在的、外在的、公共的东西,换言之,所有和公众的安宁相关的东西都与教会无关了。[②] 经过了层层论证,作者最后得出了这样的结论:法院有权利甚至有义务保护那些仅仅是反对谕旨(这个谕旨并不能清楚地区分异端与正统)而无其他更严重的精神犯罪的天主教公民平静地接受圣事。[③] 这也就是为巴黎高等法院在拒绝圣事争论中的行为辩护。高等法院大大称赞了这本著作,并将其论断应用到了1753年4月的谏诤书中。

冉森派不仅发展了高卢主义思想,并且为高等法院传统的宪政主义理论提供了新的资源。卡罗尔·乔纳斯认为冉森派思想中教会会议至上的原则对高等法院的宪政思想贡献颇多。在他看来,如果教会会议至上论可以用来反对教皇的最高权威,那它也可以用来反对国王。正如教会的权威被赋予了信徒组成的团体,那么,世俗领域

---

① 克雷:《法国革命的宗教起源》(Dale Van Kley, *The Religious Origins of the French Revolution*. Yale University Press, 1996),第195页。

② 克雷:《法国革命的宗教起源》,第196页。

③ 克雷:《宗教起源》,第196页。

的最高权威也应赋予民族而非王权。因此,冉森派发展出了一种新的世俗的意识形态来反对君主制的绝对主义。[①]

高等法院宪政理论的经典著作当属冉森派律师勒佩日的《关于高等法院基本职能的史学信札》一书,此书于1752年至1753年间出版,正值拒绝圣事事件争论的高潮。书中认为整个民族可以被视为一个教会,由于专制的大臣的错误引导这个"教会"走上了叛教、变节的道路,而高等法院依然坚持宪政的真理——它的宪政思想是古老的、一劳永逸的,不容增损——因此它可以很好的代表民族。[②] 勒佩日的这部著作对高等法院的思想影响之深难以估量,据说它一经出版就迅速成为了"全法国青年法官的每日必读之书"[③],并且使孟德斯鸠的著作黯然失色[④]。另一些冉森派理论家提出了更加激进的思想,他们重新界定了民族、国王和高等法院的涵义以及它们之间的宪政关系。他们将国王视为"大臣"或"受托管理者",在政治上对民族负责而非对上帝负责。民族委派国王为代表行使其政治主权。同时高等法院被视为古老宪法的见证者和卫护者,在没有三级会议这样更直接的代议形式的情况下,高等法院就是民族的代表。[⑤]

综上所述,冉森主义者与高等法院的成员结合后,将高卢主义的古老原则发展到了极至,并且丰富了高等法院的宪政原则。他们不仅贡献了冉森主义中固有的宪政精神,还大力发掘了高等法院的司法君主制中的宪政资源,比如勒佩日对御临高等法院的历史进行探源。此外值得注意的是,民族高于国王的激进的结论已经得出,并将代表民族的重任赋予了高等法院。这种观念恰恰正是高等法院对抗

---

① 乔纳斯:"冉森派与理论家:巴黎高等法院的反对理论,1750—1775"(D. C. Joynes, "Jansenists and Ideologues: oppositon theory in the parlement of Paris, 1750—1775", unpublished Ph. D. thesis. University of Chicago, 1981),转引自斯旺:《政治与巴黎高等法院》,第36页。

② 克雷:"法国革命前冉森派的立宪传统"(Van Kley, "The Jansenist Constitutional Legacy in the French Prerevelution", *The French Revolution and the Creation of Modern Political Culture*),第173页。

③ 克雷:《宗教起源》,第203页。

④ 贝克:《创造法国革命》,第36页。

⑤ 克雷:"冉森派的立宪传统",第173—174页。

王权的另一块思想基石。

### (三)作为民族的代表

18 世纪中后期高等法院越来越倾向将自身视为民族的代表，早在 1718 年巴黎高等法院就提出，在三级会议缺失的情况下，他们代替三级会议代表民族。到莫普革命时，此论成为了各高等法院的共同话语。这种民族代表的新奇观念是由多种历史因素化合而成的。有些相当古老的观念此时逐渐发生了根本性的转变。

16 世纪的法学家相信：高等法院是连接国王与人民的纽带——这大概是自古以来的观念。我以为这种观念被旧制度下的团体主义社会所强化。林林总总的团体构成了中央政府与普通百姓之间的中介与屏障，而高等法院又自认为它们是最重要的团体，因此很可能将自身视为君主与臣民之间纽带。

在整个 18 世纪巴黎高等法院的法官们不断重申：他们在民族面前代表国王，在国王面前代表民族。比如，1753 年法官们告诉国王，高等法院的根本职能是在他的臣民面前代表陛下本人，向他们证实正义以及国王法令的效用；(法官们认为，法庭在国王不在场的情况下代替国王完成了行使司法的重要功能，因此拥有直接代表神圣君主的荣誉)并且在陛下的眼中代表您的臣民，向您证实他们的忠诚与顺从。[①] 又如，1764 年巴黎高等法院宣称：法官既代表国王又代表他的臣民，一方面他们通过严格的惩戒来重新确立臣民对国王的顺从(如果他们胆敢违抗)；另一方面他们在国王面前既肯定了臣民的顺从也表达了他们的不满。[②] 可以看出高等法院既代表国王又代表臣民(或者说民族)的思想是其作为国王与臣民之间纽带的观念的某种发展，但这种平衡并列关系不久便发生了倾斜。18 世纪后期高等法院没有正式放弃它们在民族面前代表国王的声明，但法官们越来越

---

① 贝克：《创造法国革命》，第 228 页。
② 同上，第 230 页。

强调他们在国王面前代表民族的权利。比如1755年高等法院宣称，注册的形式表现了民族同意法律的制定的原则。它作为民族的法庭，代表了民族的参与。[①] 这似乎表明高等法院认为它的注册已经不仅是使国王的意愿变成公共的法令的形式，更重要的是注册形式意味着接受这个意愿是出于民族的自由选择。既然注册体现的是民族的意愿，那么法院的谏诤、抗议自然也是代表的民族的声音。果然，1757年布列塔尼高等法院明确表示：高等法院的抗议是民族的抗议。后来这种论断在司法界一直十分流行，如马尔泽尔布在莫普革命后的流放生涯中曾写道："我们已经为了民族而抗议，当民族的基本权利受到了攻击；我们已经为了法官而抗议，当法官的事业已经变成了民族的事业"；"他们是高等法院的成员，但他们也有责任将自己视为民族的领袖"；"在缺乏直接的代表机构的情况下，高等法院可以作为民族的合法的代表"。[②] 这些言论表明，18世纪后期，在高等法院的话语中原本主要是象征性的既代表国王又代表民族的使命此时发生了根本的转变：法官们越来越注重法院代表民族的功能，并剔除了其中象征性的成分，以民族的真正代表自居，尽管他们主要代表贵族的利益。

为了向世人表明高等法院足以担当代表民族的重任，法官们还从自身的职业特征论证他们作为民族代表的理由。他们强调法官具有公正无私、不偏不倚的职业美德，这种司法的美德(judicial virtue)能够确保他们真正代表民族的利益。除此之外，法官们又用其职业所具备的公正无私的司法美德来证明，他们反抗王权的动机是基于公益而非出于私心。[③]

法学家生性保守，他们喜欢盯着过去，用古老的传统为当前的行动辩解，用悠久的起源证明当下存在的合法性。为了论证其作为民

---

① 贝克：《创造法国革命》，第230页。

② 马尔泽尔布：《马尔泽尔布及其时代》，第73、78、125页。

③ 林顿："美德的修辞与高等法院，1770－1775"(Marisa Linton, "The Rhetoric of Virtue and the Parlements, 1770－1775", *French History*. Oxford University Press, 1995, Vol. 9 No. 2)，第187页。

族代表身份的合法性，高等法院又将自身的历史上溯到了早期法兰克王国的国民会议。此外，勒佩日曾论证过古代的御临高等法院会议代表民族处理国事。其实这都是高等法院理论家的宣传策略，高等法院作为民族代表的观念无疑是属于18世纪的，它的产生需要以民族与国王观念上的分离（或者说国王不再能代表民族）、民族高于国王的观念的确立为前提。柯林斯认为，长期成为争论焦点的《乌尼詹尼图斯谕旨》概括了法国当时的一个关键问题：即国王与民族的关系是什么？[①] 路易十四与路易十五都忽视了谕旨中对法兰西民族的攻击[②]，而法学家们借此重新思索国王与民族的关系，不再认为国王的权利与利益是与民族的权利与利益紧密结合的。在高等法院看来，既然国王在处理涉及民族利益的谕旨时表现出了昏聩，那么代表民族利益的责任便责无旁贷地落到了高等法院的肩上。与此同时，民族高于国王的观念也确立起来了，1753年达让松已经指出了这一现象。[③] 冉森派律师大力宣扬"民族委派国王行使其政治主权"（前文已经论述）无疑导致了民族高于国王的观念确立。正是在这样的历史背景下，高等法院不再强调他们在民族面前代表国王，而大肆宣扬他们是民族的代表。

高等法院作为民族代表的思想也被另一个新理论所强化，即"各级高等法院的联合"（union de classes）。1756年8月高等法院给国王的谏诤书中清晰地表达了这一理论："巴黎高等法院是王国中最主要的并且是首都的法院……所有其他的法院都是它的分部，更准确的说是它的延伸。因此首都的法院以及它所有的同行是独一无二的高等法院的不同等级……它们被同样的精神所鼓舞，为同样的原则所滋养，面对同样的问题。"[④]据此全国各个高等法院实际上形成了一个高等法院。对于"各级高等法院的联合"的思想不可小视，在

① 柯林斯：《法兰西早期近代的国家》，第243页。
② 同上，第243—244页。
③ 贝克：《创造法国革命》，第33页。
④ 斯旺：《政治与巴黎高等法院》，第163页。

1756年之后，它一直是王权与高等法院之间政治对话的核心问题。更重要的是，全国的各高等法院常常以实际行动来实践这一理论原则，对君权构成了严重的威胁。出于修辞策略上的考虑，高等法院表示它们联合为一的原因在于它们都代表君主制的权威。但正如贝克所指出的，实际上，高等法院联盟的观念的逻辑基础不是王权的不可分割，而是源于民族的不可分割的原则。① 同时当各高等法院联合起来便具有更充分的合法性来代表民族。

国王和君主制理论家看出了民族代表与高等法院联盟等思想是对国王最高权力运作的威胁。在布列塔尼事件中高等法院提醒国王要注意履行自己对于民族的义务，国王的回答是他"没有对民族宣誓而只是对神宣誓"。② 也正是为了反驳高等法院谏诤中表露的种种威胁王权的思想，国王路易十五于1766年3月3日来到巴黎高等法院作了"鞭笞训辞"。他在斥责高等法院联盟的观念时提到了联合抵抗的危险，认为它将扰乱王国的安宁。路易十五还抨击了高等法院不仅对国王并且对民族负责的思想。最后国王提醒高等法院千万不要忘记"最高权力只存在于我手中……我的法院及其权威皆因我而存在……立法权只属于我，无须依靠什么，也不可分享……民族的权利与利益(有些人胆敢认为它是与君主相分离的)必然是与我的权利与利益相结合的，并且只在我的手中"。③ "鞭笞训辞"标志着双方意识形态的交锋在升级，但双方都不肯妥协、退让。

从司法君主制中体现出的传统的宪政主义到高卢—冉森主义，再到民族代表的思想，高等法院的理论不断丰富，意识形态的色彩也越来越浓重。高等法院的理论有多种来源，除了上述主要理论外他们还吸收了来自启蒙哲学的思想。④ 尽管高等法院的法官们公开敌

---

① 贝克:《创造法国革命》，第231—232页。

② 柯林斯:《法兰西早期近代的国家》，第251页。

③ 斯旺:《政治与巴黎高等法院》，第269—270页；同时参见了柯林斯:《法兰西早期近代的国家》，第252页。

④ 关于冉森主义与启蒙思想的合流，参见高毅:《法兰西风格》，第51页。

视启蒙哲人,焚毁其著作,但他们仍从哲人的著作中汲取了许多思想,尤其是从孟德斯鸠的著作中。高等法院的成员经常使用哲人的语言,比如使用民族、公民、社会、自由等词汇。他们还收藏宣传启蒙思想的书籍。尽管其思想成分颇为混杂,但究其实质来说,高等法院代表的仍然是司法君主制的思想,以及这种君主制中蕴涵的古老的宪政精神。作为民族代表的观念也发轫于司法君主制,因为在司法君主制中国王通过高等法院等司法机构来统治国家,作为国王与臣民之间中介的高等法院因而具有双重代表的功能,到18世纪后期高等法院越来越倾向于作为民族的代表。可以说正是这些古老的传统使巴黎高等法院大部分的法官、律师同舟共济,并将他们与其外省的同行连结在了一起。不过传统的精神资源往往要与新的观念结合才会实现复兴,就高等法院的思想理论而言,如果不是吸取了冉森主义的宪政观念、民族高于国王的思想,并创造出高等法院联盟的口号,很难想像它可以与绝对主义君主制相抗衡,并在意识形态的斗争中占上风。

发掘、创造理论只是高等法院与王权斗争的一个方面,更为重要的是要把这些思想观念传播给公众,取得公共舆论的支持,从而制约国王政府的行动。

## 三、巴黎高等法院与王权对公共舆论的争夺

路易十五曾经说,我任命了我的大臣,但民族将他们解职。路易十六曾说,我必须总要请教公共舆论,它从未出过差错。1774年12月当路易十六被告诫了重建巴黎高等法院的后果时,他回答说,“可能是这样的。这从政治上考虑可能是不明智的,然而对于我来说这是公意,我希望自己受人爱戴。”[①]从以上的言论我们可以看出公共

① 哈德曼:《法国政治1774—1789》,第232页。

舆论已经充当了裁决政治的法庭,左右着"绝对"君主的行为。此外,还可以看出巴黎高等法院征服了公共舆论,使之向王权施加了压力。那么,高等法院如何将自身的理论传播给了公众?又如何使公共舆论变成了自身反抗王权的工具?政府做出了怎样的回应?

## (一)巴黎高等法院与公共舆论

高等法院的斗争与公共舆论的兴起密切相关,二者存在着一种互动关系。一方面历史学家们普遍认为公共舆论是从18世纪中期开始发挥其作用的[①],高等法院对公众的宣传对塑造公共舆论起着至关重要的作用;另一方面作为裁决政治的法庭的公共舆论给予了高等法院巨大的支持,制约了君主的行动。我们也许会问,高等法院的法官和律师为什么会去诉诸公共舆论?高等法院与公共舆论之间有什么内在的关联?高等法院在制造公共舆论方面有什么优越的条件?

司法习惯对将公共的概念引入法国的政治文化贡献颇多。托克维尔在《旧制度与大革命》中便注意到了这一点,他指出:"司法习惯在很多方面变成了法国的民族习惯。人们从法庭普遍接受了这一思想,即一切(公众或私人的)事务均可提交辩论,一切决定均可复议;另外这些事务要公开处理,并遵照某种形式——这些都与奴役性格格格不入:这就是旧制度留给我们的自由人民教育的惟一部分。"[②]由此可见,法庭公开辩论事务的习惯影响了法国民众使他们接受了利用公开性解决问题的思想。法庭的世界与公共舆论的思想之间的内在关联还不止于此。大卫·贝尔告诉我们,高等法院除了在它们最为勇敢的时刻,一般强调它们没有直接的制度性的权力,只拥有对

① 贝克、奥祖夫等人都认为公共舆论是在18世纪中期兴起的,但也应注意到早在此之前,受印刷品增长的刺激,求助于刚开始的、支离破碎的公共舆论已经开始显现。Joseph Klaits 证明了路易十四的大臣 Torcy 怎样运用宣传的技巧为法国的财政政策辩护。参见申南:《巴黎高等法院》,"第二版导论"第18页。

② 参见托克维尔:《旧制度与大革命》,第154页。引文根据英文译文做了一点改动。

君主谦卑的谏诤、提议的特权。这主要是一种道德上的约束。[①] 而我们又知道公共舆论也通常是依据道德的准则来评判事物，因此法官们的谏诤权对王权的道德束缚与公共舆论的道德评判具有某种同质性。此外冉森派教会学理论重视"一致性"原则，认为任何教会所做出的决定只有在取得全体教民一致同意的情况下方能生效。[②] 当冉森派遍布巴黎高等法院的时候，他们追求一致的倾向自然会影响到高等法院的成员，法官和律师们未必会完全追求一致，但他们至少明白应该尊重大多数人的意见。如果说从上述几点我们看出了高等法院与公共舆论之间潜在的精神关联，那么马尔泽尔布则是清楚地表达了司法界代表对公共舆论的推崇，他认为，"在一个统治良好的国家中……所有拥有最高权力的人都应服从三种限制：法律的限制，求助于更高一级权威的限制，公共舆论的限制。"[③]马尔泽尔布将公共舆论的限制与法律的限制并置，在高等法院的行动中我们则更多看到了这两种限制的联合，司法界的理论家将自己的思想传播给公众，寻求公共舆论的支持。

争取公众舆论最常用的方式就是著书立说，通过出版书籍与小册子来传播高等法院的种种理论。勒佩日、梅伊和莫尔特罗等冉森派律师都是因出版批判专制主义、捍卫高等法院的著作而闻名。高等法院更为特别的一种宣传手段则是通过出版谏诤有意识地夺得首都舆论的支持。他们的谏诤持续出版，涉及民族的权利、巴黎高等法院起源于法兰克时代等内容，虽然没有多少更为新鲜的理论，但通过重复的、规律的出版，创造出了一个更开放的政治形式。尽管其谏诤文风浮夸，经常有几个版本，但研究证明它们有大量的读者。期刊文学和外国的印刷品在传播高等法院的活动的消息时尤其发挥了重要作用。传播政治消息的渠道还有秘密的出版物，比如冉森派的《教会新闻》(*Nouvelles Ecclésiastiques*)和匿名的《手抄

① 贝尔："'公共领域'、政府以及法律的世界"，第931—932页。

② 高毅：《法兰西风格》，第48页。

③ 马尔泽尔布的言论转引自贝尔："'公共领域'、政府以及法律的世界"，第932页。

新闻》(*Nouvelles à la main*),这上面传播了高等法院的争论、谏诤的细节。[1]

除了将谏诤公诸于众,高等法院的律师们还发展出了一种武器,能使他们在广大的读者面前抨击政府的专制主义、司法改革,甚至可以批判君主制的基本哲学原则,并且能免于实际的惩罚。这就是所谓的案情摘要(法文为 *mémoires judiciaires*,英文译作 legal briefs 或 trial briefs,pretrial briefs)。在旧制度下,这些小册子似的文件与普通的出版物相比拥有一种独一无二的传播特权,它不受书报检查,并且发行数量很大。[2] 可以说他们享有的自由与受严格控制的法国出版界形成了强烈的对比,因而巴黎律师界很快成了政论家的最重要的滋生地,1750—1775 年间绝大多数的争论文本都出自巴黎律师之手。

另外值得注意的是法学界人士善于利用修辞与史学技巧赢得读者的同情。马里萨·林顿告诉我们,"司法界的所有成员都接受过在修辞方面广泛的训练,那些将要成为律师和法官的人会花大量时间来学习古代最著名的作家的修辞策略"。[3] 除了学习先辈的文学典范,他们还仿效当时时髦的文学文体,因此罗歇·沙蒂埃认为他们用"一种不同的书写风格代替了惯常的法律文体,赋予了叙述戏剧化的形式"。[4] 这样一来高等法院便能够产生颇能打动读者的文本,促使公众接受他们所传播的思想。法学家们不仅在运用修辞方面技艺高超,他们还善于运用历史的事实和司法的先例来证明高等法院的行为与要求的合法性。有两位巴黎的法官以收集高等法院的历史资料著称,其中有一位叫迪雷(Durey de Meinières)的甚至创建了图书

---

① 斯旺:《政治与巴黎高等法院》,第 82—83 页。

② 参见马萨:《私人生活与公共事务》(Sarah Maza, *Private Lives and Public Affairs*. Berkeley, 1993);柯林斯:《法兰西早期近代的国家》,第 246 页;贝尔:"'公共领域'、政府以及法律的世界",第 924 页。

③ 林顿:"美德的修辞与高等法院",第 181 页。

④ 沙蒂埃:《法国革命的文化起源》(Roger Chartier, *The Cultural Origins of The French Revolution*, trans. by Lydia G. Cochrane. Duke University Press, 1991),第 35 页。

馆。[①] 由于掌握了大量的史料，法官们在书写谏诤和小册子时自然能旁征博引，令人信服，从而得到公众的支持。

不仅出版物可以传播巴黎高等法院的思想、活动，巴黎的沙龙也可以收集并扩散关于高等法院的消息。根据罗伯特·达恩顿的研究，杜布莱夫人(Mme. M.－A.－L. Doublet)的著名沙龙中的许多人都与高等法院有联系，可得到的一些消息在那里汇集，而杜布莱夫人的新闻信札又在巴黎和外省到处流传。[②]

正因为有了上述的宣传渠道与宣传策略，高等法院才能在莫普革命时发动起小册子战争，并占据舆论宣传的上风。不过，为法院大造舆论声势的远不止司法界的成员，还有各色的团体和个人因反对莫普的专制主义联合了起来，成为了高等法院的捍卫者，他们被宽泛的描绘为"爱国党"(parti patriote)。[③] 这些人组织出版、散播了500多种书籍和小册子，直到大革命前夕都有广泛的影响。[④]

总之，高等法院与公共舆论之间存在着一种互动的关系：一方面高等法院向公众传播自身的思想以赢得公共舆论的支持；另一方面高等法院也使公共舆论在旧制度末年的政治生活中显示了它作为新型政治法庭的力量。当然，公共舆论的新型政治远不只是靠高等法院的力量走上历史舞台的，但应该注意18世纪的法国"仍是一个司法的社会而不是资产者的社会，法院的经验对以概念化的方式解释政治行为至关重要"。[⑤]

## (二) 国王政府对公共舆论的争夺

争取公共舆论的宣传并不是单向度的。当国王政府发现高等法

---

① 贝克：《创造法国革命》，第34页。

② 达恩顿："一个早期的信息社会：十八世纪巴黎的信息与传媒"(Robert Darnton, "An Early Information Society: News and the Media in the Eighteenth-Century Paris", *The American Historical Review*, Vol. 105:1, 2000)，第3－4页。

③ 克雷：《宗教起源》，第251页；斯旺：《政治与巴黎高等法院》，第359页。

④ 克雷：《宗教起源》，第251页。

⑤ 贝尔："'公共领域'、政府以及法律的世界"，第933页。

院的成功主要在于它博得了公众的支持时,便决定展开公共舆论的反击战。国王首先求助于律师雅格—尼古拉·莫罗(Jacob-Nicolas Moreau),后者遂成为最主要的反对高等法院的理论宣传家(路易十五"鞭笞训辞"中的主要思想据说就来自于他)。依他之见,政府必须首先剥夺高等法院从公共舆论那里获得的力量,应禁止出版传播高等法院谏诤的小册子。同时,政府有必要采取更直接的行动,在意识形态斗争中采取攻势,传播那些能回击高等法院的作品。

国王政府也正是采取了这样的措施。首先国王禁止印刷、出售、散播有关财政改革和行政管理的书籍。在"鞭笞训辞"中,路易十五禁止高等法院将其谏诤公之于众,或将它们从一个高等法院传到另一个高等法院。但这些只是"徒然的防备",总会有大量的支持高等法院的小册子通过各种渠道展现在公众面前。另外,政府的做法马上激起了高等法院的反对,它们指责禁令,坚持公开讨论行政问题的重要性。

大臣们也看到了利用出版物进行宣传的优越性,官方渠道的著名出版物有《法国公报》(*Gazette de France*)、《政治新闻》(*The Journal Politique*),还有不少绝对君主制的拥护者撰写的小册子,这其中当然不乏莫罗的作品。但在莫普革命期间的舆论战中,仅靠莫罗的作品是远远不够的。为了回击高等法院及其周围的爱国党的宣传,莫普网罗了一批高等法院的敌人作为自己的盟友。这其中有反对冉森派的教士,有厌恶穿袍贵族的权贵,也有一些颇具才气的政评家,如记者兼律师的亨利—西蒙(Henri-Simon)和兰盖(Linguet)。[1] 然而最值得一提的还是伏尔泰,他当时也是一位支持政府的能言善变的多产作家,曾不遗余力地讽刺高等法院以自由的捍卫者自居。[2] 这些人的作品主要致力于攻击冉森主义,控

---

① 克雷:《宗教起源》,第 251 页。

② 林顿:"美德的修辞与高等法院",第 194 页。

诉法官是“可怕的世袭贵族”，有着自私的团体精神，只关心自身的特殊利益。官方的宣传还说高等法院的法官是想引入英国的宪法，这是危险的、弑君的，会使法国的政治变得像英国那样不稳定。除了诋毁高等法院法官的信誉，政府甚至还雇请一些作者来解释官方政策的根本原因、基础[①]，以赢得公共舆论的理解。由于法官们被视为“祖国之父”，他们的领袖被比作古罗马的元老与政治家，政府也树立它们的道德高尚的典范，比如亨利四世，来与之抗衡。[②]

总的来看，国王政府虽然有争夺公共舆论的反击策略，但与高等法院相比处于下风，因为后者更善于调动历史文献，进行雄辩的论证，并具有种种修辞技巧，在这方面政府的宣传相形见绌。更意味深长的是，国王政府的舆论宣传不免带有几分作茧自缚的味道。为了君主制的权威，大臣们开动了宣传机器争取舆论的支持，这本身已经意味着国王本身也需要求助于公共舆论的裁决了，换言之，君主已经默认了这种新型政治法庭的合法性。此举对于君主制神圣性的损害是不可估量的。

## （三）公共舆论何以支持高等法院？

1774 年夏天当莫普与泰雷（Terray，路易十五统治末年的财政总监）倒台以后，庆祝活动遍及法国。在波尔多，高等法院的领袖勒贝尔东（Le Berthon）受到了对英雄般的欢迎：迎接他回城的队伍超过了 200 驾马车；当地的共济会为他建了一座凯旋门；人民在他的庭院中跳舞，部分的庆祝活动持续了一个星期。在巴黎，人们向莫普的马车扔石头，欢迎回归的高等法院法官。[③]

从上述历史情境中我们能够充分感受到公众对高等法院的支

① 马杰里森：《小册子与公共舆论》（Kenneth Margerison, *Pamphlets and Public Opinion*. Purdue University Press, 1998），第 2 页。

② 林顿：“美德的修辞与高等法院”，第 194 页。

③ 柯林斯：《法兰西早期近代的国家》，第 255—256 页。

持，除了高等法院自身的宣传，我们应该从公众[①]的角度分析他们为什么拥护高等法院，尤其应考虑到他们与高等法院之间的现实利益关系。

首先，高等法院的抗议，无论是保护冉森派、限制税收的增长，还是反对废除传统的对谷物贸易和面包价格控制的政策，都表达了大众的忧虑。[②] 托克维尔在深入研究了旧制度之后，也感叹地说，“那个时代被压迫者使自己的呼声上达的惟一途径，就是司法机构。法国当时因其政治与行政制度已成为一个专制政府的国家，但是由于它的司法制度，法国人民仍然是自由的人民。”[③]在缺乏更为直接的代表的情况下，公众除了拥护那些在一定程度上能反映他们要求的法官，似乎别无选择。其次应注意到，巴黎高等法院的法官在首都的日常生活中非常活跃。他们检查监狱，有权实行宵禁，并且负责防止城市骚乱。1750 年 5 月当巴黎被严重的骚乱所震动时，是高等法院恢复了首都的秩序。他们还控制公共演出，负责公共教育、书报检查。除了监察秩序，高等法院还操持巴黎的物质生活。公路、桥梁、公共建筑以及首都谷物、柴火的供应都要受到法官的检查。[④] 大多数巴黎的法官与其乡村的仆人建立了良好的关系，他们帮助穷人并资助初等教育。[⑤] 当巴黎的法官确保公共秩序，主持公正，执行法律时，公众会视他们为一种保障。又加上一些法官常常赈济贫弱为高等法院赢得了良好的声誉，公众自然会支持他们。高等法院不仅在

① 公众究竟由哪些人构成？哈贝马斯所谓的公众是由阅读的资产阶级构成的，不包括下层人民。沙蒂埃认为要成为公共舆论这个新法庭的成员，文学是事先必备的。舆论是由文学公众产生的。而依据高等法院所面对的公共舆论，这样的定义似乎太狭窄了。阅读谏诤和政府出版物的公众并非只有资产阶级的文学公众。当时的下层人民在公共舆论中也拥有他们的声音。贝尔则认为在 18 世纪的法国，扩张的阅读公众不是商人和工业家组成的公众，而是由职员、征税官(fianciers)、懒散的食利者(idle rentiers)、贵族和律师组成的。在法国的旧制度下，市民社会是软弱的，对政府的批评多来自政府的内部而非外部。参见贝尔：“‘公共领域’、政府以及法律的世界”，第 934 页。对这个问题本文不可能详细讨论，但本文所涉及的公众不只限于文学公众，它包括政府职员也包括下层人民。

② 多伊尔：“高等法院”，第 160 页。

③ 托克维尔：《旧制度与大革命》，第 152 页。

④ 斯旺：《政治与巴黎高等法院》，第 23—25 页。

⑤ 详见申南：《巴黎高等法院》，第 122—123 页。

巴黎有重要的影响,在外省也是如此。外省社会传统的领导是有头衔的贵族,当他们移居巴黎和凡尔赛后,法国外省社会的领导权就转到了穿袍贵族手中,尤其是高等法院成员手中。[①] 因此当高等法院与国王政府对抗时,他们对外省舆论可以施加决定性的影响。再次,巴黎和外省的法官都对地方经济起重要作用,他们向律师、教士,甚至沿街叫卖的小贩和仆人提供了工作。法官被流放会危及这些人的生计,因此法官在被流放期间得到了社会各阶层的支持,从王公贵族到仆人,尤其是社会下层扮演了积极的角色。可见从实际利益出发,许多人也不希望高等法院遭到废除,都热切期望着法院的重建。

即使不完全支持高等法院的人,也反对废除法院、流放法官这种专制的做法。对他们来说,尽管高等法院存在着不少缺点,但它毕竟构成了制约专制的行政制度的一道屏障。正是出于对专制主义的恐惧,高等法院得到了广大启蒙舆论的支持,比如狄德罗就写过批判莫普的小册子,只有伏尔泰是个例外。

对国王政府专制的指责也是与对路易十五道德堕落的指责相伴而来的。人民无法相信一个沉湎于女色的国王能治理好国家[②],他易受大臣欺骗,易为情妇控制,而他们又会滥施政府的权力,最后承受暴政之苦的则是人民。无论是从政治利益的角度,还是从道德准则的角度考虑,公共舆论都会对国王政府不满。巴黎高等法院则弥漫着简单朴素、严肃、克己的冉森主义,它与受耶稣会士影响的宫廷的巴洛克风格形成了鲜明的对比。因此高等法院常常指责宫廷社会耽于声色,王室充满女人气,国王受情妇的影响。[③] 可见高等法院强调对国王的道德限制,攻击宫廷的腐败生活,这恰好与公众的关注相一致。

君主不仅因腐化的生活遭受非议,战争的失败也使之蒙羞。斯旺认为,如果路易十五赢得了七年战争,那么高等法院法官与教士的

---

① 柯林斯:《法兰西早期近代的国家》,第138—139页。

② 关于公众对国王私生活的关注可参见达恩顿:"一个早期的信息社会"。

③ 贝尔:"'公共领域'、政府以及法律的世界",第922、930页。

口角、冉森派与耶稣会士的争吵都将很快被遗忘。正是战争的失败扩大了高等法院的政治影响。[①] 当高等法院意识到了国王丧失了威信并感受到了公众对法官的尊重,便备受鼓舞,并进一步加强了对政府政策的抵抗。高等法院通过争取公共舆论将自身变成了社会的捍卫者来抵抗政府,并因此获得了更大的力量。这在很大程度上致使政府与社会变得越来越不相容,成为敌对的两极,而这正是旧制度末年的根本危机。

## 四、巴黎高等法院的斗争在政治文化演变中的作用

巴黎高等法院与王权斗争对旧制度产生了怎样的效果是一个争议很大的问题。像马里翁、盖克索特、安托万这样的历史学家都同情改革的君主制,将君主制的崩溃归罪于高等法院的反抗。而最近斯旺则提出,政府失败的主要原因是由其自身的弱点造成的。[②] 我们无法假设历史,所以无法想像没有了高等法院的斗争的旧制度会是如何,君主制会走向何方。我们只能凭借旧制度末期的政治斗争与政治文化的走向感知出高等法院带给它的影响。一方面,我们需要承认几十年的宪政斗争对绝对主义政治文化的冲击是相当大的,另一方面,也得承认旧制度的政治模式的毁灭是多种因素促成的。以下的分析大概可以沿着两个方向进行:其一是高等法院的斗争如何改变了旧制度下绝对主义的政治文化,从而促成了它的衰落;其二是它如何影响了大革命的政治文化的建构。这两点其实是一个事物的两个方面,难以分割。

18世纪中后期,法国人对专制主义异常敏感,连国王本人都担

---

① 斯旺:《政治与巴黎高等法院》,第362页。
② 同上,第30—31页。

心某些做法会显得专制。比如当莫普建议国王应将所有的高等法院都废除时，路易十五拒绝了，理由是那样的行为显得专制。[①] 当时制约专制主义的惟一屏障便是高等法院及其坚持的古老而又新奇的宪政思想，它以传统的司法君主制中体现的传统宪政思想为依托，吸收了冉森派和孟德斯鸠等启蒙思想家的宪政理论。高等法院与王权的一系列尖锐的冲突"其实是打开了宪政理论的潘多拉匣子，从里面飞出的思想、论断吸引了那些在正常情况下不会受此影响的人们"。[②] 对于一代人来说，关于王权的合法行使的公开辩论以及孟德斯鸠等理论家的影响已经在法国公众心目中确立了宪法监督的观念。莫普所提供的威权君主制的模式似乎不能在这样的思想土壤中生根。人们普遍认为旧制度下的法国人蔑视法律尊重权威，可是就是这样一个崇尚权威的民族，在旧制度的末年却没能完成威权君主制的改革。这在一定程度上说明以法律制约君权的思想相当深入人心。

但是也应该注意到，1750 年以来通过公开的辩论而使法国公众深深认同的高等法院的宪政理论，是与法国政治制度的现实极不相称的。立宪的要求被鼓动起来了，但只停留在理念的层面上，缺乏制度性的实践。旧制度下高等法院捍卫的所谓宪法，只是王国的一些基本法以及惯例和习俗，而与现代意义上的宪法不可同日而语。因此法国后来的立宪经历异常曲折，而且崇尚权威的民族心理一再呈现。此外，高等法院的宪政观念中是将司法与等级制度相联系的，认为"司法的第一原则是去保护每个人所属于他的东西……不仅要维护财产权，也要保护人们从出身、等级那里获得的东西"。[③] 这与大革命后需要确立的人人平等的宪政精神具有本质的差异。不过在差异背后二者也有相似性，即对法律的尊重。

高等法院对王权的反抗所带来的另一个突出的后果是王权的非神圣化。梅里克曾论证过 1750 年代关于宗教问题的争论在减弱对

① 申南：《巴黎高等法院》，"第二版导论"第 45 页。
② 斯旺：《政治与巴黎高等法院》，第 360 页。
③ 贝克：《创造法国革命》，第 114 页。

王权的尊重方面比哲人的批判更有效。[①] 其实不止局限于 1750 年代,此后高等法院的反抗更是伴随着大量的生动的小册子文学,代表了思想上对君主制解魅化的高潮。更具讽刺意义的是,当国王政府效仿高等法院进行舆论宣传,求助于公共舆论的法庭的裁决时,实际已经自我抹杀了君主权威的神圣性。路易十六在 1766 年的"鞭笞训辞"中反复强调"最高权力只在我手中",这其实已是承认其最高权威受到了威胁,其神圣性受到了侵蚀,现在需要重新确定。当君主制的神圣性发生了动摇时,法律的角色就越来越重要了。可以说宪政斗争与君主制的非神圣化之间存在着一种相互促进的关系。正如詹姆斯·柯林斯所说:如果国家不再依靠于某种神圣的祝福,不再依赖于国王是被神涂过圣油的角色,那只有依靠法律了。孟德斯鸠与博絮埃(Bossuet)这样的 17 世纪的政治哲学家十分不同,他将法律置于人的王国而非神的王国。一旦人们接受了这一前提,留在国王手中的立法权威便没有意义了。[②] 因此巴黎高等法院要分享最高权力——立法权,并经常以民族的代表的身份要求这一权力。同时高等法院越来越多地断言法律高于国王,民族高于国王,这其实否定了绝对主义的根基。

此外,在高等法院与君主制进行拉锯战、互相消耗的过程中也留给了其他的力量很大的发展空间。一个典型的例子是,1759 年高等法院本来要查禁《百科全书》,而国王路易十五为了争夺舆论的支持、改善政府的形象,竟然暗中保护了《百科全书》的出版。由此可见因为政府与高等法院争夺公共舆论,致使书报检查机器失灵,从而促使了启蒙思想的传播。[③] 贝克认为法国 18 世纪五六十年代以后出现了"竞争的政治",即司法的话语、行政的话语和政治的话语(卢梭、西耶斯等代表的)在公共领域内相互竞争。这种比喻颇有道理。旧制度末年前两种话语的竞争异常激烈,针锋相对,而第三种力量很可能

---

① 转引自斯旺:《政治与巴黎高等法院》,第 37 页。

② 柯林斯:《法兰西早期近代的国家》,第 210、213 页。

③ 沙蒂埃:《法国革命的文化起源》。

从中受益。

正是由于上述原因，高等法院对国王政府的胜利只能是短暂的，随着大革命的到来，它们都成了失败者。高等法院毕竟是君主制的内在组成部分，它在本质上是保守的。当国内的政治气氛越来越激进时，当人民有了更直接的代表机构时，高等法院就被边缘化了，人们迅速忘却了它的存在。人们支持高等法院的原因在于，它是专制政府这个铁屋内部的一扇窗，它能多多少少带给人们一些自由的空气。而当整个铁屋被毁坏以后，这扇窗存在的意义也就消失了，因为人们已经获得了更广阔的天地。正所谓皮之不存，毛将焉附？

18世纪的宪政争论持续了50多年，无疑为1789年准备了思想气候。可以说，高等法院的重要性不仅反映在旧制度的衰落中，也体现在大革命的政治文化的建构中。首先，高等法院的代表制的思想对后世有相当大的贡献。旧制度末年，君主制的捍卫者虽然否认高等法院的法官是民族的代表，但却含蓄地承认了民族的代表的原则。[①] 此时问题已不再是民族要不要代表，而是由谁代表。高等法院的宣传对这一原则的确立有很大贡献。革命的精神导师卢梭曾否定过代表制的观念，因为它与公意的原则不符。但是大革命中制定的《人权宣言》写道："所有公民都可以亲自或通过其代表来参与法律的制定。"这其中暗含了卢梭所拒绝的代表制的原则。由此可见高等法院使得代表制的思想深入人心，不仅体现在旧制度末年，也体现在大革命中。

其次，高等法院的法官在与政府的长久对抗中会发表一些类似革命话语的激进言论，从这些言论中可以看到卢梭、西耶斯思想的影子。波尔多高等法院的律师纪尧姆—约瑟夫·塞日(Guillsume－Joseph Saige)就是一位相当激进的高等法院理论家。为反对莫普革命，他写了一本名为《公民读本》(*Catéchisme du citoyen*)的小册子，此书在革命前一两年又反复被重印，流传相当广泛，还曾被大臣卡隆

---

① 贝克：《创造法国革命》，第232页。

称为最具煽动性的小册子之一。[1] 书中塞日称高等法院之不可侵犯不在于它的历史，而在于公意的支持；莫普流放法官不仅侵犯了这个宪政机构的权利，也侵犯了法官作为个体公民的权利；此外他甚至还暗示第三等级应该争取平等，这距离西耶斯已只有一步之遥。[2] 难怪贝克说塞日的作品对那些对革命的意识形态起源感兴趣的人来说具有迷人的内涵。[3]

谈到高等法院与激进的政治文化，我再次想到了法官们的年龄问题。本文在前面已经提及高等法院中调查庭和诉讼审理庭的法官相当年轻，他们最具叛逆精神。而到大革命前夕，巴黎高等法院的全体成员中有一半人的年龄在 35 岁以下（由于家庭的影响，很多人很年轻的时候就可以到高等法院任职）。[4] 我们通常知道此时的革命者相当年轻，却不知道高等法院的法官和律师也同样年轻。当高等法院这一古老的机构被许多年轻人占据的时候，它在斗争当中不免有激进的举动。高等法院的激进言行无疑都促进了大革命的来临。

再次，高等法院的斗争也唤起了公众尤其是下层人民的舆论及其对政治的热情。我在上文已经介绍高等法院得到了社会各个阶层的支持，拥护它们的公共舆论中也包括了下层人民的声音。比如在布列塔尼事件中，一些匿名的、勉强能读通的信威胁着国王，它们很可能是出自下层人民之手，而非高等法院的成员。[5] 又如 1757 年的达米安(Damiens)事件，达米安曾给高等法院成员和教士做过仆人，据说他是被 18 世纪 50 年代的宗教争论支配了头脑，才做出刺杀路易十五的惊世之举。[6] 大众广泛参与对政治问题的讨论甚至付诸行动正是革命的前兆。

---

① 贝克：《创造法国革命》，第 129 页。

② 同上，第 145、146、148 页。

③ 同上，第 151 页。

④ 《新编剑桥世界近代史》（北京：中国社会科学出版社，1999），第 8 卷，第 560－561 页。

⑤ 斯旺：《政治与巴黎高等法院》，第 83－84 页。

⑥ 克雷：《宗教起源》，第 172－173 页；斯旺：《政治与巴黎高等法院》，第 84 页。

高等法院的斗争与大革命政治文化之间的内在关联可能远不止于这些，有待深入的探讨。然而，尽管我们可以从高等法院的激进言行及其引发的后果中看出革命政治文化的轮廓，但高等法院与大革命所追求的精神背道而驰：高等法院捍卫的是贵族的自由，尽管它经常打着民族的旗号；而大革命追求的是个体的平等，尤其是第三等级的平等权利。1776 年面对杜尔哥提出的温和的平均主义的纲领，巴黎高等法院的谏诤称，“根据法国的宪法，法国的君主政体由若干具有明显特点并且互相独立的等级所组成。这种地位和人员的明显区别是与民族一道形成的；它是与我们的习俗和生活方式一起诞生的”。R. R. 帕尔默由此断言：埃德蒙·柏克在《法国革命感言》中提出的看法其实并无原创性，因为巴黎高等法院早就提出类似的看法。[①] 我以为这一论断相当中肯。埃德蒙·柏克以尖锐抨击法国革命而著称于世，而法国那些拥有柏克思想的人却推动了革命的来临，历史常常就是这样诡谲。

## 结　语

以往对法国 18 世纪政治文化演进的研究，主要关注的是作为裁决政治的法庭的公共舆论的兴起，王权的非神圣化以及启蒙运动的传播等问题，而很少注意到巴黎高等法院与它们之间的关联。或许因为这个机构过于古老，它与王权的争斗也是古已有之，而我们又习惯在新生的因素、思潮中寻找历史变化的动因。就这样关于巴黎高等法院的研究被仅仅局限在传统政治史的领域，而很少有人注意它在 18 世纪政治文化演变中的作用。贝克首先开拓了这一研究领域，他提出，18 世纪中期，高等法院的司法话语与行政话语以及政治话语的竞争冲破了绝对主义的政治文化模式。然而贝克过于强调 18 世纪中期的断裂意义，从他的分析中看不出政治文化演变的过程。

---

① 《新编剑桥世界近代史》，第 8 卷，第 562—563 页。

而我在本文中注重的是巴黎高等法院如何一方面背负着司法君主制的古老传统，另一方面又提出了具有现代意义的政治思想（如民族享有主权，民族需要代表），并帮助塑造了公共舆论的新型政治文化。在我看来，高等法院的斗争本质上是以传统司法君主制中的宪政原则反对行政君主制中的专制倾向，这其实也是高等法院近两个世纪以来做法。但18世纪出现了新的历史条件，比如冉森主义支配了高等法院、启蒙思想开始传播、公共舆论展露头角，高等法院与这些因素发生了复杂的关系。一方面它与王权的斗争改变了这些历史因素，比如它使冉森主义更具政治色彩，它增强了公共舆论作为政治法庭的威力，另一方面它也充分利用了这些条件，而使对王权的斗争变得持续、激烈。更重要的是在新的条件下它们对传统的捍卫会产生一些新的东西，从而不断超越传统显露出激进的特征。比如，高等法院的成员不断宣扬法律高于国王、民族高于国王，这无疑削弱了绝对主义的根基。

# 十九世纪意大利的铁路建设与工业化

张　雄（北京大学）

## 一、铁路建设的四个阶段：现代“罗马大道”

19 世纪对意大利民族来说，政治复兴和经济复兴是同等重要的两件大事，前半个世纪完成政治复兴，后半个世纪开始经济复兴。政治“复兴”的首要含义是解决民族独立和政治统一问题，可以解读为狭义的“复兴运动”，而经济“复兴”大体上可以理解为“工业化”或者“现代化”。就“复兴运动”(Risorgimento)所包含的内容和对意大利民族的影响来说，意义绝不亚于“文艺复兴”(Rinascimento)。由于意大利先后完成了文化、政治、经济上的复兴，在欧洲各民族中形成了鲜明的民族特点，使各国历史学家产生了研究兴趣。在国内史学界，关于文艺复兴的研究成果比较多，政治复兴的探讨也有一些，但是对经济复兴涉及不多。意大利铁路建设是经济复兴的重要内容之一，也是启动意大利工业化的现代“罗马大道”，加之意大利铁路建设具有与欧美其他大国不同的特点，本文试图对第一次世界大战意大利铁路建的兴起、铁路的建设阶段、铁路的管理以及对工业化的影响进行初步探讨。

交通是人类文明进步的象征，同时也是传播文明的重要方式。当人类知道用自己的背部或者头部，把小孩和物品从一个地方运送到另一个地方，交通就产生了。在古代和中世纪，人类交通水陆并进，陆地交通范围广泛，庞然大物的运输主要靠水运。然而只有到

18、19 世纪之交工业文明时代到来后，交通才发生了质的飞跃，彻底了改变人类的生活方式和时空意识，促进了现代文明的发展。欧洲是铁路的故乡，也是世界上铁路最稠密的地区。意大利本身并不是铁路的肇始国家，但是意大利人是世界上对路有很好感觉的民族。列宁指出："铁路是资本主义工业的最主要部门即煤炭和钢铁工业的总结，是世界贸易和资产阶级民主文明发展的总结和最显著的标志。"[①]在意大利现代经济的发展过程中，尽管缺乏煤炭，钢铁工业和资产阶级政治民主的发展也相对较晚，铁路里程在欧洲也并不占优势，但是铁路建设仍然在意大利现代政治和经济发展中发挥过重要作用，影响过这个民族的命运，他们经历的喜悦和苦难是其他民族难以理解的。

近代意大利的铁路建设(1839—1913 年)经历了四个阶段：

第一个阶段(1839－1861 年)：从 1839 年意大利建筑第一条铁路到 1861 年意大利王国建立前夕。这是意大利各国开始设想、争论、分头建设铁路阶段，为统一后大规模铁路网的建设打下了基础。

意大利大规模的铁路建设发生在政治统一初步完成之后，但是关于铁路的设想和争论早已开始。还在英国人发明铁路的时候，意大利人就对铁路有了了解。[②] 一方面，意大利的自然地理条件决定了铁路在现代交通网建设中的重要性。它既无江河舟楫之利，也没有值得开采的矿藏，同时还有高山峻岭的阻隔，以致撒丁王国的技术专家，就是否应该在自己的国家修建铁路争论了近 20 年。[③] 铁路在英国诞生后，在盎格鲁－萨克逊国家的传播比拉丁国家要快，连拉丁

---

① 列宁：《帝国主义是资本主义的最高阶段》，人民出版社 1975 年版，第 6 页。

② 贝尔纳代洛：《威尼斯和米兰之间的第一条铁路：帝国－王家伦巴第－威内托费迪南特许铁路史》(Adolfo Bernardello, *La pima ferrovia fra Venezia e Milano: storia della imperial－regia privilegiata strade ferrata Ferdinandea Lombardo－Veneta*, 1835－1852, Venezia: Istituto Veneto di Scienze, Lettere ed Arti, 1996)，第 17 页。

③ 奇波拉(主编)：《意大利经济简史》(Carlo Cipolla, *Storia facile dell'economia italiana*, Milano: Arnoldo Mondadori Editore, 1995)，第 94 页。

国家的代表法国也慢了一拍,法国遇到的发展铁路的种种问题[1]意大利也有,甚至更为严重。另一方面,铁路在复兴运动领导人眼里具有重要意义,意大利政治统一的建立和巩固、全国市场的统一、追赶西北欧发达国家、实现经济复兴,都有赖铁路这种现代交通设施的发展。因此,铁路时代的到来与意大利复兴运动的兴起基本同步[2],并不是偶然的巧合。正是在西欧这个最不适宜修建铁路的国家,同时又是最需要铁路的国家,展开了向阿尔卑斯山脉和亚平宁山脉要铁路的战斗。

由于国家在政治上的分裂,意大利统一前各国铁路建设比较缓慢。各国间的重重关卡严重阻碍了经济发展。在米兰和佛罗伦萨之间不过 150 英里的里程,竟然开设了八个收税站。[3] 撒丁王国在铁路意识和铁路建设方面,均走在各国前面。国家早在 1837 年就成立了一个政府委员会,开始研究国家转让铁路修筑权问题。40 年代出现了建立铁路公司的最初想法,但是直到 1846 年,皮埃蒙特国家才开始仿效法国的先例,着手起草大规模铁路建设计划,由国家建设干线铁路,私人公司建设支线铁路。同年,政府铁路事务顾问卡尔洛·佩蒂蒂撰写了意大利第一部论述铁路立法的著作。[4] 作者在这部长达 651 页的书中,深入分析了当时欧美国家的铁路立法,人为地仿效比利时经验,建构一个最适合皮埃蒙特国情的国家铁路网,反对把铁路修筑和经营权转让给私人公司,以杜绝灾难性的投机和破产,只有当政府缺乏资金的情况下,才允许私人公司建设铁路。他的建议在

---

① 布罗代尔、拉布鲁斯(主编):《法国经济社会史》第 3 卷(Fernand Braudel et Ernest Labrousse, *Histoire économique et sociale de la France*, Tome III, Paris: Presses Universitaires de France, 1976),第 257—258 页。

② 世界上第一条铁路斯托克顿—达林顿铁路于 1825 年诞生,不过只有在 1830 年利物浦—曼切斯特之间的铁路开通后,才开始了真正的“铁路革命”;意大利第一条铁路诞生于 1839 年,而史学界一般认为 30 年代是意大利复兴运动兴起的时间。

③ 奈特等人(合著):《欧洲经济史》(Melvin M. Knight, Harry Elmer Barnes and Felix Flügel, *Economic History of Europe*, Boston etc.: Houghton Mifflin Company, 1928),第 684 页。

④ 佩蒂蒂·迪·洛雷托:《意大利铁路及其最有效的管理五讲》(Carlo Ilarione Petitti di Roreto, *Delle strade ferrate italiane e del migliore ordinamento di esse, Cinque discorsi*, Capolago＜Cantone Ticino＞: Tipografia e libreria Elvetica, 1845)。

当时并没有获得多数国家的采纳，私人资本、尤其是外国资本，大量进入意大利铁路建设领域。佩蒂蒂还为意大利设计了以北方为重点的两条铁路大“动脉”：一条是从法国－都灵－亚历山大里亚－热那亚，再从亚历山大里亚－皮亚琴察－帕尔马－摩德纳－博洛尼亚－安科纳；另一条是从科莫－米兰－威尼斯－的里雅斯特；托斯卡纳境内的铁路最终将通过佛罗伦萨－博洛尼亚铁路连接起来，但是这条铁路居于次要地位。[①] 但是无论怎样，皮埃蒙特的公共工程部长路易吉·德桑布罗伊斯(Luigi Des Ambrois)在1846年接受了佩蒂蒂的建议，正式决定由国家建筑干线铁路，把支线铁路建筑权转让给私人公司，政府进行补贴。这年在热那亚召开的一个“意大利科学家会议”上，建立国家铁路网的想法和度量单位的统一、货币的统一、关税联盟的建立以及教育制度的统一等问题一起，被提出来进行讨论。切萨雷·坎图(Cesare Cantú)在会上提出了建立纵贯半岛中央的南北铁路、还是在半岛两边建设东西两大铁路干线更适合意大利的问题。

几乎同时(1847年)，雄心勃勃的加富尔为意大利勾画出了铁路建设的宏伟蓝图：“有朝一日铁路网建成后，意大利将享有大宗的过境贸易……正如我们完全有理由相信的，如果在都灵和尚伯里(Chambéry)[②]之间，在马焦雷湖(Lac Majeur)[③]和康斯坦茨湖(Lac Constance)之间，在的里雅斯特和维也纳之间，把阿尔卑斯山打通，意大利诸港口就能够和大西洋和北海沿岸的众多港口联系起来，向中欧供应外来食品。最后，如果那不勒斯的几条铁路线一直延伸到王国的尽头，意大利将被赋予一系列新的、崇高的贸易使命。意大利由于她位居地中海的中央——就像一个巨大的岬角——似乎注定要把欧洲和非洲联系起来，要是乘坐轮船纵向航行，毫无疑问将使她成为东方和西方之间最短和最舒适的路程……鉴于所有上述原因，看

---

① 佩蒂蒂·迪·洛雷托：《意大利铁路及其最有效的管理五讲》，第498页。
② 法国萨瓦省省会，当时该地属于意大利，1860年割让给法国。
③ 意大利文为 Lago Maggiore，位于米兰北面。

来事实向我们清楚地表明，铁路在经济上为意大利开辟了一个壮丽的前景，并且必然为意大利提供一个手段，使她恢复她曾经在中世纪在贸易方面所占有的光辉地位。"[①]这是一个具有罗马世界主义和意大利中世纪重商主义情结的宏大计划，企图以意大利为中心，在南北欧、东西方之间实现一种世界贸易的大格局。看来加富尔未曾认识到工业时代正在取代商业时代，意大利在中世纪东西方贸易中的枢纽地位，只可憧憬但无法再现。不过他似乎朦胧地意识到铁路的伟大意义，他的宏伟设想多少鼓舞了意大利政治家建设铁路的热情，在一定程度获得了实现。皮埃蒙特的铁路建设在经过40年代的缓慢起步后，在50年代加富尔执政期间(1852—1859年)成绩显著，1853—1858年间几乎每年新开通100公里铁路，都灵和热那亚之间在1853年就开通了复线铁路。[②] 在他的领导下，皮埃蒙特在短短的数年间，建成相当甚至超过意大利其他国家铁路长度总和的铁路网[③]，拥有铁路850公里，为撒丁王国赢得独立战争、完成复兴运动打下了基础。即使在自由意大利时期，它的铁路网也是全国效率最高的铁路网。国家统一后几年间，意大利就把亚得里亚海铁路修到南端的布林迪西港(1865年)，并对这个港口进行大规模改建，以配合苏伊士运河的修建，这明显受到加富尔上述设想的影响。[④]因此，有意大利学者把加富尔和佩蒂蒂称为他们"铁路预言家"。[⑤] 这样，建设国家铁路网逐渐成为复兴运动领导者们的共识，也是国家统一他们致力建设全国铁路网的行动指南，使卡尔洛·卡塔内奥(Carlo Catta-

---

① 加富尔："论意大利铁路"(C. Cavour, "Des chemins de fer en Italie", in Revue nouvelle, 1846, pp. 446—479)，转引自坎代洛罗：《意大利近代史》第5卷(G. Candeloro, *Storia dell'Italia moderna*, Milano: Feltrinelli, 3 ed., vol. V, 1994)，第38—39页；着重号为引者所加。

② 斯拉姆：《十九世纪的铁路和意大利国家的形成》(Albert Schram, *Railways and the Formation of the Italian State in the Nineteenth Century*, Cambridge & New York.: Cambridge University Press, 1997)，第30页。

③ 奇波拉(主编)：《意大利经济简史》，第95页。

④ 坎代洛罗：《意大利近代史》第5卷，第39页。

⑤ 温盖特：《意大利统一前的铁路建设》(Andrew Wingate, *Railway Building in Italy before Unification*, Reading: Department of Italian Studies, University of Reading, 1970)，第5页。

neo)等人倡导的联邦主义铁路建设思想甘拜下风。

国家统一后，铁路建设在历届政府的政策制定过程中占有重要地位。经济建设、财政管理、文化联系、尤其是巩固政治统一和建立强大国防的需要，促使政府加紧全国铁路网的建设。1860 年，在西欧和中欧国家，重要的人口、工业中心之间的干线铁路已告完成。欧洲大陆铁路总里程从 1841 年的 1480 公里，增加到 1850 年的 12132 公里，1860 年达到 33405 公里。[①] 据西班牙人计算，意大利王国建立的时候，整个意大利半岛共有 2186 多公里铁路，其中撒丁王国 850 公里、伦巴第－威内托 607 公里(其中有一部分属于奥地利)、托斯卡纳大公国 323 公里、教皇国 132 公里、帕尔马公国和摩德纳公国 1499 公里、那不勒斯王国 125 公里。[②] 意大利人自己的估计要保守一些，可能是只算营运里程的缘故：1859 独立战争爆发时，意大利营运铁路 1758 公里，皮埃蒙特 803 公里、伦巴第 202 公里、威内托 298 公里、托斯卡纳 256 公里、教皇国 101 公里、两西西里王国 98 公里。[③] 意大利政府受到政治家、经济学家、金融家、国会议员的多方面压力。[④] 早在意大利议会讨论 1865 年铁路法草案的时候，关于意大利铁路建设问题，政治上考虑优先于经济上考虑的意见已经不少。[⑤] 60 年代曾担任公共工程部长的斯泰法诺·亚齐尼说自己被赋予维持意大利统一的“工程师”的重任。[⑥] 他在 1867 年 1 月 31 日向议会提供

---

① 庞兹:《1800－1914 年欧洲历史地理》(N. J. G. Pounds, *An Historical Geography of Europe*, 1800－1914, Cambridge Eng.: Cambridge University Press, 1985),第 450－451 页。

② 《欧美插图世界百科全书》第 28 卷(*Enciclopedia Unversal Iustrada: Europeo-Americana*, Vol. 28, Madrid: Espasa- Calpe, S.A. 1923),第 2202 页。

③ 《意大利科学、文学和艺术百科全书》第 15 卷(*Enciclopedia Italiana di Scienze, Lettre e Arti*, Roma: Istituto della Enciclopedia Italiana, Vol. XV, 1932),第 154 页。

④ 罗马诺:《复兴运动以来的意大利史》(Sergio Romano, *Storia d'Italia dal Risorgimento ai nostri giorni*, Milano: Longanesi, 1998),第 80 页。

⑤ 托尼奥洛:《1850－1918 年自由意大利经济史》(Gianni Toniolo, *Storia economica dell'Italia Liberale*, 1850－ 1918, Bologna: Il Mulino, 1988),第 107 页。

⑥ 科尔比诺:《1861－1870 年意大利经济年鉴》(Epicarmo Corbino, *Annali dell' Economia italiana*, 1861－ 1870, Città del Castello: Societa anonima tipografica "Leonardo Da Vinci", 1931),第 175 页。

的报告中，列举国家从1860—1867年间取得的进步："迄今为止的过去几年中，我们不得不急迫地——我们甚至可以说几乎是匆忙地——弥补矫正过去历届政府在公共工程方面的惰性：开辟新的道路，重新疏浚和维护不安全的、淤塞的港口，延长和加固防洪工程，将河水引导到广大的土地上以增加肥力，把那个标志着文明、进步和力量的非凡的交通工具——蒸汽机车——开到半岛的穷乡僻壤，在上千意大利城镇之间铺设电报线消除距离，完善、扩大和提供快速、简便的邮政服务，创建装备有蒸汽船的国家海军……所有这些工程，鉴于可能满足今后一个伟大民族活动的长期需要，可以说意大利本来就应该在几个月之内加以完成，不仅为了有利于勤奋和国家财富的增长，而且也为了保证她的独立，……为了尽快消除古老分裂的痕迹，把她的统一和她的政府的力量建立在坚实的基础之上。"①

可见，国家统一后第一个铁路建设高潮和各项基础工程一样，是当作政治任务来完成的。在1861—1876年温和派"右翼"执政时期，政府对铁路的投资占全国新建公共工程总投资的50%，而公共工程在整个国家总投资中占的比例是比较高的，1861年占到47%，尽管1866年后有所下降，但是十年以后，在第一个较长周期的最低点，仍然保持在25%以上，②温和派"左翼"执政后，还发行了铁路公债券，第一次世界大战前夕，这种公债券占国家债券总量的40%。③经过80年代的第二次高潮以后，意大利基本建成了全国铁路网。1861—1877年政府为保证铁路的营运花费了6.783亿里拉，建筑新线支出6.943亿里拉，两项共计13.72亿里拉。从1861—1914年，意大利

① 亚奇尼：《1860—1867年意大利公共工程管理：1860年1月31日公共工程部长S.亚齐尼提交众议院之报告》(Stefano Jacini, *L'amministrazione dei lavori pubblici in Italia dal 1860 al 1867. Relazione del Ministro dei lavori pubblici S. Jacini presentata al Parlamento il 31 gennaio 1867*, Firenze, 1867, p. 1)，转引自扎马尼：《从边缘到中心：1861—1991年意大利第二次经济复兴》(Vera Zamagni, *Dalla periferia al centro, la seconda Rinascita economica dell'Italia*, 1861—1990, Bologna: Il Mulino, 1993)，第211—212页；着重号为引者所加。

② 托尼奥洛：《1850—1918年自由意大利经济史》，第106页。

③ 扎马尼：《从边缘到中心：1861—1991年意大利第二次经济复兴》，第214页。

建设铁路支出共计 126 亿里拉，相当于 1900 年全年的国民收入。[①]

非常有趣的是，意大利最早的铁路出现在两西西里王国，而不是人们想像的那样出现在意大利北部。这条铁路从那不勒斯到该城南边小城波尔蒂齐(Portici)，1839 年 10 月 4 日开通，全长 8 公里[②]，主要用于客运，保持首都和王室别宫城市之间的联系。这个国家的其他铁路，也大都出于政治和军事目的修建，从而决定了这里成为意大利铁路发祥地，却不能成为铁路发展最成功的地方。这是铁路在闯入现代世界的普遍遭遇。第二、三条铁路是 13 公里长的米兰－蒙扎铁路（1840 年）和 29 公里长的帕多瓦－梅斯特雷(Mestre)铁路(1842 年)。这是奥地利人修建的，对读者来说又是一个“意外”。奥地利所属的意大利部分是帝国经济最发达的部分，政府为了加强这一地方的军事和政治控制，积极在修建铁路，因此米兰－蒙扎铁路也是帝国境内的第二条铁路。1846 年架设在八万根桩子上的威尼斯－大陆铁路修通。在 1848 年以前，托斯坎纳大公国建铁路较为积极，是意大利惟一完全参与欧洲铁路建设狂潮的国家，但是政府在这个过程中作用很小，铁路建设成就不大。教皇国和两西西里王国政府更有甚之，对修建铁路持非常犹豫的态度，尽管后者还是意大利第一条铁路的诞生地。在欧洲大陆比起来，意大利铁路建筑起步并不算晚，因为比利时和德国在 1835 年才最早建设由蒸汽机车牵引的铁路。[③] 但是意大利铁路建设速度太慢，整个 40 年代意大利各国仅仅建筑了 500 公里铁路，包括早期那不勒斯周围 50 公里、托斯卡纳河谷地带 200 公里、米兰－威尼斯铁路大约 200 公里（沿着波河谷地北岸）和皮埃蒙特第一条铁路 50 公里（都灵－阿斯蒂）。50 年代发展较快，增加了 1500 公里，其中大部分在北部，主要是在皮埃蒙特。皮埃蒙特很快成为全国最大的铁路网，建成了 800 公里联网铁路，把波河上游各大中心城市和港口热那亚连接起来。1853 年热那亚－都

---

① 戎殿新等著：《意大利经济政治概论》，经济日报出版社 1988 年版，第 25 页。
② 该铁路长度众说纷纭，这里采用《意大利百科全书》说法。
③ 庞兹：《1800—1914 年欧洲历史地理》，第 449 页。

灵铁路修通,成为日后意大利最繁忙和最早电气化的铁路之一。米兰-威尼斯铁路在1857年建成,随后向西延伸到皮埃蒙特,向北扩展到蒂罗尔,向东前进到伊里利亚半岛,总长约600公里。那不勒斯和托斯卡纳的铁路线也分别扩展100和300公里;50年代后期,拉齐奥和埃米利亚-罗马涅分别建成第一条铁路,两条线分别为100公里,前者大部分从罗马到海滨城市奇维塔韦基亚,后者沿着波河南岸从皮埃蒙特经过帕尔马到博洛尼亚。1850年意大利有铁路620公里,1859年初营运铁路约1800公里,在建600公里,招标上千公里,设计中线路多条。自然,当时意大利各国铁路没有相互连接起来,但1859年战争后,皮埃蒙特由于在战争中尝到铁路甜头,把自己的铁路和奥地利统治下伦巴第的铁路,迅速在提契诺河(Ticino)上的博法洛拉桥(Il ponte di Boffalora)连通;7月皮亚琴察与博洛尼亚之间的铁路贯通,穿越教皇国、摩德纳公国和帕尔马公国,这是统一前意大利第一条连接境内两个以上国家的铁路,并打算进一步连接米兰和佛罗伦萨,由于种种原因,皮亚琴察的波河大桥直到1865年才完工。[①] 此外,都灵和米兰之间的跨国铁路也接近完成。但是,统一以前埃米利亚地区和托斯卡纳、威内托地区仍然没有连通铁路,南方除了拉齐奥和坎帕尼亚外没有铁路。

1860年底,意大利已经有2000公里铁路线,1861年增至2520公里铁路。[②] 这个数字和西欧其他国家比较起来微不足道,位于英国、法国、德国之后,比西班牙好一点[③]:

| 国名 | 国土面积/千平方公里 | 人口/十万 | | 铁路里程/千公里 | 铁路里程/万人口 | 铁路里程/百平方公里 | 铁路里程/千公里 | 铁路里程/万人口 | 铁路里程/百平方公里 |
|---|---|---|---|---|---|---|---|---|---|
| | | 1860 | 1913 | 1860 | 1860 | 1860 | 1913 | 1913 | 1913 |

① 坎代洛罗:《意大利近代史》第5卷,第36页。

② 潘戈:《1870年以来的意大利》(Albert Pingaud, *L'Italie depuis* 1870, Paris : Librairie Delagrave, 1915),第257页。

③ 奥布莱恩(编):《1830-1914年西欧的铁路和经济发展》(Patrick O'Brien, *Railways and the Economic Development of Western Europe*, 1830-1914, Oxford: St. Antony's College, 1983),第52页;其他每1万人、每100平方公里铁路里程系根据表中数据计算得出。

| | | | | | | | | | |
|---|---|---|---|---|---|---|---|---|---|
| 意大利 | 287 | 25 | 35 | 2 | 0.8 | 0.06 | 18 | 5.14 | 6.27 |
| 英　国 | 228 | 23 | 42 | 15 | 6.52 | 6.58 | 33 | 7.86 | 14.47 |
| 法　国 | 536 | 35 | 39 | 9 | 2.57 | 1.68 | 41 | 10.51 | 7.65 |
| 德　国 | 541 | 37 | 68 | 12 | 0.32 | 2.22 | 64 | 9.41 | 11.83 |
| 西班牙 | 504 | 16 | 20 | 2 | 1.25 | 0.40 | 15 | 7.50 | 2.98 |

按照铁路和国土面积计算，设定英国为100，德国为34、法国为26、意大利为11、西班牙为6。尽管如此，统一前意大利铁路建设还是有成绩的，使意大利在欧洲铁路建设大潮中，获得了“铁路启蒙”，把铁路从阿尔卑斯山以北引进到古老的地中海世界，不仅把半岛主要城市、未来的“工业三角”与大海连接起来，而且为统一后国家政治统一的巩固奠定了基础。

第二个阶段(1861－1880年)：由于恢复战争破坏和巩固统一的需要，自由派右翼政府加快了铁路干线建设步伐，迎来统一后第一个铁路建设高潮，全国干线铁路网基本建成。加上左翼执政时期支线铁路的扩张，意大利基本建成了国家铁路网。

这个阶段打通原来各国的铁路，新建一些干线铁路。统一后五年间修筑了2000多公里铁路，在60年代竟然建成4000公里铁路，使铁路里程增加一倍，到70年代又增加2500公里。[①] 温和派右翼上台以后，每年平均建成350公里新铁路，其中1866年就修建了701公里，而前一个十年平均每年为176公里。全国铁路网骨架基本形成，基本达到了8000公里的设想——政治统一后人们认为统一全国经济最必要的措施之一。[②] 1861年11月博洛尼亚－安科纳铁路建成通车，然后沿着亚得里亚海海滨往南延伸，1865年到达布林迪西，次年到达意大利“足跟”莱切市。这样，人们就可以从北方坐火车南下莱切旅行，这是一个不小的成就。不过这条铁路线沿着伊奥尼亚海岸推进的速度比较慢，直到1875年才到达意大利“足尖”雷焦

① 费代里科：《1870年来意大利的经济发展》(Giovanni Federico, *The Economic Development of Italy since* 1870, Aldershot: Edward Elgar Publishing Limited, 1994)，第442页。

② 托尼奥洛：《1850－1918年自由意大利经济史》，第106页。

卡拉布利亚。中部河谷地带,以前各个地方铁路网间的联系也很快建立起来:罗马—那波利铁路在1863年通车,为了避开沿海沼泽和疟疾地区,火车线路比较靠近内陆一侧。博洛尼亚—佛罗伦萨铁路在1864年连接起来,佛罗伦萨—罗马铁路在1866年通车。西部海沿铁路依托斯卡纳铁路网向外延伸,往南在1867年经过奇维塔韦基亚和罗马连通,向西北经过地形复杂的里维埃拉到达热那亚,并在1874年抵达意法边境。1866年波河上的蓬泰拉戈斯库罗大桥(Pontelagoscuro)建成,贯通了帕多瓦—罗维戈—费拉拉铁路,1874年另外一座大桥—波河博尔戈福尔特大桥(Borgoforte)竣工,维罗纳—曼托瓦铁路连通。西西里岛和撒丁岛上铁路建设非常缓慢,前者的第一条铁路在1863年建成,1866年又完成了两条,但是此后直到70年代实际上处于停滞状态。后者第一条铁路建成于1871年。此外,奥地利统治下的威内托地区,在1860—1866年间也建成了几条铁路,但总的说来,该地区错过了意大利铁路建设的第一个高潮,其铁路建设远不如伦巴第地区。翻越(穿越)亚平宁山脉的一系列铁路,也在紧锣密鼓建设中。罗马—亚得里亚海铁路1866年建成,那不勒斯—亚得里亚海铁路1870年完成,那不勒斯—塔兰托铁路完成于1880年。当然,翻越亚平宁山脉的铁路的最后完善是在20世纪,特别是在法西斯统治时期,在"直快车"计划(Direttisime)指导下,获得全面成功。这样,经过一番狂热的建设,到1880年,意大利铁路干线建设基本告一段落。

60—70年代意大利穿越阿尔卑斯山隧道铁路的建设,是意大利铁路建设史上极为壮观的一页。意大利文艺复兴后,欧洲文明南强北弱的态势开始得到扭转。西塞罗曾经将阿尔卑斯山称作按照神意建造的保护意大利的屏障①,但是到近代工业文明兴起后,这个屏障反而成为意大利落后的原因之一,真是"春风不渡阿尔卑斯山"。因

① 赫伯特·格隆德曼等著:《德意志史》,第1卷上册,商务印书馆1999年版,第1页。

此铁路时代到来，反而使意大利人急于打通和阿尔卑斯山以北先进工业文明带的联系，从曾经是野蛮的地方引进一种新的文明。意大利此举代表着曾经辉煌灿烂的地中海文明对北方工业文明的第一次拥抱。国家统一前夕意大利和法国的政治联盟关系，事实上促进了联系意法之间穿越弗雷尤斯山隧道①的建设，被纳入法国的巴黎—里昂—地中海铁路公司，这是加富尔所一直向往的，他从1838年起就成为法国人迪克洛斯(Benoist Duclos)和克吕西亚(Alfred Crusillat)建立的“萨沃亚铁路公司”管理委员会的成员。② 这条双轨隧道在皮埃蒙特时代就已开工(1857年)，直到1871年才竣工。隧道位于海拔1300高度，全长13.6公里。在施工过程中不断进行技术革新，每个月钻岩速度最初只有14米，在工程师佐迈勒尔(Sommeiller)采用风钻后，每月可以前进75米。1872年热那亚—马赛铁路建成通车。1857年，奥地利使意大利获得了第一条穿越阿尔卑斯山的铁路—塞默灵铁路(Semmering)，把维也纳和帝国惟一主要港口——的里亚斯特连接起来。1860年又把的里亚斯特和威尼斯连接起来，从而把意大利和奥地利直接联系起来。奥地利在1859年建成维罗纳—博尔扎诺铁路，其最后一段不少于280座桥梁，埃特希河(Etsch)上1200米长的大桥被誉为当时的“技术奇迹”。③ 1863—1867年间建成通过阿尔卑斯山布伦纳山口(Brennero)连接博尔扎诺—因斯布鲁克的单轨铁路(的里亚斯特和布伦纳只是在1919年才为意大利所有)。意大利和奥地利之间的第三个隧道——塔尔维西奥隧道(Tarvisio)在1879年开通。意大利和瑞士之间的圣歌大隧道(Sankt Gottardo)在1872年动工，1881年开通，意大利铁路和欧洲铁路联网的努力达到高潮。隧道完全位于瑞士境内，海拔1100米，全长14.984公里。工程由意大利、瑞士和德国合作，意大利支付

---

① 意大利叫“Cenisio”，法国叫“Fréjus”或“Cenis”。

② 加龙:《1740—1883年法国铁路史》(François Caron, *Histoire des chemins de fer en France* 1740—1883, Paris: Libraire Arthème Fayard, 1997)，第240页。

③ 斯拉姆:《十九世纪的铁路和意大利国家的形成》，第106页。

5800万里拉、瑞士3100万里拉、德国3000万里拉。[①] 这条铁路开通,“对米兰和波河平原大部分地区至关重要,它使伦巴第首府的商业天命被重新激活,仿佛再次踏上中世纪意大利—北海之间古老的国际大商路。”[②]至此,意大利和欧洲邻近国家之间的铁路全部开通,为意大利更快地融进欧洲大家庭,加速意大利的向北开放提供了条件,这是复兴运动领导人国际眼光的很好体现。

第三个阶段(1881—1895年):由于1876年自由派左翼执政大规模公共开支的刺激,尽管西欧铁路建设高潮已经过去(1860—1880年),意大利还是迎来了第二个铁路建设高潮。

15年间新建6500公里铁路,全国铁路网长度骤然增加了75%以上[③],1896年铁路总长度达到16053公里。尽管这个时期也建设包括西部海岸线南段铁路在内的干线铁路,把铁路从那不勒斯经过中间贫穷和地势崎岖的地区,延伸到雷焦卡拉布里亚,但是这个时期的建设重点却是支线和地方铁路。让铁路深入到意大利各地,是左翼领导人的基本政策之一,同时也是为完善1876年前右翼政府建筑的干线铁路,真正形成一种互补网络。根据1879年7月29日颁布的5002号法律,批准政府拨款12.60亿里拉,建筑6000公里多公里辅助铁路,分为四种:1.具有明显全国性质的铁路,全部由国家承担建筑费用,共计1153公里;2.全国性但是也服务于地方的铁路,国家承担费用9/10、受益省份1/10,共计1304公里;3.次要的全国性、重要的地方性铁路,国家承担费用8/10,受益省份承担2/10,共计2070公里;4.地方铁路干线,国家进行少许补贴,按照每公里1000里拉补贴35年,其他则由地方出资,这个级别铁路1530公里。1876—1879年四年年间建铁路只有702公里,但是1880—1884年五年修建1680公里,1885—1888年四年间达到2417公里。[④] 为通过这

① 《意大利科学、文学和艺术百科全书》第15卷,第155页。

② 罗马诺、维万蒂(主编):《意大利史》(Ruggiero Romano e Corrado Vivanti, *Storia d'Italia*, Vol. IV, Torino: Giulio Einaudi Editore, 1976),第165页。

③ 费代里科:《1870年来意大利的经济发展》,第444页。

④ 《意大利科学、文学和艺术百科全书》第15卷,第155页。

个法案准备的议会文件有 1500 多页，提出的修正案有 600 多个，引起了大量辩论，其中一个修正案辩论了两天。① 可看出，修建铁路已经成为议会政治利益分配和地方利益冲突的重大问题，铁路建设在意大利政治决策中所处的地位有了新的表现。支线铁路常常修建在干线铁路到达不了甚至是根本就没有其他交通线路、但又具有重要价值的地方。它的修建能够充分发挥干线铁路在地方经济建设中的作用，同时它们的社会效益（social return）比较高。但是，由于国家和铁路公司之间的关系并没有很好解决，不得不影响铁路的建设和经营。因此不得不在 1885 年通过一个著名的铁路法，规范两者之间的关系，促进铁路建设和改善铁路管理。议会在 1887－1889 年间通过一些特殊财政法，为铁路建筑提供了额外的资金支持。1885 年铁路法通过后，到 1896 年意大利新开通铁路 5057 公里，超过任何一个十年间铁路建设的成就。

至此，经过右翼和左翼政府的努力，意大利不仅建成了全国干线铁路，而且还把铁路延伸广大的农村，基本形成了意大利现代铁路网络，促进了意大利各项事业的发展。当然，这个铁路网也并不完善，不仅长度和西欧其他国家没法比，而且火车站、车厢和其他铁路设备的质量也是这样，低于西欧其他国家，还需要在质量上完成现代化。

第四个阶段（1896－1913 年）：全国铁路网建设回复到政治统一前的慢节奏，铁路建设进入改造和完善阶段，也就是提高质量和效率阶段。从铁路里程上，近 20 年间只新增铁路 2500 公里，到 1913 年全国铁路总长度达到 17500 公里。② 意大利铁路在长度上基本达到经济建设的要求，1919 年首次超过 20000 公里（20601 公里）、1942 年达到高峰（23222 公里），此后呈下降趋势，1975 年为 20176 公里。③ 值得特别指出的是，这个时期意大利铁路建设出现了电气化

① 斯拉姆：《十九世纪的铁路和意大利国家的形成》，第 111 页。

② 费代里科：《1870 年来意大利的经济发展》，第 444 页。

③ 阿马托里等（主编）：《意大利历史年鉴 15：工业》（Franco Amatori et. al.，*Storia d'Italia. Annali* 15，*L'industria*，Torino：Giulio Einaudi Editore，1999），第 604－605 页。

的新气象。1890年开始在佛罗伦萨—费耶若莱(Fiesole)之间修建电车线,这是欧洲第一条电车线路,随后意大利人打算使整个国家的铁路线电气化。[①] 意大利成为世界上电力运用方面最先进的国家之一。1905年铁路国有化以后,铁路建设有较大的进展,但是和前几次建设高潮不同,这一次主要以重建和改造旧有铁路、尤其是更换车辆设备为基本任务,真正新建铁路不多。另外,到1905年,森皮奥内隧道[②](Sempione)开通。这条隧道从1898年开工,位于意大利和瑞士之间的阿尔卑斯山上,全长19.730公里,直到20世纪30年代仍然是世界上最长的隧道。这条隧道的贯通,进一步加强了意大利和山北欧洲、特别是和"拉丁兄弟"法国的联系。到1902年,意大利铁路分布情况是:主要干线铁路12465公里,其中地中海铁路公司5724公里、亚得里亚海铁路公司5652公里、西西里铁路公司1079公里;支线铁路3148公里,标准轨距铁路1931公里、窄轨铁路1217公里。[③] 现在把1905年以前意大利铁路建设速度按照每五年为单位列表如下:[④]

| 年　代 | 新开通铁路里程 |
|---|---|
| 1839—1845 | 152 |
| 1846—1850 | 468 |
| 1851—1855 | 648 |
| 1856—1860 | 1167 |
| 1861—1865 | 2188 |
| 1866—1870 | 1838 |
| 1871—1875 | 1577 |
| 1876—1880 | 1172 |
| 1881—1885 | 1682 |
| 1886—1890 | 2716 |
| 1891—1895 | 2341 |
| 1896—1900 | 458 |
| 1901—1905 | 650 |

① 潘戈:《1870年以来的意大利》,第252页。

② 又叫"辛普朗隧道"(Simplon Tunnel)。

③ 《意大利科学、文学和艺术百科全书》第15卷(*Enciclopedia Italiana di Scienze, Lettre e Arti*, Roma:Istituto della Enciclopedia Italiana,Vol. XV,1932),第155页。

④ 斯拉姆:《十九世纪的铁路和意大利国家的形成》,第72页。

在19世纪后期到20世纪初，意大利铁路建设取得重要成就，经历四个阶段三次高潮（50、60和80年代后期），基本建成了符合意大利政治经济要求的铁路网络，这种成就只有古罗马的大道建设和20世纪高速公路的建设可以与之媲美。按照十年为单位的铁路长度为：1861年2773公里、1871年6710公里、1881年9506公里、1891年13964公里、1901年16451公里、1911年18394公里、1914年底19125公里。[①] 按照地区分布的铁路情况是：[②]

| 地 区 | 面积(平方公里) | 1861年 | 1886年 | 1912年 |
|---|---|---|---|---|
| 皮埃蒙特 | 29268 | 689 | 1393 | 2053 |
| 利古里亚 | 5324 | 54 | 366 | 451 |
| 伦巴第 | 23526 | 403 | 1438 | 2012 |
| 威尼斯 | 23463 | 353 | 1072 | 1438 |
| 埃米利亚 | 20515 | 302 | 735 | 1271 |
| 北部总计 | 102096 | 1801 | 5004 | 7225 |
| 托斯卡纳 | 24052 | 361 | 954 | 1299 |
| 马尔凯 | 9703 | 74 | 327 | 503 |
| 翁布里亚 | 9663 | — | 460 | 460 |
| 拉齐奥 | 11917 | 100 | 435 | 787 |
| 中部总计 | 55335 | 535 | 2176 | 3049 |
| 阿布鲁佐和莫利塞 | 17290 | — | 503 | 881 |
| 坎帕尼亚 | 17978 | 184 | 734 | 1239 |
| 阿普利亚 | 22115 | — | 767 | 1237 |
| 巴西利卡塔 | 10675 | — | 187 | 352 |
| 卡拉布里亚 | 17257 | — | 507 | 796 |
| 西西里岛 | 29241 | — | 893 | 1033 |
| 撒丁岛 | 24342 | — | 431 | 1033 |
| 南部总计 | 138898 | 184 | 4022 | 6571 |
| 全国总计 | 296329 | 2520 | 11202 | 16845 |

1886—1909年地区铁路密度分布情况是：利古里亚从2公里—将近9公里、伦巴第将近6公里—8公里、皮埃蒙特不到5公里—将近7公里、阿布鲁佐3公里—5公里、撒丁岛2公里—4公里。[③] 全国

① 奇波拉（主编）：《意大利经济简史》，第108页。

② 斯拉姆：《十九世纪的铁路和意大利国家的形成》，第76页。

③ 奇波拉（主编）：《意大利经济简史》，第108页。

每1000居民拥有的铁路长度：1861年0.02公里、1886年0.39、1912年0.49；其地区分布：北部分别为0.16、0.40、0.46；中部分别为0.16、0.47、0.53；南部分别为0.02、0.36、0.50。[①] 可以看出，南部由于居民人数较少，铁路拥有量比中部和北部还要高，但是这并不表明南方的铁路建设比北方成功。在1900年每1000人的铁路长度，意大利508米，西班牙713米，奥匈帝国746米，法国908米，德国922米，英国933米。每公里的产值比率意大利为0.30，比德国低1/3，比奥匈帝国和法国低1/2，只比西班牙的0.24好一点。

第一次世界大战前夕，意大利拥有铁路长度和西欧其他国家相比，仍然和50年前的相对地位相同：远远落后于英国、法国和德国，仅比西班牙好一点。即使意大利经济最发达的伦巴第、皮埃蒙特和欧洲大陆铁路建设最先进、面积差不多的比利时相比，也显得落后[②]：

| 地区/国家 | 面积($km^2$) | 1861年 | 1870年 | 1886年 | 1912年 |
|---|---|---|---|---|---|
| 伦巴第 | 23526 | 403 | 680 | 1438 | 2012 |
| 皮埃蒙特 | 29268 | 689 | 1174 | 1393 | 2053 |
| 比利时 | 30513 | 1824 | 2897 | 4420 | 4677 |

意大利铁路的复线铁路有限，1878年法国和普鲁士有约30%的复线铁路，而意大利只有10%。[③] 1910年欧洲国家复线铁路占铁路总长度的份额分别是：英国56%、比利时46%、法国43%、德国38%、意大利18%、瑞士15%、奥匈帝国11%。在乘客和货物总流量上意大利也比较落后(单位：吨)：[④]

| 年代 | 奥匈帝国 | 法国 | 德国 | 意大利 | 西班牙 |
|---|---|---|---|---|---|

① 斯拉姆：《十九世纪的铁路和意大利国家的形成》，第77页。

② 斯拉姆：《十九世纪的铁路和意大利国家的形成》，第70页。

③ 《巴卡里尼委员会文件集》(*Atti Commissione Baccarini*, Part 2, vol. III, pp. 1327—1348)，转引自斯拉姆《十九世纪的铁路和意大利国家的形成》，第22页。

④ 斯拉姆：《十九世纪的铁路和意大利国家的形成》，第71页。

| 1870 | — | 9329 | 9700 | 1632 | 732 |
|---|---|---|---|---|---|
| 1880 | 6435 | 16213 | 20000 | 2725 | 1476 |
| 1890 | 11003 | 19703 | 33800 | 4251 | 2006 |
| 1900 | 16322 | 30000 | 57200 | 4927 | 3223 |

在每公里的总流量上也是如此。当然，研究意大利铁路是一件费神的事情，比如有学者说，研究意大利铁路费用就像学习中文一样，需要毕生的经历。①

总之，19 世纪意大利的铁路建设，与整个意大利的经济发展水平一样，和自己的过去相比，成绩喜人；和欧洲发达国家比较，则明显呈现出一个发展中国家的特点。但是不要忘记，意大利仍然是南欧最先进的国家。如果说工业文明是在处于欧洲边缘地带的英国孕育成功的，而这种文明在南欧首先被引种成功的却是意大利。

## 二、铁路的管理：公私之间

铁路这种现代交通工具的性质，决定了它管理上的难度。主要是国家与铁路公司之间的关系难于处理，公与私之间难于把握一个合适的度。公与私，在某种程度上都适合铁路的性格。英国交通革命后，将铁路作为主要出口品，但是要输出以私有制的主要特点的铁路管理制度却并不容易。欧洲大陆国家在 19 世纪的普遍做法是国家干预铁路管理，"没有一个大陆国家把铁路看作是私人商业企业，因为大陆国家一直存在防止外国从陆上入侵、保卫国家的问题。"②这可能和 19 世纪欧洲大陆经济思想开始从亚当·斯密的自由主义向以弗里德里希·李斯特为代表的国家干预主义发展有关。19 世纪意大利的铁路管理经历了从公私并存——私有占优势——到国有

① 《巴卡里尼委员会文件集》，转引自斯拉姆《19 世纪的铁路和意大利国家的形成》，第 119 页。

② 希顿：《欧洲经济史》(Hertert Heaton, *Economic History of Europe*, New York: Harpers & Brothers Publishers, revised edition, 1948)，第 526—528 页。

化的长期转变历程，从一个侧面深刻反映了意大利在政治统一后，追赶先进国家，调适历史传统、探索发展道路的艰苦历程。

私人资本在欧洲大陆铁路建设中占有重要地位，占有其铁路长度的大约60％。① 甚至到1910年，全欧30万公里铁路中仍有18万公里(大约60％)归私人铁路公司所有或者经营。意大利的情况也是如此，甚至更加突出。统一前各国铁路的建设和管理由国家和私人铁路公司共同承担，其中私人资本占优势，包括外国资本，特别是强大的法国资本。1861年3月意大利铁路所属和管理状况如下表：②

| 铁路所属国家和公司名称 | 铁路里程(公里) | | | |
|---|---|---|---|---|
| | 营运 | 在建 | 特许/研究中 | 总计 |
| 皮埃蒙特国有铁路 | 284 | 317 | — | 601 |
| 皮埃蒙特国家已经或者即将管理的私人铁路 | 298 | 44 | — | 342 |
| 特许给皮埃蒙特维托里奥·埃马鲁埃莱公司的铁路 | 109 | — | — | 109 |
| 埃蒙特维托里奥·埃马鲁埃莱公司管理的铁路 | 112 | — | — | 112 |
| 森皮奥内意大利铁路 | — | — | 59 | 59 |
| 特许给伦巴第和中意大利铁路公司的铁路 | 376 | 345 | 141 | 862 |
| 威内托各省铁路 | 376 | 52 | 44 | 472 |
| 特许给意大利王国罗马铁路公司的铁路 | — | 453 | 41 | 494 |
| 特许给里沃内铁路公司的铁路 | 212 | 19 | — | 231 |
| 特许给中托斯卡纳公司的铁路 | 127 | 26 | — | 153 |
| 阿西亚诺－格罗塞托铁路 | — | 84 | — | 84 |
| 特许给马雷马铁路公司的铁路 | — | 234 | — | 234 |
| 教皇国铁路 | 101 | 149 | 45 | 295 |
| 已特许给阿雷蒂纳公司的铁路 | — | 54 | 68 | 122 |
| 那不勒斯国有铁路 | 88 | 152 | — | 240 |
| 特许给巴亚德公司的铁路 | 53 | 4 | — | 57 |

① 包括比利时、荷兰、德国、法国、瑞士、奥匈帝国、意大利、西班牙、葡萄牙和希腊，只有普鲁士铁路公司在1880年经营了德意志铁路网13000公里中的9400公里，占75％；1890年24000公里中的21000多公里，占90％。

② 《意大利科学、文学和艺术百科全书》第15卷，第154页。

| 独裁者加里波第特许给阿达米和莱米的铁路 | — | — | 937 | 937 |
|---|---|---|---|---|
| 总计 | 2136 | 1933 | 1335 | 5404 |

政治统一后,国家没有立即调整现有格局,直到1865年铁路法颁布。1864年底,在全国3400公里铁路中,不到600公里由国家直接管理(主要在皮埃蒙特),不到全部铁路的1/6,其余则分属22个私营铁路公司管理,有的公司规模相当小。[①] 而且,重要的铁路线基本上由外国公司控制,比如在皮埃蒙特,都灵—苏萨、都灵—提契诺铁路由巴黎拉斐特银行(la Banca Lafitte di Parigi)控制的“维托里奥·埃马努埃莱公司”(la Società Vittorio Emanuele)管理。意大利财政部长昆蒂诺·塞拉(Quintino Sella)在议会辩论中,谈到意大利国家和罗斯柴尔德银行的关系时说:“和罗斯柴尔德家族的关系是困难的,因为一方面(它)不尊重意大利法律;另一方面,我们不得不对它给予皮埃蒙特和意大利的帮助表示感谢。”[②]这里所谓的“帮助”,指的是意大利独立战争中法兰西第二帝国提供的军事和外交援助。所以,罗斯柴尔德银行在意大利铁路领域的广泛存在,实际上可以看成是法国在意大利经济利益的延伸。当然,事情都是多方面的,皮埃蒙特也有意识地把吸引外国资本作为外交斗争的内容之一,把大国经济力量主动引入意大利对抗奥地利,最终目的是赢得国家独立和统一。同时也为国家统一后的意大利政府出了一道难题,但是意大利政府无论如何还是有意改变私人资本、特别是外国资本占优势的状况,真正实现意大利的经济的独立和政治统一。政府开始改变过去鼓励和扶植私人资本的政策,并且着手减少私人公司的数量,国家和铁路公司之间关系的不确定性增加。

由于新政府是按照皮埃蒙特模式建立起来的,自然想到用以前皮埃蒙特的经验来管理全国铁路,积极倡导直接由国家建设和管理

---

① 托尼奥洛:《1850—1918年自由意大利经济史》,第105页。

② 塞拉:《回忆录》(Quintino Sella, *Memorie*, Roma, 1887, p. 255),转引自斯拉姆:《十九世纪的铁路和意大利国家的形成》,第50页。

铁路，皮埃蒙特是统一前各国中铁路国有化成就最大的国家。但是，由于三方面的原因，政府无法做到这一点：一方面，统一前各国政府与铁路建设公司“有约在先”，新政府作为统一国家的惟一合法政府，必须加以尊重和继承。况且，大量法国资本的存在，加上统一后意大利和法国关系更加微妙，外交环境并不乐观，需要谨慎处理；另一方面，意大利新政府发展铁路雄心勃勃，而国家刚刚成立、银行系统不健全、财政极为紧张的现实，不得不继续利用私人和外国资本来建筑铁路。意大利从统一前各国继承下来的债务有20多亿里拉，国家每年财政收入才5亿里拉，政府开支本身就要超过这个数字，经过15年的奋斗，直到1875年明格蒂政府才最终将财政赤字降低到零。[①] 还有，统一后初期执政的温和派右翼政府奉行自由主义经济思想，确信私人公司竞争的好处，甚至企图使所有铁路私有化，其高潮是将“皮埃蒙特国营铁路公司”出卖给“上意大利铁路公司”。因此，国家乐于承担和私营铁路公司复杂烦琐的合同谈判工作，一直进行到1864年底，1865年政府遇到巨大的财政困难，不得不开始特许行动。[②] 无论怎样，制定一个新国家统一的铁路法律迫在眉睫。

到20世纪初，意大利主要铁路干线的管理经历了三次大规模的重组。

1865年铁路法是统一后意大利铁路管理史上的第一个分水岭。1865年5月14日，议会通过意大利第一个重要的铁路法(2248号法)。[③] 这个法律类似法国1858年铁路法，当时法国组建了六家铁路公司。意大利这个铁路法规定政府将铁路干线的经营权下放给五家铁路公司，取消其他一些公司。这五家公司是：法国罗斯柴尔德银行控制的“上意大利铁路公司”(La Società delle strade ferrate dell'

---

① 斯拉姆：《十九世纪的铁路和意大利国家的形成》，第39页。

② 扎马尼：《从边缘到中心：1861—1991年意大利第二次经济复兴》，第213页。

③ 首相为Alfonso Lamarmora，公共工程部长Stefano Jacini，财政部长Quintino Sella。

Alta Italia)，几乎管理比萨—佛罗伦萨—博洛尼亚以北全部铁路，1866年获得威尼斯的铁路，共计2422公里，其中16%正在建筑之中，这是意大利最发达、最有价值的铁路；"南方铁路公司"(La Società delle strade ferrate meridionali)，管理博洛尼亚以南亚得里亚海沿海和穿越南部意大利到那不勒斯的铁路，共计2362公里，其中35%正在建筑之中；巴黎工商业信贷银行控制的"罗马铁路公司"(La Società delle strade ferrate romane)管理西部海岸(除利古里亚)、佛罗伦萨—那不勒斯之间河谷地带铁路，共计1840公里铁路，其中31%正在建筑中；"王家撒丁铁路公司"(La Società reale delle strade ferrate Sarde)管理撒丁岛上的铁路，还没有现存铁路，100%处于建设中；"维克多·埃马努埃莱公司"(La Compagnia Vittorio Emanuele)管理西西里岛上的铁路，共计1474公里，其中89%处于建筑中。[①] 该法律规定了铁路收入的分配，37.5%归国家，62.5%归公司，但是公司得负责营业费用。[②] 法律还规定了公司经营铁路的收费标准，没有政府批准，铁路公司不得降低运费。[③] 如果说在1865年的时候意大利还没有国有铁路，一年以后国家就变成为从佛罗伦萨到法国边境431公里铁路的所有者，占当时5751公里铁路总数的7.5%，到1875年达到20%，1876年随着国家对"上意大利铁路公司"的收购，进一步增加到45%。[④] 这个铁路法对铁路建设起了推动作用，意大利在1865年6月的时候已有铁路4306公里，此后1865年的下半年增加116公里、1866年705公里、1867年194公里、1868年370公里、1869年190公里、1870年1—8月295公里，全国铁路

---

① 布里亚诺:《意大利铁路史:事件》(Italo Briano, *Storia delle ferrovie in Italia*: *le vicende*, Milano: Cavallotti, 1977)第124—125页；坎代洛罗:《意大利近代史》第5卷，第261页。

② 坎代洛罗:《意大利近代史》第7卷，第198页。

③ 科尔比诺:《1861—1870年意大利经济年鉴》(Epicarmo Corbino, *Annali dell'Economia italiana*, 1861—1870, Città di Castello: Societa anonima tipografica "Leonardo Da Vinci", 1931)，第196页。

④ 斯拉姆:《十九世纪的铁路和意大利国家的形成》，第41页。

线至此达到6176公里。[①] 这个铁路法的初衷是想大力鼓励公司发展铁路，国家只起辅助作用。但是铁路经营状况并没有根本改观，政府很快改变了主意，撤回对铁路公司的补贴，铁路公司陷入财政困境，国家被迫开始接收铁路，国家和公司之间的争论进入全国政治生活。在U.拉塔齐(Urbano Ratazzi)和L.F.梅纳布雷亚(Luigi Federico Menabrea)两届政府中(1867年4月—1869年12月)，更换了四个公共工程部长，从一个侧面说明了铁路问题的棘手程度。实际上这也是欧洲各国政府面临的问题，毕竟政府没有和这个急剧扩张的新兴产业打交道的经验。

1885年意大利铁路进行了第二次改组。从1865年到1885年二十年间，国家和铁路公司之间的关系经历了一个过渡时期：1865—1870年是双方合作时期；1872—1876年为关系困难时期，各铁路公司——"维托利奥·埃马努埃莱公司"(1868年)、"罗马公司"(1873年)、"上意大利公司"(1875年)相继被国家收购，特别是后一宗收购是当时欧洲前所未有的收购大案，造成意大利政治危机，引发"议会革命"，导致右翼政权垮台，左翼上台执政；1876—1885年，大多数铁路公司不复存在，国家暂时直接掌管了经营铁路，1884年意大利有国有铁路上升到61.8%。尽管如此，关于铁路国有化和私有化两大势力之间的斗争——实际上是政治斗争——并没有结束，到1885年4月27日议会最终颁布了第二个铁路法(3048号法)[②]，确立了一种"混合管理制度"(regime misto di gestione)：这实质上是一种公有私营制度，国家拥有大部分铁路线，公司拥有铁路车辆。既不是完全国有化，也非纯粹私有化，而是两者的结合、妥协。从议会通过这个法律时的票数可以看这一点：3月6日众议院通过时赞成票226，反对票203票，4月26日参议院通过时，由于传统自由贸易主义者和铁路公私支持者占优势，赞成票113，反对票只有36。[③]

---

① 《意大利科学、文学和艺术百科全书》第15卷，第155页。

② Agostino Depretis 第6任期，公共工程部长为 Francesco Genala.

③ 坎代洛罗：《意大利近代史》第6卷，第248页。

这次改革主要代表自由贸易主义者的观点，也照顾到国有化论者的利益，国家在保持铁路所有权的情况下，改组大部分国有干线铁路——8900公里中的6400公里，将其出租给三个私营铁路公司："意大利亚得里亚海铁路公司"(La Società italiana per le strade ferrate Adriatica)(由以前的"南方铁路公司"改组而来)，管理半岛东部铁路，拥有正在营运中的4303公里铁路中的1800公里，还有1560公里(占27%)在建铁路，它的资本股份可以从1.50亿里拉增加到1.80亿里拉，实力最雄厚；"意大利地中海铁路公司"(La Società italiana per le strade ferrate del Mediterraneo)，管理半岛西部铁路，拥有铁路4250公里，还有1824公里在建铁路(占30%)，其资本股份为1.35亿里拉；新建"意大利西西里铁路公司"(La Società italiana per le strade ferrate della Sicilia)负责南部地区和岛屿铁路建设，有597公里铁路和未来建设的铁路，资本股份1500万里拉，这个公司的总裁R.比安基(Ricardo Bianchi)在1905年改革后成为"意大利铁路公司"总裁。此外还有1750公里铁路租让给其他各私人铁路公司，其中"王家撒丁铁路公司"(La Compagnia Reale delle Ferrovie Sarde)仍然保留撒丁岛的铁路。"地中海公司"和"西西里公司"拥有的铁路几乎全部是国家接管的铁路，"亚得里亚海公司"拥有部分国有铁路，此外还有大约1800公里自己的铁路。两家北方的公司各自拥有三个阿尔卑斯山出口，基亚索(Chiasso)和米兰车站为两家公司共用。合同规定：公司替国家支付车辆和营运费用，并对其享有所有权，经营铁路运输，负责技术维护，公司收入占营运收入的比例从62.50%到50%递减。剩余一部分留作特别储备金，按照不同情况资助铁路运输，另一部分归国家收入；国家保证为公司计划、建筑新铁路线或完成在建铁路线；为了筹措建筑资金，国家担保公司发行3%的债券，偿还期90年；在铁路建设中，只要国产建材不超过进口建材价格的5%(除掉关税和运输费)，应该优先采用国产材料；合同规定的铁路租用期限为60年，但是国家拥有20或40年更改租期的权利。[①]

这次改革使铁路建设出现一些新变化:公司股份结构发生变化,意大利资本占优势,外国资本中德国资本明显增加,法国资本减少;国家和公司之间的利润分配,在荷兰铁路法的启发下,实行动态分配制,公司收入越多,国家获利越多;铁路网的划分法,目的在于使南北交通畅通、使公司共同承担南方铁路较低收入的负担,同时缩小南北差距。正如戴普雷蒂斯首相所说,前两个铁路公司构成意大利经济整合、消除南北差距的"不可动摇的轴心"(inflexible axes)[②];同时关于铁路建设采用国产材料的规定,虽然暂时不能实现,但还是有意义的。法律生效后,按照经营业绩,三家公司排名依次是西西里公司、亚得里亚海公司和地中海公司。

这次铁路改革带动了1885—1890年全国支线铁路建设的高潮,但是不久投资热情就开始下降。不言而喻,国家控制了铁路运输费用的决定权,利润分配也是有利于国家,损害了公司开拓业务的积极性,使铁路难于和传统交通工具竞争,特别是不利于公司从南方铁路收回投资。所以,1885年铁路法和1865年法一样,都没有创造出有效的铁路运输体系,是不太成功的法律。尽管公共工程部长F.杰纳拉(Francesco Genala)在法案通过后吹嘘说,法案结束了未来50年的铁路争论[③],但是并没有解决铁路营运方面的问题。尽管如此,这种混合制度还是维持到1905年铁路国有化。[④]

1905年进行了第三次改组,这是一次重大改革,成果一直保持

---

① 坎代洛罗:《意大利近代史》第6卷,第249页;斯拉姆:《十九世纪的铁路和意大利国家的形成》,第61—62页。

② 福尔图纳托、祖奇诺(编):《阿戈斯蒂诺·戴普雷提斯议会演说集》(Giustino Fortunato e Giovanni Zuccino, *Discorsi parlamentari di Agostino Depretis*, Roma, 1888),转引自帕巴:《焦利蒂时代的政治阶级和公共干预:铁路国有化》(Antonio Papa, *Classe politica e intervento pubblico nell'età giolittiana: La nazionalizzazione delle ferrovie*, Napoli: Guida, 1973),第18页。

③ 帕巴:《焦利蒂时代的政治阶级和公共干预:铁路国有化》(Antonio Papa, *Classe politica e intervento pubblico nell'età giolittiana: La nazionalizzazione delle ferrovie*, Napoli: Guida, 1973),第23页。

④ 奇波拉(主编):《意大利经济简史》,第108页。

到今天。1885铁路法为期60年,每20年为一阶段。当头一个20年到期的时候,国家和铁路公司对合同都不满意,因此修订1885年铁路法问题提上议事日程。1898年底,政府任命了一个委员会(先后由参议院L. Gagliardo和众议员V. Saporito任主席)研究1885年法律执行的结果,力争在第一个20年结束的时候提出切实有效的办法,解决铁路发展方面存在的问题。经过长期大量工作,委员会的意见是修订1885年铁路法,加强铁路私有化。但是政治形势的突然激进、特别是铁路工人反对私有化的强大压力,迫使政府采取国有化。这样,国家在1905年4月22日颁布第三个重要的铁路法(137号法)[①]。国家放弃在各个铁路公司之间进行调整的策略,将主要干线铁路(10586公里)管理权全部收归国家,从1906年7月1日起,由公共工程部部长领导下的"国家铁路局"(Ferrovie dello Stato)管理(战争期间除外)。加上1906年7月15日法结束了南方铁路公司2221公里铁路的管理权,国有铁路达到13049公里。第一任局长是利卡尔多·比安基,直到1916年,为意大利铁路的管理做出了重大贡献。到第一次世界大战前,国家管理13666公里标准轨铁路、116公里窄轨铁路(主要在西西里),战后随着朱利亚－威内托和特伦蒂－诺威内托并入意大利(1920年6月30日),意大利拥有标准轨铁路15667公里(其中原意大利版图内铁路14587公里,新建省铁路1080公里),窄轨铁路589公里(298公里在西西里,291公里在新建省)。1931年12月31日,意大利营运铁路22554公里,其中国有铁路16928公里,私营铁路5626公里。[②]

这次调整是在激烈的政治斗争中实现的,种种原因导致了铁路私人公司制度的退出和国有化的实现:由于政企不分,铁路管理不仅没有改善反而越来越糟糕,引起社会强烈不满;金融资本和工业资本日益集中和铁路私人公司经营的不良情况,使传统的经济自由主义、

① Alessandro Fortis 和 Carlo Ferraris 分任首相和公共工程部长。

② 《意大利科学、文学和艺术百科全书》第15卷,第156页。

铁路自治主义和合作主义日渐低迷，农工商界（特别是机械制造工业界）要求国有化的呼声高涨；政治激进势力抬头（如社会主义者、工会势力），出于对铁路公司的不满或者代表不同的政治利益，要求铁路公有化，在议会中获得越来越多的支持者；1885 年法律确定的合同期限到期，公司对铁路的投资放慢，掠夺性使用铁路设施，1905 年全国铁路公司接收了 2664 个火车头，其中 768 个使用期限超过 30 年，1752 个客车行李车厢，其中 652 个服务期限超过 40 年，52788 个火车车厢中 9735 个也是如此。[①] 正因为如此，为了保证 1905－1906 年的正常运输，国家不得不决定新建 567 个火车头、1244 个客车行李车厢和 20263 个货车车厢，国家在 1905－1915 年间为更换车辆花费了大约 15 亿里拉。[②] 20 世纪初，M. 费拉里斯（Maggiorino Ferraris）写道："除了 1885－1899 年间的短暂时期，铁路由这样一些人管理，他们必须具有这样绝对和诚实的信念－业务应该在没有火车头、没有客车车厢、没有货车车厢的情况下做成"[③]；铁路经营效益大幅度下滑，1898 年"地中海铁路公司"和"亚得里亚海铁路公司"的经营指标明显不如法国"北方铁路公司"（Chemins de Fer du Nord）、"巴黎－里昂－地中海铁路公司"（Chemins de Fer de Paris *à* Lyon et *à* la Méditerranée）和"普鲁士黑森联合国家铁路公司"（Vereinigte Preussische und Hessische Staatseisen bah-nen）。费诺阿尔特亚估计 19 世纪末意大利的铁路维持费用要比法国和德国的费用高出 2/3。[④] 1899 年意大利铁路公司总亏损额达到 1 亿里拉左右；铁路工会的力量日益增强，公司越来越控制不了；私人资本也主动撤出铁路行

---

① 科莱蒂：《改革史：国家铁路公司》（G. Coletti, *Storia di una riforma*：*L'ente "Ferrovie dello Stato"*, Roma, 1985, p. 69），转引自阿马托里等（主编）：《意大利历史年鉴 15：工业》，第 573 页。

② 阿马托里等（主编）：《意大利历史年鉴 15：工业》，第 573－574 页。

③ 费拉里斯：《意大利铁路的衰败》（M. Ferraris, "Lo sfacelo ferroviario in Italia", (*Nuova Antologia*, XLI, 1906, No. 818, pp. 364－365)，转引自阿马托里等（主编）：《意大利历史年鉴 15：工业》，第 567 页。

④ 费代里科：《1870 年来意大利的经济发展》，第 473－475 页。

业，投资方兴未艾的新兴工业部门，比如电力、冶金和机械制造业。[①] 当然，在这场争论中，也不乏通过彻底私有化来消除混合制度、提高铁路效率的主张。总之，1885 年铁路法在新的形势下，已经显得过时，需要新的铁路立法取而代之，并由国家接管铁路，结束私有铁路占优势的状况。

1905 年意大利的铁路国有化，是意大利经济政治生活中的一件大事。它结束了意大利半个多世纪私有铁路占优势的历史，开始了现代化进程中国家直接承担铁路建设和管理的历程。这个过程是意大利历史和资本主义现代经济的基本要求，中途虽然充满激烈的政治斗争，但是实现铁路国有化毕竟是大势所趋。4 月 19 日众议院通过的时候赞成票和反对票的比是 289∶45，4 月 21 日参议院为 109∶8。[②] 这个结果和 1885 年铁路法通过时的情形形成鲜明的对比。通过这次铁路改革，意大利成为欧洲继德国（80 年代）后第二个将大多数铁路国有化的国家，再次掀起了铁路投资热潮，不过和前两次建筑新铁路线的扩张高潮不同，这次主要是重建遭到毁坏的铁路，更换陈旧的设备，提高现有铁路的效率，以至这次对铁路和其他公共工程的投资，成为从 1900－1901 年开始的“焦利蒂时代”经济发展的重要政策之一。[③] 意大利现代铁路的基本格局就此确定下来。值得注意的是，意大利从来没有将全部铁路收归国有，直到 1975 年国有铁路占全国 20176 公里中的 16077 公里，相当于 79.68%。同时，在意大利的铁路发展历程中，国家战胜市场，垄断代替竞争，不是 20 世纪政治家的心血来潮，而是 19 世纪意大利政治经济发展的必然归宿，也是欧洲大陆铁路发展的一个基本特点。公有和私有之间，国家与市场之间，很难说有一个适合所有国家和一个国家所有发展阶段的模式。

---

① 坎代洛罗：《意大利近代史》第 7 卷，第 200 页。

② 坎代洛罗：《意大利近代史》第 7 卷，第 209 页。

③ 托尼奥洛：《1850－1918 年自由意大利经济史》，第 187 页；扎马尼：《从边缘到中心：1861－1991 年意大利第二次经济复兴》，第 188 页。

## 三、评说铁路功过：经济角度是不够的

评价19世纪意大利铁路建设的成就是一个复杂的问题，因为作为现代文明核心内容之一的铁路和它处在意大利半岛上，都增加了问题复杂的程度。可以从两个方面评价19世纪意大利的铁路建设：一方面，意大利铁路发展不太令人满意。铁路兴建比较晚，建设速度不太快，地区分布不平衡，营运经济效益差，和机械工业发展脱节，与西欧先进国家相差甚远，如此等等，总让人沮丧。这些现象的出现不是偶然的：

首先，政府对铁路的观点和政策有问题。和欧洲大陆其他国家政府一样，意大利政府把铁路看成是公有财产，与英美国家把铁路看成是私有财产的传统不同，政府和铁路公司之间的职责没有划分清楚，导致投资者对铁路投资信心不足，出现政府鼓励铁路建设，但不鼓励铁路使用的情况；铁路公司中外国公司居多，它们在意大利势力发展很快，引起意大利政府的警惕，但是排除其影响需要时间；政府内部的腐败行为、税收政策和关税政策、地方利益也影响铁路的管理。一个英国作家在19世纪末这样写道：“这个国家被债务压垮，除了给毫无用处的市镇装饰和臃肿的文职人员提供贷款外，还要供养一支庞大的军队和一支舰队。在这些普遍的腐败中，铁路似乎也占有一份。”①

其次，铁路公司经营不善。铁路公司惟利是图、管理混乱、人浮于事、效率低下、公司之间的恶性竞争，导致铁路营运水平不尽人意。1869年铁路每公里运量为：意大利799吨、法国2444吨、普鲁士5303吨、比利时8448吨、符腾堡8729吨。② 据1875年铁路调查委

---

① 霍尔：《国家铁路》(James Hole, *National Railways: An Argument for State Purchace*, London: Cassell, 1893)第274页。

② 特兰法利亚(主编)：《当代世界——历史和社会科学百科全书》第一卷：莱维、莱夫拉、特兰法利亚(主编)《意大利史》(Nicola Tranfaglia, a cura di, *IL Mondo Contemporaneo* Vol. I: Storia d'Italia, a cura di Fabiao Levi, Umberto Levra e Nicola Tranfaglia, Tomo 1, Firenze: La Nuova Italia Editore, 1978 <prima ristampa 1980>)，第124—125页。

员会的估计，意大利每公里铁路年平均收入为18700里拉，英国55962里拉、法国42000里拉、德国39400里拉、奥地利37000里拉。[①] 铁路投资者资本回报率几乎从未达到4%，比如1877年意大利各大铁路公司资本回报率分别为："上意大利铁路公司"3.26%，"罗马铁路公司"1.62%，"南方铁路公司"1.62%，"西西里铁路公司"和"皇家撒丁铁路公司"竟然是亏损。[②]

再次，和意大利的整体经济发展水平有关。与西北欧工业发达国家比，意大利工业发展水平不高，地区分布不平衡，南部是欧洲最贫穷的地区之一，对铁路运输的需求较低。伦巴第和亚得里亚海之间的水路交通形成后，从这些铁路获得最大效益的地方，是皮埃蒙特及其邻近的利里古里亚滨海港口[③]，和这里的"工业三角"互相促进。因此费诺阿尔特亚认为："铁路似乎改善了波河上游地区到海洋的条件，但是对统一国内市场贡献相对较小。"即使工业最发达的北部，三面高山环绕，与阿尔卑斯山以北欧洲大市场的联系受到一定影响，从而发展工业和交通的成本较高。

第四，与意大利的自然地理条件有关。意大利山地较多决定了铁路建设和维持费用较高，连对意大利铁路作用评价不高的格尔申克隆也说："铁路建设是一项昂贵的事情，也许没有哪个地方有意大利这么昂贵。"[④]因此，当他再次从博洛尼亚乘火车穿越亚平宁山脉到佛罗伦萨时，不得不对意大利人开凿众多隧道的丰功伟绩感到震惊。意大利全国5.5%的铁路线由1850个隧道组成。在内燃机和电力机车出现之前，蒸汽机车在这种铁路上行驶效率低下，在穿越高山铁路、遇到的低气压和坡度较大的路段就是如此，特别是意大利的

---

① 斯拉姆：《十九世纪的铁路和意大利国家的形成》，第51页。

② 科尔比诺：《1861—1870年意大利经济年鉴》，第271页。

③ 费代里科：《1870年来意大利的经济发展》，第441页。

④ 格尔申克隆：《意大利的工业发展：与罗萨里奥·罗密欧的一场辩论》（Alexander Gershenkron, "The Industrial Development of Italy: A Debate with Rosario Romeo" in *Continuity in History and other Essays*, Cambridge, Mass.: The Belnap Press of Harvard University Press, 1986），第103页。

国际线路大都是这种路段。如果加上繁琐的关税手续的折腾，无法与阿尔卑斯山以北国家的铁路公司竞争。此外，地形狭长、海岸线长的特点也不利于铁路发展，铁路的网状功能、延伸功能难以发挥出来。南方地区更多地利用港口和海运为经济服务，1861－1915年间意大利海船吨位增加四倍，从560000吨增加到2000000吨，最后10年间港口的货物运输量增加了1/3，热那亚和那不勒斯名列欧洲最重要的港口之列。[①] 南方的大城市散布在沿海地区，没有像北方城市那样形成一个城市群，无法构成活跃的经济主体。北部、中部和南部在1871年中等城市的数量(20000－100000人)分别为12、21、42，大城市(100000人以上)分别为6、2、3；1911年的相应数字是54、35、62；7、3、5。[②]

最后，铁路消耗的煤铁资源，主要依靠进口。意大利冶金工业和煤炭工业都不发达，这是直接由煤铁资源的匮乏决定的。政府通过关税法保护钢铁工业，还能勉强维持其发展，但是煤炭连保护的资格都没有，完全依赖进口。加上政府的高收费，煤炭营运成本大幅攀升。在意大利国家统一之初(1861年)，英国生产煤炭8500万吨、德国1800万吨、比利时1000万吨、法国950万吨，而意大利仅仅生产34000吨。煤炭价格每公担在英国曼彻斯特或利物浦的工厂为0.70里拉，法国工厂1.30里拉，当运到意大利任何一个港口——比如说意大利北部工业“试验”的重镇之一热那亚——价格可以达到4－5里拉，而上岸后每100公里增加0.70里拉。[③] 意大利只能生产自己消耗煤炭的1/12，平均价格要高出法国或者德国两倍。[④] 近些年来，

---

① 潘戈：《1870年以来的意大利》，第258－259页。

② 卡罗齐、苗内：《形成中的意大利：都市发展和民族领土研究论集》(Carlo Carozzi and Alberto Mioni, *Italia in formazione: ricerche e saggi sullo sviluppo urbanistico del territorio nazionale*, Bari: De Donato, 1972)，第34、40页。

③ 梅里吉：《十九世纪以来意大利北部简史》(Marco Meriggi, *Breve storia dell'Italia Settentrionale dall' Ottocento a ogg i*, Roma: Donzelli Editore, 1996)，第50页。

④ 潘戈：《1870年以来的意大利》，第250页。

意大利史学界开始关注这个问题，对其进行专门研究。① 毕竟，在工业革命时代缺少煤铁资源，无论怎么说都极大地影响了意大利经济的发展，意大利人把水电亲切地称为“白煤”，这多少反映了他们民族的心情。

另一方面，我们不难发现，这些看法主要是从经济的角度，甚至只是从经济增长的角度来看待意大利铁路建设，自然和人们想像的景象相去甚远——大概也是国内史学界不太乐意探讨早期意大利铁路发展的因素之一。但是，铁路作为现代资本主义文明的重大发明之一，它对一个国家工业化、现代化的影响不仅仅是经济方面的，而是多方面的。同时，评价铁路在一个国家现代化进程中的作用，还要考虑各个国家的具体情况。19 世纪意大利铁路对现代化进程的贡献就是如此，表现在巩固国家政治统一、促成全国市场形成、促进民族共同文化心理的形成、推动工业化几个方面。

首先，在巩固国家政治统一方面的作用。铁路建设在复兴运动领袖的建国方略中占有重要地位，它在打破意大利根深蒂固的分裂传统，完成国家政治统一过程中起过重要作用。政治家马西莫·达吉利奥曾经说过：“铁路将起到了把意大利靴子缝合起来的作用。”② 铁路在近代国际冲突中第一次被用于军事目的是在意大利，1849 年 5 月，在皮埃蒙特和奥地利的战争中，双方都用铁路来运输作战部队。③ 在十年后的意大利独立战争中，铁路发挥了更大的作用。政治统一完成后，意大利政府更加重视铁路建设，在极端困难的情况下，大力推进铁路建设。尤其值得指出的是，意大利政府是在工业基

---

① 巴尔迪尼：《蒸汽时代没有煤炭：第一次世界大战前意大利工业落后的一个先天要素之解释》(Carlo Bardim，“Without Coal in the Age of Steam: A Factor－Endowmnet Explanation of the Italian Industrial Lag Before World War I”, in *Journal of Economic History*, Vol. 57, No. 3, September 1997)，第 633－653 页；《蒸汽时代没有煤炭：意大利工业化的开始》(Carlo Bardini, *Senza carbone nell'età del vapore, gli inizi dell'industrializzazione italiana*, Milano: Bruno Mondadori, 1998)。

② 特雷比尔科克：《1780－1914 年大陆列强的工业化》(Clive Trebilcock, *The Industrialization of the Continent Powers*, 1780－1914, London & New Yor: Longman, 1981)，第 350 页。

③ 温盖特：《意大利统一前的铁路建设》，第 38 页。

础还相当薄弱、还没有实现工业化的情况下，建成全国铁路网络的。60—70年代第一个铁路建设高潮发生的时候，国家政治统一还没有最终完成，现代工业才刚刚开始发展；80年代后期的第二个建设高潮发生在工业化刚刚起步的时候，同时伴随着经济危机；1905年国有化实现后开始的第三次建设高潮，才和工业化的蓬勃发展相吻合。显然，意大利的铁路建设是一种"超前"发展。同时，在铁路建设和经营中屡屡发生的国家和私人铁路公司之间的冲突、引起"议会革命"以及最终实现铁路管理的国有化也表明，铁路在国家的政治生活中占有举足轻重的地位。铁路建设单兵突进和国家干预的增强，固然遭到一些自由派经济学家的指责，但不是正好说明了铁路在自由意大利时期巩固国家政治统一的作用吗？在铁路所具有的政治意义和经济意义之间，意大利国家和其他欧洲大陆国家一样，首先选择了前者，与英美国家把铁路更多地看成经济领域的传统有所不同，在意大利的现代化里程中，这是一个正确的选择。即使从经济的角度看，铁路也为统一国家提供了庞大的税收来源，尽管在某种程度上造成了政府"鼓励铁路扩张，但不鼓励铁路使用"、铁路充其量收支相抵的恶果。我们很难想像没有意大利统一国家的现代化，没有铁路建设优先发展的国家政治统一，没有政治统一的现代化。如果了解一下意大利分裂的历史，我们不能想像，如果没有大规模铁路建设在统一后的及时跟进，国家会不会再次陷于分裂。

其次，在促进全国统一市场形成中的作用。意大利全国统一市场的形成有两方面的含义：一方面是消除政治统一完成后仍然存在经济分裂，特别是地区不平衡，完成国家在经济方面的统一。尽管从运输的角度看，铁路网的效益是北高南低，在整合国内市场方面效果不佳。但是换一个角度，现代经济在形成的初期，往往是不平衡的，如此，意大利的情况反而是一种正常现象了。意大利政府在建设铁路的时候，也考虑到南方落后的情况，在公共开支（包括铁路）上进行扶植。1871—1880年国家对南方的税收占全国税收的30.40%，而对南方的公共工程拨款占全国的45.6%，南方铁路从1861年占全国的7.20%,上升到1875年的32%。[1] 另一方面是打破意大利和西欧市场的隔离,把意大利的经济发展融入欧洲大市场中,正像复兴运动领袖在欧洲大环境中赢得国家的独立和统一一样。但是,在这方面仍然是不平衡的。如果说完成国家政治统一主要是靠军事手段和外交斗争,而经济上要完成统一市场的建立却更加困难,因为必须要向人类有史以来就存在的阿尔卑斯山脉和亚平宁山脉开战,这无论如何是这个"骨多肉少"半岛的一场革命。这样,铁路在沟通意大利发达的北部和落后的南部之间、落后的意大利和经济发达的西北欧国家之间的联系中,使意大利从文艺复兴以来再次获得振兴的机会,具有非同一般的含义。意大利的铁路建设在欧洲和意大利的历史上都是一个壮举。当然也应该看到,铁路建设在意大利全国统一市场形成中的作用,在初期可能是象征意义大于经济意义,但是决不排除它在后来意大利经济现代化进程中的重大作用。所以,观察意大利铁路建设的成就,随时采用长镜头总是合适的。而斤斤计较统计数字,可能一无所获。

第三,在形成共同民族文化心理上的重要作用。尽管意大利是一个古老的民族,但是其现代民族文化心理的形成相对滞后,因此巩固政治统一任重道远。只要回顾马西莫·达吉利奥的名言就够了:"我们已经缔造了意大利,现在我们必须缔造意大利人。"这是对国家统一后迫切需要培育共同民族文化心理的经典表述。[2] 铁路建设在这方面的作用显然是巨大的,这里不再赘述。

第四,在工业化进程中发挥了重要的作用。由于铁路建设在意

---

① 克拉夫、莱维:《意大利经济增长:南北发展不平衡的一个分析》(Shepard B. Clough and Carlo Levi, "Economic Growth in Italy: An Analysis of the Uneven Development of North and South", in *Journal of Economic History*, Vol. 16, No, 3, 1956),第348—349页。

② 这句话最初出现在作者去世后1867年出版的《我的回忆》一书的前言,原文是:"Pur troppo s'è fatta l'Italia, ma non si fanno gli Italiani"(可惜缔造了意大利,却没有缔造意大利人),但是后来在被人们引用时发生轻微的变动:"Fatta l'Italia bisogna fare gli Italiani"(缔造意大利需要缔造意大利人),见德蒂、戈齐尼(编):《当代史之一:十九世纪》(Tommaso Detti e Giovanni Gozzini, *Storia contemporanea*, *I*: *L'Ottocento*, Milano: Bruno Mondadori, 2000),第272页。

大利公共政策中占有重要地位，同时也是工业化的重要内容。由于意大利工业“起飞”成为20世纪60年代欧美史学界争论最激烈的问题之一①，意大利早期铁路建设自然成为一个争论的焦点。争论揭橥于50年代，发起者是意大利自由派史学家罗萨里奥·罗密欧，随后许多支持者和反对者加入，在反对者中就有美国经济史学家亚历山大·格尔申克隆。双方展开的争论范围相当广泛，涉及落后国家工业化、现代化的诸多问题。就意大利铁路和工业化的关系而言，他们之间的争论围绕政府在工业化中的作用展开。

这场争论是从清算马克思主义复兴运动史观开始的。罗密欧利用刘易斯（Lewis）、纳克斯（Nurkse）等人阐明的现代发展理论和1957—1958年出版的中央统计局数据，重新审视在意大利史学界影响巨大的“葛兰西命题”，反思所谓没有进行土地革命、导致意大利资产阶级革命不彻底的问题，认为没有进行土地革命并不一定是坏事，而意大利资产阶级在国家统一后的作用需要加以肯定。统一后20年间，资产阶级反对改革的态度和抑制农业消费的措施，可能正好完成了意大利资本主义发展的原始积累阶段，并在农业剩余的情况下开始发展现代工业。这种政策在1881—1887年取得了最初的成果，并在下个世纪初工业“起飞”中得到实现。因此，要是采取土地改革政策，与其说有利于意大利工业化，倒不如说可能妨碍了它。② 这样，他认为1881—1887年是从1861到1896年工业革命开始之间的独特时期，资产阶级实现了经济结构现代化、新的生产方式取代旧的生产方式、新的市场形式初露端倪、基础设施网络的创建等任务。③ 自然他对意大利政府大规模公共工程建设政策持肯定态度，认为正是这个时期的投资为90年代中期开始的工业“起飞”提供了重要的

① 特兰法利亚（主编）：《当代世界——历史和社会科学百科全书》第一卷：莱维、莱夫拉、特兰法利亚（分主编）《意大利史》，第198页。

② 特兰法利亚（主编）：《当代世界——历史和社会科学百科全书》第一卷：莱维、莱夫拉、特兰法利亚（主编）《意大利史》，第198—199页。

③ 格尔申克隆：《意大利的工业发展：与罗萨里奥·罗密欧的一场辩论》，第111—112页。

"前提"。[①] 因此,意大利政府在这个期间的经济政策是正确的,值得肯定。这样,罗密欧把国际上讨论得比较多的"落后"问题,巧妙地转变成了为"起飞"创造"前提"问题,发展理论在意大利史学家这里获得了民族含义,同时也为意大利史学带来了一场革命,对长期影响意大利的葛兰西命题进行了破解,推动了战后意大利自由派史学的发展。罗密欧提出的模式尽管遭到种种反对,但是它却是意大利史学的重要转折点。[②]

A.格尔申克隆是罗密欧观点的主要反对者之一。他把意大利工业"起飞"(big push)时间确定在1896—1908年。[③] 格尔申克隆认为,自由意大利时期的政府政策在意大利工业发展中起了抑制作用,铁路建设不仅没有促进工业的发展,反而使工业发展失去了重要的机遇。[④] 根据"前提替代模式",他认为先进国家(如英国)的工业化是私人企业起引导作用,比较落后的国家(如德国)是工业银行替代私人资本和企业的不足,最落后国家(如俄国)则是国家替代银行的作用。意大利显然属于后者,但是意大利最初可能的替代因素是国家扶植下的铁路建设。国家在80年代为大规模铁路网建设提供了难得的机遇,但是全国铁路网建成的时间太早,政府没有抓住机会发展工业,失去了工业"起飞"的最初机遇。因为铁路网建设没有与比较有前途的机械制造工业同步发展,导致铁路建设的高峰时期,意大利向外国大量定购铁路建材,延迟了国内机械工业发展,从而延缓了国家工业化进程。另外,过早的铁路建设,也抢占了意大利本来就不宽裕的资金市场,影响了其他工业部门的发展。政府制定的关税保

---

① 罗密欧:《复兴运动与资本主义》(Rosario Romeo, *Risorgimento e capitalismo*, Roma—Bari: Editori Laterza, 1998),第87—184页。

② 卡斯特罗诺沃:《统一意大利史中的经济发展》(Valerio Castronovo, "Lo sviluppo economico nella storia dell'Italia Unita", in *Rivista Sttorica Italiana*, Vol. CII, Fascicolo1, 1979)第109。

③ 格尔申克隆:《历史景观中的经济落后:论文集》(Alexander Gerschenkron, *Economic Backwardness in Historical Perspective: A Book of Essays*, Cambridge: Harvard University Press, 1962),第3页。

④ 费代里科:《1870年来意大利的经济发展》,第447页。

护政策，对意大利工业化起了不好的作用，因为保护了低附加值的钢铁工业，而不是高附加值的机械制造工业，然而对煤铁资源均匮乏意大利来说，钢铁工业是没有前途的工业部门。这样，由于政府实行错误的工业化政策，意大利工业“起飞”被推迟了十年左右，直到1895年德国混合银行进入意大利，扮演了一个企业家和资本筹集者的作用，工业化才真正启动。后来有学者对1894－1914年间银行对工业化的影响进行了专门研究。[①] 但是深入研究（如孔法罗涅里）表明新式信贷机构在工业化第一阶段的作用有限。[②] 结果，当工业真正“起飞”的时候，大规模的铁路建设已经过去，工业发展受到严重影响。他举例说，俄国在1886－1900年间工业化高潮时期，铁路网增长了70％以上，而意大利1896－1908年间工业化高峰时期，铁路网增长不到10％。同样，1905年铁路公有化后，政府发起了新一轮铁路现代化运动——扩展铁路和增加机车，但是发生的时间在工业高速增长的末期，和前一次铁路建设高潮相比，这一次高潮来的又太迟了。[③] 因此，意大利政府的铁路政策是失当的、错误的。

格尔申克隆是第一个对自由意大利时期政府铁路建设政策提出怀疑的历史学家。其正面影响是对罗密欧的观点提出了某种修正，在意大利马克思主义史学和自由派史学中增添了新的因素。他并不反对铁路在工业化、现代化中的重要作用，而是从意大利政府在铁路政策上的错误，从反面强调了铁路、特别是国家政权对经济决策的干预，在一个落后国家现代化进程中的重要作用，从而拓展了人们对意大利工业化启动时期发展动力的反思，具有积极意义。据说格尔申克隆的观点在最近的一些研究中获得证实。[④] 费诺阿尔特亚通过计

---

① 科亨：《资助意大利工业化（1894－1914年）：迟到者的局部转变》Jon S. Cohen, “Financing Industrialization in Italy, 1894－1914：The Partial Transformation of a Late－Comer”, in *Journal of Economic History*, Vol. XXVII, No. 3, 1967)，第363－383页。

② 卡斯特罗诺沃：《统一意大利史中的经济发展》，第111页。

③ 格尔申克隆：《1881－1913年意大利工业增长补论》(Alexander Gerschenkron, “Notes on the Rate of Industrial Growth in Italy, 1881－1913”, in *Journal of Economic History*, Vol. XV, No. 4, 1966)，第370－371页。

④ 斯拉姆：《十九世纪的铁路和意大利国家的形成》，第153页。

量史学方法研究意大利铁路和工业增长的关系后得出结论说:“改善运输的边际贡献有限,在不发达的经济中,廉价运输所节约的资源替代品确实可以忽略不计。充其量,铁路网的增长替代了一些进口钢铁,从而对工业增长和工业周期产生了很小的正面影响。”[①]正因为他的观点具有相当的科学性,才引起国际史学界的重视,发生国际性的史学论战,而意大利人甚至把他和熊彼特相提并论。[②] 而争论本身又丰富了落后国家实现工业的有关理论,为战后世界现代化理论的研究做出了贡献。

鉴于双方分歧的焦点在于意大利政府和铁路建设、工业化,特别是机械制造业的关系问题,这里对此进行深入的分析。他们的观点有值得商榷的地方:

首先,关于现代化需要一个“前提”的观点,并不符合某些早期现代化国家的实际情况。一些早期现代化国家并不是有意识地培育一个什么“前提”条件来推动工业化和现代化。历史学家、尤其是经济史学家往往是用已经现代化的国家来说明后现代化国家的情形,这显然不是历史主义的态度。罗密欧对格尔申克隆的批评可谓切中要害:“他主要是热衷于收集一些资料和评论建构一个经济发展的、普遍的理论模式,而我认为首要的问题是理解在意大利已经发生的历史进程。”[③]正如有学者指出的:“无论是计量史学的证据,还是现代增长理论,都不能为把‘追赶’臆断为普遍的增长模式提供坚实的基础。”[④]其实两人都主张落后国家的工业化应该有“前提”,但是罗密欧的“前提”希望从历史中导出,格尔申克隆则竭力从理论中推演,历

---

① 费诺阿尔特亚:《1861－1913 年铁路和意大利公增长》(Stefano Fenoaltea,“ Railroads and Italian Industrial Growth,1861－1913”, in *Exploration in Economic History*, Vol. 9,No. 4,197),第 343 页。

② 加斯帕里尼:《熊彼特和格尔申克隆》(Innocenzo Gasparini, “Schumpeter e Gerschenkron”,in *Rivista Storica Italiana*, Vol. CII,Fascicolo1,1979),第 689－693。

③ 格尔申克隆:《意大利的工业发展:与罗萨里奥·罗密欧的一场辩论》,第 121 页。

④ 罗西、托尼奥罗:《追赶还是落伍? 1895－1947 年间意大利经济增长》(Nicola Rossi and Gianni Toniolo, “Catching up or falling behind? Italy's Economic Growth, 1895－1947”, in *Economic History Review*, Vol. XLV, No. 3, 1992) 第 537 页。

史学家和经济史学家的区别跃然纸上，判然分明。

其次，意大利很难找到这样一个“前提”，至少铁路建设不能构成为这样的前提。意大利作为发达国家中的“后来者”，国家统一很晚，经济极为落后，统治阶级急于推进铁路建设，首先巩固国家政治统一，建立全国市场，增进民族团结，至于铁路对具体工业部门发展的影响，可能考虑得并不多。而且当时意大利工业基础比较差，机械制造工业无法提供铁路建设需要的有关设备，如果硬要采用国产设备，势必抬高铁路造价，这对占优势的私人铁路公司来说是不能容忍的。况且私人公司中长期是外国资本势力占优势，使用外国产品也是情理中的事情。比如“上意大利公司”在1861－1878年间从国外购买602个机车头，国产者只有39个，“罗马公司”在法国人控制下拒绝与意大利本国生产者签订合同，安萨尔多和米兰的一些大型工厂实际上大都只能勉强制造铁路货车和客车产品。只是到1905年国有化后，本国企业才享有大宗铁路订单，1905－1908年国有铁路订购了1000多个机车头、3000个客车车厢和25000个货车车厢。① 因此，与其说国家在这个问题上有所“失误”，恰恰反映国家主要是考虑铁路的政治意义，同时也是从节约的角度来考虑铁路建设，当时只能这样做。

第三，铁路促进了“焦利蒂时代”的工业繁荣，并没有延缓工业化。意大利工业的大发展是在20世纪初的“焦利蒂时代”，正是铁路网建成并收归国有的时候，如果没有19世纪铁路建设的成就，可能就不会有这个时期的工业发展。如果说铁路建设高潮对工业“起飞”有帮助，那么已经建成的铁路网可能更加明显。无论如何不能设想没有铁路的意大利工业“起飞”。同时，导致这个时期工业发展的原因还有很多，并不是只有铁路和银行才起了作用，比如国际经济增长周期的影响、意大利和法国关税战争的结束、阿尔卑斯山电力的开

---

① 克拉克：《现代意大利：1871－1982》(Martin Clark, *Modern Italy*, 1871－1982, London & New York: Longman, 1984)，第353页。

发、军事订货的上升等等。同样,80 年后期工业没有“起飞”的原因也很多,并不是铁路政策的过错。

最后,机械工业只是理论上估算的高附加值产业部门,并不代表意大利这个时期工业的全部。实际上意大利传统的采矿业和纺织业获得较为稳定的发展,电力、制糖、冶金工业获得了快速的发展,鉴于意大利现代工业基础本来就比较薄弱,即使有一个引导部门也不一定能带动整个工业的发展。而且有的政策很难评价,如关税保护了冶金工业,也损害了机械制造工业,而如果没有发达的冶金工业,机械制造业也是发展不起来的。正如卡斯特罗诺沃所质问的:“在一种自由贸易的体制中,当机械工业仍然需要一个认真准备阶段的时候,它的命运会有什么本质的不同。”①因此,铁路作为现代文明的产物,具有一些共同的特点,但在不同国家也会具有不同的特点;格尔申克隆的观点表面上有道理,但实际上还是模式化的东西,不符合意大利铁路建设和工业化的实际情况。意大利的铁路建设只能在 20 世纪初才能有效配合工业化,不可能人为地提前到 19 世纪。

现在有必要对铁路和机械工业的关系进行专门考察。为了更好地明了这个问题,必须先了解 19 世纪后期到 20 世纪初意大利工业产值年均增长率:格尔申克隆 1955 年的数字表明,1881—1887 年为 5%,1896—1907 年为 7%;中央统计局 1957 年的数字表明,1880—1887 年为 3%,1898—1906 年为 6%;费诺阿尔特亚 1967 年对格尔申克隆数字进行修订和扩充后表明 1879—1887 年为 8%,1902—1908 年为 11%。② 尽管三组数字差距不小,但是都承认 80 年代出现了早期的微弱增长,在 20 世纪初出现了更强劲增长。现在我们来考察铁路建设对工业品的消费,兹引用费诺阿尔特亚四个列表进行分析:

---

① 卡斯特罗诺沃:《统一意大利史中的经济发展》,第 112 页。

② 费代里科:《1870 年来意大利的经济发展》,第 445 页。

## 列表1:建筑、维持铁路和电车轨道的建筑增加值 ①

| | 1 | 2 | 3 | 4 | 5 | 6 | 7 | 8 | 9 |
|---|---|---|---|---|---|---|---|---|---|
| | 初建 | | | 铁路 | 维持 | | | 铁路电 | 建筑业 |
| 时间 | 铁路 | 电车路 | 总计 | 改进 | 铁路 | 电车 | 总计 | 车总计 | 总计 |
| 1861—65 | 112 | — | 112 | — | 3 | — | 3 | 115 | 400 |
| 1866—70 | 66 | — | 66 | — | 5 | — | 5 | 71 | 350 |
| 1871—75 | 67 | — | 67 | 4 | 8 | — | 8 | 79 | 400 |
| 1876—80 | 48 | 5 | 53 | 11 | 11 | — | 11 | 75 | 400 |
| 1881—85 | 94 | 8 | 102 | 23 | 14 | 1 | 15 | 140 | 500 |
| 1886—90 | 88 | 4 | 92 | 21 | 19 | 1 | 20 | 133 | 550 |
| 1891—95 | 76 | 3 | 79 | 2 | 20 | 2 | 22 | 103 | 500 |
| 1896—00 | 13 | 9 | 22 | 5 | 23 | 2 | 25 | 52 | 400 |
| 1901—05 | 23 | 5 | 28 | 11 | 28 | 3 | 31 | 70 | 450 |
| 1906—10 | 25 | 6 | 31 | 35 | 35 | 3 | 38 | 104 | 600 |
| 1911—13 | 47 | 15 | 62 | 39 | 41 | 4 | 45 | 146 | 750 |

## 列表2:制造、维持火车和电车车厢机械制造工业增加值:总量估计 ②

| | 1 | 2 | 3 | 4 | 5 | 6 | 7 | 8 | 9 | 10 | 11 | 12 |
|---|---|---|---|---|---|---|---|---|---|---|---|---|
| | 火车和电车车辆 | | | | | 轨道辅助 | 所有机器制造业(a) | | | 金属加工和机器制造业(a) | | |
| 时间 | 国内生产 | 生产+进口 | 维持 | 国内总计 | 总计(b) | 设备(c) | 生产 | 维持 | 总计 | 生产 | 维持 | 总计 |
| 1861—65 | 2.2 | 6.2 | 3.1 | 5.3 | 9.3 | 0.7 | 21 | 16 | 37 | 49 | 273 | 322 |
| 1866—70 | 2.0 | 5.2 | 5.1 | 7.1 | 10.3 | 0.6 | 22 | 21 | 43 | 50 | 283 | 333 |
| 1871—75 | 3.1 | 8.5 | 8.2 | 11.3 | 16.7 | 1.0 | 26 | 27 | 53 | 59 | 294 | 353 |
| 1876—80 | 1.7 | 3.7 | 10.7 | 12.4 | 14.4 | 1.4 | 31 | 33 | 64 | 70 | 305 | 375 |
| 1881—85 | 9.0 | 13.5 | 15.6 | 24.6 | 29.1 | 3.0 | 55 | 43 | 98 | 123 | 321 | 444 |
| 1886—90 | 15.4 | 23.2 | 20.5 | 35.9 | 43.7 | 2.7 | 79 | 53 | 132 | 174 | 336 | 510 |
| 1891—95 | 4.6 | 4.7 | 22.7 | 27.3 | 27.4 | 1.1 | 52 | 62 | 114 | 113 | 351 | 464 |
| 1896—00 | 11.8 | 14.1 | 27.1 | 38.9 | 41.2 | 0.9 | 65 | 74 | 139 | 139 | 369 | 508 |
| 1901—05 | 19.8 | 26.0 | 34.6 | 54.4 | 60.6 | 1.3 | 83 | 93 | 176 | 176 | 394 | 570 |
| 1906—10 | 45.8 | 66.8 | 44.4 | 90.2 | 111.2 | 3.1 | 166 | 114 | 280 | 347 | 422 | 769 |
| 1911—13 | 53.5 | 56.6 | 54.6 | 108.1 | 111.2 | 4.0 | 200 | 135 | 335 | 412 | 446 | 858 |

① 单位:百万里拉/年,1911年时价格;本表转引自费代里科:《1870年来意大利的经济发展》,第451页。

② 单位:百万里拉/年,1911年时价格;(a)不包括造船和木制道路交通工具;(b)国内总值加上进口总值;(c)生产加上进口;本表转引自费代里科:《1870年来意大利的经济发展》,第453页。

**列表 3:制造、维持火车车厢机械制造工业增加值:结构分布** ①

| | 1 | 2 | 3 | 4 | 5 | 6 | 7 | 8 | 9 |
|---|---|---|---|---|---|---|---|---|---|
| | 国内生产 | | | 生产+进口 | | | 维持 | | |
| 时间 | 火车机车(a) | 客车车厢(b) | 货车车厢(c) | 火车机车(a) | 客车车厢(b) | 货车车厢(c) | 火车机车(a) | 客车车厢(b) | 货车车厢(c) |
| 1861—65 | 0.1 | 0.6 | 1.5 | 1.6 | 1.3 | 3.3 | 1.4 | 0.7 | 1.0 |
| 1866—70 | 0.2 | 0.5 | 1.3 | 1.3 | 0.9 | 3.0 | 2.3 | 1.1 | 1.7 |
| 1871—75 | 0.4 | 0.5 | 2.2 | 2.3 | 0.9 | 5.3 | 3.4 | 1.8 | 3.0 |
| 1876—80 | 0.1 | 0.5 | 1.1 | 1.2 | 0.7 | 1.8 | 4.4 | 2.3 | 4.0 |
| 1881—85 | 0.7 | 2.0 | 6.3 | 3.9 | 2.4 | 7.2 | 6.8 | 3.3 | 5.5 |
| 1886—90 | 1.8 | 3.3 | 10.3 | 4.9 | 3.9 | 14.4 | 9.3 | 4.3 | 6.9 |
| 1891—95 | 1.1 | 1.2 | 2.3 | 1.2 | 1.2 | 2.3 | 10.4 | 4.9 | 7.4 |
| 1896—00 | 3.7 | 2.0 | 6.1 | 3.4(d) | 1.9(d) | 8.8 | 13.1 | 5.4 | 8.6 |
| 1901—05 | 5.4 | 3.9 | 10.5 | 6.2 | 5.4 | 14.4 | 17.8 | 6.5 | 10.3 |
| 1906—10 | 10.8 | 5.1 | 29.9 | 17.8 | 9.5 | 39.5 | 23.3 | 8.9 | 12.2 |
| 1911—13 | 12.5 | 7.1 | 33.9 | 14.4 | 7.7 | 34.5 | 28.6 | 11.5 | 14.5 |

**列表 4:制造铁轨、附属设施和火车车辆的金属生产增加值** ②

| | 1 | 2 | 3 | 4 | 5 | 6 | 7 | 8 | 9 | 10 | 11 | 12 |
|---|---|---|---|---|---|---|---|---|---|---|---|---|
| | 铁轨(a) | | 辅助设备:生产+进口(a) | 车辆金属(a) | | | 铁路金属总市场(a) | | 总国内增加值 | | | 半成品铁金属:总产量与消费量比 |
| 时间 | 国内生产 | 生产+进口 | | 维持消费(b) | 总消费(b) | 潜在消费(c) | 实际市场 | 潜在市场 | 半成品铁金属 | 所有铁金属 | 所有金属 | |
| 1861—65 | — | 1.2 | 0.2 | 0.1 | 0.3 | 0.6 | 1.7 | 2.0 | 3.8 | 4.1 | 6.1 | 0.49 |
| 1866—70 | — | 1.0 | 0.2 | 0.3 | 0.5 | 0.8 | 1.7 | 2.0 | 3.3 | 3.6 | 5.9 | 0.42 |
| 1871—75 | — | 1.7 | 0.3 | 0.4 | 0.8 | 1.5 | 2.8 | 3.5 | 4.4 | 4.7 | 6.9 | 0.44 |
| 1876—80 | — | 2.4 | 0.4 | 0.6 | 0.8 | 1.0 | 3.6 | 3.8 | 6.8 | 7.0 | 9.7 | 0.54 |
| 1881—85 | — | 5.3 | 1.0 | 0.9 | 2.0 | 2.5 | 8.3 | 8.8 | 13.0 | 13.3 | 17.5 | 0.57 |
| 1886—90 | 3.0 | 4.7 | 0.8 | 1.2 | 3.0 | 4.0 | 8.5 | 9.5 | 24.4 | 24.5 | 31.6 | 0.64 |
| 1891—95 | 1.6 | 2.0 | 0.4 | 1.3 | 1.8 | 1.8 | 4.2 | 4.2 | 18.4 | 18.5 | 26.8 | 0.75 |

① 单位:百万里拉/年,1911 年时价格;(a)包括机动有轨车厢(单节);(b)包括邮政车厢和行李车厢;(c)包括行李车厢和煤、水车厢;生产减去进口;本表转引自费代里科:《1870 年来意大利的经济发展》,第 454 页。

② 单位:百万里拉/年,1911 年时价格;(a)用生铁或者废铁生产的增加值;用铁矿生产铁轨将提高增加值 30%,其他金属增加 20%;(b)实际上产或者进口的金属增加值;(c)包括进口车辆的金属生产增加值;本表转引自费代里科:《1870 年来意大利的经济发展》,第 455—456 页。

| 1896—00 | 0.8 | 1.5 | 0.3 | 1.5 | 2.9 | 3.3 | 4.7 | 5.1 | 24.3 | 24.5 | 35.0 | 0.81 |
|---|---|---|---|---|---|---|---|---|---|---|---|---|
| 1901—05 | 1.4 | 2.2 | 0.4 | 2.0 | 4.3 | 5.0 | 6.9 | 7.6 | 30.0 | 32.2 | 45.4 | 0.79 |
| 1906—10 | 4.4 | 5.5 | 1.0 | 2.5 | 8.2 | 10.6 | 14.7 | 17.1 | 64.9 | 67.1 | 85.2 | 0.78 |
| 1911—13 | 6.9 | 7.0 | 1.3 | 3.1 | 9.6 | 10.0 | 17.9 | 18.3 | 86.5 | 90.9 | 112.7 | 0.83 |

从上述四个列表中能够看出的信息很多，主要有这样几个趋势：

首先，铁路建设和铁轨需求呈现明显的周期。1861、1881 和 1906 年开始了三次铁路建设高潮，1881—1895 年特别是 1886—1890 年出现了铁路建设的"高原时期"，总的趋势是铁路建设从高潮向维持、改造过渡。

其次，对车厢的需求也表现出明显的周期。但是这种需求的最大时期不是大量扩建新线时期，而是维持和更新铁路设备的时期，一个成熟的铁路网对工业产品的需求更大。1896—1913 年铁路维持年均需求（建设、机械和冶金工业）几乎是 1861—1895 年 2500 万里拉（1911 年价格）的三倍。[①]

再次，铁路投资也反映出周期性特点和结构变化。从 1861—1895 年（铁路网基本建成）和 1896—1913 年（铁路网基本成熟）的投资来看，两个时期年均投资近 1.80 亿里拉（1911 年价格），但是投资结构有区别。第一个时期铁路建筑投资占近 50%、建材采掘和加工占 25%（其中采掘占 60%）、机械和冶金产品占 8%（其中机械占 75%）、剩余部分归采矿和自然资源（大约 2%用于土地、3%用于废铁，12%—15%用于煤炭和铁矿）。第二个时期建筑费用下降到 33%、建材采掘和加工占 10%，机械和冶金产品上升到 30%（其中机械占 80%）、剩余部分归采矿和自然资源（约 2%用于土地、废铁上升到 10%、煤炭和铁矿上升到 15%—25%）。[②]

第四，铁路建设初期（70 年代末关税保护之前和 80 年代晚期）对外国产品的依赖比较严重。外国产品的增加值也比较高，但是逐渐被国内产品所替代。1885 年铁路法案第 5 款中，意大利政府第一

① 费代里科：《1870 年来意大利的经济发展》，第 458 页。
② 费代里科：《1870 年来意大利的经济发展》，第 457—458 页。

次规定了在铁路建设上对民族工业的保护，这个规定刺激了米兰地区布雷达工厂、米兰机械厂、萨罗诺(Saronno)机器制造厂以及热那亚地区安萨尔多公司生产的发展。意大利1861—1895年国内机械和冶金工业仅占铁路投资的3%—5%(3%—4%用于机械工业、0%—1%用于冶金工业)，几乎占国产和进口产品总和8%的半壁江山。1896—1913年国内机械和冶金工业产品上升到21%—25%(19%—20%用于机械工业、2%—5%用于冶金工业)，几乎占国产和进口产品总和30%的3/4，成就不小。① 当然，欧洲实行铁路建设进口替代较成功的国家是德国、法国和比利时，意大利、西班牙和俄国是不成功的国家。②

这些数据的初步分析表明，格尔申克隆提出的论点只具有理论上的意义，就是铁路建设和机械工业发展之间的关系。但是，既不能证明意大利政府当时的决策是错误的，也不能证明意大利铁路网的提前建成延缓了意大利的工业化进程。相反，“意大利的铁路网在很大程度上完成于世纪之交的事实，可以被看成是加强了而不是减弱了1900年代初工业的增长。”③基本的事实是，铁路维持和改造对机械工业产品的需求量更大、技术含量更高、持续时间更长久，而在早期铁路建设中，意大利民族工业难于胜任这项重任，它只能在20世纪初才能真正发挥作用。

19世纪意大利的铁路建设是意大利现代化历程中的一件大事，它是意大利政治复兴的重要保证和经济现代化的基础设施之一。意大利学者把交通运输和新能源看成是最能代表意大利19世纪技术和经济进步的两个方向。④ 它可能是古罗马大道建设以来，在欧洲

---

① 费代里科：《1870年来意大利的经济发展》，第458页。

② 奥布莱恩(编)：《1830—1914年西欧的铁路和经济发展》，第17—18页。

③ 费代里科：《1870年来意大利的经济发展》，第463页。

④ 莱昂等(编)：《十九世纪欧洲的工业化》(Pierre Léon et al. eds. *L'Industrialisation en Europe au XIXe Siècle*, Paris: Editions du Centre National de la Recherche Scientifique, 1972)，第236页。

最大的“骨架”上建成的最大的陆上交通网络。在半个多世纪的时间里，意大利人民接受了体现现代文明的铁路启蒙，重新找回了曾经拥有过的良好的道路感觉，经过四个阶段建设阶段，掀起了三次建设高潮，把意大利半岛各地之间以及意大利和西欧之间连接起来，巩固了政治统一，建立了全国市场，奠定了共同的民族文化心理，探索现代交通工具的管理方式，为 20 世纪初“焦利蒂时代”工业的发展和 20 世纪 50、60 年代意大利重新进入世界经济发达强国之列，奠定了重要的基础。1900、1989 年加拿大、法国、意大利、德国、日本、英国和美国七国集团每年人均国内生产总值增长率分别是 2.32％、2.06％、2.23％、2.17％、3.16％、1.38％、1.81％，七国集团平均增长 2.06％，意大利仅次于加拿大和日本。① 如果把东西走向的阿尔卑斯山脉和南北走向的亚平宁山脉看成是一个大“十字架”，似乎窒息了意大利人民的交通意识和创造才能，然而古罗马人的“大道”和现代意大利人的铁路，都成功地克服了这一障碍，这种自我解放的快感，正如他们从天主教的十字架上解放出来一样，是一桩非常神圣的，永远值得人类铭记。

同时我们应该看到，由于种种不同条件和不利条件，意大利的铁路建设、管理和西欧先进国家相比，在建设初期的经济效益不高。但是，衡量铁路建设这样一种现代交通工具的作用，不能仅仅从经济角度、不能从短期经济增长的角度加以审视，更不能用其他国家历史经验推导出来的模式进行简单的类比，而是应该从宏观的视野出发，详细研究一个国家的历史资料后得出结论。特别需要指出的是，19 世纪意大利的铁路建设，牵涉到意大利整个近代历史各方面的事情，具有地中海世界拉丁文明特有的复杂性，当我们在涉足这个区域的有关研究的时候，需要保持清醒的头脑。格尔申克隆把典型的美国式理想模式运用到意大利工业化，认为意大利 19 世纪铁路建设没有及

---

① 罗西、托尼奥罗：《追赶还是落伍？1895－1947 年间意大利经济增长》，第 538 页。

时为假设的工业引导部门(机械制造业)提供条件,就认为意大利政府的铁路政策发生了错误,就显示出它的局限性。意大利经济史学家路易吉·德罗萨指出:"如果不考虑到决定它的政治、人类、哲学、宗教、气候、领土等等多方面的内涵,经济史研究就不能获得从人类历史和经济变迁散发出来的独特魅力。"[①]莎士比亚在《哈姆雷特》中,哈姆雷特对霍雷肖说:"霍拉旭,天地之间有许多事情,是我们的哲学所没有梦想到的呢"(There are more things in heaven and earth, Horatio, than are dreamt of in our philosophy.)。[②] 对意大利经济史,也应当作这样的观察,否则,意大利作为一个地中海历史文明大国的现代化进程,很难被勾画出来,而这不免使中国失去了全面关照自己现代化的一个机会。

① 德罗萨(主编):《最近二十年历史学之二:当代部分》(Luigi De Rosa, *La storiografia italiana degli ultimi vent'anni*, *II*: *età contemporanea*, Roma: Laterza Editore, 1989),第 188 页。

② 《莎士比亚全集》(Wllliam Shakespeare, *The complete works*, Oxford: Clarendon Press, 1988),第 662 页。中译文引自《莎士比亚全集》,人民文学出版社 1994 年版,第 5 卷,第 311 页。

# 《绿衣亨利》与瑞士新教思想行为模式

谷　裕（北京大学）

经过德语文学评论界一个多世纪研究与争鸣，19 世纪瑞士德语作家凯勒（1819—1890）的小说《绿衣亨利》被肯定为一部诗意现实主义小说和成长发展小说。① 诗意现实主义是给该作品在文学审美思想上的定性，而成长发展小说则是对其内部结构特征的描述。② 在两个范畴中，《绿衣亨利》都被认作 19 世纪德语文学中的集大成之作。它通常与歌德的《威廉-迈斯特的学习时代》和《威廉-迈斯特的漫游时代》（1795—1821）、施狄夫特的《晚夏》（1857）被称为 19 世纪德语最著名、最重要的成长发展小说。研究表明，凯勒在创作思想上与德语古典文学和浪漫文学一脉相承，在广义上处在德语文学审美传统中，是诗意现实主义文学的代表作家。然而与德语古典文学和浪漫文学中的成长发展小说相比，与其同时代的诗意现实主义小说

---

① 《绿衣亨利》有两稿。第一稿发表于 1854—1855 年。作者凯勒晚年对第一稿在内容和结构上做了大规模修改而成第二稿，发表于 1879—1880 年。本文主要选择第二稿为文本，兼对照第一稿。中文译文参照田德望：《绿衣亨利》（上、下），人民文学出版社 1980 和 1983 年版。以下简称中译本。德文文本参照 Gottfried Keller：*Saemtliche Werke*. Hrsg. v. Thomas Boening und Gerhard Kaiser. Bd. 2：*Der Gruene Heinrich*. Erste Fassung. Hrsg. v. Thomas Boening und Gerhard Kaiser；Bd. 3：*Der Gruene Heinrich*. Zweite Fassung. Hrsg. v. Peter Villwock. Frankfurt a. M. （Deutscher Klassiker Verlag） 1985，1996 。

② 见 Fritz Marini：*Deutsche Literatur im buergerlichen Realismus 1848 — 1898*. Stuttgart 1981（4. Aufl. ）557—610 页。Wolfgang Preisendanz：*Der Gruene Heinrich*. In：*Der deutsche Roman. Vom Barock bis zur Gegenwart*. Hrsg. v. B. v. Wiese. Bd. 2. Duesseldorf 1963，76—127 页. Rudolf Majut：Der deutsche Roman vom Biedermeier bis zur Gegenwart. In：*Deutsche Philologie im Aufriss*. Bd. 2. 1960 （2. Aufl. ）1357—1794 页。Boeschenstein：*Gottfried Keller. Grundzuege seines Lebens und Werkes*. Bern 1948. 29—42 页。其中 Martini 主要论证其诗意现实主义特征，Majut 肯定了其成长发展小说的结构。两者观点为学术界普遍接受。

相比,《绿衣亨利》似乎在其思想结构和行为模式中又体现出完全不同的特征。① 本文出发点则是揭示这种不同之处及其文化根源。

瑞士虽然部分属于德语文化区,但又与德国存在许多差异。这些差异可能来自历史、政治、社会以及文化发展的各个方面,本文侧重点则放在宗教思想方面。② 瑞士是一个具有加尔文新教传统的国家。16 世纪宗教改革中加尔文教在瑞士产生并得以确立,成为瑞士主要基督教信仰形式。瑞士手工业不断进步,并逐渐发展为统一民族国家也源于 16 世纪。《绿衣亨利》所体现的瑞士新教思想及行为模式是小说区别于同时代其他德语小说关键所在,本文希望通过论述来证明该假命题的成立。文中的提议和论述并非直接从加尔文教教义本身出发,而是侧重其世俗化的思想结构和行为模式在文化传统中的体现。③

## 一

成长发展小说作为德语文学中特殊结构形式,与英法俄的社会小说相比,具有个人视角和内在化特征,其共同主题是寻找内在与外在,个人与社会,主观与客观的统一,寻找囊括一切的秩序准则以及价值的普遍约束力。它们共:同的母题为年轻人在与现实的冲突和经验中成熟,找到自我此并认清自己的使命。发展结构分为三个阶段,即青年时代,是从无意识到有意识的阶段;二是漫游时代,主人公

① 在成长发展小说中主要针对歌德和浪漫文学,在诗意现实主义小说中主要针对施多姆(Storm)和施狄夫特(Stifter)。

② 本文并非欲将瑞士文学与德国文学对立,强调瑞士文学特殊性。相反,19 世纪瑞士文学与奥地利文学都属于德语文学的大范畴,作家写作、作品出版、读者接受和文学批评均不分国别。国别文学史研究主要在二战以后产生。凯勒本人不仅到德国的海德堡和柏林学习德语文学史和哲学,而且视古典浪漫德语作家为典范,尤其他作品的接受和修改均受到德国学者、文学史家(Hettner)的影响。此外,瑞士文学在这里作为一般性描述,不可与 19 世纪中叶以后普遍存在的所谓"乡土文学"混淆。

③ 关于加尔文教基本教义及组织形式参见:*Lexikon fuer Theologie und Kirche*. Bd. 2. Hrsg. v. Josef Hoefer und Karl Rahner. Freiburg (Herder) 1958(2. Aufl.),887—897 页。与严格神学定义上的教义相比,本文更注重加尔文教世界观和生活方式在世俗生活中的体现。

要经历大世界，经受爱情、友谊、职业的危机和失败，并不断对人生产生思考；第三阶段为醒悟阶段，主人公的发展达到理想状态。在成长发展过程中每一低级阶段都具有自己的价值，并构成通向高级的基础；矛盾是通向个体成熟以及和谐发展的道路，完整的人格以及人的理想状态是最后目的。① 小说《绿衣亨利》就其情节发展结构以及叙述手法来看，符合成长发展小说模式；尤其是其第二稿叙述手法的变动和结尾的改动，更使其具有完整的、典范式形式。② 然而超越上述模式的是，小说中对宗教信仰问题的思考构成了贯穿情节发展的另一条重要线索。

在《绿衣亨利》以前和以后的成长发展小说中鲜有如此大篇幅、成系统并直接地描述主人公对信仰的思考。小说中主人公绿衣亨利经历了从童年、少年以及外出游学和回乡的成长过程，与此相应，小说共分为四卷，并在每一卷中都有几个独立的章节或情节探讨宗教信仰问题，使信仰的发展成为小说情节发展的重要因素。③ 这样，宗教信仰传统就在文本中得到充分的体现，它可以以瑞士加尔文新教传统来概括。

首先，绿衣亨利来自加尔文教信仰传统浓厚的家庭：母亲是牧师的女儿，虔敬的信徒，她“性情淳朴冷静，绝不是一般人所说的那种表

---

① 成长发展小说定义受到狄尔泰影响，是他第一个给出了定义并描述了其发展史。但是他的解释局限在德语古典文学和浪漫文学，不承认以后的作品为成长发展小说。见 W. Dilthey：*Das Leben Schleiermachers*. Bd. I. 1870. 282 页；*Erlebnis und Dichtung*. 1922(8. Aufl..) 313 页以下；广义上的定义参见 Rolf Selbmann：*Der deutsche Bildungsroman*. Stuttgart (Metzler)1984. 9—41 页，尤见 18,22 页。关于《绿衣亨利》符合成长发展小说结构模式的论述参见 Selbmann：134—142 页。Selbmann 在这里特别指出第二稿的结尾使成长发展小说的结构变得完整，代表了学界一般的观点。

② 小说第二稿将第一稿中对童年的回忆由倒叙改为按编年时间正叙，结尾处将亨利由抑郁而死改变为充当国家公务员作为理想的实现。关于两稿在风格及内容上的对比参照 Ermattinger：516 页以下。

③ 见中译本第一卷第三回“童年时代—最初的神学—课室内的长凳”，第四回“赞美上帝和母亲—关于祈祷”，第六回“再谈亲爱的上帝—玛格莱特夫人和她的家人”；第二卷第十一回“对于信仰的努力”，第十二回“坚信礼的仪式”到第四卷第十六回“上帝的圣坛”。— 伴随小说主人公绿衣亨利成长发展过程因素很多，可以从不同层便加以解释，本文只集中在宗教信仰层面。

面上热烈虔诚的妇人，而完全是个内心敬畏上帝的人”。[①] 因为母亲“持续不断地操心，在我心里奠定了强烈信赖上帝的思想基础”[②]；父亲是开明的手工业者，虔诚的礼拜者，同时是反对教皇集中制的自由主义者。[③] 亨利童年和少年时期对上帝以及宗教生活的认识主要出自父亲的启发和母亲的教育。上帝在父亲那里是“造物主”，面对他，人要学会时时怀有感激之情；[④]在母亲那里上帝是“神灵”，是威严的象征。[⑤] 母亲因此强调的是上帝的灵性以及作为道德审判者的上帝的威严。童年亨利对宗教的思考主要围绕上帝本质的问题，即“上帝是什么”的问题。[⑥] 虽然这种思考伴随着幼稚的幻想、怀疑、试探，但父亲的启发和母亲的训导却奠定了亨利对上帝想像的基础。此外母亲还教给亨利最基本的宗教生活方式，即祈祷。[⑦] 亨利在接受的过程中虽然充满反抗，[⑧]但他还是在以后需要帮助的时候和困境中通过祈祷寻找安慰，[⑨]祈祷成为其生活中信仰的自然的和本能的表露。亨利父亲的，尤其是母亲的加尔文信仰决定了少年亨利对宗教生活

① 见中译文 35 页。

② 同上。

③ 以下引文可以进一步说明父亲对宗教以及教会的看法：“父亲的自由精神在宗教方面主要是反对教皇集权主义的干涉，反对革新的正统派不容异说和思想僵化，反对蓄意提倡愚昧主义和形形色色的伪善，……”，见中译文 315 页。

④ “一个礼拜天傍晚，他抱着我在田间散步，从地里拔了一棵马铃薯，把肥大的块茎指给我看，他已经在努力启发我心里对造物主的认识和感谢。”这是亨利对父亲惟一一段在一起的记忆。见中译文 20 页。

⑤ “每逢黄昏时候钟声一响，我母亲就谈起上帝来，还教我怎样祈祷。我问：‘上帝是什么？是个人吗？’她回答说：‘不是，上帝是神！’见中译文 26 页。这是一段经典的引文。田德望将原文中“Geist”一词译为“神”，“Geist”一词有“精神”和“神灵”的意思。而“神”的译法容易和天主教对“Gott”的译法混淆。所以为强调新教对上帝的认识，此处仿佛更应译作“精神”或“神灵”。

⑥ 同上。

⑦ 同上，并 35—36 页。

⑧ 见中译文 35—36 页反抗饭前大声祈祷的情节。

⑨ 见中译文第三卷第一回“劳动和冥想”/第二回“一个奇迹和一位真正的艺术大师”，第四卷第四回“笛子的秘密”。一个场景是在绘画学习中陷入困境而祈祷上帝帮助摆脱困境(389 页)，当奇迹出现后亨利感叹：“我虽然有反抗教会的叛逆思想，但一遇到自身祸福攸关的场合，还依然是个完全相信神秘奇迹的人”。(394 页)当亨利在艺术都市走到绝境，身无分文，穷困交迫时，祈祷又一次帮助了他，使他奏出“世界全由神意主宰，/不隶于盲目的偶然”的诗句，并以为：“今天早晨在祈祷后不久给我照出已经忘掉的笛子来的那一缕阳光，在我看来，似乎都来自同一源泉，起着超绝的作用”。(678—679 页)

所有外在形式的批评和抵制：对大声祈祷的厌恶、对教会生活中形式主义的讽刺、对民间信仰中迷信色彩的观察和反思。[①] 他的信仰生活主要表现在对上帝的默祷以及个人与上帝的沟通中："这样我就硬被推回到个人和上帝交往的道路上去，我坚持不改变自己的习惯：根据需要自己考虑怎样向上帝祈祷和交涉，就时间来说，也只是在必要时，才进行祈祷和交涉。只有主祷文是早晨晚上经常背诵的，但只是不出声地背诵。"[②]至此，我们已经可以清晰地看到瑞士加尔文教世俗化了的宗教生活特征—— 其教义表现在日常生活中首先是摒弃一切外在的、作用于感官的形式，诸如文中从未提到对任何圣像的敬拜，对音乐和任何宗教场景的描写。加尔文教与其他新教各宗的共同点都在于不通过教会的形式，强调个人的信仰，结果是更加确立了信仰对于个人的权威。文中的绿衣亨利在坚振礼后最后到教堂做了一次礼拜，然后便彻底将教会与信仰分开，完全生活在信仰的自由和内在的虔诚之中，便是这种思想的自然体现。

信仰和宗教生活传统作为家庭教育的一部分自然转移到童年的绿衣亨利身上。然而亨利的接受却并非静止的、被动的，而是充满了反抗和自己的思考。以上引文中体现的"上帝不是爱，而只是需要"[③]的思想无疑是受到费尔巴哈宗教理解的影响。——青年和成年的绿衣亨利对宗教的理解更集中体现在他对费尔巴哈哲学的思考上。凯勒学者埃尔玛汀在这里看到了作家自己宗教观的转变，提出绿衣亨利在伯爵府一节中完全接受了费尔巴哈的观点，成为其信徒。[④] 应当特别注意的是，19 世纪中晚期欧洲人文思想中对费尔巴哈的不同理解以及凯勒的立场。费尔巴哈的唯物论有别于后来达尔

---

① 分别见中译文 35 页以下，第一卷第五回"小梅蕾"一节及第一卷第六、七回"再谈亲爱的上帝－玛格莱特夫人和她的家人"，"续述玛格莱特夫人的故事"，296 页以下慕道课情节，311 页以下坚振礼情节。

② 见中译文 82 页。

③ 见中译文 83 页。

④ 见 Emil Ermattinger：*Gottfried Keller's Leben*. Mit Benutzung v. Jacob Baechtolds Biographie. Zuerich (Artemis) 1950 (8. Aufl.)，260 页以下。

文主义的机械唯物论，其思维模式仍然没有超出基督教思维模式的范围。在“德国唯物主义的宗教起源”一节中费尔巴哈宣言：“德国唯物主义具有宗教的根源；它起源于宗教改革；它是上帝爱人的结果，……”[①]在后来的“宗教之真正的、即人本学的本质”一节中费尔巴哈用人代替了神，把人放到了中心：“人的绝对本质、上帝，其实就是他自己的本质。”[②]但同时，他的出发点仍不失为，基督教是爱的宗教，因此爱依然是他学说的核心，只不过由神爱转到了人爱。这在费尔巴哈晚期著作中表现得更为明显。费尔巴哈唯物论和人本宗教观曾经在19世纪上半叶引起过误解，并由之推导出庸俗唯物论以及反对专制的斗争。19世纪下半叶，费尔巴哈用无神的宗教来宣扬超阶级的爱的思想逐渐被理解和接受。凯勒在《绿衣亨利》第二稿(1879/80)中对费尔巴哈的接受，渗透了对费氏早年思想所引发的庸俗唯物论的讽刺，以及对其晚年思想的肯定：凯勒在第二稿中加进无神论的庸俗唯物主义信徒吉尔古斯这一人物加以讽刺，[③]并把伯爵塑造为真正费尔巴哈思想的象征加以颂扬，便证明了这一点。小说结尾处，对信仰和宗教问题的思辨消失，取而代之的是对宗教伦理道德行为的认同：对母亲和家庭责任的履行，对国家责任的履行；作者尤其突出了尤蒂特的慈善和公益行为，将其塑造成为“人爱”的化身，而使小说最终归于“上帝的圣坛”的神圣气氛中。[④]

以上扼要分析勾勒出绿衣亨利成长发展过程中宗教信仰形成和发展的线索。伴随它的首先是家庭教育，然后是主人公对外在思潮的思辨。小说中绿衣亨利特殊的家庭和教育环境促使信仰传统占据主导地位：亨利童年丧父，少年被开除学校，至此，一个正常的个人与社会融合、个人社会化的过程被扼杀。因此父亲的理想形象和母亲的家庭教育填补了这一空白，成为亨利世界观形成的惟一来源以及

---

① 见费尔巴哈：《哲学著作选集》(上、下)，三联书店1962年版，上卷469—470页。
② 见费尔巴哈，下卷，30页。
③ 见中译文798页以下。
④ 见中译文第四卷第十六回“上帝的圣坛”，884页以下。

社会化的惟一途径。而父亲和母亲的价值观及生活方式正是来源于瑞士特殊的文化传统，代表了以加尔文教为主要形式的瑞士新教思想和行为模式；也许正是因为成文于19世纪后半叶，作品在行文中流露出作者对费尔巴哈宗教思想的接受，所以诺依曼将其概括为从加尔文教向费尔巴哈宗教观的摆动。[①] 然而，对宗教的探讨与文本本身所表现的信仰结构不一定具有一致性：前者是作者探讨和思辨在文中留下的显现痕迹，后者则隐藏于作者思维传统中，只有通过对文本的深层结构分析才可以解释出来。况且费尔巴哈的思想本身来源于基督新教，本质上并未脱离基督教信仰和伦理道德结构。

## 二

伴随《绿衣亨利》成长发展的最重要外在因素是他在风景画艺术中的发展，它是主人公童年以后一切思想和行为的中心，小说所有情节都围绕它展开。那么把《绿衣亨利》归纳到艺术家小说，仿佛是不言而喻的事。[②] 然而事实并非如此。与托马斯-曼的艺术家小说相比，两者间本质的区别相形见彰：在后者的作品中，艺术被理解为存在的本身，艺术活动不是艺术家与社会融合、得到社会承认的手段，而是他们表现自我、反叛社会的宣言。凯勒的《绿衣亨利》中所谓的艺术则不同，它是主人公谋求步入社会、得到社会承认的手段。它不是存在的本质，而是存在的方式。[③] 因此，凯勒作品中对艺术的理解有别于现代艺术家小说中对艺术的理解。同时，凯勒笔下的亨利与歌德的威廉-迈斯特亦有迥异，在《威廉-迈斯特的学习时代》中对艺

---

① 见 Bernd Neumann：Gottfried Keller. Eine Einfuehrung in sein Werk . Koenigstein/Ts 1982. 11—13 页。

② Emil Ermattinger 就已提出对艺术家小说的否定，但出发点为对费尔巴哈哲学的接受，即借此展示现代的普遍人性以及人与人关系问题。见 Ermattinger，263 页；Rudolf Majut 在其论述中也曾否认《绿衣亨利》是艺术家小说，但是他的出发点是强调小说为成长发展小说的特性，见 Majut，1508 页。两者论证出发点与本文不同。

③ 集中论述见中译文 462 页。

术的理解遵循的是18世纪以来的传统，即艺术和审美是教育的媒介和特殊手段，它与理想主义一脉相承，通过对共同美的理念的认同，打破市民与贵族的之间的等级鸿沟，达到个人与社会融合的目的。它强调审美的理念，追求的是个人通过艺术的和谐发展。而在《绿衣亨利》中艺术更多的是劳动，是行为，作者并非通过艺术的理念达到个性的发展和与社会的融合，艺术同样也被理解为谋生和生存的手段，是市民阶层与社会交流并得到社会承认的媒介。

从产生的时间来看，《绿衣亨利》介于浪漫文学和现代文学之间，更接近于浪漫文学的传统，它甚至曾以艾辛多夫的《一个无用人的一生》为蓝本，尤其在结构上加以了借鉴。① 艾辛多夫的"无用人"刻画的是浪漫文学中艺术家的典型，凯勒笔下的绿衣亨利只与其貌和而神离：浪漫文学的奠基性作品《一个热爱艺术的修士的内心倾诉》为浪漫文学对艺术家的理解定下了基调。艺术创作和艺术欣赏被比作宗教，被搬上了神坛，从此神秘化了的艺术创作和艺术享受便处在与现实的冲突之中。它在矛盾中从市民社会游离出来，脱离市民社会，并走到它的对立面。瓦肯罗德、施雷格尔、诺瓦利斯所提出的浪漫的理想主义艺术观成为以后的艺术家小说所追求的共同理想，也成为艺术家与现实社会冲突的根源。艺术家以追求艺术理想来反对工业社会中的艺术市场化，最终使自己社会边缘化而在理想与现实的矛盾冲突中走向失败和毁灭。这条线索从浪漫文学经过世纪末的现代文学思潮一直延续到今天。凯勒的主人公绿衣亨利最后走向为教区和国家公益服务的公务员的道路，并将此作为一个理想的、圆满的结局。尽管老年的凯勒对瑞士民主制国家产生了深刻的怀疑，但他仍然为主人公选择了一条履行国家责任的道德结局。②

由此看来，《绿衣亨利》中对艺术的理解有别于古典、浪漫和现代

---

① Ermattinger 指出《绿衣亨利》最初是在浪漫文学影响，尤其是在 Novalis，Jean Paul 以及 Eichendorff 的《一个无用人的一生》影响下设计的。见 Ermattinger：258 页以下。

② "Altespessimismus"，见 Martini：597 页以下。

文学中的理解，它被视作个人在社会中谋生的手段，与社会功用联系在一起，与伦理道德价值及其约束联系在一起。在这个意义上，它更具有新教伦理中对“职业”世俗化理解的特征。将两者加以比较，便可得出其同源关系。

分布在四卷中的标题“职业的预感”、“选择职业”、“工作的开始”、“劳动和冥想”描画出主人公风景画艺术发展的基本过程，到最后“劳动的秘密”一章自嘲地承认“艺术”生活的失败[①]。作者在标题中从未出现过“艺术”一词[②]，在行文中也更倾向于用“职业”，“工作”，“劳动”和“绘画”代言艺术。从称谓的选择上文本摇摆于带有加尔文新教色彩的“职业”与纯粹审美的“艺术”之间，摇摆于以父亲开明手工业者与具有艺术家气质的个体对艺术的理解之间。而这种趋于后者的摆动只是试探性的，开端性的，充满着对自身的怀疑和犹豫，显示出拘泥于前者的倾向。

首先，亨利认为人所从事的艺术或者职业都是接受上帝的感召，是与信仰紧密相连的。因此他把对绘画朦胧的感受称为“职业的预感”，把受上帝感召之人通过描画上帝的造物来表达对上帝的崇拜称为美好而高尚的职业：“经常独自坐在上帝创造的、今天还完全保持着其固有的纯洁和美的自然物面前，认识和尊敬这些景物，自己试图把沉浸在宁静气氛中的景物再现出来，以这种方式表达对上帝崇拜的心情，这怎么不是一种又高尚又美好的职业呢?”[③]这样，艺术被理解为承接“天命”和“天意”的职业，因此它从一开始就与高尚与美好等道德意义相连。

其次，亨利在强调艺术创造力的同时亦强调社会对美的价值的认同，强调美的愉悦价值。[④] 在这点上亨利继承了父亲的传统。当

---

① 分别见中译本第一卷第二十回，第二卷第一回，第二卷第五回，第三卷第一回，第四卷第五回。

② 第三卷第二回“一个奇迹和一位真正的艺术大师”，原文中用的是“Meister”，意思是手工业师傅或大师，田德望译“艺术大师”已将其转译。

③ 见中译文 192 页。

④ 见中译文 193 页。

父亲作为学成的石匠漫游回乡时，他“充满了艺术家明朗的预感”，参加“提高修养的启蒙运动”，这样“他的艺术才能为手艺服务”[①]。这是一个接受了自由人文思想和审美启蒙的开明手工业者对艺术的理解，艺术家的气质要服从于职业，艺术是服务于社会使命的。在“职业的预感”和“选择职业”的章节中，绿衣亨利明确地将绘画的目的表述为，把上帝赋予的东西真实地表现出来，愉悦他人，并认为这和其他职业一样，当是有意义和有用的，要和其他手工业一样，将上帝赋予的做出来，以彰显上帝的荣耀。[②] 小说中并未存在择业的主题以及父子在择业问题上的矛盾，恰恰相反，父亲的形象在这里充当了儿子择业的偶像。这说明艺术没有完全从职业中脱离出来，成为独立的意识。与纯粹的艺术观相比，它也许可以被称为“职业的”艺术观。而且当这种理解开始转变为现代纯粹艺术理解时，亨利便已经开始停止所谓的艺术，准备踏上回乡的路途。“郁闷”的标题表明了这种内心搏斗的气氛。亨利的“蜘蛛网”被艾利克称为向前迈出的“现在还无法估量其重要意义的一大步”，因为他从这里看到了“美的绝对自由”以及“虚无中产生的抽象”，只有这样的作品才是“真正的艺术”。[③] 对于亨利来说，现代艺术的理解违背了“真实描摹”上帝造物的原则，他极力遏制体现在自己身上的现代艺术家气质，遵从着“职业者”的道德。

再者，艺术要付出正直的工作和努力。这与浪漫文学和十九世纪末对艺术的理解不同。在后两者中对艺术的理解尽管存在差异，但是艺术总是与精神活动相连的，与人的激情和创造力相连。凯勒的《绿衣亨利》从一开始就暴露出对艺术的怀疑，这主要表现在小学老师与亨利的对话中。对话围绕艺术是否可以作为职业。虔敬的小学老师，安娜的父亲认为：它是“傲慢的（天主）教会的一种空虚的、华而不实的装饰品，……只不过是人的虚荣心和丑态的表现而已”，他

① 见中译文 10—12 页。
② 见中译文 190—193 页，199 页以下。
③ 见中译文 619 页。

对艺术作为职业的怀疑最后落到道德的层面上:“但是,对于从事这些艺术的同时怎么还能过严肃的精神生活,我就更不能想像了!”[①]小学老师所代表的观点,正是来自加尔文教对艺术的怀疑和否定。艺术在瑞士新教传统中是背离诚实劳动的思想,同样构成了与亨利现代艺术家气质之间的矛盾。在“各种不同的生活方式”一回中亨利通过对劳动的思考,最后选择了放弃无目的性的自由艺术家的生活方式,从事正直劳动的思想占得上风。这种选择最后显示了亨利在摆动中趋于传统价值的倾向。[②]

结合以上特点,可以得出亨利对绘画艺术理解的整体图像:它是上帝的感召,这种感召与社会承认联系在一起,完成它必须付出劳动和努力。由此看来,亨利对风景画的理解与其说是古典或现代意义上的“艺术”,与其说是作为审美和个性表现的艺术,不如说更符合加尔文教对“职业”的理解。“职业”,或者“天职”是马克斯·韦伯对“新教伦理与资本主义精神”关系论述中一个最核心的概念。他在长达几页的注释中对“职业”(Beruf)一词做了详尽的圣经词源学和神学上的考察,并肯定了路德的解释。路德认为它具有上帝“召唤”(Berufung)、“感召”的含义,是由“天职”演化而来的世俗理解。世人从事职业是对上帝感召的回应,而人的道德活动所能采取的最高形式应是对其履行世俗事物的义务进行评价。上帝的神意已毫无例外地替每个人安排了一个职业,人必须各事其业,辛勤劳动,为神圣荣耀而劳作。[③] 其实,路德说法的提出主要是针对当时天主教的修行制度,其弊端之一是以崇尚精神活动为由而鄙视世俗劳动。因此路德

① 见中译文 190—191 页。

② 参见中译文第四卷第三回“各种不同的生活方式”中对劳动的探讨,见中译文 653 页以下。

③ 见马克斯·韦伯:《韦伯文集》(上),韩水法编,中国广播电视出版社 2001 年版。其中主要参照第四编“新教伦理与资本主义精神”中“路德的‘职业’概念”及“禁欲主义与资本主义精神”。此处 320 页。本文在这里没有直接引证加尔文的神学著作,而是转引了韦伯的解释性和概括性观点。因为韦伯所论述的新教便是瑞士加尔文教以及其在英国的变形,清教,而且就对“职业”,“天职”以及它与新教伦理关系的论述来看,韦伯的基本观点已经成为经典,得到学术界普遍承认。本文承认新教信仰与伦理之间关系的可信性,但并未涉及新教伦理与资本主义精神问题。

提出，上帝应许的唯一生存方式，不是要人们以苦修的禁欲主义超越世俗道德，而是要人完成个人在现实里所处地位赋予他的责任和义务。这是他的天职。在这种前提下职业的思想被首次提出，它随着路德的翻译遍及新教民族日常语言。[①] 韦伯沿用了路德的说法，认为新教对职业的理解是“上帝安排的使命”。这里面包含两个意思：“职业”是上帝的感召；“职业”是使命。[②] 从“上帝的感召”上看，凯勒笔下的“职业”与浪漫文学中的“艺术”基本上是一致的。区别在于前者不仅是个人蒙受感召，而且还是与责任和义务相连的“使命”，它不仅限于精神活动，更以肉体劳作为内容；它不仅限于审美活动，更与伦理道德观念联系在一起。

通过以上分析得出，小说《绿衣亨利》对艺术的理解还没有摆脱手工业市民阶层对职业理解的范畴。亨利的形象因此并没有脱离父亲开明加尔文教“手工业者”的模式，它的自我塑造和发展始终遵循着这种理想和榜样。因此绿衣亨利的思想和行为模式体现的正是这一阶层的世界观和道德传统。

小说《绿衣亨利》中思想和行为模式的基本特点可以用禁欲主义来概括。不理解加尔文教禁欲思想反映到人日常行为和性格上的特征，便无法解释主人公亨利以及第二主人公母亲的形象，也无法理解小说中情感与克制的矛盾以及最后的断念思想。禁欲主义在欧洲思想发展史中与基督教紧密相连。其要旨是以神为中心，为了精神而节制身体、割舍欲望、遏制内在和外在激情，最终目的是人与上帝的融合，求得人的完善。如同马克斯·韦伯分析得出，加尔文教的禁欲主义不同于中世纪天主教的禁欲主义，后者是“方法性”的，“功能性”的，而前者是“内在性”的，它体现在生活的各个方面。[③]

小说在开始部分“赞美父母”时，就特别提到他们节俭的美德：在

---

① 马克斯·韦伯：《韦伯文选》(上)，288—295页。

② 同上295页。

③ 这里对文本中禁欲主义思想和行为的分析以一般新教禁欲主义为基础，而并未采用韦伯的论述体系。因为后者的侧重点在于禁欲主义与资本主义精神的关系，并且主要以清教徒特有的禁欲主义为例。

雷师傅的"许多原则中,节俭的原则占首要地位"。这种节俭不同于吝啬,恰恰相反,雷先生"急公好义","慷慨大方","这份积蓄使他的进取的精神和已经享有的信用,能够发挥更大的作用"[①]。因此,亨利父亲雷先生的节俭不是为了占有财富,享受财富,而是为了借助财富发挥自己的进取精神,发挥更大的社会功用。这点与韦伯所说的新教节俭精神,是为创造更多财富,彰显上帝荣耀的最初思想在结构上是同源的,不能不说是最初宗教禁欲思想的世俗化表现。母亲的形象则更为极端,几乎可以说是禁欲主义各种方式在世俗生活中完整的表现。[②] 她的饭前祈祷,对自己良心和行为的省察,对饮食的节制,对生活的节俭,对所有感官享受的排除,对感情的控制,对他人的宽容,对孤独和寂寞无限的忍耐,处处显示出禁欲主义传统在世俗生活中的转化。[③] 它在新教徒中已如此根深蒂固,几乎成为了母亲这一形象的自然属性,因为她所有的行为都是禁欲主义内在信仰和行为规范的自然流露。雷夫人在《绿衣亨利》中已经远离温柔、慈爱、感性的母性特征,成为刻板、严肃、理性的化身。家庭因此从亲情的居所转化为道德的场所。取代欢乐和幸福的是禁欲生活方式给予人精神和心灵上的振奋(Erbauung)。亨利母亲的爱子并不是通过感性的亲情,而是通过克己禁欲产生的信仰和道德力量体现出来的。

在绿衣亨利形象中,这种禁欲性格表现在多个层面,并时时处在一种与感性和激情的张力之中。小说用第一人称写就,但作者几次通过第三者描述的方式,"客观地"展示了亨利"相当忧郁的、沉默寡言的"外在形象。[④] 而亨利的所谓"静水流深",[⑤]即他出人意料的内

---

① 见中译文 13—14 页

② Neumann 对雷夫人的加尔文禁欲主义形象作了十分详细的论述,他认为在雷先生身上还可以看到诗与散文、艺术家与市民阶层的合题,而在雷夫人这里就只有"禁欲式节俭的、严格杜绝一切放纵的、排除感性维度的生活",亨利便是在这种加尔文式的家庭教育中成长的。见 Neumann:44 页以下。

③ 文中对母亲禁欲主义行为描写丰富,尤见中译文 33—35,643—647,858—859 页。

④ 见中译文 872 页。

⑤ 见中译文 29 页。

在的爆发力，恰好从反面表现出他沉默克己的禁欲行为本质。前文曾在论述艺术与职业问题时谈到艺术和劳动的关系，在此我们可以从禁欲主义角度再次涉及这个问题。肉体劳动作为艺术和职业矛盾的一个交点构成了困扰绿衣亨利艺术发展的因素。在禁欲主义传统，尤其在新教的接受中，劳动本身就是禁欲的生活方式。无所作为的思考和冥想被看作懈怠和放纵。这种传统思想时时困扰着亨利在艺术都市的游学生活。亨利艺术家式的生活方式与母亲极度节俭禁欲的生活方式形成鲜明对比，唤起了亨利对劳动的责任感，使其最终克服自己艺术家的气质，摆脱冥想、懈怠。[①] 对于要成为艺术家的亨利来说，“劳动的秘密”当然是自嘲式的结局，[②]标志了他艺术生涯的失败和终结。从新教禁欲主义传统出发的对劳动的理解以及对艺术的困惑，无疑是导致亨利失败的因素之一。

亨利的禁欲主义思想最集中表现在对情爱的克制上，他一定要把激情掩盖在冷酷外表之下的行为便是阻止情感泛滥、内省自身的最明显表露。[③] 亨利对安娜的爱完全局限在精神层面，而在尤蒂特身上倾注了“另一半”情感，即感性的爱。两个具有象征意义的女性出现在亨利成长发展的道路上，分别构成了其情感和精神两部分。[④]亨利对她们的爱恋可以被视作对自己情感和精神意识的体验。安娜作为纯粹的超验的理想女性，她的死仿佛是结构上的必然。然而亨利在安娜死后却并没有转向象征感性、现世和健康的尤迪特。为保存对精神的记忆，他决定与尤蒂特告别：“世上非得有忠贞和信仰不可，人非得要依靠靠得住的东西不可，把我对死者的怀念，把我们俩共同对灵魂不灭的信仰，作为一颗可爱的明星给我的一生引路，我的

---

① 见中译文第四卷第三回“各种不同的生活方式”。

② 中译文第四卷第五回。

③ 见中译文第二卷第十回“凉亭中的审讯”情节。

④ 将爱情分为精神和肉体（感官）两部分，即双重恋爱的母题是感伤主义以后德语文学中一个常见的母题。它从歌德、席勒以来成为浪漫文学中十分固定的结构。主人公常常在两极间移动，最后在更高的第三者中找到归宿。《绿衣亨利》中女性的设计也具有这样三断论模式，第四卷出现的窦绿苔在结构上是更高的第三者。

一切行动都可以拿它作为指针，我认为，这不仅是我的本分，而且是一种幸福。”[①]与尤蒂特的诀别对亨利意味着诀别感性的激情，肉体的温暖，异性的关爱，即与此世人爱的诀别；割舍的行动来自对精神之爱的忠贞和信仰，是追求人与信仰的融合，求得人精神上的完善，文中称之为“幸福”。这正是新教禁欲主义内在精神性的完美体现。

断念的思想在小说结尾表现到极至：尤蒂特听说亨利的失败，从美国回到家乡安慰和支持他。起先执著追求的尤蒂特最终舍弃了与亨利的结合，理由是给予亨利精神上自由。两位主人公最终舍弃了现世的情爱、肉体的结合，为在“精神上的沟通”中追求更高一层的理解和幸福。德语文学评论中曾一直试图寻找和解释凯勒作品中感性的一面。老一代学者认为凯勒在第二稿删去所谓“尤蒂特出浴”一幕是最大败笔。[②] 学者们或许意在挖掘禁欲思想背后的分析心理学原因，抑或忽视了凯勒思想中的宏观结构。因为纵观发展脉络，尤其小说结尾，在感性与禁欲的张力中，倾向于断念的思想显而易见。

瑞士加尔文教以市民阶层为核心，代表着它的世界观。由基本的世界观中又演化出社会伦理的要求。被定位为开明新教市民阶层的亨利，所代表和维护的正是这一阶层的伦理道德规范。[③] 在《绿衣亨利》中它主要表现在正直、诚信和责任感三个方面。其中正直针对个人的良心，是对个人内在道德的约束；诚信和责任感针对他人和集体，是在与人交往和集体生活中的伦理要求。

亨利正直诚实的道德品质主要表现在他对待自己“职业”的态度。他绘画的初衷即是“将上帝赋予的真实地表现出来”。虔敬以及由敬畏产生的正直是亨利从事绘画的最基本道德基础。正如小学老师所描述，他走的是“一条正当的、虔诚的道路”，而且这样的作品“就

---

① 见中译文 450 页。

② 见 Ermattinger：504 页。

③ 凯勒对公民的教育倾向以及对传统伦理道德的维护若结合其中篇小说则表现更为明显。可参见中文译本《凯勒中篇小说集》，田德望译，人民文学出版社 1963 年版。在中篇小说中凯勒对正直、政治社会责任以及市民阶层道德美德的宣扬更为清醒，更具有倾向性，有时不免流露出枯燥的说教。

会和一首宗教性的春之歌或者收获之歌有差不多同等的价值。”[①]这句话概括了职业与道德价值之间的关系，即作品是正直和虔诚的产物，它有着同样的宗教道德价值。亨利在绘画发展中所面临的冲突和搏斗始终是各种各样的“非真实”以及虚幻和虚荣的东西。它们首先是亨利艺术家气质中的幻觉、白日梦和想像力；其次是来自外部的模仿、剽窃。[②] 与前者的斗争表现在主人公不断的自觉和自省之中，与后者的斗争则表现在对模仿与剽窃的讽刺与批评中。对自然正直真实的描摹对于亨利来说胜于艺术的创造力。比起艺术家的天赋、激情亨利更加强调正直的工作和努力。工作伦理成为信仰和诚信的标志。如果说艾里科的失败是因为没有艺术天赋，黎斯的失败在于缺乏信仰，那么绿衣亨利的失败也许正是由于道德上的执著。

在小说结尾作者设计了“时来运转”的肯定性结局，使亨利的劳动和艺术得到了最后承认，并令其主人公按照市民社会价值标准衣锦还乡。[③] 司马赫费尔的遗产和伯爵的馈赠具有明显的虚构痕迹，几乎破坏了小说现实主义的基本结构，使小说流于传奇。但作者的意图也因此更明显地体现出来：司马赫费尔表彰的是亨利的“安静”和“勤奋”，[④]伯爵承认和赞赏是因为“这些作品体现出一位诚实的力求上进的人的全部发展过程”。[⑤] 两者肯定的实为亨利劳动或作品中的道德价值。凯勒杜撰出伯爵形象作为高贵理想的象征，正是为维护传统道德价值所作的尝试。

小说《绿衣亨利》主人公对诚信的捍卫集中表现在与黎斯决斗的一节，这是小说中惟一一处涉及生死搏斗的情节。在此亨利以基督教普遍的伦理道德准则为依据，向现代的、无神论的个性自由挑战：“‘可我就要管！’我大声说，‘现在你就得保持忠诚和体面，不然，我就要向你的灵魂深处证明，你做得不对！这种错误的行为只能来源于

---

① 见中译文 193 页。
② 参见第二卷第六、七回“毒麦”及“毒麦续”。
③ 见中译文第四卷第十回。
④ 见中译文 849 页。
⑤ 见中译本 764 页。

你那糟糕的无神论！谁心里没有上帝，谁就没有力量，灵魂就没有依靠！'”[1]在现代的理解中，情爱高于理智，个性自由高于传统规范，仿佛已经不言而喻；亨利为维护友谊和爱情中的诚信而甘赴决斗，显得十分不合时宜，但正是这种不合时宜性表现了小说毫无条件、一定维护信仰的伦理价值观的倾向。

《绿衣亨利》中的责任感表现在对家庭和国家的责任感两个方面。也许小说第一稿结尾设计的主人公之死，更深刻地表现了对家庭责任的价值。小说第二稿中，对家庭的责任最后融合到公民对国家的责任中，标志是亨利作为国家公务员的最后归宿。瑞士文学史家马提尼称之为“个人的伦理转化为公众的伦理”。[2] 这种转化在德语成长发展小说中鲜而有之，歌德所追求的个人与社会的融合是理想主义的，它局限在精神领域，并不涉及具体的国家和政治责任。其他小说亦遵循这样的传统。绿衣亨利的责任感可以追溯到父亲对教区公益的责任感。这正是加尔文教传统区别于其他宗派传统的最明显特征。宗教改革中的加尔文教所倡导的是神权高于政治，该基本教义导致的必然结果是教区与行政区的重合。[3] 教徒对教区的责任自然地转移到对行政区和国家的责任，每个人都具有信徒和公民双重身份。在这样的制度中宗教的道德与世俗的责任融合在一起。

谈到遵循和维护伦理道德一定要涉及约束机制问题。《绿衣亨利》在这个问题上也显示出其基本观念。凭借信仰为自己的心灵设定内在监督机制是基督教道德约束的一般规律。文中亨利为自己设定的监督首先是自己父亲的理想形象。他是虔信和高贵的化身，不断在内心询问“他会用什么样的眼光看我”构成主人公最初的内在监

---

① 见中译文 599 页。

② 参见 Martini：599 页。

③ 教区原则是加尔文教在教会法上采取的原则。他们在国家生活中置政治目标于上帝之国目标之下，提出在此世实现天国，在精神上统治世界。（这与其教义上的先定论一样都包含下层市民反抗上层贵族的意思）由此引出加尔文教特殊伦理，即对教区、公益及国家的责任感。对于加尔文来说，福音不仅是得救，而且也是按上帝意志行使的公共秩序和法则，他视犹太君王国家中宗教置上为榜样，置宗教于政治之上。因此后来形成很大政治力量。见 *Lexikon fuer Theologie und Kirche*.

督机制。[①] 父亲的理想形象到少年亨利时转移到安娜这一精神化身上:“我为了在安娜的梦中和预感中显得纯洁善良,一冬都过着清教徒式的生活,不仅对于自己表面上的态度,而且对于自己的思想都严加检束,……”[②]安娜所代表的精神如同一只看不见的眼睛时时处处注视着亨利的行动,成为他行为的道德监督。无论是理想的形象,还是想像中的精神,均为主人公自行设定的自我督察机制。其基本结构等同于基督教中全知全能、主宰善恶以及一切正义的上帝。与黎斯决斗一节的对话中进一步暴露了隐藏在具体形象背后的至高监督者,即上帝本身。[③] 母亲加尔文教式的家庭教育理念同样在强调自身内在的道德约束力:“为了防备你拿,就把钱锁起来,这对我来说,却是不可能的事。所以我还象从前那样,把钥匙插在这里,看你是否自觉自愿地改过自新;因为除此以外,什么都无济于事,……”[④]这是亨利偷走家中存钱后母亲的反应,母亲的规劝和教育中并未采用机械的惩罚和防范,而是向主人公自身的约束力提出挑战,期待他内在的悔改。这样的挑战能够真正作用于心:“我极其沉默和悲哀,……因为我感到,这种悲哀本身是必要的,……”[⑤],只有来自内在的自我约束力道德才能得到真正的维护。在亨利与尤蒂特关于对待过失的对话中,更加体现了加尔文新教严格律己的特征:“意识到自己所犯的罪过以后,我要永远不忘掉自己所犯的罪过,要永远把这种意识十分鲜明地铭刻在自己的心里,正因为如此,这种决心在我看来,是惟一可能的抵罪办法。”[⑥]亨利试图找到尤迪特忏悔,解除自己对罗莫尔的死所犯下的罪过,而尤迪特却没有给他以忏悔的机会,而是让他记住自己的罪过,并且用记忆约束自己。因为加尔文教和其他新教一样,出于对中世纪晚期以后泛滥的各种赎罪方式的抵制,从一开始

① 见中译文 22 页。
② 见中译文 429 页。
③ 见注 61。
④ 见中译文 132 页。
⑤ 同上。
⑥ 见中译文 434 页。

就取消了告解的圣事。罗马公教传统中忏悔和赎罪之路被截断，其结果表现在行为中便是极端严厉的自我约束。

## 三

《绿衣亨利》作为一部特殊的成长发展小说首先表现在它由始至终贯穿着对宗教信仰问题的探讨。在对教会组织和外在形式的反思和批评中，主人公对上帝和永生的信仰则显示出本质化和内在化的特点。这种信仰特征深受基督新教影响，反映出瑞士加尔文教的特殊传统。风景画艺术是伴随主人公成长发展的媒介，而小说却并无意树立和宣扬某种纯粹的艺术观念。艺术在《绿衣亨利》中被理解为一种不寻常的职业，小说旨在通过它找寻普遍的价值和规律，来展示和说明人的行为和道德命运。① 加尔文教禁欲主义构成了解释小说主人公内在思想和外在行为的重要因素，母亲的形象也只有在这种传统中才可以真正得到理解。伦理道德观是小说主题的中心，它反映在对自身内在的约束以及对集体和国家的责任感中，瑞士加尔文教宗法传统在此得到深刻体现。

小说《绿衣亨利》成文于19世纪后半叶，处在德语文学史中从理想主义向自然主义，从浪漫文学向现代文学的过渡时期。这段过渡时期在德语文学中被称为“市民现实主义”或“诗意现实主义”时期。② 现实主义文学是继浪漫文学之后、现代文学产生之前遍及欧洲的文学现象，是黑格尔所谓“市民时代”的产物。作为现实主义文学的代表，小说这一文学题材第一次超过戏剧和诗歌发展起来。③

---

① 参见 Majut：1508页；Ermattinger：263页。

② “诗意现实主义”概念第一次由 Otto Ludwig 提出。见 Otto Ludwig：Der poetische Realismus. In：*Otto Ludwig. Werke*. Hrsg. v. Arthur Eloesser. 4. *Teil Dramatische Studien*. Berlin（Bong o. J.）1908. 319页。此处转引自 Andreas Huyssen（Hrsg.）：*Buergerlicher Realismus. Die deutsche Literatur in Text und Darstellung*. Stuttgart（Reclam）1980. 45－46页。Ludwig 将理想主义（唯心主义）与自然主义统一起来的道路称为诗意现实主义的中间道路。这种说法以后一直被学术研究中采用。

③ 关于小说发展历史原因及审美理论参见 Bruno Hillebrand：*Theorie des Romans*. Muenchen（dtv）1980. 192页以下，尤见192－213页

英国、法国和俄罗斯小说虽然表现出各自不同的风格，但它们的现实主义文学可以被统称为“社会现实主义”或“批判现实主义”。与其相比，德语文学给自己命名为“诗意现实主义”以示界定，它是德语文化传统中的特殊产物。[①]

结合社会经济发展史，现实主义文学产生于向现代工业社会过渡的过程中，即产生于19世纪上半叶开始的现代化进程中。德语文学用自己特有的方式表达出对资本主义工业化的迷茫、忧虑和恐惧。它们在不得不客观反映现时的同时，却在情感上依附于过去的、即将消逝的精神，依附于德国唯心主义，或称理想主义[②]和内在世界。凯勒与其同时代的作家[③]并未提出某种文学审美纲领，只是直觉地表现了自己对外在世界发展的理解。后来的文学批评将他们共同的依附于理想主义的文学创作称为“诗意现实主义”，即“现实的诗意化”。[④] 在美学发展史中它处在黑格尔－费舍尔的传统中。

诗意与现实之间的文学转换被称为“美化”(Verklaerung)，即将现实中存在的不美的、无意义的因素通过文学理想化、美化、纯洁化，突出自然、人和艺术的美。[⑤] 现实可以分为深层和浅层，外在与本质。如果说自然主义是对现实表面的复制，理想主义倾向于对深层

---

① Auerbach与J. P. Stern认为凯勒、拉伯(Raabe)、冯塔纳的作品因为不能描摹现实、反映社会矛盾而无法与英、法、俄的现实主义文学相比。以后便出现了一系列平反式的研究。文学退回非政治的内心世界决定于德国特殊的社会、政治背景。德语知识分子的普遍倾向为以市民人文主义、教育教养对抗资本主义时代精神，同时也对抗新起的无产阶级。战后德国日尔曼文学界对十九世纪现实主义文学审美观进行了长时间的讨论，重在挖掘现实主义的特殊审美基础及审美价值，用以与意识形态的反映论加以界定。最具代表性的观点收录在Richard Brinkmann：*Begriffsbestimmung des literarischen Realismus*. Darmstadt (Wege der Forschung) 1974. 其中收录了Auerbach, Luckacs, H. Mayer, A. Iwastschenko, Folejewski/Adorno, G. Kaiser, W. Hellmann, Martini, W. Preisendanz及R. Wellek关于现实主义的论述。

② Idealismus在哲学中习惯翻译为唯心主义，在文学审美中更倾向于译为理想主义。

③ 这里指以Stifter, Keller, Raabe, Storm为代表的作家。

④ 见E. McInnes/G. Plumpe：*Buergerlicher Realismus und Gruenderzeit 1848—1898*. Muenchen (dtv) 1996. 49—50页。

⑤ 凯勒对美化的理解和表述见McInnes/Plumpe：53—54页。在文本中表现在为自然的田园化，爱情的精神化以及艺术的诗意化。因为这部分非本文论题，所以未详细论述。

实质的直观，那么以“美化”为特点的诗意现实主义涉及的乃现象中的内在本质。[①] 诗意现实主义因其试图把诗意反射到现实中，“将现实诗意化”而被认作在现代社会发展中，把握传统的最后一次尝试。[②] 现实主义整体作为一个审美概念亦如此。在此之后，欧洲文学开始出现各种现代思潮，它们或者摆动到纯现实的自然主义，或者摆动到无现实的各种审美主义。[③]

凯勒的《绿衣亨利》便是这样一个过渡时期的合题式的小说作品。它移动在诗意与散文化之间，移动在市民阶层与艺术家之间，移动在传统与现代之间。虽然瑞士文学属于德语文学这一大的范畴，在人文和审美思想上有诸多相似之处，但凯勒的作品毕竟体现了瑞士的文化传统，尤其是宗教信仰传统以及它们在思想及行为方式上的反映。凯勒作品对诗意的挽留，其特性在于，它将美化和诗意附着在基督教的伦理道德之上，印证了只有道德的才可以被美化这一古典的审美道德基础。凯勒的诗意是通过其道德力量体现出来的诗意。

---

① 见 McInnes/Plumpe：56 页。

② 见 McInnes/Plumpe：83 页。

③ 这里指 19 世纪末、20 世纪初出现的表现主义、新浪漫派以及青年风格等等，它们均强调主观主义、唯美主义，与现代审美艺术思潮合步。

# 清教论家庭教育

向　荣（武汉大学）

清教的家庭教育思想是清教留给后人的又一份珍贵遗产。但是，由于时代变迁所造成的心理隔膜使当代学者难以准确地理解和评价它。劳伦斯·斯通认为由于加尔文教强调儿童的原罪以及父母的惩治责任，使得这一时期英国父母对子女的态度变得冷漠和苛刻。[①] D.J.G.庞兹重复斯通的观点，认为"原罪论"改变了英国父母以往对待子女相对宽容的态度，并宣称"他们（指新教徒，尤指清教徒。——本文作者注）虐待青少年的遗产一直残留到本世纪"。[②] 但英国著名清教史专家帕特里克·柯林森不同意这种看法。他注意到清教说教与英国父母，包括清教父母对待子女实际态度之间存在很大区别，因此他认为清教并不像斯通所说的那样缺乏对子女的爱，而是爱的太深，惟恐宠坏了自己的子女，才不得不对自己过于炽烈的情感有所抑制。[③] 与庞兹的观点相反，拉尔夫·A.霍尔布鲁克认为中世纪强调原罪和父母的惩治责任，但由于人文主义的影响，这一思想在16、17世纪英国作家、包括清教作家的著述中已经有所缓和。[④] 以上分歧表明对于清教的家庭教育思想还存在着再认识的必要。因此，本文将根据清教所处的特定历史环境对他们的家庭教育思想作

---

① 劳伦斯·斯通：《1500—1800年英国的家庭、性和婚姻》(Lawrence Stone, *The Family, Sex and Marriage in England 1500—1800*. London: Penguin Books, reprinted in 1990)，第125—126页。

② D. J. G. 庞兹：《英国人民的文化》(N. J. G. Pounds, *The Culture of the English People*. Cambridge: Cambridge University Press, 1994)，第339页。

③ 帕特里克·柯林森：《新教英格兰诞生时的阵痛》(Patrick Collinson, *The Birthpangs of Protestant England*. London: Macmillan Press, 1988)，第78—81页。

④ 拉尔夫·A.霍尔布鲁克：《1450—1700年的英国家庭》(Ralph A. Houlbrooke, *The English Family 1450—1700*. London: Longman, 1984)，第141—143页。

一个历史的、而非形而上学的分析，力图以理解而非事后评论的态度打开这份尘封已久的历史遗产。

## 一

清教出现在16、17世纪，这是英国从封建主义向资本主义过渡的重要时期。随着资本主义的兴起，建立在农本经济基础上的“面对面”的社区组织，如庄园、农村公社和行会瓦解了，代之而起的是个人主义和民族国家的兴起。这一转变对于英国的家庭生活产生了重要影响。首先，随着家庭从庄园、农村公社和行会束缚中摆脱出来，家庭的独立性大大增强。与此同时，个人的感情世界也从社区回归到家庭，导致亲情升温。霍尔布鲁克和基思·赖特森在各自的著作中列举了不少反映这一时期父母关爱子女的生动事例。① 即使在那些最能克制情感的清教徒的日记中，我们仍然感觉得到家庭的温馨。伦敦的清教工匠内赫米亚·沃林顿在日记中记下了他的女儿伊丽莎白从生病到去世的每一个细节。其中写道：“晚上当我们上床之后，她对我说：‘父亲，明天我出去给你买一个李子排。’”这句话深深地刺痛了他，因为“这是我听到的我心爱的孩子说的最后的话”。伊丽莎白的去世使沃林顿几乎因悲痛过度而失去对上帝的信仰，因此当他的妻子以孩子摆脱了尘世的烦恼，正在安享天国的幸福为由安慰他时，他愤怒地反问道：“难道你就不为失去这个孩子悲伤吗？”他的妻兄在信中称他是“一位溺爱的父亲和细心的丈夫”。② 沃林顿的日记的确给人留下了这样的印象。

家庭独立性的增长在神学家们的著述中也有反映。中世纪的基督教强调社会公义和爱邻人，家庭利益由于有悖于上述目标而时常受到猜疑和压抑。从英国早期宗教改革家的著述中我们仍然可以看

---

① 霍尔布鲁克：《1450—1700年的英国家庭》，第142—145页；基思·赖特森：《1580—1680年的英国社会》(Keith Wrightson, *English Society 1580—1680*. London: Hutchinson and Co〔Publishers〕, 1982)，第108—118页。

② 保罗·S.西弗：《沃林顿的世界》(Paul S. Seaver, *Wallington's World*. London: Methuen & Co., 1985)，第87—88、75页。

到中世纪的痕迹。伍斯特主教休奇·拉蒂默在布道中强烈谴责那些只顾为自己的子女积攒财富,而忽视上帝要扶助的人的人。他警告:"上帝的诅咒悬挂在你们头上",因为"基督说过,'爱父亲、母亲或子女胜过爱我的人,不配做我的门徒'"。[①] 清教徒不反对爱邻人,但他们更强调家庭责任。17 世纪著名清教神学家理查德·巴克斯特在论及"天职"(calling)、即上帝赋于人的世俗责任时,将家庭放在特别重要的位置。他说:"你不要假借行虔诚之事或大的善事而忽视对妻儿的必要供养,因为上帝已经给你规定了责任的顺序 :从家庭开始(虽然不限于此)。"[②]清教徒尤其反对中世纪遗存下来的"面对面的友邻文化"(The face－to－face culture of neighbourliness),在这种文化传统中,同一堂区的居民常常聚集在一起举行集体性宗教仪式,并寻欢作乐,以此显示"基督之爱"(charity),即通过爱邻人表达对上帝的爱。男人们聚饮啤酒馆是当时友邻文化的主要表现形式。针对当时人将这种活动视为"友好","一种增进邻人之间友爱的好方式"的说法,清教牧师阿瑟·登特反驳道:"这里没有真正的友好,只有不虔诚。因为在穷人忽视自己的天职,懒惰、放荡地生活的同时,他们可怜的妻小却呆在家中哭喊着要面包。他们快要饿死,准备乞讨和偷盗。我请你们问问自己的良心,这里究竟有什么友好可言?"[③]在这里家庭利益成为破除友邻文化的理由和根据。柯林森认为宗教改革的主要后果之一是唤起了"家庭的自我意识",这一评价似乎一点不为过。[④]

但在另一方面,在家庭从庄园、农村公社和行会束缚中摆脱出来的同时,它所承担的社会责任也大大增加。中世纪人与人之间的依

---

① 戴维·C.道格拉斯:《英国历史资料》,第 5 卷:《1485－1558 年》(David C. Douglas, *English Historical Documents*, Vol. 5: 1485－1558. London and New York: Routledge, Reissued in 1996),第 340 页。为了准确起见,本文中的《圣经》译文参照了香港国际圣经协会 1996 年出版的《圣经》中英对照本。

② 理查德·巴克斯特:《基督教指南》(Richard Baxter, *A Christian Directory*. Morgan: Soli Deo Gloria Publications, reprinted in 2000),第 114 页。

③ 阿瑟·登特:《常人进天国之路径》(Arthur Dent, *The Plain Man's Pathway to Heaven*. Pittsburge: Soli Deo Gloria Publications, reprinted in 1994),第 134－135 页。

④ 柯林森:《新教英格兰诞生时的阵痛》,第 63 页。

赖关系是社会生产不发达的产物，这些关系起着分担风险，为当时人提供最低生活保障的作用。庄园法庭以及农村公社和行会的民约乡规提供了低成本，但足以调解当时人的矛盾和冲突的便利机制。随着庄园制度、农村公社和行会的瓦解，这些职能一方面转移到新兴的民族国家，另一方面转移到家庭身上。

但是，中世纪的社会保障和社会控制机制向近代的转换并不是一蹴而就的。而且随着市场经济和资本主义的发展，一系列新的社会问题出现了，如贫困、失业、犯罪率上升等，使得16、17世纪的英国面临严重的秩序危机。对此，史学家已多有论述。[①] 在困扰当时人的诸多问题中，不良青少年和他们的犯罪问题又特别突出。在1595至1609年间诺里奇市政府抓捕的“无业游民”(vagrants)中，72%是21岁以下的青少年，其中52%在16岁以下。他们以乞讨为生，并参与犯罪，尤其是行窃。其中不少人屡教不改。比如一个名叫乔安尼·威廷格的少女屡屡出现在市政府的法庭记录中。1630年3月她因为犯重罪被判烙刑，并被命令返回汉沃思原主人身边。但她并未离开诺里奇。同年8月她被从该市感化院(Bridewell)释放，因为她“现在想去荷兰”。这当然只是她的借口。同年9月她因与另一无业游民丹尼斯·鲍威尔合伙作案被判在集市上当众鞭打，并再度被命令返回汉沃思。9月底至1632年7月她又数次在该市被抓获并被投入感化院。1632年12月她因偷盗被鞭打。1634年5月因怀上私生子再一次被送进感化院……类似的事例还很多。不良青少年已成为诺里奇市政府最感棘手的问题。[②]

① 参见赖特森：《1580—1680年的英国社会》，第6章：“社会秩序”；安东尼·弗莱彻和约翰·史蒂文森主编：《近代早期英国的秩序和骚乱》(Anthony Fletcher and John Stevenson eds, *Order and Disorder in Early Modern England*. Cambridge: Cambridge University, 1985)，第1章：引言。

② 保罗·格里菲思：“诺里奇无主人的年轻人，1560—1645年”，载于保罗·格里菲思、亚当·福克斯和史蒂夫·欣德尔主编：《体验权威：近代早期的英国》(Paul Griffiths, “Masterless Young People in Norwich, 1560—1645”, in Paul Griffiths, Adam Fox and Steve Hindle eds, *The Experience of Authority in Early Modern England*. London: MaCmillan Press, 1996)，第157、161—164页。

都铎王朝和斯图亚特王朝试图通过自上而下的改革来解决当时的社会问题。1598年议会通过了《济贫法》和《惩治流浪汉、游民和身强力壮的懒丐法》。两项法令是互为补充的，它们在救济失去劳动能力的穷人的同时，严厉打击无业游民和身强力壮的乞丐，强迫他们自食其力。在《济贫法》中政府已经表现出对青少年问题的关注，法令规定由堂区济贫官员出资，订立契约使穷人子女做学徒。随着时间的推移，政府逐渐将法令实施的重点转移到使穷人子女学徒方面。在1631年1月发布的"决议书"(the Book of Orders)中，枢密院要求"每个堂区的穷人子女都应被安排在农业和其他手工行业中做学徒，并根据法律从该堂区集资，用以安置他们"。[①] 在"决议书"的推动下，英国各地出现了强制性学徒的高潮。据对不完全的资料统计，仅埃塞克斯郡在30年代就安排了6000多名穷人的孩子学徒。[②] 政府强制性学徒的目的是双重的，一是临时性救济，使他们在学徒期间得到基本的生活保障；二是长远的考虑，使他们学得一技之长，长大后成为对社会有用的人，不至于沦落为无业游民、乞丐和犯罪分子。

但是，要使个体的家庭意识到转型时期赋予它们的特殊的社会责任却十分困难。事实上，由于相当多的家庭缺乏这种意识，又由于中世纪社区组织对家庭的管束作用大大减弱，家庭已经成为滋生社会不安定因素的温床。有的家长缺乏家庭责任感，忽视对子女的赡养，时常将家庭负担转嫁给社会；有的家长过分溺爱子女，忽视对子女必要的教育(包括职业教育)，使他们长大后无法适应一个竞争性的社会；还有的纵容和包庇自己的子女，使他们走向不良和犯罪的道路。比如为了安置寡妇穆尔的女儿，诺里奇市长法庭为她找到一份

---

① 《决议和指示》(*Order and directions, together with a commission for the better administration of justice, and* [*for inquiry*] *how, the statues tending to relief of the poor, the training of youth in trades, and reformation of disorders and disordered persons, are executed*. London, 1630)，指示中第3条款。

② 安东尼·弗莱彻：《地方上的改革》(Anthony Fletcher, *Reform in the Provinces*. New Haven: Yale University Press, 1986)，第216页。

工作，但穆尔唆使她不理市长法庭的决议，从而使安置计划破产。[①]可以说，16、17世纪严重的青少年问题在很大程度上是由于家庭原因造成的。因此，如何在唤起“家庭的自我意识”的同时，唤起它们的责任意识，已经成为一个不容忽视的问题。

## 二

以往史学家习惯于将清教和政府对立起来，但这种认识并不全面。事实上，清教徒和政府一样关心当时的社会秩序。他们还赞成政府的某些自上而下的改革措施。16世纪英国著名的清教神学家威廉·珀金斯在《惩治流浪汉法》颁布后不久说：“上届议会制定的制止乞丐和流浪汉法令是一项极好的法令，事实上它完全是上帝之法，是永远也不会废止的。”[②]但是，他们认为仅有政府的法律是不够的，因为法律只能治标，不能治本。在他们看来，治本在于改造人。而且法律适用的范围是有限的，比如，尽管不良的家庭是孕育社会不安定因素的温床，但法律却对此无能为力，因为家庭毕竟是一般法律所不及的私人领域。因此他们主张由里而外、自下而上的道德改革。16世纪的清教牧师理查德·格里纳姆在“论正确教育子女”的布道中说：“毫无疑问，如果人们首先认真改造自身，然后改造自己的家庭，他们将看到上帝赐洪福于本国教会和国家。”[③]巴克斯特说：“如果人不善，如果改革不是从家庭开始，任何好的法律和命令都不能改变我们。”[④]他还说：“许多人呼吁教会改革和政府改革，然而他们本身就

---

① 格里菲思：“诺里奇无主人的年轻人，1560—1645年”，第164页。

② 伊恩·布鲁沃德编：《威廉·珀金斯著作》(Ian Breward ed., *The Work of William Perkins*. Appleford: The Sutton Courtenay Press, 1970)，第456页。

③ 肯尼思·L.帕克和埃里克·J.卡尔森：《“实用神学”——理查德·格里纳姆牧师大人的著作和生活》(Kenneth L. Parker and Eric J. Carlson, '*Practical Divinity*'—*The Works and Life of Revd Richard Greenham*. Aldershot: Ashgate, 1998)，第351页。

④ 理查德·巴克斯特：《圣徒永恒的安息》(Richard Baxter, *The Saints' Everlasting Rest*. Morgan: Soli Deo Gloria Publications, reprinted in 2000)，第241页。

是当今的祸根:他们不愿改革小小的家庭。如果人们愿意改革自己的家庭,同意对他们的子女进行圣洁的教育,那么一旦教会和国家由这样一些革新的家庭组成的话,教会和国家将随即得到革新。"①由此可见,在清教的社会改革方案中,家庭教育是十分重要的一环。

由于清教是从社会秩序和稳定的角度看待家庭教育的,因此他们将家庭教育的重要性提升到一个前所未有的高度。伦敦清教牧师威廉·古奇在1622年出版的《论家庭责任》中写道:"良好的秩序必须首先建立在家庭。因为家庭先于其他有组织的社会群体而存在,所以在某种程度上良好的家庭秩序是更为必要的。家庭中好的成员更可能成为教会和国家中好的成员。"②清教牧师托马斯·曼顿在为1647年《威斯敏斯特信纲》所写的"致读者"中写道:"家庭是教会和国家的发源地;如果孩子们没有在这里受到良好的教化,一切都会受挫。……如果青少年在家中受到不良教养,他们在教会和国家中将会表现不良。最初的成功或失败取决于此,他们未来生活的前兆也由此显明。"③

基于这种认识,清教徒将当时的社会问题同不良的家庭教育紧密地联系起来。早在1579年,具有清教倾向的约翰·诺思布鲁克就以当时流行的问答方式写道:为什么英国有"如此之多的通奸者、淫荡下流的人和懒惰的流浪汉"?他认为原因在于"他们的父母对子女恶劣的、不负责任的和愚蠢的养育"④。曼顿在"致读者"中开头便说:"我猜想你们绝对不会对英国的状况如此陌生,以至于对虔诚力量衰退、尤其是对青少年堕落的普遍抱怨全然不知。无论你走到那里,你都会听到人们大声抱怨不良少年和不良仆人。但是,我们确实

① 理查德·巴克斯特:《革新的牧师》(Richard Baxter, *The Reformed Pastor*. Morgan: Soli Deo Gloria Publications, reprinted in 2000),第232页。

② 威廉·古奇:《论家庭责任》(William Gouge, *Of Domesticall Duties*. Amsterdam: Theatrum Orbis Terrarum, 1976),序言第2页。

③ 《威斯敏斯特信纲》(*The Confession of Faith*. The Publications Committee of the Free Presbyterian Church of Scotland, reissued in 1976),第7页。

④ 转引自戴维·昂德唐:《生而自由的人民》(David Underdown, *A Freeborn People*. Oxford: Clarendon Press, 1996),第14页。

必需更进一步寻找这一问题的根源：是不良的父母和不良的主人制造了不良子女和不良的仆人；与其谴责他们的不驯，我们不如谴责我们疏于对他们的教导。”[①]巴克斯特说：“现今影响和困扰整个人类世界的不幸大多数属于家庭不和和家庭管理不善，或由此引起的。……不良的教育是万恶之源。”[②]

因此，清教徒试图通过布道、教理问答和出版有关家庭责任和家庭教育的书籍来唤起家长们的责任意识。古奇告诫他们教育子女不只是家庭私事，而且是关系教会和国家的大事，是一项社会的公职。“如果那些没有公职的人更加勤勉地履行他们的私人职责（此处指管教子女。——本文作者注），他们同样会被上帝承认，像是承担了公职。”[③]巴克斯特提醒家长们不要误以为教育子女只是教师和牧师的责任，他说：“父母、教师和本堂牧师都各有自己的职责，没有其他两方任何一方的工作都不能顺利进行。但是父母的工作是首要和最主要的。这就如同初级学校教孩子读写，文法学校教他们文法，然后大学教他们科学一样。如果现在初级学校和中级学校疏忽了它们职责，一个孩子会在他能读，或者在他学过文法之前被送进大学吗？你认为他会被培养成一个什么样的学者？”[④]他还认为家长在教育子女方面具有牧师或其他人不可比拟的优势：子女年幼时完全在父母的支配之中，这时他们的知识领域还如同一张白纸，可由父母任意刻写；父母是子女最信赖的人，因此父母的话子女最爱听；父母对子女的权威是最自然不过的，比起国王和议会的权威更少争议，因此父母可以指令他们，他们不敢不从；父母总是同自己的子女在一起，他们最了解自己子女的过失，因而也知道该怎样去纠正。[⑤] 除了直接向教民呼吁之外，巴克斯特还要求堂区牧师走访各家各户，敦促家长们履行自己的职责。他说：“直到你实现家庭改革，你才可能见到全面

---

① 《威斯敏斯特信纲》，第7页。

② 巴克斯特：《基督教指南》，第427页。

③ 古奇：《论家庭责任》，第19页。

④ 巴克斯特：《革新的牧师》，第232页。

⑤ 巴克斯特：《圣徒永恒的安息》，第242页；《基督教指南》，第428—429页。

的改革。”①

## 三

从珀金斯开始，清教神学家、牧师一直将子女教育放在父母的责任中论述。古奇将父母的责任分为三类：哺养（nourish）、教养（nurture）和教导（instruct）。教养和教导都属于教育的范畴，但前者侧重于世俗教育，后者侧重于宗教教育。其中教养又分为两类：教给子女良好的行为举止；使子女受到良好的职业训练。在父母的三项责任中，清教思想家最为关注的是教养，即子女的世俗教育。

尽管如此，哺养仍然是清教思想家十分重视的内容。在他们看来忽视对子女的哺养责任，不关心他们的物质利益是违背人性、违背基督徒良心的。加尔文曾以理性得近乎冷酷的口吻说：“家系中断或不会生孩子，对于许多人来说，要比多子多女却生活在哭泣与呻吟之中好多了。”②英国的加尔文信徒，即清教徒对此论述得更为详细。多德和克利弗说：“在物质生活方面，让所有父母记住，他们受上帝之法和自然之法之约，要（按照他们的地位）为子女和家庭的生计和赡养作出好的和正当的安排。因此那些因掷骰子、玩纸牌、赌博或其他间接和非法的方式大手大脚地花费和浪费掉本应用来赡养子女和家庭的钱财的人，犯了极端违反人伦的罪，违背了上帝的戒律。”③多德和克利弗尤其谴责那些为了个人利益作践自己子女的父母。他们说：“做父母的为了财富和金钱卖儿卖女，以及在不考虑子女正当意愿的情况下，凭一时兴致将他们婚配给他们所喜欢的人，从而使他们陷入囚笼，这种做法是最无人性和最为残忍的。”④珀金斯认为父母

---

① 巴克斯特：《革新的牧师》，第 385 页。

② 转引自安德烈·比尔基埃、克里斯蒂亚娜·克拉比什—朱伯尔、玛尔蒂娜·雪伽兰和弗郎索瓦兹·佐纳邦德主编：《家庭史》，三联出版社 1998 年版，第 2 卷，第 139 页。

③ 约翰·多德和罗伯特·克利弗：《论家庭管理》（John Dod and Robert Clever, *Of Household Government*. *London*, 1612），第 310 页。

④ 多德和克利弗：《论家庭管理》，第 318 页。

除了养育之外，还应在子女婚嫁之时给予他们财产，以便他们在开始独立生活时有一个好的起点。但是，“现今这一责任已被父母毫不在意地忽略了，其后果是十分严重的。因为这往往使得他们的子女要么私通，要么接受不道德的和违反宗教准则的婚姻。”①

但是，清教徒把教育看得比哺养更为重要。古奇认为哺养是没有理性的动物都可以做到的，但只有有理性的人类才懂得教育好自己的子女，这就是人类与动物的区别。他说：“箴言说得好：‘〔养儿〕不教不如不养。’经验告诉我们，良好的教育比一大笔遗产更为珍贵。”②古奇认为英国父母对待子女的态度有“两种极端”：一是“过分吝啬和漠不关心”；二是“过分慷慨和放纵”。③ 在这“两种极端”中，清教徒更为忧虑的是后一种。因为爱子女是父母的天性，除了极少数缺乏人性者之外，鲜有为人父母者不爱自己子女的。父母对子女的感情是这样的自然，这样的强烈，以至于它很容易突破人的理智防线，将爱发展到溺爱。在 16、17 世纪“家庭的自我意识增强”的情况下，这种极端更有加强的趋势。因此正如柯林森指出的，清教徒惟恐爱子女太深，宠坏了他们。多德和克利弗说：“猿（用太多的拥抱）几乎扼杀了他们的幼崽，同样有些不慎重的父母用他们无节制的爱、过多的娇惯和过多的呵护完全宠坏和毁掉了自己的孩子。”“因此”，他呼吁，“如果父母要让自己的孩子生存下去，他们就必须注意不要爱他们太过。”④

清教徒注意到有相当一部分为人父母者只关心满足孩子们的物质要求，却忽视必要的教育。多德和克利弗以近乎斯多噶派哲学家的笔调写道：“毫无疑问，留给孩子的没有比他们从年轻时期就受到良好的、品性正直的教养，从幼婴时期就受到恰当的美德熏陶更为珍贵、更好的遗产了。这种财产将与他们永远相伴，完全不受命运风浪

---

① 布鲁沃德编：《威廉·珀金斯著作》，第 430—431 页。

② 古奇：《论家庭责任》，第 529 页。

③ 古奇：《论家庭责任》，第 527 页。

④ 多德和克利弗：《论家庭管理》，第 292—293 页。

的坎坷的影响。”[①]古奇以更为实际，但同样坚定的语气说：“富人自以为他们的孩子不需要教育，因为他们有足够〔财富〕留给他们。殊不知教育是使他们保有和充分利用这笔足够〔财富〕的特殊手段”。[②]

在世俗教育中，清教徒首先关心的是教给孩子良好的行为举止(good manners)，因为清教徒将规范个人行为作为重建社会秩序的起点。“良好的行为举止”的核心内容是守秩序，讲礼貌。古奇曾引用《圣经·箴言》加以说明：“‘教养孩童，使他走当行的道’，这就是要教他怎样安排自己的人生道路。”[③]“良好的行为举止”涉及的范围很宽，几乎包括当时人日常生活的方方面面，其中主要的有三个方面：一是要谦卑。服从家长，尊重长者和上司，善待与自己地位相当和比自己低的人，做到尊卑有序，相互关爱。多德和克利弗说：“父母必需教给孩子良好的行为、文明的举止。对高贵者要起立，脱帽，行礼；对同等地位的人要谦恭有礼；对卑微者要和蔼谦虚；爱所有人，宽待所有人。年轻人对于这种教育的需要不亚于给他们提供食物和饮料。”[④]二是行事为人端正。言谈举止要得体，不好色，不酗酒，不纵欲。古奇说：“基督徒应当‘凡事都要端正地去做’，此处的端正不仅仅指在上帝的教会事务方面，而且指在我们的整个生活过程中，在这方面我们被责令‘行事端正’，即得体地安排我们所有的活动和整个生活过程。”[⑤]三是养成勤劳、节俭、守时的生活习惯。其中勤劳是清教徒尤其强调的。古奇告诫父母不要让孩子“像小主人一样地在家中生活，无所事事地打发掉他们年轻的时光。要是这样的话，他们将来会成为本国的寄生虫和蟊贼。如果他们有遗产，他们不久就会将它浪费掉；如果他们没有遗产，他们要么堕落为贼，要么成为乞

---

① 多德和克利弗：《论家庭管理》，第293—294页。

② 古奇：《论家庭责任》，第529—530页。

③ 古奇：《论家庭责任》，第530页。引文见《圣经·箴言》，22:6。

④ 多德和克利弗：《论家庭管理》，第275页。

⑤ 古奇：《论家庭责任》，第530页。参见《圣经·哥林多前书》，14:40；《罗马书》，13:13。

丐”[①]。巴克斯特要求父母“教你的孩子懂得时间的珍贵，不要让他们虚度一个小时。……让你的孩子经受勤劳生活的锻炼，使他们在年轻时不要养成贪图安逸和懒惰的习惯”[②]。

由于新教主张“因信称义”，反对中世纪的“行为称义”，使部分信徒误以为世俗道德和日常生活中的善行是可有可无的。对此，清教徒特别注意加以澄清。有人说：“宗教和恩典与良好的行为举止无关，因为许多毫无敬畏上帝之心的人同样可以在外在的行为中表现得非常守秩序和十分礼貌。”古奇回答道：“虽然恩典不完全在于良好的行为举止，然而，没有它恩典就不能充分体现，因为它是对恩典极好的装饰和彰显。”[③]

清教世俗教育的另一项重要内容是使子女受到良好的职业训练，这在清教思想家的著述中是一而贯之的。16世纪的珀金斯推崇古代雅典人的一项立法：在为子女确定未来的职业之前，先带他们到生产工具齐备、各种手艺集中的公共场所，看他们喜欢那种工具，认为自己适合从事哪项职业。这有助于他们将来事业成功。[④] 17世纪的清教思想家对此论述得更细。古奇认为职业教育十分重要，因为“一项合适的职业是子女〔将来〕供养自己和家人，接济那些陷于贫困中的人，宽慰父母，并(在父母困难需要的情况下)接济和赡养他们的特殊手段”。此外，从事一项职业有利于国家，有利于他们本人避免空虚，防止懒惰、嗜赌等不良生活习惯，避免结交不良伙伴等。古奇认为职业教育应包括基础教育和具体的职业教育两个方面。首先，“孩子们应受到作为所有职业基础的，如读、写和基本学识方面的教育，无论将来一个人的具体职业是什么，这些都是非常有用的。”其次，认真挑选一项合法的、与孩子的能力和天赋最相适应的具体职业，加以培训。[⑤] 多德和克利弗认为那些不能亲自教孩子读和写的

---

① 古奇：《论家庭责任》，第535页。
② 巴克斯特：《基督教指南》，第453页。
③ 古奇：《论家庭责任》，第531页。
④ 布鲁沃德编：《威廉·珀金斯著作》，第430页。
⑤ 古奇：《论家庭责任》，第533—534页。

父母，应送他们上学；那些因孩子选择的职业与自己从事的职业不同，因而不能亲自教他们的父母，应将孩子送出去学徒。[①]

那么，父母应怎样教育自己的子女呢？清教徒认为首先要折其志，使他们学会忍耐和服从。多德和克利弗认为"孩子的心如汹涌的潮水。那些有维修海堤经验的人能够不加思索地告诉我们，要是听任巨浪冲破海堤，哪怕只是一个浪潮，它们都几乎不可能在短期内恢复。同样，如果你允许孩子随心所欲，任意发展，哪怕只是一小会儿，你都很难或者再也不能赢回这一次突破"。[②] 因此，父母应当防微杜渐，避免孩子们养成任性的习惯。巴克斯特说："通常父母总是满足自己的孩子，让他们拥有他们所想要和所希望的一切，直到意愿满足变得如此惯常，以至于他们不能容忍自己的意愿受到否定；由于他们不能容忍自己的意愿受到否定，他们也就不能忍受任何统治。"[③]

其次，在孩子的衣食方面要有节制。食要足够，有益于健康，但不要过量过精，以免养成他们暴食暴饮的习惯。衣不可太华贵，不可追求时髦，因为这会使他们忘记辛劳，沉溺于虚荣。[④]

第三，父母应正其身，给孩子树立良好的榜样。多德和克利弗认为言传身教比一般的说教和规定更为重要，尤其是在儿童时代，因为这一时期他们学习的主要方式是模仿。因此，他们要父母记住"不要在孩子面前说，或者做任何邪恶的或无礼的事情。因为毫无疑问，没有什么比孩子从亲眼见到父母的所做和所说中仿效和学来的东西更多、更快。孩子的美德、〔未来的〕富裕和成功，主要取决于父母良好的榜样和教诲，反之亦然"[⑤]。巴克斯特也说："父母的榜样对孩子的影响是最大的，无论是好是坏。"[⑥]

最后，清教徒认为父母应惩罚犯错的子女，包括用鞭子，以便他

---

① 多德和克利弗：《论家庭管理》，第 253 页。
② 多德和克利弗：《论家庭管理》，第 287 页。
③ 巴克斯特：《基督教指南》，第 450 页。
④ 多德和克利弗：《论家庭管理》，第 287—288 页。
⑤ 多德和克利弗：《论家庭管理》，第 302—303、321 页。
⑥ 巴克斯特：《基督教指南》，第 453 页。

们能够知错悔改。格里纳姆说:“毫无疑问,刚开始时给孩子一鞭子或几句责备,比以后他挨上百鞭子要好得多。”[①]

毫无疑问,清教徒特别担心父母溺爱自己的子女,并因此忽视对他们必要的教育。我们甚至有理由相信16、17世纪特定的历史环境,尤其是不良青少年问题强化了清教徒对子女的不信任感。多德和克利弗说:“如果我们充分考虑到人与生俱来的罪恶本性,那么我们将发现那些躺在摇篮里的婴儿既任性,又充满激情。虽然他的躯体很小,但却有一个很大的、完全趋向于恶的心。”[②]正是由于这种不信任感使得他们在教育内容和教育方法上带有某些粗暴的色彩。尽管如此,我们并不能因此像斯通和庞兹一样认为清教徒冷漠、苛刻,甚至具有“虐待青少年”的嗜好。我们有必要对此作出两点说明:首先,清教徒管教子女是为了他们的长远利益,而不是为了作践他们,或仅仅为了维护父母的权威。巴克斯特提醒父母在管教子女时应“使他们意识到你非常爱他们,你所有的要求、禁令和惩罚都是为了他们好,不仅仅是你想这样做”[③]。尽管清教徒相信婴儿生而有罪,但认为通过教育他们可以脱离罪的状态。比如多德和克利弗在阐发了上述关于“原罪”的议论之后,得出的结论是:“我们不是天生善良的,而是通过教育转变和变得善良的。”[④]可见,清教徒强调“原罪”是为了唤起父母对家庭教育重要性的认识,而不仅仅是为了压制和惩治子女。其次,清教徒在强调父母的管教责任以及与之相应的权力的同时,也对父母的行为作了限制。古奇告诫父母不要对子女“掌管太严格,表情太阴郁,语言中太多威胁和辱骂,动作太粗鲁,惩罚太严厉,过分限制自由,过少提供〔生活〕必需品等等”[⑤]。他们认为对犯

---

① 帕克和卡尔森:《“实用神学”——理查德·格里纳姆牧师大人的著作和生活》,第350页。格里纳姆的这段话和其他论断在多德和克利弗等人的著作中多有重复。见多德和克利弗:《论家庭管理》,第303页。通过重复前人的重要论段使清教思想前后之间保持了相当的一致性。

② 多德和克利弗:《论家庭管理》,第291页。

③ 巴克斯特:《基督教指南》,第450页。

④ 多德和克利弗:《论家庭管理》,第291页。

⑤ 古奇:《论家庭责任》,第155页。

错的孩子最好口头责备，慎用鞭子。只有当其他方式都不奏效的情况下，父母才能选择后者。即使用鞭子时，父母也应当温柔并带有同情心，不可狂怒。古奇认为信徒应在对子女“过度的爱”和“缺乏正常情感”之间保持“良好的平衡”(the golden mean)[①]。

综上所述，清教关于家庭教育的思想是16、17世纪英国转型时期特定历史环境的产物，是清教徒由里而外、自下而上的社会改革方案中的重要一环。在清教徒看来，16、17世纪英国严重的社会问题，尤其是不良青少年问题主要是由于不良的家庭教育造成的，因此，改革必须从家庭开始。清教徒不仅要求父母教给子女良好的行为举止，还要求他们使自己的子女受到良好的职业教育，以便他们在未来的竞争性环境中站稳脚跟。这些不仅在当时的历史条件下，即使在今天看来也都是有积极意义的。20世纪的历史学家，尤其是哪些具有激进的社会改革思想的历史学家，如R. H. 托尼、克里斯托弗·希尔和劳伦斯·斯通，习惯于用当代人的价值观念评判过去。他们谴责清教道德，认为清教道德是建立在“无情的实利主义”原则基础之上的，缺乏社会责任感和人道主义精神；他们批评清教自立、自律、自助的道德原则，相信只有公平的制度，家长式的国家干预才是解决一切社会问题的灵丹妙药。[②] 他们的这种意识形态化的历史研究不仅具有非历史主义的倾向，而且他们倡导的社会改革方案也正在现实生活中遭遇困难。由于迷信国家强制下的“社会公平”，忽视对国民的道德教育，导致西方社会日益官僚化，社会依附人口上升，只讲权利、不讲义务的极端个人主义泛滥。这些正是上个世纪80年代以来西方社会古典自由主义和新保守主义兴起的主要原因。中国正处

① 古奇：《论家庭责任》，第550—556、499页。

② 参见R. H. 托尼：《宗教和资本主义的兴起》(R. H. Tawney, *Religion and Rise of Capitalism*. London: Penguin Books, reprinted in 1990)，尤见第4章第4节：医治贫困的新药；克里斯托弗·希尔：《鹈鹕不列颠经济史》，第2卷：《1530—1780年》(Christopher Hill, *The Pelican Economic History of Britain*, volume 2: 1530—1780, reprint ed. London: Penguin Books, 1980)，第58页。

在从传统农业社会向现代工业社会的过渡之中，我们面临着许多16、17世纪的英国曾经出现过的社会问题，如贫困、失业、青少年犯罪等。我们在处理这些问题时如何在发挥国家和社会应有作用的同时，充分调动个人和家庭的积极性，这是一个值得我们认真思考的问题。清教关于家庭教育的思想可以为我们提供某些启示。

# 英王威廉一世、威廉二世及亨利一世与英国教会之关系

张学明(香港中文大学)

## 一

英国中古诺曼王朝的前三个帝王：威廉一世（William Ⅰ，r. 1066—1087)、威廉二世（William Ⅱ，r. 1087—1100）及亨利一世（Henry Ⅰ，r. 1100—1135）都各有自己的形象、风格及执政特色，而他们与教会的关系亦十分不同。本文尝试探讨三位帝王之管治作风、行政手段及他们与主教及肯特伯里大主教之关系，从而去分析这三位帝王与英国基督教会关系之异同。

## 二

1066 年 10 月，诺曼底公爵威廉征服英国，成为英王威廉一世①。威廉一世是强势的统治者，登位后便立即完全接管世俗政务及教会事务。② 史学家法兰克·巴路（Frank Barlow）认为："威廉最关注的是获得其王国内的主教与寺院院长之绝对效忠，并确保他在教会内封建及财产权益…… 他并认为自己是管理英国教会的主人。"③

---

① 有关威廉一世的论者，最权威的是 David C. Douglas, *William the Conqueror : The Norman Impact upon England* (London : Methuen, 1964)；David Bates, *William the Conqueror* (London : George Philip, 1989)；亦请参看 C. Warren Hollister, *The Military Organization of Norman England* (Oxford : Clarendon Press, 1965).

② Frank Barlow, *The English Church*, 1066—1154 (London: Longman, 1979), pp. 107,274,279,289.

③ Frank Barlow, *The English Church*, 1066—1154, p. 275.

1070年,英国威廉一世委任自己故乡诺曼底的寺院院长兰弗朗克(Lanfranc)[①]接任出缺的坎特伯雷大主教(Archbishop of Canterbury)。明显地,威廉一世是选拔兰弗朗克来协助他管治英国教会;兰弗朗克既是威廉一世之老朋友、旧部,过去都是处处听从于他;而且兰弗朗克是一名僧人,既无封建野心,亦无家族关系。威廉一世似乎善于利用几位效忠于他的主教,其同父异母兄长贝尤克斯主教奥多(Odo, Bishop of Bayeux)亦协助选拔了一些主教为王室亲信。[②]

另一方面,威廉一世又致力以诺曼人取代本土的神职人员:每当有本土主教死去时,继位的多数是诺曼籍的神职人员,因而英国教会的主教职位很快便诺曼化。至1073年,英国教区的主教只剩下两位本土的盎格鲁-撒克逊人,但有8位诺曼人;至1087年,更只剩下1位本土盎格鲁-撒克逊主教,却总共有11位诺曼人任英国教区的主教。[③]

此外,我们亦可以从另一角度证明威廉一世以强势的领导人身份,积极诺曼化英国教会:自1066年至1087年间,威廉一世至少选用了22名诺曼底的修道院院长及5位主教往英国教区任职。[④] 此外,于1075年,21位参与伦敦会议的修道院院长中,有13位是本土的盎格鲁-撒克逊人,但至1087年,只剩下3位。[⑤]

无可否认,英王威廉一世是一名征服者,他以强势的行政管治方式去处理世俗及教会事务。他用旧部、亲信(如兰弗朗克)出任英国教会职务(当时罗马教廷正在内部改革,暂时无暇顾及在远方的英

---

① Margaret Gibson, *Lanfranc of Bec*(Oxford: Clarendon Press, 1978);及 ed., *The Letters of Lanfranc, Archbishop of Canterbury*(Oxford: Clarendon Press, 1979).

② David Bates, "The Character and Career of Odo bishop of Bayeux, 1049/50—1097," *Speculum*, 50(1975), pp. 1—20.

③ Frank Barlow, *The English Church* 1066—1154, p. 57; 及 Roger D. Ray, "Orderic Vitalis and William of Poitiers: a Monastic Re—intepretation of William the Conqueror," *Revue belge de philology et d'histoire*, 50(1972), pp. 1116—1127.

④ David C. Douglas, *William the Conqueror: The Norman Impact upon England* (London: Methuen, 1964), pp. 320—324.

⑤ David C. Douglas, *William the Conqueror*, pp. 324—325.

国)，令英王威廉一世与英国教会关系大致尚算融洽，可说是时也命也。

## 三

1087年，英王威廉二世[1]继位。他亦好像其父亲那样，用尽办法去管治英国教会；不过，他的形象、政治背景、实力及人际关系，都不能与其父亲征服者威廉一世相比。1089年，当兰弗朗克死去时，威廉二世竟然把坎特伯雷大主教之位置空悬达五年之久；至1093年，据说威廉二世因病重，才接纳安塞尔姆(Anselm)为新的坎特伯雷大主教。[2]安塞尔姆大主教与英王威廉二世之关系并不好。其实，威廉二世在位13年间，从来没有召开过教会会议。不过，他亦有几位主教听命于他的，例如：德拉姆主教威廉（William of St. Calais，bishop of Durham)，林肯主教罗伯特·布洛特（Robert Bloet，bishop of Lincoln)，和德拉姆主教雷纳夫·弗兰巴德（Ranulf Flambard，bishop of Durham)，都是威廉二世的王室亲信。其中罗伯特·布洛特是一位出身寒微的诺曼神职人员，不过，在英王威廉二世的提拔之下，他相继出任首相（Chancellor)、大法官（Justiciar)，并于1094至1123年任林肯主教。[3] 史学家萨瑟恩（R. W. Southern）更称罗伯特·布洛特是一位深思熟虑的仆人，并相继获得三位诺曼帝王（威廉一世、二世及亨利一世)的恩宠、信任达30年之久。[4]

---

① 有关威廉二世的论著，最权威的是 Frank Barlow，*William Rufus*（London：Methuen，1983)；亦请参看 C. Warren Hollister，*Monarchy, Magnates, and Institutions in the Anglo－Norman World*（London：Hambledon，1986)。

② 安塞尔姆（Anselm，1033－1109)曾任诺曼底比克(Bec)的寺院院长，精于神学、哲学和政治。有关安塞尔姆的论著包括：R. W. Southern，*Saint Anselm*（Cambridge：Cambridge U. Press，1990)，*Saint Anselm and His Biographer：A Study in Monastic Life and Thought*，1059－*c*. 1130（Cambridge：Cambridge U. Press，1963)；Sally Vaughn，*Anselm of Bec and Robert Meulan*（Berkeley：U. of California Press，1987)。

③ Christopher Brooke，*London*，800－1216：*The Shaping of a City*（Berkeley：U. of California Press)，p. 345.

④ R. W. Southern，*Medieval Humanism and Other Studies*（Oxford：Clarendon Press，1970)，p. 224.

另一位威廉二世之主教亲信雷纳夫·弗兰巴德亦十分传奇性的。1099年,威廉二世准许其亲信雷纳夫·弗兰巴德以1000镑买下已空悬三年多的德拉姆主教位置。无可否认,雷纳夫是一位长于政、教两方面的事务专家。最难得的是威廉二世十分信任雷纳夫,两人紧密合作;其间雷纳夫虽然经常受到投诉,但威廉二世都一概不理。威廉·斯塔布斯(William Stubbs)形容雷纳夫是“一位活跃而能干的主教王室亲信。在帝王利益的大前题之下,他把封建税项管理得井井有条。在他管治下,王室收益大增”。[①]弗里曼(E. A. Freeman)亦称雷纳夫是“一位精通封建事务的天才”。[②]萨瑟恩则称赞雷纳夫是“英国政府的新现象……,他是英国历史上第一位最杰出、最成功的政务家。……雷纳夫令政府事务充满生气,并使英国国库收入大增”。[③] 总而言之,雷纳夫常常为威廉二世的宪章、政策辩护、保驾护航,雷纳夫可说是威廉二世的主要财政及法律顾问;他虽然是一位主教,不过,他却精于世俗政务,而漠视宗教理想,可说是对教会漠不关心的英王威廉二世之最忠贞仆人。

英王威廉二世虽然不重视教会,但却倚重这几位忠贞的主教王室亲信,可能是因为当时大部分有教育的人都是神职人员或贵族,而威廉二世更不信任他的贵族。威廉二世于继位的翌年(即1088年),便遭六位贵族叛变,这次叛乱终被威廉二世击溃,但亦令威廉不再信任贵族而倾向倚重主教王室亲信。史家贺力斯特(C. Warren Hollister)认为:当时的贵族都是20多年前随威廉一世征服英国的世叔伯(亲戚、长辈),所以,威廉二世只好培植王室中央的神职人员、主教亲信,以巩固其政权。[④] 1095年,威廉二世及其主教亲信再一次

① William Stubbs, *Constitutional History of England*, Vol. 1 (Oxford: Clarendon Press, 1896—1897), pp. 106—107.

② E. A. Freeman, *The History of the Norman Conquest of England*, Vol. V (Oxford: Clarendon Press, 1867—1879), pp. 377—381.

③ R. W. Southern, *Medieval Humanism and Other Studies* (Oxford: Clarendon Press, 1970), pp. 186—189, 205.

④ C. Warren Hollister, "Magnates and 'Curiales' in Early Norman England," *Viator*, 4 (1973), pp. 118—121.

粉碎几位地方贵族之叛变，不过，亦因而令威廉更疏离贵族，而更信赖他的主教王室亲信。

一般史学家对威廉二世的评价（尤其是他的宗教政策）都比较负面。例如同时代教会史家奥德里克·维塔利斯（Orderic Vitalis）便曾这样评价："他（威廉二世）沾满罪恶，……把教会职位悬空以夺取收益"[①]。史学家法兰克·巴路亦认为威廉二世对英国教会的政策是"粗暴"的，虽比其父之政策略为圆滑，但远逊于其弟。[②] 另一史学家萨瑟恩指出，1087 至 1097 年间，威廉二世赚取了 16 个主教教区及修道院的空缺，平均每年收入达 4000 镑，占全国总收入的五分之一。[③] 此外，史学家科贝特（W.J. Corbett）则把英国土地按每年收税的数目分为五级：第一级的每年收税为 750 镑以上，如坎特伯雷、温彻斯特；第二级的每年收税为 400 至 750 镑，如索尔兹伯里、林肯；第三级是 200 至 400 镑；第四级是 100—200 镑；第五级是 100 镑以下。[④] 根据贺力斯特的研究，1100 年，科贝特分类之第一至第三级的 8 个教区中，有 6 个是被威廉二世悬空或被售卖，包括坎特伯雷、温彻斯特、索尔兹伯里及林肯等；又，11 个第一至第三级的修道院中，有 9 个被威廉二世悬空或被售卖，其中 8 个更名列榜首。[⑤] 按以上资料计算，威廉二世在位期间，拥有英国教会 60％的财富，其中包括拥有教区土地的 48％，修道院土地的 75％。若计算包括售卖圣职的收入，则威廉二世可能拥有英国教会之总财产达 73％。[⑥]

威廉二世长期与肯特伯里大主教安塞尔姆不和，其中一段同时

---

① *The Ecclesiastical History of Orderic Vitalis*, ed. & tr. Marjorie Chibnall (6 vols., Oxford Medieval Texts, 1969—1980), Vol. 5, p. 202.

② Frank Barlow, *The English Church*, 1066—1154 (London: Longman, 1979), p. 67 及 pp. 70, 91, 297—298; 及 Frank Barlow, *William Rufus* (London: Methuen, 1983), pp. 181—182, 及 434—435.

③ R. W. Southern, *Medieval Humanism and other studies* (Oxford: Clavendon Press, 1970), p. 191.

④ W. J. Corbett, "The Development of the Duchy of Normandy and the Norman Conquest of England," *Cambridge Medieval History*, Vol. 5, p. 510.

⑤ C. Warren Hollister, "Wiliam II, Henry I, and the Anglo—Norman Church: Difference in Style or Change of Substance?" *Peritia* 6—7 (1987—1988), pp. 119—140.

⑥ 同上。

代史学家的记载如下："（当安塞尔姆大主教拒绝支持威廉二世于1094年之出征，威廉二世便这样痛骂安塞尔姆）：昨天我憎恨他；今天我更加憎恨他，而他可以肯定的是：明天及以后，我会继续愈来愈憎恨他。我完全拒绝再承认他是大主教。"①威廉二世又常与安塞尔姆大主教在空悬教会职位的问题上争吵。② 此外，威廉二世又拒绝安塞尔姆大主教召开教会会议；1097年，安塞尔姆大主教再被拒之后，愤而离开英国。③ 不过，巴路认为威廉二世除了得不到坎特伯雷大主教安塞尔姆的支持之外，可幸仍得到其他主教的拥护。④

## 四

1100年，威廉二世的幼弟亨利继位为王⑤，英国教会寄望英王亨利一世会对基督教有较虔敬的态度。亨利一世在其登基宪章（Coronation Charter）中指斥其兄威廉二世对教会之负面政策，并承诺英国教会会获得自由。可是，亨利一世其后亦如其父、兄般管治英国教会，并打击所有威胁其王室中央政权的人。⑥ 此外，亨利一世亦常把主教位置空悬，以便赚取教区之收入，甚至可能是削弱英国教会势力之政策。例如：坎特伯雷大主教的位置于1109年至1114年空悬达

---

① Eadmer, *Historia Novorum in Anglia*, ed. Martin Rule (Rolls Series, 1884), p. 52.

② Eadmer, *Historia Novorum in Anglia*, pp. 48—50.

③ Florence of Worcester, *Chronicon ex Chronicis*, ed. Benjamin Thorpe (2 vols., London, 1848—1849), vol. 2, p. 41; 亦请参看 Eadmer, *Historia Novorum in Anglia*, pp. 48—49.

④ Frank Barlow, *The English Church*, p. 70；及 Frank Barlow, *William Rufus*, p. 337.

⑤ 有关亨利一世的论著，最权威的是：C. Warren Hollister, *Henry* I (New Haven: Yale U. Press, 2001)；Judith A. Green, *The Government of England under Henry* I. (Cambridge: Cambridge U. Press, 1986)，亦请参看 R. W. Southern, "The Place of Henry I in English History", *Proceedings of the British Academy* 48(1962), pp. 127—169；及 Martin Brett, *The English Church under Henry* I (Oxford: Oxford U. Press, 1975).

⑥ Martin Brett, *The English Church under Henry* I (Oxford: Oxford U. Press, 1975), pp. 100—113.

六年之久，德拉姆主教的位置于 1128 至 1133 年、赫里福德（Hereford）的主教位置于 1127 至 1131 年、切斯特（Chester）的主教位置于 1117 至 1121 年及 1126 至 1129 年，皆告空悬。[①]

亨利一世执政的 35 年，大部分的主教都是他亲自选拔的，亨利一世显然决心继续控制、影响英国教会，尤其是各教区主教。[②] 从政治及人事管理的角度来看，亨利一世视主教职位为赏赐他的王室亲信之奖品：亨利常任命其王室神职人员为主教，例如：埃克塞特的威廉（William of Exeter）、约克的托马斯（Thomas of York）、温切斯特的塞尔夫（Theulf of Winchester）、约克的瑟斯坦（Thurstan of York）及赫里福德的杰弗里（Geoffrey of Hereford）等，都是王室神职人员而后来被亨利一世擢升为主教的。这些主教王室亲信经常为王室宪章见证，渐渐形成为政治核心；因而其他神职人员（例如僧侣）便很难成为主教。[③] 1100 至 1109 年间，亨利一世选任了 9 位主教，其中只有一位是出身自僧院。[④] 根据法兰克·巴路的研究，亨利一世执政的 35 年内，他直接影响了 30 位主教的选任。[⑤] 可见亨利一世亦如其父、兄般控制着英国教会，并利用神职人员，尤其是一些主教为巩固其王室中央的工具。

1107 年，亨利一世擢升索尔兹伯里的罗杰（Roger of Salisbury，1065—1139）[⑥]为主教，罗杰和其他几位同时获选任的主教都是来自王室中央神职机构或曾任职于首相办事处（Chancery）。[⑦] 罗杰深受亨利之重用，于 1101 年（亨利登基之翌年），亨利已任他为首相

---

① Martin Brett, *The English Church under Henry* Ⅰ（Oxford：Oxford U. Press, 1975）, p. 106.

② Everett Crosby, "The Organization of the English Episcopate under Henry Ⅰ," *Studies in Medieval and Renaissance History*, 4(1967), p. 3.

③ Martin Brett, *The English Church under Henry* Ⅰ, pp. 110—111.

④ Martin Brett, *The English Church under Henry* Ⅰ, p. 111.

⑤ Frank Barlow, *The English Church*, 1066—1154, p. 77.

⑥ Edward Kealey, *Roger of Salisbury*（Berkeley：U. of California, 1972）.

⑦ 其他的几位主教是：赖因霍尔姆（Reinhelm）任赫里福德主教、威廉·吉法德（William Giffard）任温切斯特主教、威廉·沃尔瓦斯特（William Warelwast）任埃克塞特主教及厄本（Urban）任格拉摩根（Glamorgan）主教。亦请参看 Edward Kealey, *Roger of Salisbury*, pp. 21—22, 228—229.

(*Chancellor*)[1]；之后，亨利一世又命他兼任主教和大法官，后来更任他为诺曼底及英国的摄政/总督（Regent/Viceroy）。据爱德华·基利（Edward Kealey）的研究：罗杰"是一位复杂的、野心勃勃的政治家，他生于变动及充满机会的年代。罗杰又是政务奇才，……而亨利一世亦能发挥其才华，先后任他为首相、主教，而最后更令他成为一人之下，万人之上的总督。……罗杰是英国历史上(一位杰出的人物……是后世宗教政治家的典范)。"[2]索尔兹伯里的罗杰主教又提拔其私生子、侄儿等亲属担任教会及王室要职，例如：他于1123年任命其侄儿亚力山大为林肯主教，于1133年又命另一位侄儿奈杰尔（Nigel）为伊利（Ely）主教。[3]

总之，亨利一世常把能干的教会神职人员纳入其王室政务科层管治组织之内。这些教会神职人员之间往往有血缘关系，另一些主教亲信甚至与王室中央有血缘关系。这些主教王室亲信既是宗教领袖，本应不理俗世政务，但他们却获得英国帝王的重任而活跃于政治事务；尤其是在亨利一世的执政期间，主教王室亲信（Episcopal curiales）更成为王室中央政府的重要部分。虽然并不是所有主教都获英王信任而成为王室亲信，但是，很多王室亲信都是教会的神职人员。笔者曾根据《诺曼帝王的宪章》〔*Regesta Regum Anglo－Normannorums I*：1066－1100(Oxford：Clarendon Press，1913；Ⅱ：1100－1135(Oxford：Clarendon Press，1956)〕编排了威廉一世、二世及亨利一世的主教王室亲信名单。[4] 威廉一世的六位"主教王室亲信"都在他的"十大亲信"之列。总之，威廉一世的"主教王室亲信"都是当时最具影响力的政治、宗教、经济和社会势力。[5] 威廉二

① Charles Johnson and H. A. Cronne, eds., *Rogesta Regum Anglo－Normannorum* Ⅱ：1100－1135 (Oxford：Clarendon Press, 1956), article 528.

② Edward Kealey, *Roger of Salisbury*, pp. 1－2.

③ Frank Barlow, *The English Church*, 1066－1154, pp. 79－80.

④ "主教王室亲信"(*Episcopal Curiales*)是指经常出现于王室宪章的主教、大主教，他们不但有影响力，而且在巩固王室中央政权，担当着十分重要的角色。

⑤ Frederick Hok－ming Cheung, "The Episcopal *Curiales* in Anglo－Norman Politics," *Istoria*, 2(1996), pp. 97－99。

世的六位“主教王室亲信”亦都在其“十大亲信”之列。[①] 威廉二世常被史学家指为“不虔诚”、甚至是“对基督教会没有兴趣”的英王，但其前十位王室亲信中，竟然有六位是主教，可见英王威廉二世与英国教会关系错综复杂。

因为王室科层组织的发展，分析亨利一世的13位“主教王室亲信”更是复杂、亨利一世是一位善于利用权术去治理国家的英王：亨利总是控制着他的“主教王室亲信”，并且要求他们效忠于王室中央；当教会的利益与王室中央的利益有冲突时，王室中央的利益是绝对优先的。总之，亨利一世控制英国教会之效率并不逊色于乃父征服者威廉(一世)，而肯定远胜乃兄威廉二世。

一般史学家对亨利一世及其与英国教会的关系之评价都相当正面(尤其是相比威廉二世而言)。根据记载，当坎特伯雷大主教安塞尔姆投诉教会人员遭王室政府不恰当罚款，亨利一世竟然这样温和地回答：“我会召集我的贵族共同商讨，并会向你作出满意的解释。”[②]

近代史学家马丁·毕列特(Martin Brett)亦指出亨利一世的性格之优点乃其善于隐藏他的动机及感情，并令英国教会成为王室国务院。[③] 当安塞尔姆大主教与亨利一世争持不下，要离开英国时，亨利一世则用甜言蜜语，动之以情，说之以理，劝安塞尔姆与他合作：“希望你如前任坎特伯雷大主教(兰弗朗克)与先父般合作多年无间。若然，我亦会如先父般，赐予荣誉、尊严及友谊，……因为你是我最愿意共事的人。”[④]亨利一世对召开教会会议之态度与安塞尔姆大主教

---

① Frederick Hok－ming Cheung, “The Episcopal *Curiales* in Anglo－Norman Politics,” *Istoria*, 2(1996), pp. 97－99；亦请参看张学明：“略论基督教在诺曼王朝所扮演的政治角色”，《食货月刊》3－4 (1985年9月)，第41－42页。

② *S. Anselmi Cantuariensis Archiepiscopi Opera Ominia*, ed. F. S. Schmitt (6vols., Edinburgh, 1946－1961), ep. 392.

③ Martin Brett, *The English Church under Henry* Ⅰ (Oxford: Oxford University Press, 1975), pp. 3－7；亦请参看 C. Warren Hollister, *Henry* Ⅰ (New Haven: Yale U. Press, 2001), p. 371.

④ *S. Anselmi Cantuariensis Archiepiscopi Opera Omnia*, ed. F. S. Schmitt (6 vols, Edinburgh, 1946－61), ep. 318, 319.

亦合作得多(于1102及1108年召开了两次),尤其是相对于威廉二世之完全不合作而言；1102年,安塞尔姆大主教在西敏寺召开的教会会议更被赞誉为比兰弗朗克的会议更成功。[①]根据毕列特的研究,亨利一世视教会会议为其"王室委员会",并能善于利用它们,反映出亨利紧密及持续管治着英国教会。[②] 总之,亨利一世恢复其父征服者威廉一世之宗教政策 —— 与坎特伯雷大主教合作,共同召开教会会议。相对其兄(威廉二世)而然,亨利一世对英国教会则支持得多。

此外,亨利一世虽然继承其父兄之王室政策,尽量悬空教会职位(尤其主教等重要职位),以夺取其教区之收益；但其任内有关投诉则少得多,相信是亨利一世成功地派出能干而亲民的亲信,令有关地区不但不觉损失,反而觉得受到帝王照顾。[③]

史学家布鲁克(Christopher Brooke)曾赞亨利一世善待寺院,对不同的寺院都作出照顾。[④] 另一个史学家奇布诺尔(Marjorie Chibnall)亦指出亨利一世与英国寺院关系良好,显示亨利深明宗教与政治的技巧。[⑤] 另一史学家迪金森(John C. Dickinson)更赞誉亨利一世的时代是英王与英国教会的"黄金时代"。[⑥] 正如研究亨利一世之权威：贺力斯特对亨利一世之教会政策,作出之总评："亨利完全

---

① Martin Brett, *The English Churchunder Henry I*, p. 76.

② Martin Brett, *The English Church under Henry I*, pp. 5, 80, &98.

③ *The Chronide of Battle Abbey*, ed. Eleanor Searle (Oxford Medieval Texts, 1980), pp. 108,116.

④ Christopher Brooke, "Monk and Canon: Some Patterns of Monastic Patronage in the Religious Life of the Twelfth Century," *in Monks, Hermits, and the Ascetic Tradition*(Oxford: Oxford U. Press, 1985), p. 110.

⑤ Marjorie Chibriall, "Monastic Foundations in England and Normandy, 1066-1189," in *England and Normandy in the Middle Ages*(London, 1994), pp. 38,48. 亦请参看 Emma Cownie, *Religious Patronage in Anglo-Norman England*, 1066-1135 (New York, 1998), pp. 7-9.

⑥ John C. Dickinson, *The Origins of the Austin Canons and their Introduction into England*(London, 1950), pp. 129,139; 亦请参看 Dickinson, "Saint Anselm and the First Regular Canons in England," in *Spicilegium beccense*, vol. 1(Paris, 1959), pp. 541-546.

明白处理教会之道；他总是做得正确的。”[①]

## 五

英王威廉一世、二世及亨利一世培植这些主教王室亲信，主要是利用他们的教育背景、学识才能、封建经济力、社会地位、宗教威望及政治权力，令他们对其教区乃至整个英国发挥影响力。英王常要求主教扮演政治角色以巩固王国，例如：雷纳夫·弗兰巴德和索尔兹伯里的罗杰等都是。法兰克·巴路曾指出：“雷纳夫·弗兰巴德把所有教会的服务都献给英王，他因而在教会内广受憎恨，僧侣对他怨怼尤深。”[②]

在这三个帝王统治期间，英国教会的主教渐渐成为政府的重要官员。克罗斯比(Crosby)曾比较主教在1100年(亨利一世登基)与1135年(亨利一世驾崩、斯蒂芬登基)期间之角色分别。[③] 克罗斯比认为英国教会的势力植根于此段期间；我们可以说：一方面是英国帝王不断利用英国教会之收益、人才，尤其是主教(在中古时期，可能亦别无他选)，但另一方面，英国教会亦因而壮大，很多主教亦因而扮演着举足轻重的政治角色。威廉一世以征服者之强势统治英国，并与诺曼旧部坎特伯雷大主教兰弗朗克合作，使人感到英国帝王与英国教会关系良好。威廉二世则缺乏天时、地利，更不懂人和，令他与英国教会(尤其是与坎特伯雷主教安塞尔姆)关系恶化，幸好，他尚能与其他几位主教合作，令他们成为其主教王室亲信，管治英国。不过，无论如何，大家总会觉得他们的合作只不过是政治结合吧。亨利一世的政治技巧不但远胜兄长威廉二世，甚至亦比父亲威廉一世为

---

① C. Warren Hollister, *Henry I* (New Haven: Yale U. Press, 2001), p. 457, n. 475.

② Frank Barlow, *The English Church*, 1066—1154, p. 9.

③ Everett Crosby, “The Organization of the English Episcopate under Henry Ⅰ,” *Studies in Medieval and Renaissance History*, Vol. 4, Ed. William M. Bowsky. Lincoln, 1967, pp. 4—6.

高(因为若考虑客观封建形势：威廉一世是征服者而亨利一世是幼子,因兄长突然逝世而继任；亨利一世需要力挽狂澜、面对贵族豪绅的挑战,他的政治技巧显然更高)。亨利一世尤其懂得提拔王室神职人员为主教王室亲信,成功管治英国35年。

总而言之,英王威廉一世、二世及亨利一世都视英国教会(尤其是那些主教王室亲信)为其王室中央科层架构之忠仆,英王与英国教会的主教之间实有很浓厚的政治、封建、经济,甚至血缘关系。

# 关于西欧大陆历史意识和整体特点的思考

赵进中（北京大学）

从西方文明的角度看西方史学有三个较为重要的特点值得注意，即理性化、比较化和社会史化。这三个特点之间有着紧密的逻辑联系，它们构成一个完整的体系。以下我分别对上述三点进行分析，指出西方的文化特点和相互之间的逻辑和层次关系。

## 一、西方文明中的理性问题

关于什么是理性问题，这种讨论将涉及到整个西方哲学的根本问题，涉及到理性的不同侧面、理性的历史发展、理性的作用。理性涉及的关系直接关联着西方哲学基本概念体系、不同的哲学流派和不同的哲学家的观点。这一概念在德语语言中用两个词来表达，即Vernunft 和 Rationalitaet，在英语里则是 Reason 和 Rationality。西方关于理性概念的讨论涉及到古希腊罗马的哲学、中世纪的宗教哲学、近代的文艺复兴和启蒙运动时期对宗教思维和哲学的批判，涉及到理性主义同经验主义的对立、理性主义与文化相对主义的对立，涉及到康德的主体意识、黑格尔的理念、费尔巴哈的人的本质、马克思的费尔巴哈论纲、韦伯的理性化、波普尔批判理性主义及其证伪理论、法兰克福学派，以及哲学家狄尔泰、赫尔德、胡塞尔、海德格尔、伽达默尔、洪堡、维特根斯坦、哈贝马斯、尼采、库恩等等。①

上述是西方理性发展的外在发展形态，这是他们理性思维的基地、空间和材料，或是一种思维的载体。这种讨论对我们了解西方哲学、历史哲学是必不可少的。但是理性的形态和理性的本质是不同的两个方面。西方理性的本质是西方哲学或理性思维训练出的一种特有的能力，如果我们掌握了这种能力，我们就可以走进西方哲学和理性的大厦，也可以进行西方哲学的批判和重建。如果只了解西方思想的概念、流派，这还只是掌握了这方面的知识，还不能说具有了或掌握了西方理性思维的能力。因此对另一文化理性的理解或评价如果仅局限于前一个层次就会出现片面和偏差。

西方的理性思维能力是西方特有的，它带有西方文明历史发展的独特性，西方理性体系是从西方文明的种子或基因开始的，是从这里生长的。中国在近代以前也有中国自身独特文化的理性发展和表现。西方为什么会出现古代的柏拉图、亚里士多德以及中世纪宗教理性，特别是西方近代以来为什么会出现康德、黑格尔、马克思、韦伯等思想家，而中国为什么就不会出现，这是一个值得研究的问题。其中有物质基础、社会政治经济历史发展的原因，不可否认它同时也是西方特有文化的产物，正如基督教、伊斯兰教和佛教一样是不同文明特有文化的产物一样。大多数研究西方的中国学者对西方哲学和理性的理解通常是从其概念、理论结构本身、西方理性的思想体系、社会—经济—政治的历史背景中来理解，大多寻求其客观的意义，并把它们同西方或东方的客观事实加以对号并作出批判，而没有把其作为西方文化发展、它们独特的主体意识的发展整体的一部分来看待。

---

① Juergen Mittelstrass (Hg.): *Enzyklopaedia Philosophie und Wissenschaftstheorie*, Band 3, 462 — 483, 518— 526, Verlag J. B. Metzler, Stuttgart, Weimar. 1995. Joachim Ritter und Karlfried Gruender (Hg.): *Historisches Woerterbuch der Philosophie*. Edward Craig (General Editor): *Encyclopedia of Philosophy*. Volume 8, 75— 103, Routledge, Band R-SC, 42 —66. Wissenschaftliche Buchgesellschaft, Darmstadt 1992, London and New York 1998. Christopher Lloyd: *Explanation in Social History*, UK 1986.

西方的理性发展是西方文化发展的特殊表现。正如当我们看到基督的十字架、清真寺中的伊斯兰花纹、佛教的削发和尚,我们应该看到不仅是具体的客体,而且要看到这是一个文化整体创造体系的表现或象征,它是一种客观的历史,同时也是主体特殊的创造,千百年来积累的文化传统,它既是理性的也是非理性的。西方理性的发展是西方整个文化独特发展的一部分,它是西方理性和非理性的结合。可以说在西方社会中,这种西方的理性,不是中国的理性,存在于西方大众文化的潜意识层次中,它是西方生活方式的一部分。关于很多基本概念的理解,如阶级、革命、亚细亚生产方式、资本主义、社会主义、民主、科学、理性等等,中国人的理解都同西方人不同,这除了社会经历不同以外,还有一个文化基因的问题。这不仅存在于理性层次上,而且也存在于非理性的层次上,存在于人们的日常生活当中,关于这一点应该从一种文化比较观点来看待。中国近代以前思想的轨迹,思想的概念体系完全是另外一套基因模式。近代以来中国人开始学习西方的思想,渐渐地培养西方理性思维的能力,例如马克思主义在中国近代以来的传播,中国的思想基因或文化基因才注入了西方的理性因素。但为什么中国自近代以来没有出现西方哲学意义上的思想家,这是因为中国的文化基因在中国人的潜意识上转轨的困难,它特别表现在思维习惯和日常生活当中。他们学习了西方的理性概念,但还处于知识的阶段,并没有成为自己潜意识上的东西,没有完全变为自己的理性能力,正如学习语言一样,母语感觉的掌握,是掌握字面语言之后一个阶段或层次,这实际是一种能力,它是潜意识和理性发展的结合。非西方文化圈的人们在理解和接收西方理性思维中这种能力增长是最困难的。但对西方文化圈以外的人也有有利的一面,即当他们接触外来文化时一开始就进入了文化比较的领域,比如梁启超、李大钊、毛泽东等人思想的变化充分说明了这一点。习惯从前很多是无意识的或潜意识的,正如西方人运用理性思维似乎本能上就是如此,外来人走进西方社会将会增强对西方潜意识的意识以及自我文化的意识。一个人能够从科学上理解西方的理性和中国的理性，但在潜意识上并不能作出严格的区分，所以学习西方理性，同时也会结合西方理性基因，正如马克思的历史理论渐渐成为中国人分析历史的基本框架。理性是非理性，非理性也是理性。理性既是物质的也是精神的，既不单纯是物质的也不单纯是精神的，它是二者的统一。西方的理性是借助西方哲学思维形态的一种思维能力。这种理性的抽象思维能力即是理性的本质，这种能力的特殊表现则是整个西方特有的哲学体系，它构成了西方文化或文明的一个基础。

一种文化体系建立的理性或哲学长河是否能解释或在多大程度上能解释另一文化体系的理性和文化观念，并由此来评价另一文化，这是比较文化重要问题。[①] 西方理性思维的文化整体性、主体创造性、文化的特殊性和潜意识性以及文化比较的角度，是我们理解西方理性、哲学和历史哲学的一把钥匙。

从古希腊的哲学上看这种能力重要的表现一方面是柏拉图指出的共同性的抽象能力，而不是人们认为的西方思维传统所谓注重分析。柏拉图认为理念实际是一个共性的东西，它并非直接存在于可以感觉的具体事物之中，或作为可以感觉的事物的一个组成部分，而是一个抽象的东西，任何事物如果没有这种东西，就不存在这种事物，他把它称为理念。柏拉图认为具体的事物都是对这一理念的模仿，正如“分有说”。例如“马”这一概念，任何具体的马又要具有马的理念。美也是如此，为什么会有美，有古希腊的人体美、建筑美、雕塑美、绘画美这么多具体的美，美在多方面存在，所以美的实质或更深的本质应该不是特殊的，但美应该有一个共同性，这正是柏拉图看重的和要追求的东西，即一种抽象的、共同性的美。这既是一种精神的，也是一种客观的。“一切东西之所以美，是由于美本身出现在它上面，或者为它所分有，不管怎样出现，怎样分有。我对出现和分有

① 参见：Edward Craig (General Editor)：S. 81—86.

的方式不作肯定，只是坚持一点，美的东西是美使它美的。”①“美的东西之所以是美的，是因为美本身”，“大的东西之所以大而更大的东西之所以更大，乃是由于大本身，小的东西之所以小，乃是由于小本身……。”②个别的事物是外在的，而理念是内在的、抽象的和永恒的。柏拉图把我们的这种认识归到一个更高的境界，即善的理念，这应该是我们所说的那里类似能力的东西。“……这个给予认识的对象一真理并给予认识主体以认识能力的东西，就是善的理念。它乃是只是和整理的原因。真理和知识是好东西，但是把它看成某种超乎真理于知识的东西才是恰当的。正如我们前面的比喻把光和视觉看成好像太阳而不是太阳一样，在这里我们也可以把真理和知识看成“善”，但是确不能把它们看成就是“善”。“善”是具有更高价值和荣誉的。”③

柏拉图理性上述的本体论看法相联系的认识论和方法论是：“至于讲到可知世界的另一部分，你会了解我指的是人的理性凭着辩证法的力量而认识到的哪个东西，在这种认识活动中，人的理性不是把它的假设当作绝对的起点或第一原理，而是把这些假设直接了当地就当作假设，即把它们当作暂时的起点，或者说当作跳板，以便可以从这个起点上升到根本不是假设的某种东西，上升到绝对第一原理，并且在达到这一原理以后，有回过头来哪些以这个原理为根据的，从这个原理提出来的东西，最后下降到结论。在进行这种活动的时候，人的理性决不引用任何感性的事物，而之引用理念，从一个理念到另一个理念，并且归结到理念。……现在你可以看出来，相应于这四个部分，有四种心态，相当于最高一部分的是理性，相当于第二部分的是理智，相当于第三部分的是信念，相当于最后一部分的是想像。”④

就此柏拉图把哲学提到了治国实践方面：“除非哲学家变成了我

---

① 《西方哲学原著选读》(上)，第 73 —74 页；柏拉图：《斐多篇》，100B—102C。

② 《古希腊罗马哲学》，北京大学哲学系编译，三联书店 1957 年版，第 177 页。

③ 同上，第 181 页。

④ 同上，第 201，202 页。

们国家的国王，或者我们教国王或统治这的哪些人能够用严肃认真的态度去研究哲学，使得哲学和政治能够结合起来，而把哪些只搞政治而不研究哲学或者只研究哲学不搞政治的人排斥出去，否则我们国家就永远不得安宁，全人类也不会免于灾难。”柏拉图把对理念的理解和这理性方面能力的培养看的很重，涉及到国家建设和人生幸福，这在以后的西方社会理论包括历史研究的发展中一直没有失去这一传统。这种抽象的、寻求共性的理念思维角度奠定未来西方思想发展的方向和基本的本体论、认识论、方法论。

亚里士多德也认为，“……不管在什么地方，科学所研究的主要对象乃是最基本的东西，为其他事物所凭依的东西，乃是其他事物借以取得自己名称的东西。所以，如果这东西属于实体，哲学家所必需把握的根源和原因，就是属于实体的。”①这里应该有一个“第一哲学”的东西，即“形而上学”。这里应该特别注意的是亚里士多德提出的形式是第一实体的学说。这对于我们分析历史文化非常有启发。文化的不同实际上是文化形式的不同，其表现于可见的形式，如生产、科技、宗教、艺术的形式，和不可见的形式，即精神本身，意识的和潜意识的，但它仍然需要一种形式、一种模式。对这种形式的认识，也是一种抽象，亚里士多德不赞成用质料来解释自然的本质。亚里士多德认为“应该有三门理论性的哲学：即数学，物理学，和我们可以称之为神学的那门科学，……而最高的科学应该是研究最高的“种”。因此，理论科学固宜比其他的科学更为人所喜爱，最高的科学尤应比其他理论科学更被喜爱。因为有人会提出这样的问题：第一哲学是一般的呢，还是以一个“种”即某一种的有为对象？……我们的答复：如果除了哪些自然所形成的东西之外再无别的实体，那么物理学将是第一科学；但是如果有一种不动的实体，则研究它的那门科学就必需是在先的，必需是“第一哲学”，并且因为它是第一的，就称为一般的。而考察作为“有”的“有”——考察它是什么，以及它作为“有”具

① 《古希腊罗马哲学》，北京大学哲学系编译，三联书店 1957 年版，第 236 页。

有的各种属性，乃是这门科学的任务。"[①]虽然亚里士多德反对一些柏拉图的观点，但在抽象思维、共相原因的思考形式上没有重大差别。

我们一直认为西方哲学分为唯心主义和唯物主义，但这只是西方人思维的一个层面；当我们再思考其产生的原因时，我们会注意到在这一层面下还有一个决定性层面的存在，否则我们就无法解释为什么会出现多种多样的唯心主义和唯物主义以及西方思维的发展。显然这是来源于一种能力的发展，而这种能力是运用理性思维的能力，其形式，这里我们用一下亚里士多德的形式概念，就是希腊哲学的形式框架，这是西方特有的理性思维的基因。这种善于运用主体层面的概念性思维的探讨，一直是西方思维的特点。所以在一定意义上，不一定陷入唯物或唯心的争论、历史唯心主义和唯物主义的争论，并把之作为最根本的争论从而陷入僵化思维模式和形式主义，而是注意这种争论之下的西方思维能力的训练和运作方式，对其能力和创造力来源、活动基因的掌握，而正是这种具有一定形式的能力的发展才出现了唯物和唯心的争论和以后的发展，而不是唯物和为唯心观点本身，从西方历史长河上看，这两派对西方的思维都作出了巨大的贡献。正如对西方艺术的理解，不在于给西方艺术分出多少流派，而是对西方艺术创造能力的探讨和理解，这样我们就会抓住更为根本的原因层面，能够理解为什么会出现东方没有的古希腊人体雕塑的美和古希腊建筑形式的独特的美。这是美的抽象能力和美的独特的表现形式的结合，文明特点的探讨，似乎应该从这种关系上进行。西方的这种长期的思维习惯，已经进入其潜意识的层面，这是一种意识和潜意识的结合。意识等于意识，意识也等于潜意识，潜意识等于潜意识，潜意识等于意识，关键是我们对自己的思维是处于一种自觉的思考状态还是相反。

---

① 《古希腊罗马哲学》，第 245 页。

欧洲中世纪似乎是希腊理性思想的断线,但实际上,欧洲中世纪的经院哲学继承了古希腊的传统,虽然它的研究对象是上帝和上帝构成的世界,但其思想的基因仍然是柏拉图和亚里士多德的。一些学者也认为,12世纪前,经院哲学借用的思想资料主要是柏拉图主义和新柏拉图主义以及奥古斯丁主义,13世纪后,亚里士多德哲学,如"范畴篇"、"解释篇",从概念到概念,用抽象的定义、区分、排列和组合方式,特别是用三段论演绎法,来论证基督教义,使之理论化、系统化。①它们的理论思维问题仍然是西方文明之内的哲学问题。探讨的主要是共相、概念、主体的关系和其对立面的关系问题。虽然探讨的是人的非理性的层面,但仍然用的是理性的思维模式。巫术的思维方式仍然不是西方中世纪思维的主流。黑格尔在论证中世纪思想的发展中认为:"思想"——抽象的"普遍的东西"——开始它的发展,……事实上一个普遍的东西已经开始为人承认,而且逐渐认识到它的力量。"思想"最初趋向"神道学",现在在"经院神学"的名称下,一变而成为"哲学"了。神学的内容的讨论成为哲学的讨论。要在"思想"的观点下证实这种内容,著名的经院哲学家安瑟伦说得好,"当我们确定了信仰以后,假如我们不用思想来表达这是我们所信的内容,这简直是一种懒惰。""……各种抽象的"思想"形式发达的程度,以及运用这些形式而取得的巧妙精微的造就,实在令人不敢相信。"②

黑格尔论述这种主体的、理性的、普遍的西方精神:"人类达到了对真正的精神本身中和解的感觉,在它的现实的、世俗的世界中心安理得。人的精神已经建立在自己的脚上。在人类达到的这种自我感觉中,并不是基于对上帝的东西的愤慨,而是在这里表现出更优越的主体性,那些在上帝的东西本身中的那种感觉,这种主体性被真实所贯穿,主体的现实活动定向于理性(Vernuenftigkeit)和美(Schoen-

① 金增嘏主编:《西方哲学史》(上),第299页。

② 黑格尔:《历史哲学》,上海书店1999年版,第410页。

heit)的普遍目的。"①

西方并没有因信仰上帝而偏离了理性，黑格尔说道："信仰并不是关于纯粹有限的事物的一种保证，——一种仅属于有限个人的保证，例如相信从前有过某某人说国某某话，……就算我们从来不知道，从来没有听说过这类事情，我们对于上帝的知识，决不会因此而不完整。事实上，信仰上帝并不是相信某种不存在的、发生的和过去的东西，而是对于永恒的东西，在自己为自己的真理的主观保证。"②可以看出，西方的中世纪并没有切断西方理性的发展线路。而是在希腊美、理性思维、人本主义的基础上向善的维度的扩展。

到了近代从康德、黑格尔、马克思以来就开始有了哲学家对历史科学的研究，如康德历史理性批判的理论、黑格尔的历史哲学、马克思的实践的历史观，他们的哲学理性观、历史观、思维方法、把理性和人的自由本性结合起来的理性观对西方近代现代的史学研究的影响可以说是决定性的。哲学思维同历史研究的紧密联系的特点，越是到了近期就越明显，以致产生了历史哲学的学科。中国在近代以来的历史研究也被动和主动地采用了西方的哲学思维和历史思维的模式。这是一个文化融合和变迁的值得探讨的问题。

康德从人之最初的历史，甚至从《圣经》中的亚当开始从原理上论证了理性的特征："只要没有经验的人听从大自然的召唤，他就会发现自己过得很不错。可是理性却马上就来促动他，并且通过以口腹之欲来和并不与本能相结合在一起的其他某种器官相比较——例如某种视觉官能可以提供与此前的口腹之欲并不相似的事物——而力图把他的饮食知识扩大到本能的限度之外。……但理性却具有一种特性，那就是它可以靠想像力的帮助便造出种种欲望来，这些愿望

---

① G. W. F. Hegel, *Vorlesungen ueber die Philosophie der Geschichte*, Suhrkamp Taschenbuch, Wissenschaft, 1986, Frankfurt am Mein, S. 488。

② 黑格尔:《历史哲学》,第472页。

不仅不具备任何有此倾向的天赋冲动而且还与之相反。它们起初就叫做情欲，然而它们却由此一步一步地炮制出一大堆多余的，甚至于是违反自然的倾向来，可以称之为骄奢淫逸。成为违背天赋冲动的缘由的，很可能只是一些小事；可是这一最初尝试的后果——那就是，意识到自己理性乃是一种可以使自己超出于一切动物都被定着的那种范围之外的能力，——却是非常重要的，并且决定了未来的生活方式。…… 于是，这就已经能给予理性以最初的机缘来反叛大自然的声音，并且使之不顾大自然的抵抗做出了自由抉择的最初尝试；…… 从此开启了人类的眼界。他发现自己有一种为自己抉择生活方式的能力，而不是相别的动物一样要被束缚于惟一的一种生活方式。…… 他仿佛是站在一坐深渊的边缘；因为迄今为止都是本能在向他指点着他所欲望的惟一对象，但是现在这里面却向他展示了无穷的对象，而它自己还一点都不动得怎样去加以选择；然而现在从这种一朝已经被尝到了自由状态，他却又不可能再返回到奴役（受本能统治的）的状态。”① 从这里可以看出启蒙运动以后的理性不仅是一般意义的理性思维，更重要的是把自由加进了理性本身，成为理性的一个基本的部分，并且强调理性的自由运用能力的发展，独立于客体的自然的层面的主体层面的独立发展。我们看一下康德关于西方的理性和自由关系的论述：“启蒙运动就是人类脱离自己所加之于自己的不成熟状态。不成熟状态就是不经别人的引导，就对运用自己的理智无能为力。当其原因不在于缺乏理智，而在于不经别人的引导就缺乏勇气与决心去加以运用时，那么这种不成熟状态就是自己所加之于自己的了。Sapere aude！要有勇气运用你自己的理智！这就是启蒙运动的口号。……必须永远有公开运用自己理性的自由，并且惟有它才能带来人类的期末能够启蒙。”② 在康德的理性论证中值得注意的是理性的实践性，其实践性一方面是非虚无性，另一方面

① 康德：《历史理性批判文集》，商务印书馆 1997 年版，第 62、63 页。

② 康德：《历史理性批判文集》，第 22、24 页。

是理性应为人服务的，建立立宪政府，避免战争，发展人类的善和爱。第一方面他以东方文明作为比较，从文明比较的角度说明理性的特点，(以后的黑格尔、马克思、韦伯都有这种比较的思想)：因为理性不会轻易满足于自己内在的亦即自己实践的运用的，而是喜欢到某些先验的东西里面去探险，所以就有着它自己的秘密，在这里他的理性并不理解它自己本身以及自己所需要的东西，但却流连忘返，而不愿像于一个感性世界里的智性居民所相称的那样，把自己限制在这个感性的限度内。由此变产生了至善就在于无这一老子体系的怪诞，亦即就在于感觉到自己通过与神性相融合并通过自己的人格的消灭，亦即就在于感觉到自己通过与神性相融合并通过自己人格的消灭而泯没在神性的深渊之中的这样一种意识。为了获得对这种状态的预感，中国的哲学家就在暗室里闭起眼睛协力去思想和感受他们的这种虚无，由此产生的(西藏和其他东方民族的)泛神论以及后来由泛神论的形而上学的升华中而产生的斯宾诺莎主义，这两种都和远古的一切人类灵魂都出自神性(以及它们终于要吸收到那种神性里去)的发射论体系是紧密的姊妹。这一切全在于是人类终将会有一种永恒的安宁可以欣幸，它就构成人类意念中的一切事物的赐福的终结；而它本来也就是人类悟性同时随之而消失并且一切思想本身也随之而告终的一种概念。① 第二方面，康德认为历史是不断进步的，整体上应该是线性向上发展的，即人类历史的发展会更理性、更善、更爱，而且不以“物的依附”(马克思的观点，以下会谈到)为转移。康德认为：为了使实践哲学和它自身相统一，有必要首先要解决这个问题：在实践理性要做的事情方面，我们应该从物质原则本身，从作为盲目任性的目的出发呢，还是应该从形式的②即仅仅基于外在形式关系中的自由出发，即所谓：按照你能够想的事情去做，你的行为准则将成为普遍的规律，目的的存在就是它所希望的东西。毫

① 康德：《历史理性批判文集》，第 90 页。

② 参见亚里士多德的形式观。

无疑问,这后一条必须再向前提:因为它作为法权原则是绝对必须的。[①] 幸福"因此也不能从每个国家以之为自己的对象的那种目的出发,即从作为国家智慧的最高的但又是经验的原则,意志出发,而是应该从权利义务的纯粹概念出发,从它的原则乃是有纯粹理性所先天给定的"当然"出发,无论由此而来的后果可能是什么样子。"[②]这里康德有把理性同他的社会理想结合起来,即达到人类的一定层面的无私,至善的,友爱的世界。但这里强调的社会思想的抽象性、主体性、非物质性的人的本质的方面探讨。

在认识论上探讨西方人类理性问题,对这一问题的系统的提出问题和进行哲学研究应该是从康德开始的。恩格斯说道:"在法国发生政治革命的同时,德国发生了哲学革命,这个革命是由康德开始的。他推翻了前世纪末欧洲各大学所采用的陈旧的莱布尼茨的形而上学体系。费希特和谢林开始了哲学的改造工作,黑格尔完成了性体系。……德国哲学从康德到黑格尔的发展是连贯的,合乎逻辑的,必然的。"[③]康德强调要用第二只眼睛看待世界,即用抽象思维的方式去看待认识主体和认识客体的关系,而不仅仅是第一只眼睛看到的"客体本身"的问题。最终落脚在人的理性认识能力的可能性和现实性,即人们的主体思维形式(a priori, Form)如何作用于(Transzendental)我们所认识的世界。即所谓"形而上学的形而上学"。德国学者 Volker Gerhardt 对康德的最后的哲学思想进行了精炼的归纳:康德在逻辑学中从世界公民的哲学意义上提出了四个问题:1.我能知道什么?2.我应该做什么?3.我可以希望什么?4.人是什么?第一个问题的回答是形而上学,第二个是道德,第三个是宗教,第四个是人类学。前三个问题要根据第四问题来考虑,因为所有的问题都要归于第四个问题。所以批判的哲学是人类能力全面的总

---

① 参见 Immanuel Kannt, *Der Streit der Facultaeten und Kleinere Abhandlungen*, Koenemann, Koen, 1995, S. 320。

② 康德:《历史理性批判文集》,第 137 页,另参见:Rainer Hegenbart: *Woeterbuch der Philiosophie*, Gondrum, 1994, Bindlach, S. 124。

③ 《马恩全集》,第 1 卷,第 588—589 页。

结,这就是人类的理性力量。[①]

康德的哲学提出了认识论和历史认识的基本问题,即关于人们认识的限度和认识的主体性,认识的特点,即人们认识的客体都是离不开认识主体的,人们不可认识的客体是存在的,但它是不可知的。后来哲学和历史哲学中的康德主义和新康德主义都是源于康德哲学的这一基本议题。

从近代康德哲学思想和历史哲学思想到黑格尔的哲学和历史哲学、到马克思的哲学和历史哲学思想、到韦伯的哲学和历史哲学思想及其发展,[②]其历史哲学和历史研究的理性分析的传统、不同文化历史的比较的角度、社会史整体和层面的研究充分地体现了西方理性发展。

黑格尔根据其自由理性或自由理念的哲学理论推导并研究了整个人类历史发展的动力,黑格尔关于种子发展的思想、自由理念进化展开的思想通过对世界历史发展的研究应用,推导出人类社会发展的三个阶段:"精神本性的各个抽象的特征——精神是物质的对照——自己包含的生存;它的主要特征就是自由,——体会人类精神的不可分离的自由所经历的前后各个时期:东方世界只知道一个人是自由的;希腊罗马和罗马人少数人是自由的;日尔曼受了基督教的影响,知道全体人是自由的。世界最后的原因便是精神认识它自己的自由。"[③]这种历史既是主体发展的历史,也是客体发展的历史。黑格尔显然把理性的发展同精神的自由的独立的发展紧密地联系起来。

在历史分析中,黑格尔把历史研究分为三个层次:1. 原始的历史,2. 反省或被反省的历史(reflektierende Geschichte ,reflektierte

① Volker Gerhardt: Kant, Immanuel, *Metzler Philosophen Lexikon*, Stuttgart, 1989, S. 411.

② 参见:Eric J. Hobsbawm: *Weber und Marx* . Ein Kommentar. In: *Max Weber*, *der Historiker* (Herausgeben von Juergen Kocka). Vandenhock & Ruprecht, Goettingen 1986, S. 84 —89.

③ 黑格尔:《历史哲学》,目录,第1页。

Geschichte,) 3. 哲学的历史。第一种历史是把周围的种种演变,移到精神观念领域,这样的外在现象变演变成了内在的观念。希罗多德、修昔底德、色诺芬、凯撒的历史写作和思想属于此类。第二种反省的历史,它的精神是超越时代的。这里又分为:a. 普遍的历史。在这里"一部历史如果要想涉及长久的历史,或包罗整个世界的历史,那么,著史的人必须真正放弃对于事实的个别描述,他必须用抽象的观念来缩短他的叙述。这不但要删除多数事变和行为,而且还要用思想来概括一切,籍收言简意赅的效果。一场血战,一次大捷,一番围攻,不再像先前那样的渲染铺叙,连篇累牍,而只是轻轻一笔,提过了事。例如李维叙述罗马人同服尔细人的多次战争时,它时或简短地说道:这一年同服尔细人作战。"b. 实用的( die pragmatische)历史。历史事件各不相同,但它有一个普遍的内在联系,它揭示过去然后使这些历史事件现实化。只有对于历史局面彻底的、开通的、广泛的眼光和对于观念深刻的意识(例如孟德思鸠的"法意"),才能够给予这一类反省以真正的真理和兴趣。c. 批评的历史。这是当时德国通行的治史方法。不但统治着语言学领域,而且占领了德国的历史著作。它并不是历史本身,而是一种历史的历史,一种对历史叙述的评判,对其真实性和可信性的研究。黑格尔这里指的大致是兰克式的史学和一种康德主义的历史观。兰克 1825 年开始,为德国柏林大学教授。d, 普遍的、概念的、局部的历史,如艺术史、法律史、宗教史。向哲学的历史过渡的历史、反省的历史进展到一普遍的观点时,只要立场是正确的,它就构成——并不是纯属外表的线索,并不是浮而不实的结构——而是一个民族之历史中各种事变和动作内部指导的灵魂。第三种是历史的哲学或哲学的历史。哲学带来的就是理性的思想。理性是世界的主宰,世界历史因此是一种合理的过程。这种确信和看法是观察历史的前提条件,但对哲学本身就再不是前提条件了。为了理解的方便,这里引入一段黑格尔对理性的论述:通过哲学的认识活动证明:理性——我们停留在这一表达中,不去进一步查究它同上帝的关系和行为方式,——这种实体(die Substanz),正如无限的权力一样，它本身就是自然生活和精神生活的无限的物质源泉(der unendliche Stoff)，正如无限的形式(die unendliche Form)一样，它实现着它的内容。理性的实体是这样的，即通过理性和在理性之中，一切存在和有才具有现实性。在无限的权力中，理性不是毫无能力的，并不仅仅产生一些理想、一种责任，在现实之外无人知道的地方存在于某些人头脑中的观念的东西；理性的无限内容，所有的客观本质和真理，它自己就是自己的物质泉源，以此进行它的加工创造活动。不像有限性的活动那样，理性不需要外在的物质材料的条件，不需要被给出的中介手段以便从这里获取活动的营养和工作的对象。它自己靠自己维持生命，自己就是被加工的材料。正如理性的实体自己只是以自己为前提条件，它的目的就是绝对的最终目的，所以它自身、它的证明和产生不仅是内在于自然宇宙的现象，而且也内在于精神的宇宙现象－即在世界历史之中。这种观念是真实、永久的、强有力的，它已经把自己开放于世界，没有任何事情犹如它那样开放，它的荣誉、它的壮美、它在哲学中被证明了，这是已经谈过的，而在这里是作为被证明的前提。①

在历史研究的深层原因上，黑格尔提出了人类整体历史的一元线性历史发展观，黑格尔的历史思想对马克思及以后的西方历史思想规范出了一种思维形式的框架。黑格尔说道："从世界历史的观察，我们知道世界历史的进展是一种合理的过程，知道这一种历史已经形成了世界精神的合理的必然的路线——这个世界精神的本性永远是同一的，而且它在世界存在的各种现象中，显示了它这种单一的和同一的本质。"②

黑格尔的历史哲学思想为马克思主义的历史观提供了历史理论和研究的参照系。如马克思关于自由人及其发展的人本主义史学

---

① 参见：黑格尔《历史哲学》，第1－11页，部分译文根据以下原文进行了修改：G. W. F. Hegel, Vorlesungen ueber die Philosophie der Geschichte, Suhrkamp Verlag Frankfurt am Main, 1970, S. 11－21。

② 黑格尔：《历史哲学》，第10页。

观,关于历史发展的三大形态、三大阶段、关于亚细亚生产方式、东方农村公社、奴隶社会、封建社会、资本主义社会甚至共产主义思想都同黑格尔的思想是紧密相关的。

马克思批判了黑格尔绝对精神观念的哲学理论,从人的社会实践、经济结构的角度对人类历史进行了考察,他继承了黑格尔关于自由人的理论,提出了人的自由和自主的实践活动是历史发展的最基本层次,是历史发展目的思想,看到了以往的历史对人性的歪曲和人本身历史发展的异化阶段,这是马克思的最为根本的人本主义历史观。[①] 马克思提出了历史发展的三大形态的思想:"人的依赖关系(起初完全是自发的)是最初的社会形态,在这种社会形态下,人的生产能力只是在狭小的范围和孤立的地点上发展着。以物的依赖性为基础的人的独立性,是第二大形态,在这种形态下才形成普遍的物质变换,全面的关系多方面的需求以及全面的能力的体系,建立在个人全面发展和他们共同的社会生产能力成为他们的社会财富这一基础上的自由个性,是第三阶段,第二阶段为第三阶段创造条件。"[②]在此基础上马克思主要考察了三种资本主义前的生产方式,即古代东方的即亚细亚生产方式,古典古代即古希腊罗马的生产方式,以及日尔曼的生产方式。[③] 马克思指出:"大体说来,亚细亚的、古代的、封建的和资产阶级的生产方式可以看作社会经济形态演进的几个时代。"[④]上述观点引发出了马克思主义的历史研究者关于五种生产方式理论的大讨论。马克思一直没有放弃黑格尔关于自由人的思想,这一直是马克思思考历史和评价历史的基本点。同时这也是西方这一时代的历史精神,是希腊哲学、新教思想、文艺复兴、启蒙运动中人本主义思想的继续。不同于黑格尔的是马克思考察了社会经济结构,比黑格尔多出一现实的科学层次,包括经济学层次。马克思在人

---

① 参见《马克思恩格斯选集》,第 1 卷,第 79 页。
② 《马克思恩格斯全集》,第 46 卷,上册,第 104 页。
③ 参见《马克思恩格斯全集》,第 46 卷,"资本主义生产以前的各种形式"。
④ *Marx, Engels, Lenin ueber den Sozialismus*. Berlin 1987, S. 49.

的自由和能力发展的基础上提出了生产力和生产关系，经济基础和上层建筑的概念，并且对历史发展的规律进行了总结，提出了人类历史发展的三大形态以及在此基础上即另一层次上大致归纳出了人类社会发展可能出现的五种生产方式。但马克思在晚年考察东方农村公社，包括俄罗斯的农村公社同俄国历史发展道路的关系的想法，以及关于中国近代的历史变化和革命的分析中，还是把他总结的生产方式的演变规律仅限于西欧社会。可以看出马克思把人的自由和能力本身的发展作为基础，而把这种人的发展的外在表现作为次级层次，它在不同的文明和文化中是会存在不同变换和表现的。

关于马克思主义，从思维主体上看，马克思的思想是西方文明的产物，它的主要的思想来源是德国的哲学传统，马克思的思想是德国哲学传统对人类的贡献。通过比较西方哲学，特别是康德和黑格尔的哲学，可以看出马克思的抽象思维形式并未超出西方文明和德国哲学思维的框架。属于西方人观察世界和历史的眼睛。马克思提出或加强了西方理性的一个明显的因素，即实践的理性或理性的实践，这就是实践主体对世界的改造。哲学家用不同观点解释了世界，但更重要的是改造世界。这种实践的主体思想是一种重要的哲学思想，世界是由人改造的，人们在实践中创造和改造客观世界，创造和改变世界发展的规律。它不仅是历史思维的逻辑前提，也是哲学批判的前提。它是一种创新和否定的力量、反外在决定论的力量。西方学者类似的看法是："粗略地说，实践是一种自我创造行为，它不同于那些由外在于人的力量产生的外部刺激行为。尽管实践第一次出现在亚里士多德的"形而上学"中是与沉思性的理性论对立的，但在马克思的用法中却与理论有一种辩证关系。事实上，与单纯的行为不同，实践的特征之一就在于它是理论性沉思的结果，革命活动的目标应理解为理论和实践的统一，它将直接对抗资本主义的普遍情况。”[1]这种理论也为东方和其他文明中的人们创造和发展留下广阔的空间。这种改造出来的世界，是建立在实践主体基础上的世界，即向人的本质的复归，即每个人的自由和自由人的社会。西方学者在总结西方人本主义传统时注意到：“正是历史学和人文学的研究使我们保持了未来还没有定局的意识。14 世纪的意大利发生的情况是这样。但是有少数人相当突然地感到一种冲动，要想重新发现古人的世界，结果由此产生了他们要创造一个自己的新世界的信心。这就是六百年来人文主义传统所代表的东西：拒绝接受决定论或简约论的关于人的观点，坚持认为人虽然并不享有完全的自由，但在某种程度上仍然掌握着选择的自由。”[2]

在马克思那里除了几百年前的西方人本主义传统外，近期还可清楚地看到黑格尔历史哲学的影子。人的绝对自由(相对自然和社会结构)，自己以自己为基础并以自己为目的，是历史的出发点和最终目的，这是决定性的；但方式和道路可以不同，这不一定是决定性的。这在马克思回答俄罗斯发展道路的问题时，特别是给查苏利齐的信中说得十分清楚。马克思在社会科学的层面上采取了非决定论态度，但在历史哲学层面上，即人本主义层面并未放弃决定论。这是马克思在西方特定的资本主义时代中对社会文化形态的一种表达。马克思把西方的理性哲学向下推进了一个层次，我们说是第二层次，即经济学、政治学和社会学的层次，也就是社会科学的层次(心理学层面则是战后西方马克思主义史学加以发展的)，从而构成了马克思的科学社会主义思想。哲学的批判同生产方式的批判和社会日常生活的批判构成了他的思想体系。但马克思的大部分精力用于社会科学层面的研究，他的一些哲学写作计划没有完成，例如“费尔巴哈论纲”只是一个提纲，未及展开，马克思在纯哲学、历史哲学上的贡献受到了个人精力分配和个人贫困生活的限制。对此恩格斯说道：“马克

---

① 马丁·杰伊：《法兰克福学派史(1923—1950)》，广东人民出版社 1998 年版，第 8 页。

② 阿伦·布洛克：《西方人文主义传统》，三联书店 1998 年版，第 298 页。

思在“政治经济学”[①]的序言中说，1845年我们两人在布鲁塞尔决定“共同钻研我们的见解”——主要由马克思所制定的唯物主义历史观，——“与德国哲学思想体系见解之间的对立，实际上是把我们从前的哲学信仰清算一下。这个心愿是以批判黑格尔以后的哲学形式来实现的。八开本两厚册的原稿早已送到威斯特伐里亚的出版社，后来才接到通知，不能付印”。……从那时起，已经过了四十多年，马克思已经逝世了。不论他或我，都再没有机会回到这个题目上来。关于我们和黑格尔的关系，我们曾经在某些地方作了说明，但是无论哪个地方都说的不够全面系统。至于费尔巴哈，虽然他在某些方面是黑格尔哲学和我们之间的中间环节，我们却从来没有回顾过他。……我在马克思的一本旧笔记中找到了十一条关于费尔巴哈的提纲……这是一份供进一步研究用的匆匆写成的笔记，根本没打算付印。”[②]由此对马克思哲学思想的判断出现了纷争和困难，西方出现了人本主义的马克思主义和结构主义的马克思主义，如卢卡奇、葛兰西、阿尔杜塞、法兰克福学派、弗洛伊德、萨特、福柯等马克思主义，在社会主义运动中也为教条主义的、机械唯物主义的马克思主义留下了发展空间。很多西方思想家都想为马克思坚实的社会科学层面戴上一顶哲学的帽子。这是他们思维的习惯，否则似乎就缺乏西方类似建筑的稳定和美感。

## 二、比较的史学意识

黑格尔对东西方精神的比较研究，马克思关于亚细亚生产方式和西方资本主义文明的比较考察，韦伯对东方宗教文化和西方新教伦理的比较研究，明显地表现了西方理性思维的传统和继承性。他们所使用的概念、分析问题的角度表现了西方独特理性思维发展的

① 1859年在柏林出版。

② 《马恩选集》，第4卷，人民出版社1972年版，第207—208页。

特殊性和基因的共同性。

黑格尔从自由精神的发展出发，对东西方文明进行了比较考察，提出关于古代东方的几个重要的观点：中国文化处于自然的状态(nur an sich)；中国人没有个人独立的人格(selbstlos)，个人没入于家庭；政治的专制；法律还没有从道德中分离出来，儒教仅是道德教育；没有真正的哲学，没有理性思维和个性的创造；社会发展停滞。[①]黑格尔提出的对东方的看法，直接影响了马克思、韦伯等人对东方和中国研究的看法而他们的观点有影响了整个西方的东方和汉学的研究。黑格尔关于理性和东西文明的观点论述，贯穿了黑格尔的基本哲学思想，他说："东方哲学这个名词，特别用来指一个特定的时代，在这个时代，这伟大普遍的东方观念曾激动了西方——这是主观性的精神占优势并且注重节度和节制的地方。特别是在基督教最初几个世纪 ……那伟大的东方观念曾一时深入到西方，到了意大利，并且在知神派哲学中，开始把那渺茫无限的观念纳入了西方精神，一直到教会成立，西方精神才重新占了上风，并且对神性予以明确的规定。

因此第一点是："普遍"的这个固定性格，是东方特性中的基本特性。第二点则是东方宗教的较详内容。上帝、自在自为者、永恒者，在东方大体上是在普遍性的意义下理解的。同样个体对上帝的关系也被掩埋在普遍性里。在东方宗教中主要的情景是，只有惟一自在的本体是真实的，个体若与自在自为者对立，则本身就没有任何价值，也无法获得任何价值。只有与这个本体合而为一，它才具有真正的价值。但于本体合而唯一时，个体就停止其为主体，主体意识就消失了，消失于无意识之中。恰恰相反，在希腊宗教和基督教中，主体知道自身是自由的，并且必须要保持自身的自由。…… 希腊人这种较高的注重个人自由观念本身以及更为优美快乐的生活，提高了思想的难度，这种思想劳动在于使普遍性具有真实性的效准。在东方，

① 参见黑格尔：《哲学史讲演录》，第1卷，商务印书馆1981年版。

恰好相反，在宗教中自在实体本身就是最主要的最本质的内容，个人的无权利和无意识是以此直接结合的；…… 只有个体与自在实体合为一体时才达到它的自由。在东方精神中，当反省和意识通过思想的作用而达到清晰的分辨和原则的规定性时，这些范畴和明确的观念则与实体相脱离。或者是取消一切特殊性而得到一个渺茫的无限一东方的崇高境界；或者是当认识到建立自身确定的东西时，所得到的只是枯燥的、形式理性的、没有主体意识的知解，这种意识并不能取得理性思辨的概念。”①

这种比较说明了西方历史哲学的一种思维习惯，马克思说道“有一个爱好虚构的思辨体系，但思想及其深刻的研究了人类发展的基本原则的学者，一向认为，自然界的基本奥妙之一，就是他所说的对立统一规律。在他看来，两极相逢这个俗语是伟大而不可转移的适用一切方面的真理，是哲学家不能漠视的定理，就像天文学家不能漠视刻卜勒定理和牛顿的伟大发现一样。”②黑格尔、马克思和韦伯都把“东方”作为西方文明的参照系，从而构建了一个相对西方近代文明的古代东方的形象。以后的东西方文明的比较都是这一思维框架中在时空上的扩展。黑格尔以原始的自然为一方、以精神的天堂为另一方构成了一种线性的两极对立的历史发展观。黑格尔认为：中国和印度还未从自然状态分离出来（an sich ，ueberhaupt nur als natuerliche Geistigkeit ist noch nicht getrennt.），只是一种自然的现实，这种直接的意识就是他们的存在，精神陷入自然之中。按照黑格尔的观点，精神发展的三个阶段是：a. 陷入自然的一种不自由的整体状态中；b. 自由意志的出现，但还是半自由的、部分的、受自然束缚的；c，从自由的个性进入到自由的普遍，在此，自我意识和自我感觉成为精神的本质。中国或东方还处在第一阶段，中国人的最高哲学，他们的形而上学、最崇拜的东西、万事的原因，就是表面的自

---

① 参见黑格尔：《哲学史讲演录》，第 1 卷，第 117 —118 页（本文作者对译文进行了部分文字调整 。）

② 参见《马恩选集》，第 2 卷，第 1 页。

然，即天，这天的意义即是自然，它从来不是精神的东西。其知识是经验的认识，而不是理论上的，它不是思想的兴趣。其观念是具体的，因为真实是具体的，抽象是不真实的。东方的精神是统治性的，并同自然构成一体，因此是不自由的。世俗的法律是加在人们头上的，它不是自己的自知、知识，它不属于自由，而仅属于依附和隶属，基本的精神和个人的直接统一体是家庭精神。统治在中国是绝对平等一致的，因为在中国的平等一致，但不是自由，这是专制主义统治的必要方式。东方是一个只知道一个人是自由的专制社会。那么西方文明则恰恰相反，对应于这种构建出的东方文明。这一思想框架影响了西方几代人的思维模式，甚至影响了几代东方人看待世界文明和自身文明的思维模式。

马克思在东西方文明的比较中，总结了亚细亚生产方式的特点，以及它在整个世界文明中的地位，同时也分析和预测了中国文明和西方资本主义和帝国主义的互动关系。这种静态的历史比较和把这世界作为一个整体、体系，其内部不同文明互动的比较，是马克思的历史比较超出黑格尔仅仅静态比较的不同点。世界文明除了线性的由低到高的历史发展以外还有一定层次上文明的互动性。马克思认为："对立统一是否就是这样一个万应的原则，这一点可以从中国革命（太平天国革命）对文明世界发生影响中得到明显的例证。欧洲各国人民下一次的起义，他们下一阶段争取共和自由和争取比较廉洁的政体的斗争，在更大的程度上恐怕要取决于天朝（欧洲的直接对立面）目前所发生的事件，而不是取决于现实的其他的任何政治原因，甚至不是取决于俄国的威胁及其后果——可能发生的全欧洲的战争。"[①]当然，20 世纪上半期前后毛泽东领导的中国社会革命，以及 20 世纪 70 年代以来邓小平的改革开放，中国文明对世界的影响已经部分地印证马克思的预言。但此时中国的文明已经不是传统意义上的东方文明了，而是由接受西方思想的主体改造过的中国文明。

① 参见《马恩选集》，第 2 卷，第 1 页。

从马克思文明现代化的线性角度看，东方的传统文明势必要让位于西方文明。

马克思认为："……所有这些破坏因素，都影响着中国的财政、社会风尚、工业和政治结构，而到 1840 年就在英国的大炮下得到了充分的发展；英国的大炮破坏了皇帝的权威，迫使天朝帝国与地上的世界接触。与外界隔绝曾是保存就中国的首要条件，而使这种隔绝状态在英国的努力之下被暴力打破的时候，接踵而来的必然是解体的过程……。"[1]高等文明必然最终要征服低等文明，"英国在印度要完成双层使命：一个是破坏性使命，即消灭就地的亚洲式的社会；另一个是建设性的使命，即亚洲为西方式的社会奠定物质基础。……野蛮的征服者总是被哪些他们所征服的较高的文明所征服，这是一条永恒的历史规律。不列颠人是第一批发展程度高于印度的征服者，因此印度的文明就影响不了他们，他们破坏了本地的工业，夷平了本地社会中伟大和突出的一切，从而消灭了印度文明。"[2]

马克思在亚细亚生产方式的概念下分析了东方的农村公社，指出了没有土地私有和东方专制主义、家庭和家族的权利的特点，预示了亚洲的新曙光。可以很清楚地看到马克思讨论东方的基本概念属于西方的理性分析体系。[3] 韦伯认为历史的发展是个人自由、理性化发展的历史进化观点。他把东方西方文化对立起来研究，把儒教、道教、佛教同西方的新教对立起来，把非理性社会同理性社会对立起来，试图分析为什么资本主义只是西方特有的产物。与马克思不同，韦伯在马克思分析的基础上，从文化比较的角度对马克思的理论进行了补充和修正。马克思从政治经济学的角度出发，韦伯是从文化比较的角度来探讨西方资本主义。韦伯认为，儒教只是适应社会，新

---

① 参见《马恩选集》，第 2 卷，第 3 页。

② 《马恩选集》，第 2 卷，第 70 页。

③ 参见：《马恩选集》，第 2 卷，1－8 页；69－75 页，以及本卷有关亚洲和中国的论述。

教是改造社会，东方文化缺乏对自己力量的信仰，缺乏改造自己命运的价值观念。只知非个性和非理性的服从于家庭、道德、天。相信迷信，缺乏自然科学的精确思维，东方官员的道德化、非专业化，政治的个人专制，官僚机构的非理性化，没有平等和自由的观念，城市依附于政治，经济和个人很强地依附于国家。韦伯的历史认识论继承了康德的主体意识观点，哲学思想继承了黑格尔的自由个性发展的观点，社会分析中吸收了马克思的分析成果。[①] 这些都可归属于德国古典哲学思维传统的主流之中。

人们的世界观、人们的历史观决定了人们怎样认识世界和改造世界。这种一般的历史观取决于一个时代和地区的文化圈。而这种文化的基础是那里的人们共同的生活经历和对经历的创造性的，主体性的抽象化，它既是精神的也是物质的，前者多属于英国的哲学传统，而后者则是德国古典哲学的传统。从英国的洛克的经验哲学到E. P. 汤普逊的文化社会史观和德国从康德到韦伯的理想类型部分地可以得到一定的说明。人们在这一共同体的文化基础上，对自身的文化和生活的不同理解和创造就会产生不同的特殊的历史观。黑格尔、马克思、韦伯三人的思想来源于西方的共同文化基础，他们在这一基础上产生的对自己文化的批判和创造就形成自己的世界观。黑格尔、马克思、韦伯对东方文化的看法就是他们的在欧洲文化中产生的世界观同东方文明在时空上的交叉。在历史的进程中，文化是可以传播和改变的，一种文化可以改变一种文化，甚至可以代替一种文化，这主要取决于人们现实生活矛盾和这一矛盾的解决、主体意识的变化发展、社会理想的构建和未来社会发展的取向，特别是在一个文明发生社会危机和信仰危机时表现得就更为清楚，但一定时代的特定文化的存在的生命的确又是独一无二和不可替代的。

---

① 除了韦伯的原著以外另可参考：Gerhard Wagner und Heinz Zipprian（Hg.）：*Max Webers Wissenschaftslehre*. Shurkamp Verlag. Frankfurt am Main 1994；Hans G. Kippenberg：*Die vorderasiatischen Erloesungsreligionen*. Shurkamp Verlag. Frankfurt am Main 1988. Juergen Kocka（Herausgeber）：*Max Weber，der Historiker*. Vanden & Ruptrecht Goettingen，1986.

值得一提的是近代以来相当多的东方人，中国人对自己文明的看法，倒是纳入了西方人对东方的观念，从而有把这种西方人眼中的对“东方”的观念作为东方的历史事实，自己带上了西方人的眼镜，而这种观念在相当长时间里已经成为东方人和中国人潜意识，不为自己所知，自己的思维结构已经改变，成为西方人的头脑，思维概念、框架都是西方文明嫁接过来的，但又缺乏西方的那种理性的批判能力，这就出现东方历史意识和历史研究的问题。这一问题看来只能在历史哲学的比较层面解决。否则选择历史事实还是西方观念的产物，例如五种生产方式、东方专制主义观念下对历史事实的选择。意识自我和摆脱既定的自我是十分困难的。

多伊森(Paul Deussen，1845—1919)已经认识到：“人们也许会说：我们正生活在如此进步的时代，却想从古代印度人那里学习什么东西，这恐怕是幼稚的，不着边际的想法。但是去了解印度人的世界观是有益的。因为通过这一了解，可以是我们理解到，由于我们全部的宗教和哲学思索，使我们正限于一种毫无道理的偏见之中，而且还可以使我们理解到有一种与黑格尔对事物的理解方式完全不同的另一种理解方式。黑格尔认为事物是在惟一的可能性和合乎理性的形式中产生的。”[①]当然这是另外的议题。

西方的理性首先相信的人本身的自由与人的自主性和创造性的发展，它同外在于人的任何力量，包括宗教和皇权形成矛盾，因此在思维形式上注重哲学的抽象性、系统性和推理的逻辑性，这同情感、感觉、主观的任意性形成了对立，由此也就形成了西方理性的民主的争辩性、辩证性、批判性(Kritik)。值得注意的是如果把理性的发展同人本身的自由个性和创造性对立起来，理性的偏差发展就会出现，马克思注意到了这一点，如资本主义社会中人的异化问题以及韦伯对于官僚化、社会理性化分析和批判的观点，以及马克思的批判者和拥护者的观点，如波普尔对所谓马克思宏观社会发展规律思想的批

① 转引自中村元：《比较思想论》，浙江人民出版社 1987 年版，第 16 页。

判以及哈贝马斯社会批判的观点。

比较的观点是西方近代以来社会科学和史学研究的一个特点，它实际上是一种史学观，同时又是方法论。由上可以看出比较具有不同的层次、不同的空间、不同的时间。根据西方的比较史学大致可以有几个相互关联的层次，它们中间也有因果必然性的联系：

1. 历史哲学的比较。按黑格尔的精神现象学最抽象层面意义上的比较，这种比较又可分为：A. 不同文化圈的历史哲学的比较，如中西历史哲学的比较，这种比较直接涉及到不同文化的特点、世界观、信仰、文化的潜意识等。B. 同一文化圈内的历史哲学的比较，如德国、法国、英国的历史哲学的比较，德国的历史主义、康德主义、黑格尔的历史哲学、马克思的历史唯物主义、法国的启蒙思想、自然主义、结构主义史学思想、英国的经验主义、经验科学思想等的比较。可以看出，西方的一些思想家、史学家都进行了哲学和历史哲学层次的比较研究，如黑格尔对东方、中国与西方历史哲学的比较研究，对西方体系之内哲学和历史哲学的比较。马克思也对欧洲内部的德国、法国、英国的哲学和历史哲学进行了比较研究，马克思谈到："…… 德国人从来没有这样做过，所以他们从来没有为历史提供世俗基础，因而也从来没有过一个历史学家。法国人和英国人尽管对这一事实同所谓的历史联系了解得非常片面（特别因为他们受政治思想的束缚），但毕竟作了一些给历史编纂学提供唯物主义基础的初步尝试，首次写出了市民社会史、商业史和工业史。"[①]韦伯关于东西方文化思想的比较，关于儒教、道教、佛教、印度教、伊斯兰教、天主教、基督新教的比较也属于这一领域。韦伯在比较中说明了资本主义精神与欧洲资本主义产生的文化特点和独特性。

2. 文明或文化的整体比较研究。它可以是地域性的，也可以是不受地域限制的跨文明的比较，如黑格尔《历史哲学》等书中关于东西方文明的比较研究，马克思关于东西文明和冲突的研究，韦伯关于

---

① 《马克思恩格斯选集》，第1卷，第32页。

东西文化思想和社会史整体的比较研究,施本格勒和汤因比关于世界文明的研究,沃勒斯坦关于世界体系的研究,布罗代尔关于地中海文明的研究。这一层面同历史哲学层面有一定的交叉,但总体上其抽象程度要低一层次。

3. 社会宏观结构的比较。其中包括社会结构、政治结构和经济结构等。一般也认为是中层次的比较。如马克思对东方西方社会结构和经济结构的比较,对亚细亚生产方式的研究,对东方农村公社的研究,马克思比较了斯拉夫、墨西哥、秘鲁、古凯尔特,印度等地的农村公社,以及对俄罗斯和中国近代经济结构转型可能性问题的研究。又如恩格斯在研究国家形成的方式时,比较了希腊、罗马和日尔曼的三种形式,他认为"雅典是最纯粹,最典型的形式:在这里国家是直接地和主要地从氏族社会本身的内部发展起来的阶级对立中产生的。在罗马,氏族社会变成了闭关自守的贵族,贵族的四周是人数众多的,站在这一公社之外的,没有权利只有义务的平民;平民的胜利炸毁了旧的氏族制度,并在它的废墟上建立了国家,而氏族贵族和平民不久便溶化在国家中了。最后,在战胜了罗马帝国的德意志人中间,国家作为征服外国广大领土的直接结果而产生的,氏族制度是不能提供任何手段来统治这样广阔的领土的。[①] 韦伯对东西方生产方式的研究,他关于经济史的著述也属于此类的比较研究。

4. 日常生活的比较研究,西方社会史研究的一个基本层面。它可以推进到人类生活的任何侧面和细节,同时有可一跃成为最抽象的哲学层面的比较问题。因为最普通的事情就是最抽象的事情,也是最难理解的问题。海德格尔对"是"这一简单的日常概念写出数卷著作而成为德国著名哲学家。马克思对最简单的商品分析开始写出《资本论》。布罗代尔则把日常生活的层面作为最基本的层面。

5. 历史事例和事件的比较研究。大致属于兰克史学和德国新政治史的领域。它可以包括政治时间、战争、历史人物等具体的文化

---

① 《马克思恩格斯全集》,第 46 卷,第 485 页。

事件和心理心态事件。

西方历史比较的高层次是历史哲学的比较。历史文明、社会结构、日常生活、历史事件的比较实际是不同的历史哲学观念的推导。在西方，一定意义上说，历史研究是历史哲学的外化，是历史哲学的证明或证伪。这一点我们从伏尔泰、孟德斯鸠、爱尔维修、黑格尔、马克思、韦伯、兰克、尼采、狄尔泰、文德尔班、李凯尔特等等的历史研究中可以清楚地体会到。为什么要进行比较？这一问题大多涉及的是历史哲学和世界观的问题。怎样比较？这一问题大多涉及的是人本主义和结构主义问题。比较历史哲学要研究的是本体论、认识论和方法论问题。历史比较同理性思维相联系，它不仅是现象的罗列，还回答理性提出的问题、逻辑关系、因果必然性（包括线性因果必然性和结构功能的互为因果性）以及历史规律等问题，如果比较研究能够回答历史哲学或历史发展问题，可以说这种比较研究属于较高较抽象层次的比较研究。如果比较研究能把具体历史现象的描述和结构分析同历史哲学的抽象问题有机地结合起来，就是一种较为完美的比较。这或许是西方比较研究同上述理性思维的逻辑层次关系和整体框架。

不同文化比较的可能性在于人的生存的自然性和文化的一般性、抽象性的存在，用柏拉图的话说即共相。在此基础上不同人们创造的不同文化，即文化性、特殊性是比较的核心，是比较的现实性层面。不同的文化圈，其中包含着各种不同社会—经济结构、信仰体系、哲学体系、概念构建体系、创造体系、潜意识层面，文化基因是比较研究的基本对象。从极抽象的角度上看，不同的文化圈发源于某种基因，是由此发展出的一个动态的信息体系。

历史比较研究的具体方法和类型的讨论在西方史学中仍在进行，大部分讨论在于比较的总体化和个性化的矛盾方面。总体化一般认为是寻求一切历史发展的普遍规律、人类共同的生活法则。个性化比较是探讨社会历史之间的差别，比较不同的社会发展道路。马克·布洛赫 1925 年认为这两种比较是同样重要的，但他把这种比较仅限于同一种文明中。[1] 60 年代，梯奥德·希德(Theodor Schieder)认为整体化比较受到法国启蒙思想中全球历史观的影响，历史比较走向整体化，同时个性化比较研究也受到德国历史主义的影响，即要求从社会不可替代的个性来分析一个社会，在相当程度上否定历史的可比性。[2] 70 年代，梯达·司考科珀(Theda Skocpol)、马格里特· 萨莫斯(Margaret Somers) 力求寻找一条中间道路，即在类似性研究(parallel demonstration)和对差异性研究(contrasting type)之间寻找一种综合，其方法是宏观因果分析(macro causal analysis)。[3]

查里斯·梯利(Charles Tilly) 于 80 年代提出了四种比较方式：1.个性化比较，即不同发展情况和道路的比较。2.向度性比较，即从不同的历史事例同某个组织的关系中进行比较研究，如在英格兰、加拿大、印度、中国同不列颠帝国的关系中比较考察它们的经济发展。3.多样性—统一性比较，即在历史的多样性道路中寻求统一的历史进程，如工业化和民主化进程。4.全球化比较，即寻求历史发展的普遍规律。[4]

哈特睦德·凯博按照比较的主体意识把比较研究分为六个类型：1.分析性比较，即对历史原因和历史发展类型的分析，从历史环境和历史先决条件的分析中归纳出更多的社会结构、组织、心态、争论、事件、决策类型等；2.启蒙性和批判性比较，它涉及更多是社会发展的积极和消极方面的理解性比较，比较出社会发展的正确和错误

---

① M. Bloch: *Pour une histoire comparée des sociét és europ ée nnes*. Paris 1928; W. H. Sewell: *Marc Bloch and the logic of comparative history*. In : History and Theory 6. 1967.

② Th. Schieder: "Moeglichkeiten und Grenzen vergleichender Methøden in der Geschichtswissenschaft." In: *Geschichte als Wissenschaft. Eine Einfuerung*. Muenchen 1986, S. 195ff.

③ Th. Skocpol /M. Somers, The uses of comparative history, in: Comparative Studies in Society and History 22. 1978.

④ C. Tilly: *Big structures, large processes*. Huge comparisons, New York 1984, P. 82. 145. 另参见：J. Kocka: "Historische Komparatistik in Deutschland." In: H. —G. Haupt/J. Kocka (Hg.): Geschichte und Vergleich. S. 38.

的发展原因;3.理解性比较,这是为了更好地了解其他社会,其机构组织、心态和独特的历史逻辑性;4.解释性比较,主要涉及的不是社会之间的差异和评价,也不是以自己的社会作为比较的基础,而是直接更深刻地理解和思考其他社会,这种研究到目前为止还不普遍;5.认同性比较,即确认历史条件,确认和构建自身是什么的问题;6.历史文明的比较,这一研究目前并不多。①

费路从文化变迁的角度比较了中国和德国近代经济政治军事组织的变化关系,其中重要的一点是他的分析角度,即研究中德文化在相互影响中产生的一种各自新的历史现象和新的历史发展(intercultur)。历史比较并不是把历史作为固定僵化的客体的比较,而是一种历史流动的、动态的比较,以及主体、主体意识的变化对历史发展影响的比较,一种文化基因传播、多种文化的结合、生长的历史比较。费路在一些论文中论述了一战期间德国战争的转折与中国人眼中的德国的演变之间的关系,它们同中国人的救国方向和心态变化,同民主意识深化的关系。这种历史比较是一种动态的比较,而不是静态的比较。② 在历史特定环境中对历史观的转变进行历时性和共时性比较研究,以及这种历史观的转变对不同文明圈的社会发展的选择和影响研究,一个外来文化基因如何注入一种传统文化,这种外来文化信息的注入和引进过程以及造成的文化改造和变革,这是费路的比较历史研究的一种角度和特点。③

西方历史学家的个人经历和历史研究经验也导致了比较史学研究的多样化和史学家个性的展现。西方著名的比较史学家,大多都具有国外学习和研究的经历,这对比较研究具有十分重要的意义。

---

① Hartmut Kaelble: *Der historische Vergleich*. Frankfurt/Main, 1999. S. 48—93. 另参见: Hartmut Kaelble: *Auf dem Weg zu einer europaeischen Gesellschaft. Eine Sozialgeschichte Westeuropas* 1880—1980, Muenchen, 1987.

② 参见:费路(Roland Felber):"Das chinesische Deutschlandbild in der Zeit des Vierten Mai." In: *Berliner China Hefte. Beitrage zur Geschichte und Gesellschaft Chinas*. No. 17 , Oktober 1999, S. 27—40.

③ 参见:费路(Roland Felber):"论康有为欧洲历史研究的类比法",《佛山科学技术学院学报(社会科学版)》2000 年第二期,第 48—56 页.

这种国外生活和学习的经历使得西方历史学家在开始研究外国史时就自然具有了比较的心态和观点。这种对两种或两种以上文化的身临其境的体验,日常生活的经历,同当地不同阶层的现实的人的接触,对社会政治结构变迁的体会,使得比较研究开始就具有一定的历史现实感。

现代西方科学意义的有意识的比较史学,在中国真正开始是1978年以后的事情,当然比较的观点早已存在,因为这是人类的一种共同的逻辑思维形式。中国的比较史学同1978年中国现实的改革开放、现代化的要求、思想解放、史学观的突破紧密相连,所以中国的比较史学核心点一段时间是比较现代化,引进了西方比较史学和比较现代化的理论,对发达国家和发展中国家、第三世界国家的现代化进程进行了考察,对中西封建社会进行了对比,特别是中国封建社会长期存在的原因进行寻求和分析,目的是寻求中国现代化的道路,为此提供历史的参照。但是由于社会和思想的原因,比较现代化研究也出现了偏差,例如过分偏重经济结构、经济效益、硬件的统计数据,忽视现代化中人的作用、人的素质、人的多方面的创造能力、自由个性的发展,忽视社会福利、生态保护方面的比较研究。在这里结构主义和人本主义史学观的对立是十分明显的。① 向全面的人本身的,特别是精神和文化上的人的发展,应该也是研究现代化的一个重点,西方和中国的现代化研究对此还没有给予普遍的承认和重视。

在西方关于比较史学讨论和研究总的表明了历史比较的重要性以及西方史学中比较的特点和趋势。我们认为历史比较的意义在于:1.引入外部文化的基因,包括不同文化圈的概念构建体系。例如中国近代以来对中西文明的比较研究和对西方思想包括马克思主义的引进,以及对西方文化和生活方式的输入。2.理解自己的潜意识,或无意识层面,开拓自我意识和历史意识。人们在一种文化封闭圈

---

① 参见 Zhao Jinzhong(赵进中):*Veraenderung der geschichtstheoretischen Auffassungen der chinesischen Historiker in der Nach—Mao—Aera*. Berlin,1999,S. 209—237.

中无意识的东西、思维习惯，通过同其他文化圈的比较和不同文明圈中生活的体验，自然会看到更多的文明、文化艺术的差异和不同的主体创造性，会增强自我意识和自我的主体的创造性，有利于建立人本主义的史学观。3.可以认识自己的有色眼镜，找到它，改变其颜色，增加其透明度，修正主体意识，重新构建历史的认识主体和客体。4.加强对历史发展趋势方向的认识，摆脱僵化的历史决定论的观念，为人们的现实历史创造打开更大的可塑性空间。

## 三、西方社会史的构建

西方社会史学是一种新的史学观，是一种历史发展和历史研究发展中的历史意识，同时也存在较为明显的历史发展阶段。这种新的史学观从伏尔泰开始成为一种历史意识，其思维特点是哲学思维和历史描述的结合，开始突破政治的界限，转向社会文化的研究，包括不同民族民风的比较研究。马克思主义的出现使社会史走向科学，即社会科学化，注重社会经济结构、生产方式、社会发展宏观规律的研究。第一次世界大战后，马克思主义的史学研究得到了深入发展，强烈地影响了整个史学的写作，社会经济问题的研究成为史学研究的重点。英国马克思主义史学、法国的年鉴学派、美国的经济学派和新左派史学、德国的社会史研究——包括韦伯的社会史——批判史学、德国的维勒和考卡的社会史观和研究，都从马克思主义史学研究中获取营养，在借鉴马克思主义史学的基础上讨论和研究史学观和方法论问题。二战以后，世界划分为两大阵营，史学研究分化为社会主义和资本主义阵营两个研究基地，史学政治化倾向十分突出。社会史的研究受到了限制，但同时也得到了发展。例如社会主义国家中对工人运动史、农民运动史的研究，对阶级斗争史的研究，对生产方式的研究，对社会发展规律的研究。不可否认社会史研究受到了简化或僵化的马克思主义史学的影响和限制。资本主义社会中一直存在着马克思主义史学派别和西方其他史学派别，其中也受到冷战的影响。90 年代史学理论和史学研究直接卷入了社会主义的改革浪潮，西方史学理论和史学研究同社会主义国家的史学研究重新汇流。其中史学理论的突破和社会史学、比较现代化研究成为这种汇合的主流。冷战的结束，为世界历史研究提出了新的课题，如文化冲突问题、全球化问题、社会市场经济问题、社会发展的第三条道路问题、生态环境问题、新的主体意识和历史意识问题，包括马克思主义理论的历史地位问题。社会史研究应该承担这些新的研究课题。社会史因此似乎成为一种包罗万象的历史。①

西方对社会史的定义众说纷纭，但多偏于社会史的外貌、界限的讨论，对其本质的思考较少。关于这些讨论我们可以参见屈威廉、布雷维里、霍布斯鲍姆、伯克、塞缪尔、卡尔、卡纳迪宁、克拉克、蒂利、维勒、考卡等人的观点。②

考卡对西方社会史研究的思考中，十分重视马克思主义的观点和韦伯的观点在社会史理论分析上的重要性，而不是简单地画出社会史研究的外框。在社会史研究的方法和理论的建立上，考卡认为，关于马克思和韦伯之间的理论的关系和矛盾是未来社会史研究的理论基础。③在德国社会史学实质是历史哲学的讨论，是人们史学观和史学意识的转变，如果不对历史哲学及其发展进行比较研究，就不会理解社会史学的实质。社会史的定义不应着重于外在描画轮廓的定界，而是其精神的理解。同时又应该对社会史的结构层次进行归纳分析，而不是简单地作为一个整体史学。通过对西方社会史学的发展和内在结构的分析，其显现的结构层次是：1. 历史哲学变迁的研究；2. 对社会宏观结构变迁的研究；3. 大众日常生活及其心理心态变迁的研究；而社会史研究的核心是对上述三者关系变迁关系的研究。

---

① Hans-Ulrich Wehler: *Bibliographie zur neueren deutschen Sozialgeschichte*. Muenchen 1993.

② 参见赵进中："当代西方社会史学"，载庞卓恒主编：《西方新史学述评》，1992 年，第 38 —44 页。

③ Juergen Kocka: *Sozialgeschichte, Begriff-Entwicklung-Probleme*. Goetingen, 1977.

其研究方法可以是哲学的、理解的(verstehen),也可以是科学的、解释的(erklaeren),也可以是描述的。但只有上述三者的有机结合,才构成真正的社会史研究,才符合社会史研究的精神。

社会史研究的主流是西方历史研究和写作——包括马克思主义——的历史变化阶段,是历史和历史意识发展的产物。中国的科学的社会史研究是在中国的特定国情下引进的西方史学思想中产生的,在近代和现代面对中国社会的变革和革命中出现的,如梁启超的新史学观点、李大钊的历史唯物主义史学思想。马克思主义史学观的引进在1919年俄国十月革命后占据了主流,从此以后,出现了很多马克思主义的历史著作,中国社会历史的理论出现了飞跃。1978年改革开放后,中国史学界召开了多次史学理论讨论会,批判了僵化的马克思主义史学以及文革时期片面的政治史、阶级斗争史的史学研究观点,社会史是一面大旗,新社会史的出现是中国当代新史学诞生的标志。中国并未放弃马克思主义史学观,而是从新的角度进行理解,例如中国人本主义的马克思主义史学派的出现、对西方马克思主义史学的借鉴,如英国马克斯主义史学、美国的左派史学、德国的批判史学等,法国的左派史学、萨特、福柯等,表现出了史学理论和研究方法多元化的趋势。1980年以来中国的社会史研究再次同西方社会史研究汇流。西方社会史学是西方史学传统中的变革,受中国史学研究的影响很少,而中国的社会史研究则是在中国特定的历史条件下更多地受到西方社会史学理论和研究的影响,这就构成了中国和西方社会史研究的不同文化特点和共同点。中国纳入西方社会史潮流同东方文明纳入世界文明一样,不可避免,因为这是人们主动的一种活动。

在西方社会史研究中马克思、恩格斯、韦伯、E. P. 汤普逊、霍布斯鲍姆、布罗代尔等人是这方面研究的典范。他们都有自己的历史哲学观,如马克思的实践唯物主义、英国的人本主义的马克思主义史学、韦伯的新康德主义影响下的史学、法国结构主义的史学观等。同时他们都对社会多方面的物质与精神的宏观结构进行了考察,同时也对具体微观的大众的日常生活、大众的经历、经验、心态进行了研究，并综合出自己的历史研究体系。这种社会史研究是由历史哲学、比较研究、社会史研究构成的整体，这似乎是西方独特的历史科学研究体系。

从西方社会史学的发展看，明显地存在结构主义和人本主义的两大派别，如法国的结构主义的或倾向结构主义的史学、英国的人本主义马克思主义的史学、德国的法兰克福学派等等。这里存在着一些重要问题的思考：如何理解大众的日常生活，它是一种相对静态的结构还是一种动态的人的文化经历和经验；社会宏观发展规律是由什么决定的；抽象理论认识和实践经历，哪个是历史的出发点，从而引发出历史研究的出发点是什么，即人们从何出发，怎样认识自己和社会的；日常生活的经历和社会结构变迁的关系问题，谁是决定性的，日常生活同政治结构、经济结构变迁的关系如何？以及人们的物质生活和心态文化变化的关系，人的创造性和决定论的关系，文化的创造、吸收和文化传统的关系等等。

这里的层次和因果关系似乎是这样的，即人们首先是要生活，大众的日常生活、他们的日常经历层面，决定了人们创造历史的潜意识方向，是社会改革或革命的基本动力的发源地。历史学家根据大众现实生活中的矛盾以及理性思维传统对社会进行结构和规律的考察和抽象的成果、可以作为改造社会的意识形态和大众改变生活的理想的取向。生活中大众的主体观念和行为的转变，即日常生活的新创造和改变，决定了社会经济结构和政治结构的转变。苏联的解体、德国的统一的原因，以及中国的革命和 1978 年以来的改革开放，充分地说明了这一点。中国农民极度贫困，他们在日常生活中主体经历的生老病死、婚姻家庭和生产生活的极度困难，使他们“穷则思变”，这是中国社会主义革命的基础，同时也是中国 78 年改革开放的基础。农民生产生活组织的变化，如合作社、人民公社，到改革开放生产承包制，都是人民试图解决日常生活中矛盾的尝试，这样就决定了中国社会结构、经济结构的转变，决定了中国历史的基本的发展和发展规律。理论家的科学和理性方式的研究，中西文明和文化的比较以及西方观念、理论的引进，大众的日常生活在历史大变动中的创造经历，都是人们为了解决日常生活矛盾、实现人们理想境界的信息积累、构建和创造的运动。这种带有文化传统的、日常生活经历的、中西文明冲突和西方文化引进的一切特殊的信息构成的体系，就构成了人们主体创造历史的基础、过程和目的。英国马克思主义史学家 E. P 汤普逊提出的“经历”的概念，以及他写的《英国工人阶级形成》，正是这一思路的结果。汤普逊论述道：1844 年，恩格斯在《英国工人阶级状况》中做了这样描述：在他看来，“第一批无产阶级是与工厂相联系，由工厂而产生的。工厂工人是工业革命的长子，他们从开始到今天，一直是构成劳工运动的核心”。……但是我们绝不能认为经济增长的动力与社会或文化生活的动力之间存在着某种自动的过分直接的因果关系。……因为过分地强调棉纺织工厂是一种新的事物必然会导致过低地估计政治和文化传统在工人阶级整体形成过程中保持的连续性。……工人阶级的形成不仅是经济史上，而且是政治史和文化史上的事实。它不是工厂制的自发的产物，也不应当想像有某种外部力量(即“工业革命”)作用于某种难以形容的，混沌的人类原料，从而在另一端生产出一种“新人类”。工业革命过程中变动着的生产关系和劳动条件并非施加在这种原料上，而是施加在生而自由的英国人身上。这些生而自由的英国人是由潘恩传下或由卫斯理宗铸造而成的。工厂工人或织袜工人也继承着班扬的传统，继承着人们记忆中的村庄的权利，继承着法律面前人人平等的观念，继承着行业的传统。他们是民众宗教信仰灌输的对象，又是新政治传统的创造者。工人阶级被别人形成，同时也在自己形成。从这个角度看待工人阶级的形成，就是在反对目前流行的经济史和社会学各派的观点，而为当时的一个“经典”看法作辩护。……他们对正统的实证主义的基本观点比较了解，但对工业革命所引起的社会关系和文化方式的变化了解甚少。他们失去了对整体过程的认识，其中包括对那个时代整个政治和社会背景的认识。作为有价值的验证，他们绕过觉察不到的阶段到达新的普遍化(不过很难用事实来加以支持),并从普遍化取得一种占据主导地位的看法。① 虽然汤普逊受到英国经验主义传统的影响,但在反对僵化的决定论和德国哲学传统上对历史研究的观念选择具有重要的意义。

由此或许能避免旧唯物主义和结构马克思主义的矛盾。我们这里提出“主体实践的信息活动方式”这一概念以供思考,似乎它更能反映人的本质和人的多方面的能动性和创造性活动的特点。

在历史本体论、认识论、方法论的问题上,一些对立的哲学范畴,如唯物主义和唯心主义、主体与客体、历史主义和自然主义、理解与解释、人本主义和结构主义,实际是一定历史阶段人们认识事物和人类自身历史的特定的文化产物。他们都不能算作绝对的、完成的认识。事物是由无限层次构成的,并且由下至上构成一个动态的生命的线性因果链条。当一对矛盾出现,其下一定存在着决定这一矛盾的层次和因素,找到这一层次和因素,理解它就可能解决这一矛盾。例如我们解决历史研究中结构与人的关系时,就应该深入一层抓住人本身的历史创造性这一层次的研究,否则我们就会陷入二元论,陷入循环解释或历史决定论当中。用蛋解释鸡,用鸡解释蛋,而没有看这一矛盾之下基因层面的决定性作用。我们设想一个原始人,在解释鸡和蛋谁是原因时,肯定会陷入困境,因为他们还没有认识到基因层面。我们在思考问题时,是否也会出现类似原始人那样的思维困境呢?这是绝对可能的。因为世界的层面和真理是不可能穷尽的,在所谓上帝的世界中,人们能够认识世界,所能够认识的世界既显出人的伟大,又显出人的藐小。对此西方哲学中的不可知论表现出一种悲观的色彩。哲学思考、科学思考、人本主义、结构主义思考层次不同,但都是人们思维必不可少的组成部分,但是不能忽视的是,应该摆正其中的因果层次的关系,即人本主义应该是思维的基本出发

---

① E. P. 汤普逊:《英国工人阶级形成》(上),译林出版社 2000 年版,第 207－213 页。

点。在思考历史哲学问题时，应该看到历史观念的相对性、发展性和事物的因果层次决定性。在解决唯物和唯心的概念矛盾对立中，信息这一概念的研究可能是一条途径。它可以是物质的，也可以是精神的，也可以是二者混合的，主体对信息的加工创造是人所特有的，同人紧密联系的。人们创造历史，其创造能力正在于历史信息的储存、提出、选择、创造、加工。人们对历史信息的加工过程，包含很多人类文化的因素、生理因素、自然环境因素，对信息我们很难说是唯物的或唯心的，对人类信息创造运动过程的研究或许是解决费尔巴哈以前西方哲学传统中留下的唯物主义和唯心主义概念矛盾的一个出路。当然这要加进大众社会历史的层面，即大众社会生活内容的信息，以避免费尔巴哈的抽象人性。可以对人的信息运动进行抽象分析，但不能缺少历史社会性的内涵。恩格斯说道："因此，如果要去探究那些隐藏在——自觉地或不自觉地，而且往往是不自觉地——历史人物的动机背后并且构成历史的真正的最后动力的动力，那么应该注意的，与其说是个别人物，即使非常杰出的人物的动机，不如说是广大群众，使整个整个的民族，以及每个民族中间又使整个整个阶级行动起来的动机；而且也不是暂短的爆发和转瞬即逝的火光，而是持久的，引起伟大历史变动的行动。探讨那些作为自觉的动机明显和不明显地，直接地或以思想的形式，甚至以幻想的形式反映在行动着的群众及其领袖即所谓伟大人物的头脑中的动因，——这是可以引导我们去探索那些整个历史中以及个别时期和个别国家的历史中起支配作用的规律的唯一途径。"①

---

① 《马恩选集》，第1卷，第245页。

# 宗教虔信和激进主义

## ——多萝茜·戴的天主教社会思想

晨　蕾(美国叙拉古大学)

回顾天主教工人运动的历史,人们会惊奇地发现,尽管天主教和激进主义在美国社会都是处于弱势的意识形态,天主教工人运动还是经受住了70年社会、政治和宗教的严酷而生存了下来。当人们清楚地看到,在历史上,宗教为了自身在世俗社会的利益,不时向变化的现实妥协并牺牲其原初的原则,多萝茜·戴对纯粹宗教理想固执的坚持竟也生存了下来,就更令人惊异了。

是多萝茜·戴超越现实的良知维系着天主教工人运动,因为她的良知超越了现代工业文明的价值观,超越了天主教会向现实妥协了的原则。这种超越现实的良知在多萝茜·戴那里形成了一种宗教虔诚和激进主义的特殊结合,这种结合正是多萝茜·戴天主教宗教思想的核心。

传统观念认为宗教虔信和激进主义是两种矛盾的立场。在美国现代史中,天主教会被认为是保守势力的代表,而激进主义者则往往被视为与瘟疫般的共产主义或社会主义相联系,从而受到压制。美国保守的天主教会,为了自己在一个新教国家的生存,一直努力趋同于主流的意识形态,因而对现存的社会秩序是默认的。而美国的激进主义者们正相反,他们公开地反对现存的社会秩序,并试图通过各种方式改变这样的秩序。

在多萝茜·戴的天主教工人运动的意识形态和实践中,这两种立场是看似矛盾的。多萝茜·戴用激进主义的社会观(或可以说是共产主义的视角)来考察资本主义的美国,批评不公正的社会现实;她凭着宗教虔信,用宗教的方法和个人努力去解决紧迫的社会问题,用基督教的方式去改变社会——通过亲身实践福音理想来唤醒道德良知和重建社会秩序。良知决定了多萝茜·戴在某个问题上选择采取哪种立场——基督教或激进主义。她对每个社会问题的回答都是从良知的角度出发,而不是向政治和经济的现实妥协。正是因为这种对绝对纯粹的良知的坚持,多萝茜·戴和天主教工人运动在处理现代资本主义社会的问题时,走了一条既不同于天主教会又不同于主流激进团体的道路。

本文把多萝茜·戴的宗教虔信和激进主义的结合及其在天主教工人运动中的实践放在美国社会的大背景下,以此来更好的理解这种奇特的结合。具体而言,本文讨论历史背景,包括社会、政治、宗教和思想文化背景:社会福音派的纯福音理想是多萝茜·戴道德思想的基石;不断变换的社会现实是她实践这些理想的社会背景;个人独特的经历使她在天主教界坚持着激进的立场。接下来,本文在美国社会的背景中分析她意识形态里这两种立场牢不可破的联系。最后,本文提出两个问题,即如何评价多萝茜·戴这种基于激进福音的改造社会的方法;如何评价作为独立的宗教行为、却又与政治和社会现实相联系的天主教工人运动。这些评价必须考虑到两种标准:多萝茜·戴所实践的“爱”的标准和世俗物质世界的价值标准。

## 一

如果不考虑多萝茜·戴所生活的社会历史背景,或是她独特的个人经历,是很难理解她这种宗教虔信与激进主义的独特结合的。

不管是世俗界还是宗教界,当时的社会都显露出很多不尽人意的现实。因此,单单通过任何一种方式——世俗的或宗教的——都是不足以解决这些现实问题的。多萝茜·戴的个人经历也帮助说明她是如何从一个共产主义者转变为天主教徒的;说明她是如何在教会没有坚持基督教力量的时候，从激进主义那里汲取道德力量。

## 1. 历史背景

多萝茜·戴生于1897年，当时正是美国社会关键的转型期。自由市场的时代正在被公司资本主义所取代。激进主义者认为公司资本主义是资本主义一切罪恶的根源。对激进主义者而言，更明显、更令人震惊的是这个表面繁华的国家里的贫困。就在一战爆发前，许多不满的年轻人聚集在大城市，形成了一批反叛的移民人口。这一代美国年轻知识分子以康涅狄格州的格林威治村为中心，宣告了他们激进的政治、文化和个人行为方式的实验。在生活方式上，他们以玩世不恭的态度挑战伪善的维多利亚道德标准，尤其是在与女人的关系和性关系方面。在政治上，他们通过参加社会公正运动、投身于工人阶级及非盎格鲁－萨克森移民，来反对公司资本主义。这种新式的美国激进主义有两个特点：摈弃一切与"资产阶级"有关的东西，以及以一种试验生活和艺术的方式来表达激进主义者认为的人的生存的完整和自由。他们对现存的资本主义新教秩序的嘲讽被一些人称为是"我们这个时代的开始"。①

经济危机使美国社会现存秩序经历了前所未有的危机，美国社会的表面繁华被摧毁了。美国政府不得不介入公司资本在社会经济领域的肆意扩张。政府这种限制公司资本对社会经济破坏性作用的努力导向一个结果——福利国家的产生。大部分赤贫的移民是新近来自于天主教地区的欧洲，在政治上、经济上以及宗教上都不溶于美国主流文化。一个结合了正统天主教文化与社会激进主义的运动在经济危机期间出现了，但是它的构架从1870年以来就开始形成了。从那时起，美国的宗教面对着前所未有的社会转型——工业化和都市化，还有形成于现代工业物质化社会的一套价值体系。然而，美国

---

① 梅尔·皮尔：《分享面包：天主教工人运动和美国天主教激进主义的起源》(Mel Peihl, *Breaking Bread: the Catholic Worker and the Origin of Catholic Radicalism in America*, Philadelphia: Temple University Press, 1982)，第9页。

的新教比天主教更容易接受这些剧烈的社会变化，因为新教本身就部分地是资本化了的欧洲的产物。在政治和经济运动中，新教就已经服务于世俗的目的了，例如17世纪的英国革命和盎格鲁清教徒移民到新大陆；同时，天主教作为一个整体，不管它有多么伪善，它仍然地宣称要坚持上帝之城的原则，并与世俗的物质驱动力保持隔离。在美国历史中，新教已经与这个国家的生命认同合一了，不仅塑造着美国社会，也被这个社会所塑造着。与现代化过程相交织，美国的新教已经把现代工业社会的价值观内化并且合同于传统的清教价值观。美国清教会与美国的生活方式已经是如此彻底的认同合一，以至于对信教者和不信教者、对教会和世俗世界的神学区分，越来越难以维持了。①

然而对于天主教徒而言，完全是另外一种历史。清教徒于17世纪乘着五月花号来到了这个新世界，而天主教移民则是在19世纪乘最低等舱位来到这里的。清教徒凭着资本主义的精神建立了这个国家的根基，而天主教徒则是作为外来者来到这个已确立的充满敌意的文化之中。在清教主义和工业化之间，很难区分哪一个是原因，哪一个是结果。对于天主教而言，美国文化是非天主教的，工业化及其产生的价值观与天主教会的原则是不相容的。作为劳工和下层阶级的宗教，美国天主教在工业化早期没有社会优势可言。清教对天主教的敌意使天主教徒长期处于较低的社会地位，天主教徒的移民背景也强化了对他们的歧视。

清教不仅与工业化相容，与天主教相比也更相容于美国的激进主义。清教本身就是反叛欧洲天主教的产物。激进主义精神可以说是清教的传统，而清教主义正是美国文化的土壤。20世纪美国新教激进主义者通过社会福音，解决了当代困扰所有基督徒的问题——现代主义宗教信仰的矛盾。社会福音者坚持他们关于"人格"的概念，这种"人格"代表了人类最理想的、近于上帝的形象。他们把宗教

---

① 《分享面包：天主教工人运动和美国天主教激进主义的起源》，第26页。

作为治愈社会问题的方式，把个人的实现作为社会公正的前提，因为这种新的“自我”来自于“自由新教道德人格和公司资本主义基础上的相互依赖”，以及“一种关于社会的全新解释和一种巩固的、职业化的民主的全新秩序”。[①] 因此，这种人格的新理念要求与新教的个人主义和社区传统分裂，这样就解决了同时作为新教徒和现代美国人的矛盾。

正相反，天主教更多地强调制度和权威，淡化个人感觉和经验。因此，纪律和服从在天主教徒的生活中是很强有力的因素。但是要是作为激进主义者，就意味着要回到并坚持最原初的基督教诲，不管教会的言辞如何。这样，作为激进主义者就必定会同时引起天主教徒的质疑。

对于美国天主教徒，情况也是如此。尽管 1887 年美国红衣主教詹姆士·吉本介入罗马教廷，以防止对“劳工骑士团”（美国劳工组织）的全面谴责，这不过是能证明美国天主教会同情工人阶级的极有限的事例之一。大多数神职人员不鼓励他们的工人阶级信徒成立工人组织。原因部分地在于美国天主教还不完善的社会思想。梅尔·皮尔认为，“比起社会福音，天主教对社会进步的追求更以自身的利益为导向，更扎根于城市大众，更具本能的实际性，而较少有思想上的发展。”[②]欧洲天主教的保守性使天主教作为一个整体，试图通过脱离政治生活和将社会道德观与传统相联系，以避免和现代性的正面冲突。在美国，天主教会继承了欧洲这种脱离政治的传统，而是更关注移民生活的实际需要，这比思想或理论的发展更紧迫。另外，美国天主教的移民社会地位，也是它在政治生活中不够活跃的原因。但这里就有一个矛盾——一方面美国天主教会急于融入美国社会主流文化，另一方天主教脱离政治现实的传统优势使美国教会远离美

① 尤金·麦卡莱尔：《基督教评论：宗教和其对现代美国社会思想的影响》（Eugene McCarraher, *Christian Critics: Religion and the Impasse in Modern American Social Thought*, Ithaca and London: Cornell University Press, 2000），第 13 页。

② 《分享面包：天主教工人运动和美国天主教激进主义的起源》，第 38 页。

国主流文化，远离对美国人身份的认同。

此外，在19世纪末20世纪初，当美国新教正通过社会福音对付现代化和工业化带来的冲击时，美国天主教仍在被身份认同的问题所困扰：同时作为美国人和天主教徒是不是可能？直到20世纪，美国天主教才开始积极地寻找融合两种身份的方式。传统上美国天主教会采取的是与政治国家相认同的方式，这样可以至少在世俗上是美国人。到30年代初，经济危机唤醒了很多美国天主教徒的社会意识和良知。从经济危机到30年代中期，大多数的天主教领袖强烈地呼吁政府缓解经济危机受难者的痛苦，呼吁政府支持经济复苏。这种认同表现在当时天主教领袖们给富兰克林·罗斯福以及新政的一致支持。这种与美国政治的认同，在美国天主教会的历史中是屡见不鲜的，最明显的是战争时期。移植到美国的天主教非常积极地想要显示对这个国家的忠诚，从而使得爱国主义对大多数天主教徒而言超越了宗教虔信。这种融合宗教信仰与世俗社会身份认同的方式，使作为美国公民的身份认同超越了作为天主教徒的身份认同。

许多天主教知识分子采取了另一种融合身份认同的方式，即发展关于社会现实的天主教社会思想。经济的崩溃加速了这种更成熟的社会观的发展。20世纪30年代以后，美国天主教会内部成长起一种以宗教来批判美国制度和社会价值观的视角。“欧洲天主教社会思想第一次被用来检验其在美国社会的作用。”[①]天主教期刊如《美利坚》、《公益》、《天主教世界》和《天主教思想》等都满载社会评论的文章，这些评论都是把宗教信仰与社会生活相联系的尝试。当这种社会思想在30年代出现的时候，美国天主教仍处于制度上的调整期，以适应美国主流文化。天主教会走的是认同于政治的道路，而天主教的平信徒，由于更深地与美国生活方式相联系，倾向于从主导的新教文化中汲取思想养分。这种把主流文化的社会思想与天主教信仰相结合的第一个主要成就就是天主教工人运动。

---

① 《分享面包：天主教工人运动和美国天主教激进主义的起源》，第53页。

在讨论多萝茜·戴如何实践她的天主教社会思想前,有必要简短地考察一下新教的社会福音运动。它是美国新教与现代化撞击的产物,是将宗教理想应用到现实世界的一种尝试。社会福音者是“福音的自由主义者”,试图在现代社会环境下保留住新教改造世界的力量。[1]社会福音的先行者在安定的新教社会中长大,并与19世纪作为新教道德基础的个人主义决裂。他们强调个人的道德,而不是力量,才是解决社会问题的关键。他们描述了一个基督教世界秩序,建立在上帝之城的原则和人类永恒的手足情谊的基础上。后来的社会福音者开始把福音的教会和上帝之城的秩序应用到教会以外的世俗世界,并尝试应用到当时的社会阶级状况中。

多萝茜·戴继承了社会福音者的这种方法,即回到最原初的基督教诲,并以此作为社会批判的道德基础。无私和贫穷的宗教理想来自于“山中宝训”、基督的言行和《马太福音》第五章中基督教社会的共产主义。比起天主教会后来确立的保守教条,这些最原初的福音教诲在世俗问题上是进步主义的。从公元313年接受康斯坦丁大帝为基督徒开始,欧洲天主教会就一直与政治和世俗事物相纠缠。在美国全新的环境里,多萝茜·戴重新解释了外来的天主教信仰,从而实现了将激进的福音教诲与现代美国生活方式的结合。

## 2. 个人经历

多萝茜·戴在皈依天主教、开展天主教工人运动之前有着独特的人生经历。作为激进主义者和天主教徒,最吸引人的是她丰富敏感的精神世界。她的自传述及了她早年的经历,包括中产阶级和不信教的家庭背景,她对精神体验的敏感,儿时的孤独感,年轻时对激进运动的热情,以及其他种种经历。下文介绍的是她早期最重要的经历,对她的感情世界和意识形态产生了很大的影响,是她通向穷人和上帝的路。只有这两条路的结合,才是基督和基督徒拯救世界的

① 《分享面包:天主教工人运动和美国天主教激进主义的起源》,第45页。

方式。

很明确的一点就是，孤独感是她早年追寻真理的潜意识动力。在潜意识里，她一直渴望有一个能够归属的家，渴望有陪伴和安全感。是一些她无法控制的情况造成了她的孤独感。第一个因素就是她的父亲约翰·戴，他对多萝茜·戴和整个家庭实行维多利亚式的严格控制。上帝在这个家庭里从不被提及，狄更斯和托尔斯泰的书被作为“垃圾”而禁止阅读。但这并没能束缚住多萝茜·戴冒险和反叛的精神。这个家庭频繁的迁移也加剧了她的孤独感。她很少能拥有很亲近的朋友。家庭本身也没有给她一个充满爱的氛围。曾有一段时间，她很拙于表达感情；读书和写作就成为克服孤独感的方式。

在1906年洛杉矶大地震时的一次经历，深深地伤害了当时只有8岁的多萝茜·戴。尽管她在后来的自传中淡化了这次事件对她精神世界的影响，但这却是她早年生活中的重要事件，加深了她的被抛弃感。她回忆道当她被摇晃的房屋惊醒时，她的家人并没有来救她。她的弟弟和妹妹都被抱出了屋外，只有她被留在卧室里。她没有解释为什么会是这样，她自己也不知道。这无疑是一个极为惊恐的场景，不仅仅是因为地震，还因为那种被抛弃在无尽黑暗中的感觉。后来她在自传《长久的孤独》中回忆道，她时常梦见被死亡的黑暗所包围。尽管她不确定这些恶梦是不是地震的后果，我们可以合理地推断这种害怕沉入黑暗深远的恐惧，就是来自于地震中的那次经历。她还把那次地震与她早期的宗教体验联系起来：“我开始恐惧上帝、黑暗和永恒。……一当我入睡，上帝就变成耳边的巨响，而且越来越响，越靠越近，知道我冒着汗、惊恐地惊醒，尖叫着奔向母亲。……对这个越来越响的噪音的回忆，以及对黑暗的恐惧，使我现在觉得这可能就源于那次地震。”①

---

① 多萝茜·戴：《长久的孤独》(Dorothy Day, *The Long Loneliness*: *The Autobiography of Dorothy Day*, San Francisco: Harper & Row, Publishers, 1952)，第20页。

地震带给多萝茜·戴的另一个很重要的体验是对社区的感觉。她被人们在艰难中的互相关爱所打动，这种互相关爱超越了资本主义社会的特性——个人主义和自私自利。“我对地震印象最深的就是每个人在震后显示出的人性的温暖和关爱……母亲和所有的邻居从早到晚都忙着准备热腾腾的饭。他们送出每一条多余的毛毯。他们毫无保留地给与，忘记了悲伤。当危机持续的时候，人们更加互相关爱。他们意识到当自然‘痛苦和呻吟’时候，自己的无助。他们像是被基督教牢固团结在一起。这会使人想起在艰难的时候，人们是如何能够，如果他们愿意，毫无偏见地、充满仁慈和恋爱地相互关怀。”[①]在经历了这样的灾难和目睹了如此的人性与尊严之后，多萝茜·戴的心中升起了一种对受难者特别的同情，和对失去尊严的人的人性的尊敬。在后来的记者生涯中，她更深刻地经历和体会了这个国家里地位低下者的贫穷和苦痛。

另一个悲剧发生在一战期间，不过是又一次被抛弃的打击。这个回忆太痛心，以至于在自传体小说《第十一个处女》之后，多萝茜·戴就再避免提到这个经历。1918 年，当她在一个医院里作护士的时候，疯狂且毫无保留地爱上了莱昂内尔·莫伊塞。他是一个酒鬼、打架斗殴的报业记者，并在《堪萨斯城之星》与欧内斯特·海明威一起工作过。多萝茜·戴投入了这段感情，并在 1919 年初发现自己怀孕了。她知道如果她要了这个孩子，莫伊塞就肯定会离开她。可是尽管她堕了胎，想要留莫伊塞，但莫伊塞很清楚自己急剧但短暂的激情，还是在几天后离开了，只留给她一个纸条，叫她忘记他。在自传里，多萝茜·戴并没有对她的感受谈及太多，但并不难想像这对一个单纯的、只为留住深爱的人而堕胎的女孩而言是多么伤痛的打击。然而无论如何，多萝茜·戴是坚强的。一年后，也就是 1920 年，他与一个 42 岁的文学赞助者结成夫妻。这段短暂的婚姻是她的抗议，证

① 多萝茜·戴：《从工会广场到罗马》(Dorothy Day, Dorothy Day, *From Union Square to Rome*, by Dorothy Day, New York: Arno Press, 1978)，第 23－24 页。

明她是值得一个男人的爱和承诺的。

不幸的是，她的心碎经历并没有完结。在享受了与福斯特·贝特曼的婚姻和再一次怀孕的惊喜之后，多萝茜·戴在1926年再一次面临着在孩子与爱人之间的选择。贝特曼是个个人主义者和无政府主义者，通过脱离政治生活和沉醉于大自然来表现他对现存社会秩序的反感。贝特曼的极端个人主义使他惧怕责任，并且认为所有的男人都不应该成为父亲。多萝茜·戴在她的自传里把这次选择当作是在上帝与人之间的选择，并且说是那种超越自然的喜悦使她让女儿和自己受了洗。然而，我倾向于赞同心理学家罗伯特·科尔斯的评论，他认为多萝茜·戴皈依天主教是与临近的个人失败紧密相连的：由于女儿的出生而导致的与贝特曼关系的危机。贝特曼不相信应该把孩子带到他所生活的这样一个悲惨的世界里；由于他对制度化宗教的反感，他对自己女儿的受洗极不容忍，以至于开始从他们在斯泰特(State Island)的住所不时地消失。科尔斯认为多萝茜·戴作为“一个敏感、有社会意识、内省的女性，一个有思想的作家和政治观察者，一个寻求者和流浪者，一个外向但在关键意义上孤独的女人”①，她意识到自己很快又将要孤独，她的女儿将要失去父亲。教会可以成为母亲和父亲，不仅对她的女儿而言，对她自己也是这样；教会会给这个有些反叛的无政府主义的灵魂一个家和温暖的归宿感，这是她在过去30年里一直奋力追寻的。最终，她找到了一个她可以归属的家，也能够给她的女儿一个家。尽管多萝茜·戴从没有道出这种归属的安全感，但是可以从她的话语中合理地推断她为什么让她自己和女儿受了洗。她不想让女儿像她过去那样地挣扎，正如她在几年后的笔记中写道，“……如果属于一个教会能够给她如信仰上帝般无法估量的荣耀，和对圣徒的倾情的爱，那么应该做的就是让她受洗为天主教徒。她会与教会合为一体；希望她能在智慧与荣

① 罗伯特·科尔：《世上的奇迹》(Robert Coles, *A Spectacle Unto the World*, New York: Viking, 1973)，第28—29页。

耀中成长，追随着基督的脚步，拥有一个普遍的教会所能给与的全部保护和帮助”[①]这种对女儿安全人生的祝愿，反映了她对自己挣扎、疑惑、犹豫、任意和无道德的人生经历的遗憾反思。多萝茜·戴于1927年继女儿出生后不久受洗为天主教徒。像她自己所陈述的那样，她受洗并不是因为不幸福，而是因为她感受到女儿的出生带来的人性之爱与幸福的喷涌。不过，尽管很可能是爱与幸福把她带向教会，与爱人贝特曼分手和皈依天主教的那一瞬间并不是幸福的经历。他们的关系在两个意大利移民和无政府主义者被处决之后，无可挽回地恶化了。这两个人被指控抢劫和谋杀，但对多萝茜·戴和福斯特而言，这只不过是“一个对两个人的仪式性的处决，他们的真正罪行是他们的外来背景、激进信仰、对穷人的投入和对富人的控诉”。[②]福斯特对人生的残酷和当权者的无人性彻底地厌恶了，而在这些当权的机构之中，就有多萝茜·戴从属的保持沉默的天主教会。多萝茜·戴与福斯特分手的决定是痛苦的。在洗礼的时候，她没有感觉到平安、喜悦，并不确信她所做的是正确的。这只是她不得不做的、不得不完成的任务。在作为天主教徒的第一个弥撒中，她觉得很木然，就像是机械运动一样。她问自己，她难道没有背叛被压迫者和激进主义运动吗？[③] 毕竟，这不仅仅是在人类之爱与上帝之爱间的选择，还是在人类之爱与归属感之间的选择。换句话说，通过成为天主教徒，多萝茜·戴选择了上帝，但失去了爱人；她选择了一个家，但失去了人类之爱。

直到那时，多萝茜·戴才走过了早期人生的艰难，到达了一个精神家园。要想理解她在幼年、青年时期经历的精神和情感艰辛不是件容易的事。她的自传和别人为她写的传记记述了这些艰辛，但是却淡化了其影响。同时，多萝茜·戴试图把童年时期的感受与宗教

---

① 吉姆·弗雷斯特：《爱是尺度：多萝茜·戴传记》(Jim Forest, *Love is the Measure: A Biography of Dorothy Day*, New York: Paulist Press, 1986)，第64页。

② 吉姆·弗雷斯特：《爱是尺度：多萝茜·戴传记》，第67页。

③ 吉姆·弗雷斯特：《爱是尺度：多萝茜·戴传记》，第64页。

感觉相联系,认为这些感受帮助她最终走向上帝。她想向她自传的读者表达的是,在经历了很多年的迷惘和跌撞后,她是如何最终走向上帝,找到精神归宿的,还有就是她对主的绝对忠诚和极大感激。

## 二

更深入地考察多萝茜·戴的基督教社会思想,就会发现激进主义和宗教虔信在她那里是不矛盾的。这种结合反而是她爱穷人和紧随耶稣榜样的逻辑结果。

真正的天主教信仰与激进的社会行为是相容的,因为原初的福音本身就是激进的。保罗·亨利·弗非,一个前天主教工人运动者,在他 1936 年的著作《地上之火》中批判了美国天主教会软弱、妥协的基督教社会思想,并呼吁天主教徒去发现真正的福音理想。弗非认为天主教的思想和行为被自然法观念严重束缚,因此天主教社会行为缺乏理想化和精神热诚,或多或少地世俗化了。[①]在很大程度上,弗非道出了天主教工人运动的社会观:天主教徒应该实践激进福音的理想,而不是接受教会实际的、有政治效应的教条。

多萝茜·戴的宗教虔信和激进主义在她对福音书的纯粹信仰和将福音理想付诸实践的过程中达到了完美的结合。需要讨论的是,在需要道德伦理的支持时,她是如何在这两者间作出选择的。决定性的标准就是超越现实的良知,这种良知超越了社会和历史的现实。

首先,同时忠于教会和实践耶稣的道德标准是一件艰难的工作。多萝茜·戴有时会因为她的极端激进立场而惹恼教会阶层,尽管这种极端激进的立场不过是对福音教诲的无条件遵从。非天主教的激

---

① 保罗·亨利·弗非:《地上之火》(Paul Hanley Furfey, *Fire on the Earth*, New York: Macmillan, 1936),第 6—7 页。

进主义者还时常指责她对教会组织的服从。不过,多萝茜·戴有她自己的办法来对付这种两面不利的处境。多萝茜·戴尽量避免神学理论上的纠缠,她对社会事务的介入也不单单是政治性的。天主教工人运动只是引用或重复福音书的话,这样就避免了为他们的言论辩护的麻烦。多萝茜·戴和天主教工人运动者们把福音理想作为他们激进的社会态度和行为的力量源泉。尽管在教职人员没能坚持福音教诲的时候,多萝茜·戴从不犹豫地表明她与教会观念的不同,她从没有试图重建美国天主教的神学理论体系。她很清楚这样一个建立在世俗世界中、由世俗人类运行的教会是有很多局限性的,但她仍然热爱这个教会,因为在其中她能看见基督。她全身心地爱着这个教会,对她来说,教会就是她的家,她不想再无家可归了。在社会活动上,多萝茜·戴参与政治抗议,比如对公司资本主义和现代战争的反对,但她的目标决不仅仅是政治性的。在消除公司资本主义和现代战争的政治目标背后,是基督教的道德和福音书的理想。多萝茜·戴相信这些应该成为世俗世界的秩序和准则。也就是说,她的宗教虔信支撑着她的政治激进主义。

多萝茜·戴的宗教虔信主要表现在她对福音理想的固执坚持和在美国社会环境中实践这个理想。这包括她对爱和公正的理想、对善功的实践和对爱国主义的超越。她对穷人和劳工阶级的投入源自于早年作为共产主义者的经历,但这种投入也因为后来的天主教信仰而强化。罗马天主教会有关心社会公正的传统。1891 年 5 月,教皇利奥十三世发布了关于劳工的通谕(*Rerum novarum*)提出了详细的社会公正方案。教皇宣称,社会公正必须调和当今的两个相对立的体系:经济自由主义(摈弃道德和政治对工业的干预)和社会主义(扩大国家在工业生活中的影响)。教皇还要求所有有富余的人与需要的人分享。1931 年 5 月,在劳工通谕(*Rerum novarum*)通谕发布 50 周年之际,教皇庇护十一世发布了通谕(*Quadragesimo anno*),表明了他重建社会秩序的理论。他建议凡是在可能的地方实行合作制,让工人分享所有权、管理权和工业利润。他还主张工会组织促进公正和公共利益。[①] 定位于工人阶层、穷人、移民和地位低下者，美国天主教会本应比中产阶级的新教更关注美国社会的公正问题。但不幸地是，教皇的通谕并没有在美国天主教中得到应有的阐释。一是因为美国天主教会仍忙于为成千的移民提供急需的精神和社会需求；二是因为美国天主教会作为少数群体，更急于使自身融合于现存的社会秩序而不是打乱它。既然美国天主教时常为了现实的政治和社会需要而牺牲原初的福音教诲，基督似乎是被隐藏了，而不是被教会所揭示。正相反，天主教工人运动拒绝向周围的社会现实妥协。和大多数有移民背景的美国天主教徒不同，多萝茜·戴是个完完全全的美国人。有着中产阶级记者的家庭背景，她在20多岁时成为反叛的激进主义者，与纽约的年轻知识分子来往。当时，她被外国移民的悲惨境况所震撼了。作为一个记者，她报道了这样的惨状，不过当然是作为这个边缘群体的局外人。经过了这种令人心碎的目睹和其他痛苦的经历后，她否定了主流文化的合理性，选择了走出主流文化，和边缘群体的人们在一起。既然多萝茜·戴已经抛弃了主流的工业文化价值观，她就能够更有效地坚持真正的福音理想，而大部分天主教徒仍在关心如何使自己的宗教信仰相容于主流资本主义文化。

因此，在多萝茜·戴实践她的理想的时候，在她认为美国天主教会为了适应主流文化而歪曲篡改福音教导的时候，她没有犹豫，也没有害怕表达她对教会立场的不赞同。最好的例子是在战争问题上与教会的对峙。多萝茜·戴对教会毫无疑问地遵从，拒绝挑战教会传统，这并不意味着她在任何问题上都同意教会的说教。当有人问她这样的精神顺从，会不会最终导致《天主教工人报》放弃它的和平主义立场。多萝茜·戴回答道："根本不会。但是……我们就只能用圣经的文字、耶稣的词句、圣徒的言语和教皇的通谕——没有一句我们

---

① 南茜·L·罗伯茨：《多萝茜·戴和天主教工人运动》(Nancy L. Roberts, *Dorothy Day and the Catholic Worker*, Albany: State University of New York Press, 1984)，第113页。

自己的话。[①] 这个回答清楚地表明，不同于美国天主教会担心如果坚持原初的福音教诲就会远离主流文化，多萝茜·戴在回到并坚持福音教导的根源这一点上是绝对自由的。她自愿地走出了主流文化并进入了移民的边缘文化。对她而言，如果能超越变换的环境，这个边缘的天主教文化就是绝对的真理和最高的道德。

具体而言，因为位于一个非天主教的文化中，美国天主教会很易受世俗政治化思维的影响。更大的背景是天主教作为一个整体，向世俗妥协了基督非暴力的原则，形成了一套"正义战争"的说教。最初的基督教会的绝对和平主义，就像激进福音和其他教诲一样，已经在宗教改革之后从天主教内消失了。"正义战争原则"的种子是在康斯坦丁大帝皈依基督教时种下的。圣徒奥古斯丁和其他的教父"将原初教会对战争的排斥导向关于国家可以合法诉诸武力的道德理论"。[②] 中世纪时出现了关于战争的道德起因和战争的道德方式的独立原则。这些原则接着又被16、17世纪的学者详加阐释。到19世纪时，这些原则已经被定性为正式的"正义战争条件"。典型的教会声明会指出一个国家只能在如下的条件下投入战争：如果内部部署是防御性的而不是进攻性的；如果其安全和尊严受到真正的威胁；如果必要的暴力手段与战争的合理结果保持平衡——所谓的均衡原则；正当的战争没有肆意的暴力、没有对伤员或战俘的报复或虐待、没有对无辜的非士兵的伤害，等等。这个贬抑了激进福音原则的过程，可以看作是教会为了调和基督和平福音与人类现实生活矛盾的道德上、思想上的解决方式。这样，天主教就留给了美国教会这样一个关于战争的，可以应用到当代社会现实的道德说教。

不同于大部分天主教徒把正义战争的教条作为是原本就有的基督教原则，多萝茜·戴和天主教工人运动追溯到最初福音关于暴力与和平的教导，检查了现代天主教的道德教条，并明确表明他们对福

① 引自于南茜·L·罗伯茨：《多萝茜·戴和天主教工人运动》，第105页。

② 《分享面包：天主教工人运动和美国天主教激进主义的起源》，第190页。

音和平主义的坚持，坚决地拒绝对对现代社会环境与价值观妥协。

《天主教工人报》的一个明确的和平主义宣言出现在1936年5月刊上。这篇题为“和平主义”的文章声明：“《天主教工人报》是一份真诚的和平主义报纸。……我们反对……帝国主义战争。我们还反对备战，反对现在正在进行的史无前例的备战，这必将导致战争。……我们必须足够勇敢以做出这个榜样。……一个愿意承受不假思索的暴众的嘲弄、愿意承受牢监的耻辱、鞭纹的疼痛以及死亡威胁的和平主义者，不能像惧怕生理疼痛的胆小鬼一样被轻易地打发。即使是现在，和平主义者也必须准备好反对认为暴力就是勇敢的暴众。和平主义者必须准备好在下一场战争中殉难。我们号召年轻人准备好！”

除了号召年轻人反对征兵，天主教工人运动其他的抗议方式包括支持具有良知的抗议者、对防御演习的不合作、反对监禁美籍日本人。

多萝茜·戴的和平主义信念源自于“山中宝训”，她对任何形式暴力的痛恨和她对全世界人民互相关联的基督教的理解。她对战争的反对与她认为战争是善功对立面的观念相联系。战争摧毁土地，分离、减少和毁掉人民，滋长仇恨和怀疑。多萝茜·戴的和平主义是超越社会现实的，使她能够不被任何形式的人类价值观所局限，不管是宗教偏见、种族歧视，还是战争期间最主导的爱国主义。1945年，她发行了一份对美国使用原子弹的谴责：“……杜鲁门在他这个时代是个真正的人，在他这个时代欢呼雀跃……我们杀死了318000个日本人……我们希望他们被蒸发，我们的日本兄弟，骨肉离散，男人、女人和婴儿，[他们的尘埃]随风飘散，飘过大洋。也许我们会把他们的尘埃吸入鼻孔，在纽约的尘雾中感觉到他们在我们的脸上，在伊斯顿山上的雨中感觉到他们。”①对于国家的教会在二战中的立场，多萝

① 多萝茜·戴：“我们继续记录”(Dorothy Day，“We Go on Record”)。杜鲁门的英文为Truman；正好是True Man(真正的人)的结合。这里多萝茜·戴用反语讽刺杜鲁门总统。

茜·戴认为假定任何战争能成为结束所有战争的战争是毫无意义的、也是不现实的。她相信,用更高的武力来抹去纳粹主义的邪恶,从长远来看将会给世界带来比过去所指的任何事物更可怕的可能性。[1] 作为对暴力抵抗的替代,多萝茜·戴通过个人行动来展示她的非暴力:文字的批判、论证和劝告;参加罢工、不合作运动;入狱和法庭陈词;创造新的生活方式;最基础的就是善功的工作。

多萝茜·戴拒绝考虑政治因素。当天主教工人运动者们参与抗议游行、在大使馆前示威、组织工会、帮助整合南部的白人设施时,他们坚持他们并没有卷入政治,而是在履行善功——"启蒙无知者"。[2] 天主教工人运动宣布他们脱离政治,并不是在参与政治活动的意义上而言,而是在拒绝向政治妥协福音原则的意义上而言。

多萝茜·戴在战争问题上与教会的不同立场,反映了她与教会阶层的复杂关系。但她只是在她认为教会没有能够坚持福音的教诲时,表达她的意见。讨论她与教会及民族国家的关系,可以更深刻的揭示她的宗教虔信。

在与教会的关系上,多萝茜·戴是个生气但听话的女儿。她绝对地尊重和服从教会已确立的制度,即使在她的信念被教会否定的时候,她从来没有说出过一个词语,反对教会规定的原则。她保证如果主教让她闭口,她一定会遵从;同时,她也没有停止表达她的信念,不过是通过基督、福音书和圣经的原话。她很可能明白,如果她只是重复基督的原话,教会没有理由让她闭口。

一个具体的事例是 1949 年,她在教会公墓工人罢工的问题上,表达了不同于纽约红衣主教弗朗西斯·斯贝尔曼的观念。红衣主教把罢工称为一个"反美国的邪恶"和"一次反教会的罢工"。但是多萝茜·戴支持罢工者,告诉他们,他们的行为是符合基督教义的,他们

---

① 罗伯特·埃尔斯伯格编辑:《一点一点:多萝茜·戴文选》(Robert Ellsberg edited, *By Little and By Little: The Selected Writings of Dorothy Day*, New York: Alfred A. Knopf, 1983),第 33 页。

② 《分享面包:天主教工人运动和美国天主教激进主义的起源》,第 142 页。

本身就是教会。“她知道天主教的观念是，教职人员只掌管信仰和道德，对社会体系和经济政策的评判是观点的问题。”①她支持工人的立场与红衣主教对罢工的谴责一起成为公共记录。在大多数情况下，多萝茜·戴会毫不犹豫地与美国的红衣主教进行沉默和机智的对峙，正如她与纽约红衣主教的这一次。有时她采取另一种策略，即按她自己的打算行事，并不表明是赞同还是反对，正如她与圣地亚哥主教的关系。多萝茜·戴记述道，每次她去那里作演讲，圣地亚哥主教都会取消这次集会。然后，多萝茜·戴就以平信徒的身份来到预定的房间，开始集会，连有些神父都会来参加。“我们径直前行，我们在他的教区演讲；我们在那里的集会很成功。[主教取消集会]并没能阻止我们表达意见，也没有能阻止神父来参加集会。”②

多萝茜·戴能够超越美国教会负面影响主要的和基本的原因在于她对福音教诲的绝对信仰，因而她把激进福音作为自立道德的理想和现实立场的最基本、最崇高的支柱。另一个原因在于天主教工人运动的特性。作为完全的平信徒的运动，没有教会官方的支持，除了信仰的道德问题外，天主教工人运动不愿服从于教会的纪律约束，并且声称在其他的问题上有公开的、批判的言论和行动自由。当多萝茜·戴开始办《天主教工人报》的时候，她没有从教会官方获得准许，因而也并不期待教会官方的承认。尽管纽约郊区的教会阶层被认为是保守的，也从没发生过一次严重的反对这份报纸的行动——没有否定，没有谴责。

在处理与国家的关系时，多萝茜·戴就更激进、更反叛了。她站在无政府主义的立场，不仅否定了国家对个人强权的合理性，也否定了政府进行社会改革的组织化行为。无政府主义者批判一切中央集权的、权威性的政府组织。他们批判社会现状，批判一直存在的对他

---

① 琼·欧卡诺:《多萝茜·戴的道德观:一个女性主义的视角》(June O'Connor, *The Moral Vision of Dorothy Day: A Feminist Perspective*, New York: Crossroad, 1991),第72页。

② 引自于琼·欧卡诺:《多萝茜·戴的道德观:一个女性主义的视角》,第73页。

人实行强权的行为，批判通过制度化的结构进行控制和通过权威施加影响。无政府主义者要么脱离制度化的结构，要么寻找非政府的、自由个人间的合作来代替制度化的组织。这种信念基于对人性的乐观态度，认为人性能够通过自由和自然的兄弟情谊维持社会。无政府主义长期以来一直是对社会不满者用来重建社会秩序及权威与个人责任关系的批判性理念。一种对无政府主义者的误解是认为他们是定位于政治目标的。然而，无政府主义者不过是道德家而已；他们的立场与其说是政治和经济的，不如说是精神和伦理的。多萝茜·戴完美地体现了这样一个特性。指导天主教工人运动的是她的道德力量，而不是而不是任何形式的制度规定。多萝茜·戴把天主教工人运动成为是一个有机体，而不是一个组织。

多萝茜·戴的无政府主义强调个人良知和责任，以及对国家权威的深刻的不信任，因为国家权威从没有能坚持上帝给我们规定的道德标准。只有“作为神秘躯体而不是作为国家一分子的个人”的行动，才能改变社会，使其更趋同于“教会的真正思想”。[①] 一个人应该去注意、决定并行动，看见需要并去满足它。一方面，不能依靠政府、组织或机构来指导自己的判断和行为。另一方面，多萝茜·戴认为个人的道德榜样是惟一可信的影响他人的方式。多萝茜·戴最喜欢的谚语之一就是“良知第一，教皇第二”，这很好地体现了多萝茜·戴对良知作为基督教理想最高核心的理解。作为一个基督教的、道德主义的无政府主义者，她对权威的理解和实践充满了道德动因、道德价值观和道德反思。该赞成什么、实践什么或反对什么，都要经受福音书的道德检验。尽管她对美国天主教会是忠诚的(因为她相信基督在教会里)，当她认为教会没有表达基督真实教导的时候，她并不犹豫表达她的不同意见。然而对于“神圣母亲祖国”(多萝茜·戴对民族国家的讽刺称呼)，她看不到其想法或实践中有什么道德因素；

---

① 保罗·亨利·弗非《地上之火》(Paul Hanley Furfey, *Fire on the Earth*, New York: Macmillan, 1936)，第92页。

整个政治体系就是不道德的。

多萝茜·戴对政治体系的不信任首先表现在她拒绝投票。她认为政府是被商业利益所主导和驱动的，并且深深地卷入了战争。一句话，它没能坚持福音理想；大部分的价值观和制度是与基督的教导相背离的。同时，因为提倡个人行动和责任，她认为组织使得人们对他人的需要无动于衷，并且易于把组织作为推脱个人责任的借口。其他无政府主义对于现代民族国家体系的态度还包括对税收的拒绝、不合作行为和对爱国主义的反对。多萝茜·戴实践善功作为对国家体系的替代，即通过非制度的、个人的直接行动，给穷人食物、给赤裸者衣服和给无家可归者敝所。通过自愿贫穷这样一个非常个人化的行动，天主教工人运动者们不仅把自己定位在社会底层，还否定了政治性的组织化的体系，这样就脱离了整个关于富裕的美国的文化价值观。

但是天主教工人运动内部也存在着一个矛盾。当道德标准取代了制度化的规定时，即便是道德力量也是意在对人施加影响。总是有其他的天主教工人运动者没能达到多萝茜·戴最高的道德标准，在这样的情况下，她的道德标准是如何行使力量的呢？多萝茜·戴面临的是要么失去道德影响，要么用其他方式弥补道德影响的不足之间的选择。多萝茜·戴有没有反思过这样的"力量守恒"并不清楚，但确定的是她为了清除运动的道德缺陷时，没有犹豫过使用她作为运动领袖的权威。例如在 1967 年，当她听说吉姆·弗里斯特离婚又再婚的消息后，她要求弗里斯特自己解除天主教和平会负责人的职务，不然她就不再作其赞助人。另一个行使权力的事件导致了 1940 年运动的分裂。在二战的问题上，多萝茜·戴是坚定地坚持绝对和平主义立场，不管当时爱国主义的风潮是多么狂热。多萝茜·戴所在的纽约天主教工人运动与其他地方的天主教工人运动此时发生了分歧。整个争执在 1940 年 8 月爆发出来，因为多萝茜·戴给所有的 30 个天主教工人运动所发信，声明其他分所可以不赞同和平主义，但他们必须散发纽约的《天主教工人报》；不然，他们就"应该与天主教工人运动断绝联系,不能在有如此根本性分歧的时候使用本运动的名义"。[1] 这个最后通牒与运动公开的无政府主义原则是如此矛盾,以至于对那些工人运动者们来说是个彻底的震惊。尽管后来多萝西·戴做了缓和的解释,想要减轻她的权威态度,但芝加哥运动的领袖考格里还是痛苦地作出了分裂的决定。他在10月10日给多萝西·戴的信中写道:"对整个事件我惟一反感的是一个宽容的态度,对不能'走完全程'的人有意的仁慈。"[2]关于这次分裂,有两点是值得考虑的。第一,如果基督教的道德力量,不用非精神的力量就不能克服分歧,那么无政府主义用精神力量替代世俗权威的理想又有多少意义呢?第二,如果基督教的道德力量,在这样一个小团体内就无法克服政治路线的分裂,如何期待基督教的道德理想去改变整个多元化的文明?

## 三

评价多萝西·戴和天主教工人运动是比阐释她激进的天主教社会思想更难的工作。人们从不同的角度和不同的立场来理解她和这个运动。

在评价历史人物和事件时,人们习惯于使用重要性、影响、意义之类的词。这种标准在大多数情况下是适用的,但对于多萝西·戴的天主教工人运动就无效了,因为他们在美国文化中并没有非常重大的影响。用世俗的标准来看,天主教工人运动对美国社会只有很小的影响。在美国宗教圈内,它属于边缘的天主教,而因为其激进主义立场,有时甚至它在天主教内部都是边缘的。在更大的美国社会文化背景中,它属于激进主义派别,但只是激进主义运动的一部分。

---

① 多萝西·戴致"同志",载于1940年8月10日《天主教工人报》(Day to "Fellow Workers," August 10, 1940, CW Papers, by Wisconsin Milwaukee, Marquette University Archives)。

② 考格里致多萝西·戴,载于1940年10月10日《天主教工人报》(Cogley to Day, October 10, 1940, CW Papers)。

然而，它还是吸引了相当可观的注意和尊敬。多萝茜·戴是第三个被罗马教廷封为“圣徒”的美国女性。原因就在于这个运动的基本性质——在世俗世界中对绝对纯正福音理想不屈服的实践。因为人们知道宗教信仰与在世俗环境中实践福音理想之间的距离，而这个世俗环境很善于驯服宗教并使其服务于世俗目的，多萝茜·戴对纯正、原初宗教潜心的实践才激发了如此的尊敬。

天主教工人运动从没有按照主流的政治价值观和判断而行事，而且它总是愿意为了纯正的道德理想而放弃社会影响。政治上的或其他世俗的失败不是天主教工人运动用来衡量其实践合理性的尺度。多萝茜·戴说:“爱是尺度”。这种拒绝将实际结果作为衡量行动标准的做法，实际上是原初福音的传统:失去生命以找到它，拿起十字架，第一位的是最后一位，最后一位的是第一位。

然而，在理解了这个运动真正的重要性不在于它的世俗影响（例如它的人数和知名度）的时候，本文还是要用传统的尺度来看多萝茜·戴和她的运动，毕竟历史学者是被训练来使用现代世俗的标准和判断的。

以此来看，这个运动没有产生重大的实际结果。因为天主教工人运动实践的价值观和原则在宗教上和政治上是反主流文化的（既是天主教的——不同于主流的新教，又是激进的——反主流的资本主义文化），它就必然是政治上无结果的。与非基督教的激进主义者相比，他们更不成功，因为他们倾向于为了道德纯正而牺牲可得的社会目标；与保守的天主教会相比，他们也更不成功，因为他们总是拒绝为了社会或政治利益而牺牲道德纯正。作为他们对非主流道德理想固执坚持的结果，这个运动的独特原则从没被任何实质性的拥护者所接受，因此在影响美国政治现实的重大转变上，它是不成功的。

但在历史上它是重大的事件，它是美国天主教历史上第一个主要的激进主义社会批判的表达。在这个运动登上历史舞台的时候，美国天主教还在忙于与主流文化的趋同。多萝茜·戴不关心作为美国人身份的认同，因为她是自愿抛弃主流文化，因而能够将她早期的社会关怀与后来的天主教理想结合起来，发展出天主教社会思想。她在这个宗教的、激进的运动中历史地连接了原初福音爱人类、服务人类的自由和现代美国自由主义、无政府主义的观念。

天主教工人运动比较可衡量的成功，是迈克·哈里顿的著作《另一个美国》对提升道德感的贡献。迈克·哈里顿曾是个天主教工人者，他的这本书激起了公众对表面浮华的美国存在的贫困的意识，同时也带来了政策上的结果——“对贫困的战争”。此外，天主教工人运动通过对现存社会秩序的谴责，也批判了这个社会的文化价值观，并创造出作为替代的社会模型的领地。

# 论 密 仪[1]

## 〔古希腊〕安多基德[2]

## 晏绍祥 译

## 英 译 者 导 言

公元前399年，安多基德(Andocides)发表了《论密仪》(*On The Mysteries*)的演说。当时他是在为生命而战，不过听众对他抱同情

① 该演说发表于公元前399年，但涉及的事件发生于公元前415年。当雅典舰队即将离开比雷埃夫斯港口时，雅典发生了两起渎神案。一个叫皮托尼库斯的人在人民大会上指控当年的十将军之一、同时也是西西里远征军指挥官之一的阿克比阿德斯，称其最近和一帮朋友一道摹仿厄琉西斯密仪，并提供了一个目击证人。密仪一直是雅典最神圣的节日之一，而且外人不得参与，更不能容忍别人的嘲弄。因此，他的指控使雅典舆论大哗。与此同时，就在远征军出发前夜，一夜之间，雅典道路边的赫尔麦斯神像突然都遭到破坏。两件渎神案让雅典人心惶惶，人们怀疑寡头分子企图发动推翻民主政治的政变。于是，人民大会立刻成立了一个专门委员会调查此案，并且给提供线索的人以奖赏。安多基德一家卷入了此案，并且被监禁。安多基德为求解脱，自己提供了有关渎神案的线索，并因此免于被起诉。从安多基德的演说以及古代作家的记载看，他显然卷入了渎神行为，而且发挥了积极作用。因此，当追究渎神案的伊索提米德斯法令通过后，安多基德无法再留在国内，只能逃亡国外，直到公元前403年雅典民主政治恢复并通过大赦令后，他才返回雅典，而且被恢复了公民权。此后，他积极参与雅典政治生活，但很快招致了不满。他的五个政敌联合起来控告了他，罪名是他参与了公元前415年的渎神案，并认为他不应受公元前403年大赦令的保护，因为该法令只针对那些留在雅典城和比雷埃夫斯的人，而安多基德不属于其中任何一方。案件被交给陪审法庭。这篇演说便是安多基德的辩护词。因为事过境迁，加上对手应用法律不当，而安多基德又证明自己是个对雅典很有用的人，因此法庭判被告胜诉。

② 安多基德大约于公元前440年以前出生在雅典一个古老而富有的家庭，年轻时可能受过良好的教育，但在雅典政治生活中，他显然不太喜欢当时雅典的那些民众领袖们，并可能卷入了当时贵族小集团的活动。他发表的第一篇演说(仅有少数残篇传世)便是《为朋友辩护》。公元前415年，他被控与雅典的渎神案有牵连，后被迫流亡国外。他先后向四百人政府和随后恢复的民主政府请求回国，但都没有成功。公元前403年，他借民主政府的大赦令返回雅典，并积极参与雅典政治生活，树敌不少。公元前399年被控告，胜诉后，他继续留在雅典，仍为雅典的活跃人物。约公元前391年，他作为雅典使节之一被派往斯巴达谈判和平条约。虽然使节们拥有全权，但他们仍把有关情况向公民大会报告。可惜这一次安多基德的口才没有能够说服雅典人，结果他和同行的使者们都被判流放。此时他大约50岁。关于他此后的情况，古典作家没有任何记载。

态度，而控告他的那些事实离此刻也很遥远，被人们忘得差不多了。如果有一定的自信，进行一次成功的辩护并不难。陪审团也欢迎这样的辩护，因为重建的民主政府没有多少兴趣去发掘那些已经尘封的丑闻。安多基德的解释没有经过什么太严格的审核就被人们接受了，他被无罪开释。

为了理解与本案有关的背景，我们需要回到16年前。公元前415年，当西西里远征军正要离开比雷埃夫斯(Peiraeus)时，有两桩丑闻被揭露出来，其严重后果不仅影响到远征本身，而且在以后的两到三年里，影响到雅典国家的命运。在人民大会上，一个叫皮托尼库斯(Pythonicus)的人宣称，当时正指挥远征军西航的将军之一阿克比阿德斯(Alcibiades)和一帮朋友一道，在家里模仿厄琉西斯密仪(the Eleusinian My steries)。他还提出了一个见证人证实他的说法。结果引起一场全国性的骚动。雅典是一个开明的城邦，但他还没有开明到允许有人表演她最秘密的宗教信仰，让它受到有意识的嘲弄。当人们发现分散在雅典各地的赫尔美斯(Hermes)石像在一夜之间被人毁坏时，雅典人的愤怒程度更急剧增长。人民匆忙组建了一个委员会调查这两桩罪恶，并许诺给告发者奖金。

事实证明，对密仪渎神案的调查相对于对赫尔美斯神像被毁案的调查要简单。三名告发者几乎是马上就出现了，每个人都描述了对密仪的嘲弄式庆祝，并提供了罪犯的姓名。那几个没有离开雅典的罪犯被逮捕并被处死。阿克比阿德斯是第一个受到控告的，却逃脱了。在后来那些麻烦的年代里，雅典不止一次地为此事感到后悔。

在提到名字的三个告发者中，有一个叫特克罗斯(Teucrus)的外邦人，还自愿做了一个有关神像被毁案的陈述，给议事会提供了一个18人的名单。但在他作证之后，一个叫狄奥克列伊德斯(Dioclei-des)的人立刻就露面了，说了一个更加精巧的故事。看起来狄奥克列伊德斯是看到了罪犯们干的事情。他们总数有300人，他开始提供了42个人的名字。结果是一场恐慌，人们怀疑寡头分子有阴谋，匆忙采取措施以防止有组织的暴动。同时，这42个人被逮捕，并被投进了监狱。

42人中就有安多基德以及他的大多数家庭成员。他们的处境似乎濒于绝望。在这种情况下,安多基德采取了当时他惟一能选择的路线。他知道真相,于是他本人自愿充当了告发者,条件是他应得到免于起诉的保证。他的提议被接受了,而且没费多大力气就证明,狄奥克列伊德斯的故事是捏造。罪犯实际上只有22个,而且其中的18人已经由特克罗斯告发了。

由于议事会让他免于起诉,所以安多基德再度安全了。即使从他本人现在的这篇演说中也能看出,他与这桩犯罪有联系。从他的其他言论以及修昔底德(Thucydicles)的评论看,实际上可以肯定,他在其中起了显著的作用。尽管如此,在免于起诉的法律(ἄδεια)的保护下,他仍能继续在雅典生活。可是,这样的状态时间并不长。就在当年,伊索提米德斯(Isotimides)提出了一个动议,并且在人民大会上得到通过成为法律。它规定,任何犯了渎神罪并承认了自己罪行的人,不管他是否得到了免于起诉的权利,都不得进入阿提卡的神庙和雅典广场(the Athenian Agora)。也就是说,他的免于起诉在其生命和财产得到保障的意义上仍然存在,但因他犯了渎神罪而未受惩罚,因此不能参加雅典的政治和宗教生活。

伊索提米德斯法令显然是针对安多基德的,于是他只好流亡国外。他在国外停留了十年多。公元前403年,民主政治得以恢复,宣布大赦,他回到了雅典。他毫无问题地被接纳为公民,再一次住进了他家在城内的房子,并积极参与公共生活。可是,随着时间的流逝,他也树了敌。首先,他与以阿古尔西乌斯(Agyrrhius)为首的、一个强大的包税人集团发生了冲突。阿古尔西乌斯一直得利丰厚。安多基德介入后,取得了有关合同。然后,他又招致了一个叫色菲西乌斯(Cephisius)的人的仇恨。此人像他本人一样,是在大赦令的保护下回国的,事情的起因可能是安多基德试图收回色菲西乌斯贪污的钱。最后,他与卡里阿斯(Callias)发生了争吵。此人是他的远亲,其家族一度是雅典最富有的。当安多基德和卡里阿斯都希望与安多基德的叔父埃庇吕库斯(Epilycus)的女儿结亲时,两人的冲突达到了顶点。埃庇吕库斯死时没有留下遗嘱,根据法律,他的女儿现在应当与家族中血缘最近的男性结婚,只要他不是在应当禁止的程度内。安多基德不在这个限制范围内,只是个堂兄,卡里阿斯则是祖父一辈的。卡里阿斯本人不能与埃庇吕库斯的两个女儿结婚,但他有一个儿子。他认为,这个儿子应该是非常适合与那两个女儿中的一个结婚的。

甚至在新的争吵发生之前,两人之间已经没有多少情谊可言了。所以,当安多基德威胁要提起诉讼时,卡里阿斯决定行动。当时是10月初,正值大厄琉西斯节(the Great Eleusinia),安多基德本人是一个行过入门式的信徒,按照他回国后的习惯,参与了庆祝活动。但厄琉西斯(Eleusis)的庆祝活动刚结束,他发现有人就在王者执政官(the Basileus)那里把他告了,说他参与了根据伊索提米德斯法令本应被排除在外的仪式。控告(ἔυδειζις)来自色菲西乌斯(Cephisius),曾从卡里阿斯那里得到了1000德拉克马。而色菲西乌斯又与阿古尔西乌斯及埃庇查瑞斯(Epichares)和梅勒图斯(Meletus)有联系。后面这两个人也都希望搬掉安多基德这块拦路石。

为了加强自己的地位,这五个人采取了进一步的行动。根据他们的安排,应当有人把乞求者的一条橄榄枝放在雅典厄琉西尼乌姆(Eleusinium)的祭坛上。卡里阿斯利用他作为使者(Heralds)或者说是克里克斯(Ceryces)氏族成员的身份,设法让这件事引起议事会(the Council)的注意,因为根据传统,议事会在厄琉西斯密仪结束后要在那里集会。卡里阿斯将证明,安多基德应对此事负责,而且他要进一步宣称,根据雅典的宗教法律,在厄琉西斯节日期间犯这样的罪行,其惩罚是立刻处死。

这次行动的结果并不好。经过盘问,卡里阿斯并不能证明安多基德就是罪犯。此外,有人还指出,卡里阿斯属克里克斯氏族,而非优莫尔皮德(Eumolpid)氏族,因此无权解释那条法律。无论如何,他的解释也是错误的,因为对该罪的惩罚是罚款,而非死刑。卡里阿斯和色菲西乌斯因此被迫诉诸最初的有关渎神罪的控告

(ἔνδειξιςἀσεβείας)。案件及时提交给了陪审法庭(the Heliaea),陪审员是那些参与了入门式的人,王者执政官为主持人。

部分根据安多基德本人的回答,部分依据《为安多基德辩护》(*In Andocidem*)——该演说被错误地归到吕西阿斯(Lysias)名下,它很可能是真实发表的演说,虽然只是支持性质的——我们有理由准确地推测原告所采取的诉讼方针。原告着手证明两件事情:第一件,公元前415年,安多基德确实犯了渎神罪,因此,应当受到伊索提米德斯法令所规定的惩罚。第二件,那就是他不应该受到公元前403年颁布的大赦令的保护。就第一点来说,他们提供的证据显示,安多基德不仅卷入了赫尔美斯神像被毁案,而且参与了密仪渎神案。就第二件事情来说,他们的立场是:大赦是两个特定的集团达成协议的结果,他们是"城内的人"和"比雷埃夫斯的人",能从中得益的是他们,而且仅仅是他们。安多基德不属于其中任何一方,因此不在保护范围之内。

安多基德依次对这两点做了回答。他首先证明,他与密仪渎神案没有任何关系,与赫尔美斯神像被毁案几乎没有任何联系,所以,伊索提米德斯法令从来没有影响到他。这当然是歪曲事实。如果他真的一点也没犯有不虔敬罪,那他就没有理由在伊索提米德斯法令通过后流亡国外。但是对安多基德来说幸运的是,原告引入密仪渎神案是犯了战略错误,因为安多基德确实与该案没有任何瓜葛。对原告这一指控的反驳,使他有充分的理由把其他令人尴尬的事实抛到脑后。

接着他转向大赦问题。这是个关键问题。假如他能够说服法庭相信,公元前399年对他的控告缺少法律依据,那无论是否能完全洗脱他与公元前415年事件的联系,都没有什么关系了。在70—91节,他分析了与此有关的问题。

首先,他详尽分析了剥夺公民权采取的各种形式,结果证明,那些被剥夺了某些权利的公民,都因为帕特罗克列伊德斯(Patrocleides)法令恢复了公民权。该法是在公元前405年羊河之战(the Battle of Aegospotami)后通过的。接着他告诉我们,公元前404年,根据斯巴达的命令,流放者尽数召回,随后取消了所有在优克列伊德斯(Eucleides)担任执政官之前通过的法律(公元前403年7月),并草拟新的法典以适应当前的需要。最后,演说提到了城市派和比雷埃夫斯派决定埋葬所有分歧的誓言。

严格地说,所有这些事实都与安多基德案无关。原告们坚持认为大赦的适用范围有限,确实抓住了安多基德的弱点。安多基德因为渎神案已经遭到了剥夺公民权的处罚(ἀτιμία),在很多方面,他的罪行与故意杀人罪相当,该罪同样让罪犯受到玷污。值得注意的是,帕特罗克列伊德斯法令建议恢复公民权的人中,明确排除了那些因故意杀人流放国外的人。法令所恢复的只是那些欠了国家债务的人和政治犯的权利。同样,公元前404年召回逃亡者的命令,就像随后进行的修订法典一样,也是一个纯粹的政治行为。两派所进行的宣誓,虽然用词宽泛,但主要是想让以前一直对立的派别在国家中实现重新团结。事情的真相是,像安多基德那样的逃亡者人数太少,在当时众多更严重的问题中,根本不会引起人们的注意。当本文所描述的案件被提交法庭时,准确地说,没有什么先例可供借鉴。确实,公元前403年,阿奇努斯(Archinus)匆忙在人民大会(the Assembly)中通过了一个法令,宣布大赦令应该如此解释,禁止把以前已经解决的问题又搬出来,所以,有些在公元前403年以前因犯罪受到控告的人得到了保护,但仍有不少值得怀疑和让人疑惑的地方。一切肯定都取决于案件的特定情况以及陪审员个人的好恶。就本案来说,安多基德已经证明,自他回国后,他对雅典来说是个有用的成员,所以,法庭也打算对他慷慨大方。判决对安多基德有利,他的敌人们被迫尽可能体面地接受了失败。从此以后,雅典再也无人试图让公众回忆起公元前415年的丑闻。

* * *

1 从我踏上这个城邦的土地那一刻起[1],我的敌人们就想尽一切办法,利用合法的或者欺骗的手段对我进行伤害。他们为此做了不懈的系统努力。关于这方面的绝大多数事实,你们几乎全都了解,我勿需赘述。相反,诸位陪审员,我要向你们提出一个请求,一个公正的请求。对你们来说,批准这个请求的容易程度,就像我得到它的价值一样高。首先,我并不是非接受我今天出席的这场审判不可,因为我既不在保释期,也没有被监禁[2]。

2 我所以在这里,首要的而且最主要的原因是,我信赖正义;其次,我信赖你们。我相信,你们将会公正地判决我的案子,而且会非常之快,快得让我的敌人们来不及夺走我的性命,并因此形成对正义的挑战。就像你们的法律和你们作为陪审员时所发的誓言要求你们所做的那样,保护了我,你们就维护了正义。

3 诸位陪审员,你们应当有理由相信,那些自愿面对审判的被告们是无辜的,就像他们本人所坚持的那样。如果一个被告以拒绝等待审判的方式承认自己有罪,那你们自然可以认同他对他本人所下的判决。因此,我们可以说,如果一个人因坚信自己的清白而自愿接受审判,那你们也应以同样的方式,遵从他对他本人所做的判决,而不是假设他有罪。

4 我现在的案子就是这种情况。我的敌人们一直声称,或者说我一直听他们说,我会溜之大吉而不敢应诉。他们强调说,"安多基德有什么理由敢于面对如此危险的一场审判?只要他离开阿提卡,他会过着丰衣足食的生活;如果他回到塞浦路斯的话——他就是从那里回来的——人们会给他提供充足的上好土地以及所有的一切。一个处在他这种情况的人有必要冒生命危险吗?如果真这么做的话,他的意图是什么?难道他看不出他在雅典的处境吗?"诸位陪审

① 公元前403年。

② 安多基德的话暗示,在他这一类案件中,被告需要交保释金或者被暂时监禁。但因当时情况特殊,所以没有对他采取此类措施,可能是人们希望,如果可能的话,他随时可以离开阿提卡。

员，这种想法完全误解了我的情感。

5 不管随之而来的有多少好处，我永远都不愿在国外过那种把我和祖国分隔开来的日子。虽然我在雅典的处境可能正如我的敌人们所说的那样，我还是宁愿做雅典的公民，而不是做任何其他国家——尽管这个国家在我看来也许正处在它繁荣的顶峰——的公民。正是这种情感促使我把自己的生命交给你们处理。

6 因此，诸位陪审员，我请求你们对我——被告——而不是我的控告者表现出更多的同情。你们应该意识到，无论你们听讼时多么公正，被告不可避免地处在不利地位。原告们已经仔细考虑过他们的计划，其控告不会给他们带来任何危险，而作为被告的我在回答指控时充满了恐惧，因为它对我生命攸关，而且形象已经受到歪曲。所以，你们很有理由给我而不是我的控告者更多的同情。

7 还有一件事你们也必须记住。在此之前，已经有一些严重的控告立刻被否定了，而且被否定得是如此彻底，以至于你们更愿意惩罚原告而不是被告。此外，由于提供了虚假的证词，已经造成了无辜者的死亡。虽然伪证者后来被判了罪，但为时已晚，对无辜牺牲者已无助益。在这样的案例多次出现后，你们可以有理由对现在的控告词采取不信任态度。你们可以通过控告词来判断控诉是否严重。但只有在你们听取了我的答辩后，才能决定这样的控告是真是假。

8 诸位陪审员，我感到困惑的是，我应从何处开始我的答辩。我是应该从控诉者最后的结论开始，并证明他们所提出的控诉我的材料是非法[①]的呢？还是从已经过时的伊索提米德斯法令开始？或者说我应当从已经通过的各种法令及人们已经宣誓遵守的誓言开始？抑或我应当把经过原原本本地给你们讲一遍？我会向你们解释我所以迟疑的主要原因的。毫无疑问，罪名不同，对你们的触动也不一样，而你们每一位在我应当先回答哪一项上有自己的想法。可是，

---

① 这里显然是指公元前403年的大赦令。据安多基德的说法，该法令已经禁止重新开庭审理他的案子。

同时回答所有指控是不可能的。综合起来考虑,我认为最好是把全部过程从头到尾、不做任何省略地给你们叙述一次。一旦你们了解了事实真相,你们立刻会发现,我的敌人们控告我的罪名是多么缺少事实根据。

9 我确信,现在你们心中已经希望给我一个公正的判决。确实,正是因为相信你们,我才应诉的。我已经注意到,在公私案件中,你们最重视的就是,你们的判决应当与你们所发的誓言相符。正是因为这样,而且也只有这样,我们的城邦[①],尽管有那么一些人希望她是另一个样子,至今仍坚不可摧。然而,我仍然要请求你们带着同情听取我的辩护,而不要和我的敌人们站在一边;不要带着猜疑的眼光对待我的叙述;也不要挑剔我表达上的错误。

10 请耐心听完我的辩护,因为只有到那时,你们才会作出你们认为与你们的身份最相符合、最能满足你们誓言的判决。如我已经说过的那样,诸位陪审员,我的辩护将从头叙述整个事件的过程,不会省略任何东西。我首先要说的是控告我的实际罪名——亵渎密仪。正是因为这个罪名,我才出现在今天的法庭上。我将证明,我不曾有过任何不虔敬的行为;从来没有成为告密者;从来不曾承认有任何罪行。我也不知道那些真正成为告密者的人向你们所做的陈述是真是假。关于所有这一切,你们会得到证据的。

11 公民大会[②]已经听取了统帅西西里远征的将军尼西阿斯(Nicias)、拉马库斯(Lamachus)和阿克比阿德斯的说明,正准备出发。实际上,拉马库斯的旗舰已经下水了。突然,皮托尼库斯在人丛中站起来喊道:“雅典人哪,你们要把这样大的一支军队派去从事危险的远征。可是你们的将军阿克比阿德斯一直在私人家里私自举行密仪的庆祝仪式,还有另外一些人参与。我可以提出证人。如果你

① Polis(复数形式 poleis)既可以指城市,也可以指城邦。从本文的行文看,虽然洛布古典丛书的英译者都把 polis 译成城市,但我认为它主要指雅典国家,也就是雅典城邦,因此本文都将它译成城邦。

② 时间是公元前 415 年 6 月。安多基德是惟一提到这次公民大会的古代作家。会议目的也许是为了对远征进行最后的安排。

们能对他免于处罚[①],我会说出他的名字。他是个奴隶,不曾行过密仪入门式,其主人参与了私自庆祝密仪的活动。他可以向你们陈述密仪的情况。如果事情不是如此的话,我任由你们处治。”

12 阿克比阿德斯发表长篇演说否认此事,所以主席团[②]决定让那些未曾参加密仪入门式的人退场,他们自己去把皮托尼库斯提到的年轻人找来。他们离开会场,带着阿克比阿德斯的奴隶回来了。他名叫安德罗马库斯(Andromachus),是波勒马库斯(Polemachus)的儿子。在投票同意免于对他处罚后,他宣称,密仪是在普律提昂(Pulytion)家里举行的。阿克比阿德斯、尼西阿德斯(Niciades)和梅勒图斯(Meletus)是实际的庆祝者,其他人都在场,并且目睹了发生的一切。观众中有奴隶,也就是说,有他本人、他的一个兄弟、一个叫西克斯乌斯(Hicesius)的笛手和梅勒图斯的奴隶。

13 第一位告发者安德罗马库斯所说的话就是如此。他提供了有关人员的名单[③]。所有这些人中,除了波里斯特拉图斯(Polystratus)以外,都逃亡国外,并被你们缺席判处死刑,波里斯特拉图斯则被逮捕后处死。请拿出名单,把他们的名字念出来[④]:

名单——下述人员受到了安德罗马库斯的控告:阿克比阿德斯、尼西阿德斯、梅勒图斯[⑤]、阿奇比阿德斯(Archebiades)、阿奇普斯(Archippus)、狄奥根尼斯(Diogenes)、波里斯特拉图斯、阿里斯托美尼斯(Aristomenes)、欧诺尼阿斯(Oeonias)、帕纳提

---

① 一般情况下,只有雅典公民才可以在公民大会或者议事会上发表演讲与作证。所以,如果是奴隶、外邦人、妇女或者罪犯希望提供情况的话,必须预先取得特别许可。安德罗马库斯是一个奴隶,又参加了他无权参加的密仪,为犯罪嫌疑人,所以需要得到特别许可。

② 雅典的议事会由500人组成,每部落50人,在一年的十分之一时间里组成主席团。议事会的主要职责是主持人民大会,并提出相关决议草案供人民大会讨论。

③ 在一个残缺的铭文上,我们看到了那些因赫尔美斯神像被破坏而被没收财产者的名单。这个名单证实了安多基德的话,安德罗马库斯提到了欧诺尼阿斯、帕纳提乌斯和波里斯特拉图斯,特克罗斯提供的名单上出现了阿克西奥库斯、阿德曼图斯、色菲索多罗斯、欧斐勒图斯和安多基德本人。

④ 这句话是对法庭秘书说的。

⑤ 雅典有好几个人叫梅勒图斯,这一个和后来控告苏格拉底的梅勒图斯不是同一个人。

乌斯(Panaetius)。

14 诸位陪审员,这就是第一份证词。它是由安德罗马库斯提供的,控告了上述人员。现在请传狄奥格内图斯(Diognetus)。

狄奥格内图斯,当皮托尼库斯在人民大会上控告阿克比阿德斯的时候,你是调查委员会[①]的成员吗?

是的。

你仍然记得安德罗马库斯就在普律提昂家里发生的事情所提供的证词吗?

记得。

那份证词所控告的是这些人吗?

是的。

15 接着出现了第二个证人。一个住在雅典的、名叫特克罗斯的外邦人悄悄地去了麦加拉(Megara)。他从麦加拉通知议事会,如果他能免罪,他打算不仅提供有关密仪案的证词——他本人就是参与者之一,可以提供同伙的名单——而且愿意为赫尔美斯神像被毁坏案作证。当时拥有最高权威的议事会投票接受了他的建议,并派使者去麦加拉带他回来。他被带到了雅典。在被免罪以后,他提供了同伙的名单。特克罗斯控告他们以后,这些人立刻逃亡了。请拿出名单,宣读他们的名字:

名单——下列人员受到了特克罗斯的控告:斐德罗斯(Phaedrus)[②]、格尼丰尼德斯(Gniphonides)、伊索劳穆斯(Isonomus)、赫怀斯托多罗斯(Hephaestodorus)、色菲索多罗斯(Cephisodorus)、他本人、狄奥格内图斯、斯明杜里德斯(Smindyrides)、菲劳克拉特斯(Philocrates)、安提丰(Antiphon)[③]、忒撒库斯(Teisarchus)、潘塔克列斯(Pantacles)。

---

① 当时雅典紧急成立了一个调查委员会来协助议事会调查密仪渎神案和赫尔美斯神像被毁案。

② 此人可能是柏拉图的一个朋友,柏拉图的对话中有一篇就以他的名字命名。

③ 此人与演说家安提丰不是同一个人。

诸位陪审员，请允许我提醒你们，你们已经听取了相关事实，并且对它们进行了核实[1]。

16 然后出现了第三份证词。根据阿克麦昂尼德(Alcmaeonides)的妻子——她以前曾嫁给达蒙(Damon)，取名阿加里斯特(Agariste)——如我所称，根据这位阿克麦昂尼德的妻子的说法，阿克比阿德斯、阿克西奥库斯(Axiochus)和阿德曼图斯(Adeimantus)在与奥林皮埃乌姆(Olympieum)[2]相邻的查尔米德(Charmides)家里举行了密仪。得到这一消息，这些人也都立刻逃亡国外了。

17 除他们外，还有一个证人。他是特马库斯(Themacus)的佛里克列斯(Pherecles)的奴隶，名叫吕杜斯(Lyclus)。据他说，人们是在他主人佛里克列斯在特马库斯的房子里举行密仪的。他提供了一个有关人员的名单，其中包括我的父亲。吕杜斯说，我父亲当时在场，但以斗篷蒙脸睡着了。作为议事会的成员之一，斯佩西普斯(Speusippus)把嫌疑人全部移交给了适当的法庭。我父亲立刻被保释[3]了，并控告斯佩西普斯的建议非法。案子被提交给由 6000 公民组成的陪审团[4]。我必须重申的是，当时是 6000 名陪审员，可是斯佩西普斯只得到了 200 票。我还可以补充的是，我父亲当时所以留在国内，部分是因为他的亲属们的请求，但主要是因为我本人的请求。

18 请传唤卡里阿斯和斯特芬诺斯(Stephanus)，是的，还请传唤腓力普斯(Philippus)和阿力克西普斯(Alexippus)。腓力普斯和

---

① 也就是说，狄奥格内图斯非常了解情况，没有对上述陈述与名单表示异议。

② 指雅典的奥林皮斯的宙斯神庙。该神庙始建于雅典僭主庇西特拉图(Pisistratus)时期。庇西特拉图死后工程被放弃，直到罗马皇帝哈德良(Hadrian)时才重新开工并完成。因此，这时的奥林皮埃乌姆也许只是个宙斯的祭坛。

③ 安多基德的父亲叫列奥哥拉斯(Leogoras)，被保释的理由是他从来没有到过特马库斯，即使到了，也没有参与庆祝密仪的活动。所以需要保释金，是担心他万一诉讼失败，会逃亡国外。

④ 雅典陪审法庭每年一共选出 6000 名陪审员负责司法审判，一般分成人数不等的若干法庭审判案件。案情越重，陪审员越多。这里强调 6000 人参与审判，意味着当年所有陪审员都出席了审判。在雅典历史上，这是惟一的一次，或许反映了当时人们的紧张情绪。

阿力克西普斯是阿克门诺斯(Acumenus)和奥托克拉托(Autocrator)的亲戚,由于吕杜斯的控告,他们立刻逃亡国外了。奥托克拉托是其中一个人的侄子,阿克门诺斯是另一个人的叔叔。他们没有多少理由去喜欢、而且比任何人都更了解那个导致他们的亲属流亡国外的人。诸位证人,请面向法庭,证明我说的是不是实话。

〔证人出庭作证〕

19 诸位陪审员,既然你们都已清楚这些事实,证人们又已经证实了它们,那就请允许我提醒你们注意,原告们对这些事实做了无耻的歪曲。因为恰当的辩护毕竟是要复述原告的控告并驳斥它们,我这里先把原告的看法罗列出来。根据他们的说法,我本人在密仪问题上进行过告密,而且在我所列的名单上包括我自己的父亲,就是说,我是一个告密者,控告的是我父亲。我真想像不出有比这更无礼、更恶毒的说法了。实际上,控告我父亲的是佛里克列斯的奴隶吕杜斯,正是我说服父亲留在雅典而不是流亡,而且是在经过了无数次的恳求、并且抱着他的膝盖请求后才成功的。天哪,如果我真的像他们所说,控告了我的父亲,却又求他留在雅典,也就是说,使他成为我的行为的牺牲品,那我的目的又是什么呢?

20 此外,我们可以想像,我父亲同意接受一场对他肯定会产生一种或者两种可怕后果的审判,那就是:如果对他的控告被视为真实的话,那我的手上将沾上他的鲜血;如果他被无罪开释,他的手上则会沾满我的鲜血。因为法律规定,如果告密者的证词真实,那他应当被免于起诉;如果他的证词虚假,则会被处死。然而你们肯定清楚的一件事是:事实上我和我父亲都活下来了。如果我曾经控告了我父亲,那要么是他、要么是我应该死了。可是这样的事情没有发生。

21 那么,假设他真的愿意留下来,那你们可以想像,他的朋友们会同意他这么做吗?他们会去保释他吗?他们难道不会劝他改变主意吗?他们难道不会请求他在国外找个避难的地方,这样不仅他本人不会受到伤害,而且还可以避免我的死亡吗?

22 不过，还是回到事实上来吧。在控告斯佩西普斯提出的建议非法时，我父亲一再强调的一件事是：他一生中从来没有到特马库斯访问过佛里克列斯，而且还同意以拷问他的奴隶来验证他的辩护[①]。他说，法庭一般不拒绝那些主动建议把奴隶交给法庭进行验证的人，而对那些不愿移交奴隶的，则强迫他们这样做。你们都知道，我父亲的话是事实。那么，如果说原告的话有任何真实性的话，那么斯佩西普斯能做的答复肯定是："列奥哥拉斯，为什么要说到你的奴隶？不是你的儿子把你告了吗？他难道没说你在特马库斯吗？安多基德，去证明你父亲有罪，不然你得到赦免的机会就没有了。"

23 诸位陪审员，你们说这是不是斯佩西普斯自然的回答呢？我认为是的。事实上，如果我进过法庭，如果我曾因与此事有关而被提到，或者说如果任何记录下来的证词或者名单中有我的名字，更不要说我本人要对此负责了，任何希望这样做的人都可以在这里站出来，证明它，并且控告我。就我个人来说，我从来不知道有任何人说过如此无礼、如此没有说服力的故事。

24 他们以为，他们所要做的就是要有足够的胆量提出一个控告的罪名。至于它是否会被驳回，他们从来没有想过。那么，请你们保持态度上的一致。如果他们所控告的是真实的，那你们的愤怒就会降临到我的头上，你们就会认为，即使给我最严厉的惩罚，也是我罪有应得。因此，既然你们已经看出他们是在撒谎，那我反过来要请求你们，把他们作为无赖对待，而且你们这样做也有很充分的理由，因为如果最严重的罪名被证明明显是虚假的，那就几乎可以不费劲地证明，那些不那么严重的罪名也是如此了。

25 上述这些就是人们提供的与密仪案有关的证词。如我所说，它们共有四件。在每一份证词之后，我都向你们宣读了因有关名

---

① 雅典的习惯是，当奴隶出庭作证时，都要先拷打一番。他们认为，这样奴隶就会讲真话。奴隶主们往往利用这一条，主动要求法庭拷问奴隶，以改善自己在诉讼中的地位。安多基德的父亲看来也是如此。

单流亡国外的人的名字，并且有证人作证。现在我要再多说点，以说服你们，诸位陪审员。在那些因密仪渎神案流亡的人中，有些已经死在国外了，但其他的人都返回了雅典，现在正生活在雅典。在我的请求下，后面的这些人今天都到庭了。

26 在法庭规定给我的时间内[①]，如果愿意的话，他们中的任何一位都可以指证我对他们中任何一个人的流亡应当负责，也可以指证我曾经告发过他们中的任何一位，或者说他们的逃亡不是因为我刚才向你们提到过的那些特别证词。如果有人能证明我说的不是真话，那你们可以任意惩罚我。现在我要中断我的辩护，让位给那些愿意走上前来控告我的任何人。

27 诸位陪审员，接下来发生了什么？在进行了各种告发之后，出现了奖励问题，按照克列奥尼穆斯(Cleonymus)法令的规定，奖励是1000德拉克马；按照皮山大(Peisander)法令的规定，奖励是10000德拉克马。[②] 结果在奖金分配问题上，我前面提到的告发者们之间出现了冲突。皮托尼库斯说，是他第一个把这件事提到人民大会上的。

28 安德罗克列斯(Androcles)[③]说，议事会的作用更加重要。于是人民大会决定，司法执政官法庭中那些曾经行过密仪入门式的成员应当得到上述人员的证词，以决定谁可以得到奖金。结果奖金的大部分给了安德罗马库斯，其余的给了特克罗斯。在泛雅典娜

① 与近现代司法审判不同的是，雅典法庭必须在当天对所审案件做出判决，因此，给原告和被告陈述的时间都是有限制的。时间是由一个水钟计算的。根据案件的重要程度，水量的多少也有差别。在宣读文件或者证词时，水流停止。在本案中，当安多基德站开让其他人控告他时，水流并未停止。

② 给告发者提供奖励的问题可能是在调查委员会建立后出现的。由于克列奥尼穆斯法令规定的1000德拉克马的奖励没有产生预期的结果，因此皮山大又把奖金提高到原来的十倍。

③ 告发者本来是前面提到的安德罗马库斯、特克罗斯、阿加里斯特和吕杜斯。这里又出现了一个叫安德罗克罗斯的人。从修昔底德第8卷第65节和普鲁塔克《阿克比阿德斯传》的第19节看，安德罗克列斯在调查密仪渎神案中发挥过重要作用，可能正是他把特克罗斯从麦加拉带到了雅典，并使案件的调查取得进展。他可能是以此为理由，希望分得部分奖金。

节[1]上,安德罗马库斯得到了 10000 德拉克马,特克罗斯 1000 德拉克马。请传证人确认此事。

〔证人作证〕

29 诸位陪审员,原告们控告我在密仪案中渎神罪的根据就是这些。你们这些行过密仪入门式的人,要调查的也是这些。我已经证明,我不曾犯过不敬神的罪过,我从不曾当过告发者;我从来没有承认自己有罪;而且凭良心发誓,无论罪行是轻是重,我从来不曾有任何行为会开罪于两位女神[2]。对我来说,说服你们相信此点特别重要,因为原告们给你们讲述的故事非常恐怖,描述了过去那些罪犯们对两位女神的嘲弄以及他们因所犯罪行而得到的悲惨结局。我要问你们的是,这些故事、这些罪恶与我有什么关系?

30 事实上,我才是真正的原告,他们是被告。他们已经犯了渎神罪。因此,我坚持他们应得到死刑。而我,因为没有任何过错,应当不受伤害地被开释。如果因为其他人的不法行为引起你们的愤怒,而你们把怒气撒在我的身上,或者你们明知是我的敌人应对此负责,可你们不去寻求真相,而宁愿相信那些对我的卑鄙攻击,那也太可怕了。任何犯了我们现在讨论的这些罪行的人,如果想以否认自己曾犯过这样的罪行洗脱自己的罪名,显然是不可能的。因为当法庭已经了解真相时,人们对被告的陈述进行的检验确实非常严格。然而对我来说,对事实的调查恰好与罪犯所处的尴尬境地相反,我勿需为寻求开释而诉之于乞求或者人们的同情心,我只是通过向你们说明实际发生的情况,来证明原告们的控告是荒谬的。

31 作为将决定我命运的陪审员,你们已经发过庄严的誓言。这些誓言是,作为陪审员,你们发誓保证判决将是公正的,否则将给

① 每年的赫卡托拜昂月(the Hecatombaeon)(公历 7 月或 8 月),雅典举行泛雅典娜节(the Panalhenaea),每四年有一次大节,特别隆重。节日上有文艺、体育竞赛、献祭、给公民分发食品等活动,雅典公民、外邦人等均可参加。

② 根据希腊传说,厄琉西斯密仪是为纪念谷物女神德墨特尔(Demeter)及其被冥王哈德斯(Hades)抢走的女儿波色芬尼(Persephone)创设的,所以这里提到两位女神。

你们本人和你们的孩子带来最可怕的诅咒。同时，那些参加过密仪的人，目睹过纪念两位女神的仪式，你们今日也在场，以惩罚犯有渎神罪的人，保护无辜者。

32 请注意，以不虔敬的罪名惩罚无辜者，其不虔敬的程度，不亚于开释罪犯。我以两位女神的名义，既为了你们已经目睹的密仪，也为了那些来到本邦参加节日的希腊人，再次更加郑重地提醒你们注意原告加在我头上的罪名。如果我曾经有过任何不虔敬的行为，如果我曾经承认自己有罪，如果我曾经告发过他人，或者说如果其他人告发过我，那么请判我死刑，我不会乞求怜悯。

33 可是，另一方面，如果我不曾犯过任何罪行，而且我所说的事实也让你们信服，那么我请求你们，要让所有希腊人都知道，我之被推到被告席上是冤枉的。如果控告我的色菲西乌斯今天没有得到五分之一的票，那他应该丧失作为公民的权利，禁止他踏上两位女神的圣地，违者处死[①]。现在，如果你们认为我的辩护令你们满意，那请表达你们的赞同态度，以便我更有自信进行后面的辩护。

34 接下来我要谈神像被毁坏案以及对相关人员的控告问题。我将按照我已经许诺你们的，把整个过程从头告诉你们。在他从麦加拉返回雅典后，特克罗斯得到了特许赦免。于是，除了说出有关密仪的情况外，他还提供了一个应对神像被毁坏负责的 18 人的名单。在这 18 人中，有些在面临控告时流亡国外了，其余的根据特克罗斯的控告被逮捕和处死了。请宣读他们的名字：

35 名单——在赫尔美斯神像被毁坏案中遭到特克罗斯控告的人是：优克特蒙(Euctemon)、格劳西普斯(Glaucippus)、优里马库斯(Eurymachus)、波里欧克托斯(Polyeuctus)、柏拉图(Pla-

① 按照雅典法律规定，如果原告没有得到五分之一的支持票，他将被罚款 1000 德拉克马，而且剥夺他以后提起类似诉讼的权利。如果案件涉及宗教问题，如安多基德现在的案子，原告还会被剥夺进入该神灵神庙的权利，违者以不虔敬罪论处。

to)[①]、安提多罗斯(Antidorus)、查里普斯(Charippus)、提奥多罗斯(Theodorus)、阿里斯特尼斯(Alcisthenes)、麦涅斯特拉图斯(Menestratus)、厄里克斯马库斯(Eryximachus)、欧斐勒图斯(Euphiletus)、优里达马斯(Eurydamas)、佛里克列斯、梅勒图斯[②]、提曼特斯(Timanthes)、阿基达穆斯(Archidamus)、特勒尼库斯 Telenicus。

上述人员中,有些已经回到了雅典,而且今天也到了法庭,那些已经处死的人中,有些人的亲属今天在这里。在法庭给我的时间里,如果我曾经是他们中任何一个人流亡或者被处死的原因,他们无论是谁都可以走上前来指控我。

36 接下来所发生的事情是这样的。在调查委员会中有皮山大和查里克列斯(Charicles)[③],当时人们认为他们是最狂热的民主派。他们两人坚持认为,这桩罪行不是一小撮罪犯干的,而是企图推翻民主政府的有组织的行为。因此,调查应该一如既往地积极进行。结果,雅典陷入了这样一种状态:当议事会召集开会时,使者降了旗,由于所有人都害怕被逮捕,公民们看到这一标志,匆忙离开了广场,很像议事会成员看见信号以后急忙走向议事会大厅的情形。[④]

---

① 这个柏拉图和苏格拉底的学生、哲学家柏拉图不是同一个人。

② 这个梅勒图斯与密仪渎神案中出现的梅勒图勒是同一个人。

③ 这两个人都是当时雅典政坛上的活跃人物,善于看风使舵。公元前415年,皮山大似乎是一个狂热的民主派,但到公元前412年底,他已经和寡头分子混到了一起,并且成了他们的坚定支持者和领袖,公元前411年雅典民主的倾覆很大程度上与他有关。四百人政府垮台后,皮山大逃到了当时由斯巴达人据守的狄塞里亚(Decelea)。他被雅典人缺席判处死刑,其财产也被没收,从此在历史上销声匿迹。查里克列斯后来也成了四百人政府的成员。该政府垮台后,他同样逃到了狄塞里亚。公元前404年,借助于斯巴达颁布的流亡者回国的法令,他返回了雅典,成为三十僭主之一,并且犯下了一些令人发指的罪行。三十僭主被推翻后,他再也没有在文献中出现过。

④ 这段话多少有些费解。据古代作家记载,当雅典公民大会要开会时,广场上会升旗,人民大会散会后,旗帜会降下来。如果这里所说的就是作为人民大会开、散会的旗帜,议事会的会议就是在人民大会休会后立刻举行的,当时雅典广场上应当挤满了来自皮尼克斯山(the Pnyx)的公民。但情况也可能是:旗帜平时就在议事会大厅的房子上。当议事会开会时,它就被降下来。人民大会的散会和议事会的开会同时发生。由于议事会实际上是每天开会,所以安多基德这里所说的议事会开会,可能是特指当天为赫尔美斯神像被毁坏案召开的会议,它紧接着人民大会举行。

37 这种普遍的沮丧情绪促使狄奥克列伊德斯向议事会提出了控告。他声称,他知道是谁破坏了赫尔美斯神像,认为他们大约有300人。他接着说明他如何碰巧目睹了这桩罪行的经过。诸位陪审员,现在我希望你们仔细考虑一下,请你们试着回忆一下,我是否说了真话,并且请告诉你们的同伴,因为狄奥克列伊德斯正是在你们面前提出控告的,你们就是已经发生的事情的见证人。

38 狄奥克列伊德斯说,他需要从他在劳里昂银矿(Laurium)[①]的一个奴隶那里收取租金。由于弄错了时间,所以他起得很早,借助满月的月光上路了。当他通过狄奥尼修斯剧院(the Theatre of Dionysus)大门的时候,他注意到有一大帮人从礼堂(the Odeum)[②]进了剧场的舞台前。因为吃惊,他退到了阴影里,蹬伏在柱子和将军青铜像[③]的基座之间。然后他发现大约有300人站在那里,分成5个、10个、有些是20个人的小组。因为他能在月光下看见他们,多数人他都能认出来。

39 诸位陪审员,让我们由此开始分析,狄奥克列伊德斯所以让他的叙述采用这样一种特殊的形式,是因为他可以根据喜好,任意指认任何公民是不是罪犯。这可真是个恶毒的方法。然而,还是让我们接着叙述他的故事。在看完他看见的事情后,他继续前往劳里昂。第二天,当他听说赫尔美斯神像被毁坏后,他立刻想到是他看到的那帮人干的。

40 当他回到雅典时,他发现人们已经成立了一个委员会调查此事,并且给那些提供线索的人100明那[④]的奖金。当他看到卡里阿斯的兄弟、特罗克列斯(Telocles)的儿子优菲穆斯(Euphemus)正

---

① 劳里昂银矿位于阿提卡南部,是雅典最大、最重要的银矿,由国家出租给私人开发。承租者如果奴隶不多,就会雇佣别人的奴隶工作,奴隶所得的收入上缴给主人。

② 狄奥尼修斯剧院位于卫城的东南坡,与伯里克利(Pericles)修建的礼堂相邻。

③ 将军青铜像是指剧场中地米斯托克利(Themistocles)和米提阿德斯(Miltiades)的像,但不知具体是指哪一座。

④ 当时雅典的币制是:1塔兰特=60明那,1明那=5斯塔铁尔,1斯塔铁尔=20德拉克马,1德拉克马=6奥波尔。

坐在自己的铁匠铺里时，他就带着优菲穆斯到赫怀斯托斯大庙(the Temple of Hephaestus)。然后，他描述了我前面跟你们描述的情形后，说他在那一夜里怎样看到了我们。他说，他不愿与我们为敌，因此他宁愿拿我们的钱而不是国家的钱。优菲穆斯对狄奥克列伊德斯对他的信任表示感谢，接着说，“那么，请您屈尊到列奥哥拉斯家来，这样我和你就能见到安多基德以及其他我们需要请示的人。”

41 据狄奥克列伊德斯说，他第二天来造访。当他正准备敲门时，我父亲正好从里面出来。他问道：“你就是那个他们一直在里面等的人吗？好吧，我们可不能把像你这样的朋友拒之门外。”说完这些话后，父亲就离开了。这是企图证明我父亲参与了那天的阴谋，从而达到致之于死地的目的。

我们通知了狄奥克列伊德斯，或者按他的说法，我们已经决定给他两个塔兰特的银子，以对抗国家许诺的100明那，并且承诺，如果我们达到了目的，那他也应成为我们中的一员[①]。

42 双方还准备为良好的信誉宣誓。狄奥克列伊德斯回答说，他需要再好好考虑，而我们告诉他，要他在卡里阿斯的家里见他，以便特罗克列斯的儿子卡里阿斯也能在场。这个企图与前面的相似，是想致我妹夫于死地[②]。

狄奥克列伊德斯说，他去了卡里阿斯的家，在达成协议后，他在卫城中发了誓[③]。就我们这方面说，我们同意在下个月给他钱，但我们没有兑现承诺，如期付钱，因此，他就把真相说了出来。

43 诸位陪审员，这就是狄奥克列伊德斯对我们提出的控告。他列出了一个42人的名单，声称他已经认出了这些人，名单开头的两个就是曼提特乌斯(Mantitheus)和阿普色菲昂(Apsephion)。他们是议事会的成员，正在出席当时的会议。皮山大立刻站了起来，提

---

① 这个意思是暗示：毁坏赫尔美斯神像确实是整个推翻民主政治阴谋的一部分。如果寡头政变成功，狄奥克列伊德斯也会在未来的政府中有一个位置。如果真的如此，则可证明安多基德等人确实参与了阴谋。

② 据后人考证，安多基德的妹妹嫁给了卡里阿斯。

③ 即在卫城的一座神庙中，以该神的名义起誓。

出了下述动议:斯卡曼德里乌斯(Scamandrius)担任执政官时通过的法令[①]应当废止,所有那些在名单上的人都应受到拷问,以便在夜幕降临之前确保抓到所有有关人员。

44 议事会大呼表示赞同。于是,曼提特乌斯和阿普色菲昂躲到炉灶边寻求庇护,并请求允许他们交纳保释金和接受审判,而不是遭到拷打。最后,人们答应了他们的请求。可是,他们交保释放后,立刻跳上马背,逃到敌人那边去了,根本不管他们的保释金了,因为作为囚犯的保释人,他们现在面对的是同样的惩罚。

45 议事会于是秘密开会。在此过程中,它发布了逮捕我们的命令,并对我们严加看管。然后,他们召来了将军们,要求他们宣布了下述命令:住在雅典城本身的公民们立刻全副武装开赴广场;住在长墙(the Long walls)之间的公民到提修斯大庙(the Theseum)集合;住在比雷埃夫斯的公民到希波达摩斯广场(the Agora of Hippodamus)集中;骑兵应当在夜幕降临之前,根据军号声集中到安那克乌姆(the Anaceum),议事会则在卫城(the Acropolis)上、主席团(the Prytanes)在国宴厅(the Tholus)过夜[②]。同时,得到消息的比奥提亚人(the Boeotians)开上了战场,囤兵边境。而狄奥克列伊德斯、所有这一切不幸的始作俑者,却被欢呼为雅典的拯救者,头上戴着花冠,坐着牛车到了普里塔尼姆(the Prytaneum),在那里受到款待。

46 现在,我首先想请你们中目睹了这一切的人再度回忆当时的情景,并将其向不在场者描述一番。接着我请求法庭秘书传当时担任主席团的人员菲洛克拉特斯(Philocrates)及其同僚作证。

---

① 该法令规定,在调查公民时,不得使用拷打。因为当时事情紧急,议事会被授权全权处理,因此,如果它认为合适,它可以废止相关法令。

② 希波达摩斯广场即比雷埃夫斯广场。作为雅典的港口,比雷埃夫斯几乎是雅典的生命线,它在公元前5世纪得到迅速发展,并根据米利都的建筑师希波达摩斯(Hippodamus)的规划进行了改造。安那克乌姆是复仇之神庙;国宴厅是一座圆形建筑,位于雅典广场,它和下面提到的普里塔尼乌姆是同一个建筑。因议事会主席团每天在这里用餐,那些杰出的外邦来访者也在这里接受款待,所以译成国宴厅。

〔证人宣读证词〕

47 我现在还要向你们宣读那些受到狄奥克列伊德斯控告的人员的名单,这样你们就能发现,他试图把我的多少亲属和亲戚导向灭亡。首先是我父亲,然后是我的妹夫。他把我父亲描绘为阴谋的参与者,同时宣称我妹夫家的房子是集会的场所。至于其余的名字,你们会听到的。请向法庭宣读。

阿里斯托泰列斯(Aristoteles)的儿子查尔米德

他是我姑表兄弟,他母亲和我父亲是兄妹。

陶热阿斯(Taureas)

我父亲的表兄弟。

尼撒埃乌斯(Nisaeus)

陶热阿斯的儿子。

阿尔克麦昂(Alcmaeon)的儿子卡里阿斯

我父亲的表兄弟。

优菲穆斯

卡里阿斯的兄弟,特罗克列斯的儿子。

奥克撒麦诺斯(Orchesamenus)的儿子佛里尼库斯(Phrynichus)[①]

表兄弟。

欧克拉特斯(Eucrates)

尼西阿斯[②]的兄弟,卡里阿斯的妹夫。

克里提阿斯(Critias)[③]

我父亲的另一个表兄弟,他们的母亲是姐妹。

① 有些学者认为此人是以前的同名舞蹈家。
② 尼西阿斯就是那个死在西西里的雅典将军尼西阿斯。
③ 克里提阿斯后来成为雅典三十僭主的首领。

所有这些人都出现在了狄奥克列伊德斯提出的最后40人的名单中。

48 我们全部都被投进了一座监狱。黑夜降临，门被关上了。母亲们、姐妹们、妻子们和孩子们全都聚集在一起。除了这些可怜人因降临到他们头上的灾难而发出的痛哭和呻吟外，没有任何其他声音。在此过程中，和我同龄的表兄弟查尔米德——他还是孩子时就在我们家了，后来在我们家长大——对我说。

49 “安多基德，你看，我们处境绝望。我从来不想说任何让你为难的话。可是，如今我们的尴尬处境让我无可选择。你在本家族之外的朋友和熟人全都遭到了控告，罪名和人们控告我们没有犯过的罪相同。他们中的一半已经被处死了，另一半则以逃亡国外的方式承认了他们的罪名。

50 我求你，如果你听到过任何和这件事有关的事情，把它揭露出来。拯救你自己；拯救你父亲，这一定是你在这个世界上最亲爱的人；拯救你的妹夫，你惟一的妹妹的丈夫；拯救所有那些因血缘或者家庭与你连在一起的人们；最后，请救救我。在这一生中，我还从来没有让你厌烦过，而且总是愿意为你和你的利益做任何事情。”

51 诸位陪审员，由于查尔米德的请求，也因为他的请求得到了其他人的响应——他们挨个向我提出请求——我心里想：“天哪，永远、永远不要让一个男人发现他处在比我更可怕的窘境。当我的亲人因为他们不曾犯过的罪名死去，当他们本人被处死、家产被没收时，我难道要袖手旁观吗？我怎能允许那些人的名字因为他们完全没有犯过的罪过被刻在石头上，从而作为应受诅咒的名字人尽皆知呢？我是对300名雅典人被冤枉处死、雅典陷入绝望境地、公民之间相互猜忌无动于衷呢，还是向我的同胞披露我从真正的罪犯欧斐勒图斯那里听来的事情呢？

52 然后，诸位陪审员，我又有了一个想法。我提醒我自己，一些应对赫尔美斯神像被毁坏负责的罪犯，已经根据特克罗斯的告发被处死了，其余的都逃亡国外，并且被缺席宣判了死刑。事实上，特克罗斯没有告发的人中，只有四个还留在国内，他们是帕那提乌斯、查里德摩斯(Chaeredemus)、狄亚克里图斯(Diacritus)和吕西斯特拉图斯(Lysistratus)。

53　由于他们一直是那些被处死的人的朋友，因此，我们可以设想，只有在他们第一批受到狄奥克列伊德斯的告发情况下，事情才是合理的，所以，他们是否会逃跑仍值得怀疑。不过，可以肯定的是，如果雅典人不了解真相，我的亲人们会死去。我觉得最好是让这四个人得到剥夺权利的应得惩罚——这些人今天还活着，并且被恢复了家室和财产——而不应让其他没有做过任何这类事情的人被处死。

54　那么，诸位陪审员，如果是你们中的任何一位，或者说是在场的各位中的某些人，曾经有过这样的想法，认为我以他人的生命为代价来求得自己的活命，因此控告我的朋友——我的敌人们捏造了这个故事，他们期望把我描绘成最黑心的人物——那就请你们自己凭这些事实进行判断。

55　就今天的形势来说，提供一个关于我本人的忠实的叙述，不仅是我的义务——请记住，我是当着那些因犯了我们正在讨论的这些罪行逃亡国外的那些真正的罪犯的面叙述的，他们比谁都清楚我是否在撒谎，而且他们已经得到了我的许可，可以打断我的叙述，并证明我所说的不是真相——而且对你们来说，发现事情的真相，意义一点也不小。

56　诸位陪审员，我所以这么说，是因为在这场审判中，我的主要任务是防止人们因为我的逃亡而对我的印象变得更糟。我首先是要让你们、然后是全世界都了解，我的行为的动机从始至终都是雅典非常恶劣的境地造成的。比这稍次要的，是我的家庭的悲惨处境，而不是我的缺乏原则或勇气。我还要让你们明白，我所以要披露欧斐勒图斯告诉我的事情，完全是因为关心我的亲戚、朋友以及我对整个国家整体状况的关心。对任何人来说，这样的动机都不是丢脸的事，毋宁说是光荣。如果能够证明这一点是真实的话，我认为，我应得到的就是，我被开释，使我良好的名声不受损害。

57 诸位陪审员，在考虑一件案子的判决时，法官们应当给人类的弱点留有空间，就好像如果他处在同样困境中的时候，他会做的那样。你们自己会怎么办？如果在高贵的死亡与以荣誉为代价而保存性命之间进行选择的话，我的行为也许会被看成卑贱的——尽管许多人会做出和我完全相同的选择。他们也许宁愿活下来，而不是像英雄那样死去。

58 可我所做的选择恰好相反。另一方面，如果我仍保持沉默，我本人就会因为我不曾犯过的渎神罪屈辱地死去。此外，我父亲、妹夫以及一大群亲戚和表亲也会死去。是的，如果我拒绝说出其他应对此负责的人，那就是我，而且是我一个人将他们送上了黄泉路，因为狄奥克列伊德斯已经用谎言把他们送进了监狱。只有他们的同胞充分了解事情的真相，他们才能得救。如果我拒绝说出我听到的事情，那我就是杀死他们的凶手了。此外，我还会导致300名雅典公民的死亡，而雅典的处境也日益绝望。这就是沉默的代价。

59 另一方面，如果我说出真相，我救了我自己，我救了我父亲；我还挽救了家族的其他成员；并且让雅典摆脱那引起如此巨大动荡的恐慌。确实，我把那四个人送上了逃亡路，但这四个人都有罪。至于其他受到特克罗斯控告的人，我肯定，无论是他们的死亡还是逃亡，都没有因为我披露的信息而处境更加恶化一分。

60 诸位陪审员，考虑到所有这一切，我发现，对我来说，最不会受到责备的方式就是尽可能快地说出真相，证明狄奥克列伊德斯撒了谎，以便让那个恶棍受到惩罚。他使我们将被冤枉处死；虽然是强加给公众的，却因其提供的服务得到奖赏，被欢呼为国家的最大善人。

61 因此，我告诉议事会，我知道谁是罪犯，并且披露了真实的情况。我说，这个想法是欧斐勒图斯在一次酒会上向我提出来的。可是，我反对这个计划，并且暂时成功地阻止了这件事的实行。可是，后来我在库诺撒格斯（Cynosarges）[①]从我的一匹小马上摔了下来。我锁骨骨折，头也磕破了，只好坐着担架回家。

62 欧斐勒图斯看到我的情况，就告诉其他人说，我已经同意加入他们一伙，并向他许诺要毁坏福波斯（Phorbas）圣地旁边的赫尔美斯神像，作为我参与这场恶事的表示。他告诉他们这件事的目的是欺骗他们，这就是为什么你们都看到，树立在我家附近的、由埃该伊德（Aegeiid）部落奉献的赫尔美斯神像，是雅典惟一没有被毁坏的神像的原因，他们以为，我会像欧斐勒图斯所许诺的那样，去毁坏它的。

63 在其他人了解到事情真相后，感到非常气愤，认为我参与了阴谋，却没有发挥积极作用。第二天，梅勒图斯[②]和欧斐勒图斯访问了我。他们告诉我，"安多基德，我们把一切都安排好了。现在，如果你同意保持沉默，什么都不说，你会发现，我们还像以前一样是好朋友。如果你不这样做，那你会发现，由于你对我们的背叛，你在把我们变成你的敌人方面，比你获得新的朋友更加成功。"

64 我回答说，由于欧斐勒图斯所做的事情，我肯定会把他当作一个恶棍。对他和他的同伙来说，值得害怕的不是我了解这桩阴谋，而在于他们的行为所造成的事实。

为了支持我的陈述，我把奴隶交出来以供拷问，结果证明我那个时候正在生病，甚至没有离开自己的床榻。主席团逮捕了罪犯们用做活动基地的那一家的女奴隶。

65 议事会和调查委员会进行了周密的调查，最后他们发现，事情的真相正如我所说，证人也毫无例外地印证了我的说法。于是，他们召来了狄奥克列伊德斯。人们没有费多少时间进行交叉询问，因为他立刻承认他一直在撒谎，并且请求怜悯，要求在他说出是谁让他捏造事实后，他可以得到赦免。他说，罪犯是菲古斯（Phegus）的阿

---

① 该地位于雅典东郊的狄奥美安门（the Diomean Gate）附近。

② 梅勒图斯的名字在密仪渎神案中出现在安德罗马库斯的名单中。在赫尔美斯神像被毁坏案中，他的名字又和欧斐勒图斯一道出现在特克罗斯的名单上。

克比阿德斯[①]和埃吉那(Aegina)的阿米安图斯(Amiantus)。

66 由于害怕,阿克比阿德斯和阿米安图斯立刻逃到国外去了。在你们本人了解了这些事实之后,你们把狄奥克列伊德斯送交法庭,并判处他死刑。你们释放了那些待决的囚犯——他们是我的亲属和亲戚,只是由于我的缘故,他们才得救了——你们迎回了逃亡者;你们扛起武器,四散回去了;你们免除了可怕的危险和担心。

67 诸位陪审员,我发现我现在的处境不仅值得你们所有人同情,而且我的行为无疑会让你们认为,我的人格是完美的。当欧斐勒图斯建议我们相互保证,以进行最可怕的背叛时,我反对他,抨击他,给了他应得的谴责。然而,当他的同伙犯罪后,我为他们保守秘密。是特克罗斯的告发导致了他们的死亡或者逃亡。而这件事发生在我们因狄奥克列伊德斯的告发被关进监狱、且面临死亡的威胁之前。在我们被监禁后,我告发了四个人,即帕那提乌斯、狄亚克里图斯、吕西斯特拉图斯和查里德摩斯。

68 我承认,我应对这四个人的流亡负责。但是,我拯救了我的父亲、妹夫、三个表兄弟和七个其他的亲人[②],否则的话,他们都会被冤枉处死。他们所以能活到今天,那是因为我,而他们也是第一个承认这件事的。此外,那些把整个雅典导向混乱、并且威胁到她的根本生存的人被揭露出来了,你们本人的担心及相互之间的猜忌也被消除了。

69 诸位陪审员,请回忆一下,我所说的一切是否都是真实的。如果你们了解了事实,那就为那些没有犯罪的人平反。接下来我请法庭秘书传那些因为我而被开释的人到庭。对于那时发生的事情,没有人比他们了解得更清楚,也没有人比他们能给法庭更好的解释。诸位陪审员,情况现在是这样:只要你们愿意听,他们将在证人席上为你们叙述事情经过。等你们感到满意了,我将继续我辩护的其余部分。

---

① 此人并非当年的雅典将军阿克比阿德斯,而是同名的堂兄弟。

② 这里和前面所说的显然有矛盾,在那里只提到了父亲、妹夫、两个表兄弟和五个其他亲属或亲戚。古代的抄本显然在这里出了差错,但目前的资料不允许我们确定哪一个是正确的。

〔见证人宣读证词〕

70 现在你们已经准确了解了当时所发生的事情，我认为，我已经给你们提出了必要的解释。可是，如果你们中的任何一位希望进行更深入的了解，或者认为哪一点没有得到满意的解释的话，或者说我省略了什么的话，他可以起立后提出来，我会回答他的询问。不然的话，我将要接着向你们说明法律方面的问题了。

71 我承认，色非西乌斯对我的控告是合法的。可是，他所依赖的法律是一个旧的法令。该法令由伊索提米德斯提议通过，但与我根本无关。伊索提米德斯的法令①规定，将所有犯了渎神罪并承认自己有罪的人排除于神庙之外。可我与这两件事都无关系：

72 我不曾犯过渎神罪，也不曾承认自己有罪。此外，我将向你们证明，有关的法令已经被取消并失效了。我知道，我的辩护方式是危险的。如果我没能说服你们，我本人会成为牺牲者；如果我成功地说服了你们，那我的敌人们也会被开释②。可是，我必须陈述事实。

73 在失去了你们的舰队以及雅典被包围后，你们讨论了重新联合起来的方式和方法。根据帕特罗克列伊德斯的提议③，你们决定恢复那些已经失去了公民权的人的权利。那么现在我就要说明，是哪些人被剥夺了公民权？他们的权利丧失之间有什么区别？

首先，是那些欠了国库债务的人。他们包括：那些曾经担任公职、卸任时未通过审查而被判刑的人④；那些已经法庭判决、却拒绝履行义务的人⑤；那些在国家诉讼中失败，或者被行政官员经司法程

① 该法令是公元前415年通过的。

② 安多基德的意思是，如果他能够证明他应当受到公元前403年通过的大赦令的保护，那他实际上就创造了一个先例：他的敌人们也会援引大赦令，免除对他们在公元前403年以前所犯罪行的惩罚。下面的叙述对此有详尽解释。

③ 公元前405年9月，雅典在羊河之战中失败，舰队全军覆没，雅典随后被斯巴达及其同盟国的军队包围。帕特克列伊德斯的法令是当年秋天通过的。

④ 按照雅典法律规定，所有公职人员在卸任时都必须通过议事会和人民大会的审查。未通过者会受到惩罚，轻者罚款，重者处死。

⑤ 指那些在诉讼中虽已失败、却拒绝向原告支付法庭规定的补偿或者拒绝把财产移交给法庭确定的新主人的人。

序罚款的人。那些承包了国家税收然后又拖欠税款，以及那些为拖欠税款者提供担保的人[①]。这些人应在八届主席团[②]任内交纳所有欠款，否则，总数将会加倍，其财产也会被抵押。

74 以上是剥夺公民权的形式。根据第二项规定，那些拖欠税款的人失去所有人身权利，但保留他们对其财产的所有权。这个类别还包括所有那些因偷窃或者接受贿赂被判刑的人。按照法律规定，他们和他们的后代都将失去人身权利。同样，所有那些临阵脱逃、被认定逃避军役、表现懦弱或者不让自己的船参战的人[③]；那些抛弃了自己盾牌或者曾因三次做伪证或虚假签署传票[④]而被判刑的人；那些虐待父母被判有罪的人；都将丧失人身权利，同时保留对他们财产的所有权。

75 还有一些人在某些特定的方面权利受到限制。他们只是部分地而非全部被剥夺公民权。那些在四百人政府时期仍留在雅典的士兵就是这样的一个例子。他们享有普通公民的所有权利，只是不能在人民大会上发言，也不能担任议事会议员。他们失去了这两项权利，因为就他们的情况来说，他们权利的有限丧失采取的就是这种形式。

76 还有一些人被剥夺了提起诉讼或者进行告发的权利；另有一些人不能航行到赫勒斯滂(the Hellespont)或者渡海到爱奥尼亚；此外还有一些人被特别禁止进入雅典广场。

你们的法令规定，这些法令的原件以及副本都应当废止，通过在卫城中交换相互保证的誓言，你们弥合了分歧。现在请宣读达成这一切的帕特罗克列伊德斯法令。

---

① 雅典国家一般是把收税权拍卖，出价最高者得到征税权。所有税收收齐后，由承包人将其上缴国库。由于税金数字较大，一个人难以承包，所以会有多个包税人联合承包。承包到手后，承包人的负责人需要先给国家交纳一笔担保金。这里所说的就是承包人及其负责人。

② 雅典议事会共分为十个主席团，每个主席团分别在一年中的十分之一的时间里主持公民大会和处理国家事务，因此这里所说的八届主席团任期相当于1年时间的五分之四。

③ 指那些担任三列桨战舰舰长的人。

④ 按照雅典法律规定，原告必须亲自送传票，而且要当面交给证人。这些证人的名单写在传票上。如果原告本人未送传票，而以证人的名义作证，并通过欺骗手段赢了官司，被告有权控告相关证人。

77 法令——根据帕特罗克列伊德斯的动议，雅典人已经决定，那些被剥夺了公民权的和欠有国库债务的人都可以不受惩罚地在人民大会上发言，人民将通过波斯战争时期那样的法令[①]，事实证明这些法令对雅典有益处。下列人员的名字，无论何处的公共文件上记载了他们的过错，都应当由收入监管员和议事会根据即将通过的法律取消，所有这类文件的副本都应由司法执政官和其他行政官员制作。

78 这些人是：在卡里阿斯为执政官之年[②]议事会最后一次开会前尚未从名单中排除的人，那些由收入监管员、雅典娜及其他神灵的财务保管，或者由王者执政官记录在案的人；所有那些在此之前因债务失去公民权的人；所有那些离职时在审记办公室接受审查、因管理失职被判有罪的人；所有那些因管理失职被控告、但尚未公开审判的人；所有那些被判决剥夺某些权利的人；所有那些因担保造成拖欠税款而被判刑的人；所有那些被登记为四百人政府成员的人；以及那些在寡头政治时期因反对他们而被记录在案的人。但一定要排除下列人员：那些被记录为逃犯的人；那些因杀人罪受到战神山议事会[③]审判的人；或者那些受到五十一人法庭[④]审判的人，这个法庭总是在普里塔尼乌姆或者德尔斐尼乌姆、在王者执政官的主持下审判。

79 那些现在正逃亡国外或者被判死刑的人；那些犯有大屠杀罪或者企图建立僭主政治的人。这件事情应在人民批

---

① 公元前480年左右，雅典因面临波斯大军的入侵，为共同对敌，雅典通过法律，召回了所有被流放到国外的人，其中包括雅典著名政治家和将军阿里斯提德(Aristides)。

② 即公元前406/405年。

③ 雅典最古老的权力机构之一，由退休执政官组成，梭伦改革前为雅典宪法的监护者，后因人民大会权力加强，其地位逐渐下降。公元前462年厄菲阿尔特改革时，剥夺了该机构几乎所有的权力，只为其保留了审判故意杀人罪的权力。

④ 该法庭可能是雅典最古老的司法机构之一。根据审判案件的性质不同，他们审判的地点也会变化。在审判因正当理由杀人的案件时，他们在普里塔尼乌姆的圣域；在审判不知罪犯为谁、或者死亡是因某种不会移动的工具引起的杀人案件时，他们在阿波罗—德尔斐尼乌斯的圣地；在审判已因杀人罪流亡、但又被控第二次杀人、并且犯罪地点是在阿提卡的案件时，审判的地点是在比雷埃夫斯的海边，那时被告只能从船上答辩。

准该法令后的3天内完成,任何人都不准保存那些人民已经决定取消的文件的副本,在将来也不得在任何时候不怀好意地引用这些过去的文件。那些这样做的人将被作为逃犯由战神山议事会法庭审理[①],从而使雅典人现在和将来都能安全地生活。

80 根据这一法律,你们恢复了那些丧失公民权的人的权利。但无论是帕特罗克列伊德斯的建议,还是你们颁布的法律,都不包含任何恢复流亡者权利的条款。可是,在你们接受了斯巴达的条件、拆毁长墙后,你们也允许流亡者返回了。然后,三十僭主掌握了政权,接着是菲列和慕里奇亚的占领[②]。对于那些残酷的斗争,我本人和你们都不愿回忆。

81 在你们从比雷埃夫斯回来后,尽管你们有机会复仇,但你们决定让过去的成为过去。你们认为雅典的安全比私人争端的解决更加重要,因此,你们议定,双方都应当忘记过去。据此你们选举了一个二十人委员会来管理雅典,一直等到新法典生效。在这个间隔期中,实行的是梭伦和德拉古的法典。

82 可是,在根据抽签选出一个议事会并选举法典委员会[③]以

① 意思是:如果他在雅典境内,将会被处死。

② 这里涉及伯罗奔尼撒战争结束后雅典发生的一系列事件。公元前404年,雅典被迫向斯巴达投降,交出舰队,拆毁从雅典到比雷埃夫斯的长墙。在斯巴达的支持下,以克里提阿斯为首的三十僭主掌握了雅典政权,大肆迫害、屠杀雅典公民。民主派在塔拉绪布罗斯的领导下,于公元前404年冬天占领了阿提卡北部边界的菲列,接着进军比雷埃夫斯,并在慕里奇亚设防。三十僭主试图反击,但在交战中他们的领袖克里提阿斯被打死。公元前403年,三十僭主政府垮台,其余党逃往厄琉西斯,并在那里坚持到公元前401年,最后被雅典消灭。为保持雅典稳定,民主派放弃了复仇,并通过大赦令,禁止以后再有人因此提起诉讼。大赦令保证了雅典公民的团结,使雅典在公元前4世纪再度成为强国。

③ 根据雅典法律,每年都会用抽签选举法从陪审法庭中产生一个法典委员会来修改现存法律,监督人们提出的新法案。但这里提到的法典委员会不同,它由500人组成,是根据德莫选举的。它与议事会合作修改雅典法律。但人们发现雅典过去的法律十分混乱、而且会使许多公民受到惩罚,因此需要对法律进行大规模的修订。于是议事会从500人的法典委员会中又选出一些人组成新的委员会,以起草新的法典。他们所拟订的条款需要提交议事会,并且需要得到议事会和法典委员会其余成员的同意。在新法典公布前,在雅典实行的是梭伦的法律和德拉古关于杀人罪的法令。

后，你们发现，由于过去的事件，根据梭伦和德拉古的法律，有不少人会受到惩罚。因此，你们召集了一次人民大会来讨论这一困难，结果你们规定，所有的法令都应当予以修订，那些得到赞同的条款应当刻在广场的画廊中。请宣读这一法令。

83 根据特萨美诺斯的动议，人民决定，雅典应当按照祖先们的方法治理，遵循梭伦的法律、他拟定的度量衡，以及我们以前实行的德拉古的法典。如果需要进一步立法，法律应当由议事会选出的法典委员会刊刻在木版上，公布于部落保护神的神像前，以便所有人都可以看到，并且在当月就移交给执政官。

84 可是，这些法律在移交之前，应当接受议事会以及根据德莫选出的500人法典委员会的审查——两者在工作前都要宣誓。此外，任何有这种意愿的普通公民都可以到议事会，提出改进法律的建议。法律得到批准后，将处在战神山议事会的监护之下，以保证执政官们只会运用那些经过批准的法律。那些已经得到同意的法律应当刊刻在墙上——以前这些法律就刻在那里——以便所有人都可以看到。

85 诸位陪审员，根据这一法令，雅典人对法律进行了修改。那些得到批准的法律被刻在画廊。在完成这一工作后，我们又通过了一个全面有效的法令。请宣读这项法律。

法律：在任何情况下，执政官们都不得执行那些未被刊刻的法律。

86 法律方面还有任何漏洞吗？如果不根据已经刊刻的法律，还有任何案件可以由执政官或者经由你们中任何一位的动议被提起诉讼吗？那么，如果说执行一条没有被刊刻下来的法律是非法的，那就肯定不可能执行一个没有被刊刻下来的法令[①]。

当我们看到大量公民因为以前的法律或者法令处境危险的时候，我们颁布了下述法律，以防止现在正发生的这样的事情发生。也就是说，我们希望阻止任何此类事件的发生，并使任何人都不可能因为恶意提出控告。请宣读这些法律。

87 法律：在任何情况下，执政官们都不得执行没有被刊刻公布的法律。任何法令，无论是议事会的，还是人民大会的，都不得凌驾于法律之上。任何法律，除非经过6000人出席的人民大会以秘密表决方式通过[②]，如果不是对所有公民一视同仁，都不得用来控告公民个人。

还有什么需要补充的？只有下面这条法律了，我将要求法庭职员向你们宣读。

法律：在民主政治时代，所有在私人诉讼和仲裁官作出的判决都将有效，可是，只有那些宇优克列伊德斯担任执政官之年[③]以来通过的法律才能生效。

88 诸位陪审员，你们认为，在民主政治下、在私人诉讼和由仲裁官作出的决定仍然有效。你们这样做的目的是避免取消债务和重开此类诉讼，同时保证私人契约的履行。另一方面，在那些因起诉、控诉、告发或者逮捕被判犯公共罪行的问题上，你们规定，只有自优克列伊德斯任执政官以来通过的法律才算有效。

---

① 在雅典，法律和法令之间是有差别的。法律(nomos)出现的时间早些，带有习惯法的意味，似乎受到更多的尊重；法令(psephisma)则指公民大会经过讨论、投票通过的命令。只是从公元前5世纪中后期起，才获得了法律的地位。

② 按照雅典法律，凡进行陶片放逐法投票，出席公民大会的人数必须达到6000人。安多基德这里大概指的就是这条法律。

③ 即公元前403年6月以后的决定。

89　现在你们已经清楚地知道:法律将经过修订,然后再刊刻公布;在任何情况下执政官不得执行未曾刊刻的法律;任何法令,无论是议事会还是人民大会通过的,都不能凌驾于法律之上;任何法律,如果不是对全体公民一视同仁,不得引用来控告个人;只有那些自优克列伊德斯担任执政官以来通过的法律才有效。考虑到上述情况,难道在优克列伊德斯担任执政官之前通过的法令,无论它们是否重要,还能有效吗?诸位陪审员,我个人认为不是这样。请你们为自己考虑这个问题吧。

90　然后,你们的誓言是什么?首先,在你们实现全体和解后,整个城邦参与、你们全体公民所发过的誓言是:"……除了三十僭主、十人委员会和十一人委员会[①]外,我将不会对任何公民怀有恶意。即使是上述三类人,只要他们同意提交其任职期间行为的报告,我也不会控告他们。"虽然三十僭主给你们造成的痛苦罄竹难书,你们仍然宣誓,如果他们为自己的行为提出了相应的解释,你们甚至答应原谅他们。在此之后,你们应当没有什么理由对任何普通公民提出怀有恶意的控告。

91　议事会就职时所发的誓言又是什么?"……除了那些对逃离雅典的人[②]的控告外,我不会允许任何因为过去的事件出现的告发或者逮捕发生。"那么,作为陪审员,你们的誓言又如何?"……我不会对任何人怀有恶意,也不会受到外来影响,我将根据现在生效的法律做出判决。"请让这些誓言帮助你们决定,如果我说我是在支持你们自己和法律的话,我是否是正确的。

92　现在,诸位陪审员,该考虑一下原告们的法律地位了。他们正在控告他人,可他们自己的地位又如何呢?色菲西乌斯曾从国家

---

①　三十僭主是在雅典被斯巴达打败后,由斯巴达支持建立的极端寡头政治,上台后胡作非为,处死了大批无辜雅典公民。十人委员会是由斯巴达人设立的,负责管理比雷埃夫斯,在公元前404年底被雅典民主派推翻。十一人委员会是三十僭主下属的类似警察的机关,专门负责逮捕、处死等具体事务,是暴行的直接执行者。

②　公元前403年2月,三十僭主在雅典的统治被推翻,其余党逃往厄琉西斯。这里所说的逃离雅典的人就指他们。

承包了收取某些公共租金的事情,并因此从使用有关土地的租户那里得到了90明那的收入。他拖欠了向国家交纳的税金。如果当时他出现在雅典的话,他会受到严格的监禁。

93 因为法律规定,对于那些拖欠承包税金的人,议事会就要这样惩罚他。于是,他逃亡国外。可是,因为你们决定只应用自优克列伊德斯担任执政官以来通过的法律,色菲西乌斯认为他有权保有从你们的土地上得到的收益。他已经不再是一个逃亡者,而是一个公民了;他不再是一个无权的流浪汉,而是一个告发者。这一切都是因为,你们只应用那些经过修订的法律。

94 然后是梅勒图斯。众所周知,三十僭主时期,他逮捕了勒昂,后者未经审判就被处死了[①]。但我们发现,法律对那些策划犯罪的主谋和犯罪的凶手未加区分。由于该条法律的公正性,它不仅在过去、而且如今仍然存在,并且继续实行。法律条款就是如此。可是,勒昂的儿子所以不能以谋杀罪控告他,仅仅是因为能够执行的法律是自优克列伊德斯担任执政官以来通过的。当然,即使是梅勒图斯本人也不否认他曾经逮捕过勒昂。

95 然后是埃庇查瑞斯。此人是一个地道的无赖,还以此为自豪,到现在还不想让人们忘记他的过去,因为他曾经在三十僭主时期的议事会中充任议员。可是,那树立在议事会门前的石碑上所刻的法律条文是怎么说的:"无论是谁,只要他在民主政治被推翻后的政府中担任过公职,任何人都可以杀死他而不受任何惩罚。人们不会认为杀死他的人沾染了血污,并可以拥有被杀者的家产。"因此,就梭伦所定的法律来看,非常清楚的是,埃庇查瑞斯,任何人都可以在这里把你杀死,而且不会玷污他的手。

96 请宣读刻在石碑上的法律条文。

---

① 几乎可以肯定,这里提到的勒昂就是撒拉米斯的勒昂。三十僭主曾经命令苏格拉底去逮捕他,但遭到了拒绝。据伊索克拉底说,三十僭主统治时期,雅典大约有1500人未经审判就被处死,其中许多人是无辜的,有些人仅仅因为家资相对丰厚便被处死。

法律:由议事会和人民颁布,埃安提斯部落担任主席团,克列格内斯为秘书,波提奥斯为主席团主席,德摩潘图斯及其同僚起草。本法律是在经由抽签选出的五百人议事会第一次开会、克列格内斯担任秘书时颁布的。

如果任何人推翻了雅典的民主政治、或者在民主政治被推翻后在其中担任公职,则他将成为国家公敌。人们可以不受惩罚地杀死他。他的家产将被没收,其中的1/10被献给女神。

97 杀死或者阴谋杀死此人的人不会因为他杀此人被控犯罪,也不会亵渎神灵。所有雅典人都应在向神灵奉献牺牲时,按照部落和德莫、清清白白地进行如下宣誓,誓言是:"无论是谁想要推翻雅典的民主政治,无论是谁在民主政治被推翻后曾担任公职,无论是谁试图成为僭主或者帮助建立僭主政治,我将尽我所能,用我的言辞和行为,我的投票和我的双手,去杀死他。如果另一个人杀死了这样的人,因为他杀死的是一个国家的公敌,我不会认为他在神灵和当局的眼中是有罪的。我会把被杀者的财产出卖,将其一半给予杀死此人的人,并且不会扣下被杀者的任何东西不给杀死他的人。

98 如果有人因为杀死或者企图杀死此人丢掉了性命,我会像对待哈莫尔狄乌斯和阿里斯托格同及其子女一样,向他和他的子女表现出仁慈。所有那些我曾经在雅典、在军队或者其他地方所发的要推翻民主政治的誓言,我全部取消和废止。"所有雅典人,如法律所要求的,都应在狄奥尼修斯节前的一次奉献牺牲仪式时,清清白白地宣誓。他们将向神灵祈祷,希望那些遵守誓言的人得到神灵的充分保佑,而那些不遵守誓言的人及其家族,都将灭亡。

99 那么,告发者先生,这条法律仍有效吗?无论你的回答是肯定的还是否定的,你是否都是恶棍?如果你的回答是否定的,那理由当然是,只有自优克列伊德斯担任执政官以来通过的法律才是有效的。这就是为什么你还能活着在这个城邦里游荡的原因。而你，这个在民主政治时代一个普通的告发者，在寡头政治时代又成为三十僭主的帮凶、以免你要吐出所得利益的家伙，似不应该有这么好的命运。

100 然而这还不够。你居然还跟我谈论我的什么阴谋！你事实上是让其他人受到谴责，而你，如法庭已经了解的那样，是不会把自己的阴谋局限在某一个单个的人身上的，你希望的是整个世界近乎寸草不生，尽管相貌丑陋，却想靠罪恶手段为生。

101 可是，虽然你们的法律甚至可以剥夺他为自己辩护的权利[①]，但他竟然胆大妄为地控告他人。真的，诸位陪审员，当我坐在这里听着他对我的控告发言时，我甚至认为，我是被三十僭主逮捕，受到了他们的审判。假如说这些日子里我曾经出过庭的话，那是谁控告了我呢？是埃庇查瑞斯，而不是任何其他人。除非我把他买通了，否则他总会找到我的罪名，出现在法庭里。今天，他果然又一次出现在这里了。除了查里克列斯，又有谁会像下面这样严厉地盘问我？他会问“安多基德，告诉我，你是否曾前往狄塞里亚？[②]”“我没有。”“那好，你是否曾破坏阿提卡，并从海上和陆地上抢劫你的同胞雅典人？”“我没有。”“那你至少曾经在海上与雅典人作战[③]，或者帮助拆毁长墙、或者颠覆她的民主政治、或者依靠暴力手段让你重新掌权吧？”“没有，我从没有干过其中任何一桩。”“那你现在期待避免其他那么多人的命运吧？”

102 诸位陪审员，你们难道不认为，如果我落到了三十僭主的魔掌中，我因为仍然忠于你们，会得到上面这样的对待吗？如果因为一个人不曾犯过任何不忠于雅典的罪行，以至于会被三十僭主处死，

① 因为此人道德败坏。

② 公元前411年，雅典发生寡头政变，建立了以皮山大为首的四百人政府。该政府被推翻后，皮山大以及部分寡头分子都逃到由斯巴达人占据的狄塞里亚去了，等于是投敌叛国。这里所说的就是这件事，暗指安多基德是卖国贼。

③ 暗指公元前405年的羊河之战。古代盛传雅典的部分将军被斯巴达人收买，致使雅典舰队全军覆没，并导致了雅典在伯罗奔尼撒战争中的彻底失败。

就像他们处死了其他人那样，那当他在你们面前接受审判，而拒绝冤枉他人，如果没有被无罪开释，你们不认为这是对正义的讽刺吗？这样的事情将是犯罪。它会使无罪开释变成几乎不可能的事情。

103 事情的真相是，诸位陪审员，尽管他们也许自以为，当他们控告我的时候，所应用的法律是充分有效的，但他们的控告是基于一个旧的法令，这个法令所处理的是与此完全不同的事情。如果你们据此判决我有罪的话，那请你们注意这一点。你们会发现，会有许多其他人因他们过去的行为，比我更应该被定罪。首先就是那些曾经以武力反对你们、并且与你们一起宣誓和解的人；其次是那些你们召回的流亡者；最后是那些你们恢复了其权利的公民们。为了他们的缘故，你们抹去了石碑上的记录，废止了一些法律，取消了不少法令。

104 诸位陪审员，正是因为相信你们，他们才留在雅典。如果他们发现，你们允许对过去的行为提起诉讼，那请你们想像一下，他们会怎样看待他们自己所处的地位？他们中会有人愿意因过去的行为接受审判吗？可是，对头们和告密者们却会如雨后春笋般地出现，随时准备把他们所有的人都送上法庭。

105 今天，两方面都有人到场旁听，但他们的动机不同。一方想知道，他们是否能够依靠他们现在所依靠的法律以及你们与他们之间相互保证的誓言；另一方则想刺探你们的情感，想看看你们是否会给予他们充分的自由，以诉讼、告发，或许还有逮捕来填满自己的荷包。因此，诸位陪审员，事情的真相是，虽然本案涉及的只是我个人的性命，但你们的判决会影响到一般的公众。一方面，影响到他们是否信赖你们的法律，另一方面，影响到他们是否需要在收买告密者或逃跑和尽快离开雅典之间做出选择。

106 诸位陪审员，你们重新让雅典联合起来的措施并未白费，它们恰当而理智。为说服你们相信这一点，我希望就与这些法律有关的问题说几句。对雅典来说，那是暗无天日的时期，僭主们统治着国家，民主派流亡在外。然而，在我的曾祖父列奥哥拉斯以及查里阿斯——后者的女儿后来嫁给了我祖父——的领导下，你们的祖先在帕列涅神庙附近的战役中打败了僭主，回到了他们的祖国[1]。他们将其中一些敌人处死，流放了一些，还有一些他们允许其继续留在雅典，但没有雅典公民权。

107 后来，波斯大王入侵希腊。我们的祖先们一看到他们所面临的考验非常严峻，而且波斯大王所聚集的军队数量也非常庞大，因此他们命令召回流亡者，恢复那些被剥夺了公民权的人的各项权利。他们还规定，这些人应当在危急的卫国战争中发挥作用。在通过了这道命令、相互交换了保证和誓言以后，作为整个希腊的保卫者，他们无畏地拿起了武器，在马拉松迎击波斯人，因为他们认为，他们的勇敢足以对抗敌人人数上的优势。他们把自由还给了希腊，并且把他们的祖国阿提卡解放了。可是，在取得胜利后，他们拒绝复活旧的争吵。

108 就是这些人通过团结，在他们的城市成为废墟、神庙被夷为平地、城墙和房屋破败不堪、而且完全没有资源的情况下，将希腊置于他们的统治之下，并且把今天这样一个光荣、强大的城邦传给你们。很长时间以后，轮到你们面临同样巨大的危机了。你们决定召回流亡者，恢复那些失去了公民权的人的权利，因此，表现出与你们的先辈一样的高贵精神[2]。

109 那么，你们还需要做一些什么才能在慷慨程度上与祖先们媲美呢？诸位陪审员，你们必须记住，正是因为公民相互之间的仇恨比现在少得多，雅典才创造了强大与繁荣，所以你们今天也必须忘记

---

① 安多基德显然是为了夸大其曾祖父的作用而歪曲了历史事实。实际上，帕列涅战役是庇西特拉图重新取得雅典政权、牢固树立其统治地位的决定性战役。在这场战役中遭到失败的是雅典、而不是僭主的军队。公元前 511 年推翻僭主的行动主要与阿克麦昂尼德家族的克里斯提尼有关。他贿赂了德尔斐的女祭司，让其促使斯巴达出兵。最后，斯巴达人出兵打败了雅典僭主。所以，如果说列奥哥拉斯和查瑞阿斯参与过推翻僭主的行动的话，其作用也微不足道。安多基德为抬高自己的地位，有意夸大其祖先的功劳。

② 这里所说是波斯两次入侵希腊以及雅典的对策。但安多基德显然对这段历史没有什么印象，把波斯两次入侵的史实混到一块了。公元前 490 年波斯的入侵，因为雅典在马拉松战役中打败了波斯，波斯军队根本没有能够逼近雅典城，更不用说把雅典变成废墟了。只是在公元前 480 年，波斯才攻占了雅典城，放火烧毁了雅典卫城及其神庙。公元前 479 年，因为雅典拒绝与波斯人订立和平条约，波斯再度占领雅典。波斯人被赶出希腊大陆后，雅典人取得了战争领导权，建立了提洛同盟，成为希腊的一大霸主。

彼此之间的仇恨，只有我们，即雅典的公民，充分控制激情，生活在和谐的氛围中，雅典才能继续拥有她与过去一样的强大与繁荣。

110 原告还控告我手持乞求者橄榄枝。他们声称，正是我把橄榄枝放在了厄琉西乌姆[①]。而根据古代的法律，在庆祝密仪期间做这样的事情将被处死。多么无耻！为了证明我有罪，他们竟然要起了阴谋。在阴谋失败后，他们仍不安分，继续向我提起正式的控告。

111 在我们从厄琉西斯回来时，有关我的控告已经提出。王者执政官向主席团报告了举行密仪期间所发生的一切。主席团说，他们会让他向主席团陈述，并要他通知色菲西乌斯和我本人去厄琉西乌姆，因为根据梭伦的法律，在举行密仪后的第一天，议事会应当在那里开会。我们准时出现在那里。

112 当议事会开会时，希波尼库斯的儿子卡里阿斯还穿着举行仪式时的服装，他站起来发言，说祭坛上放了一枝乞求者的橄榄枝。他向议事会展示了这个橄榄枝。很快，使者就召来了应对此负责的人。虽然当时我就站在附近，而且能清楚地看到色菲西乌斯，当时却没有人应答。因无人应答，负责调查的优克列斯又进去了一趟。他今天在场，请传他前来。现在，优克列斯，请你首先做证，看我所说是否是事实。

〔证人宣读证词〕

113 我陈述的真实性已经得到了证实，在我看来，它与原告的说法明显是矛盾的。你们也许还记得，原告声称，两个女神自己让我迷糊，使我在不知道法律的情况下把树枝放在了祭坛上，以使我受到惩罚。可是诸位陪审员，我却坚持认为，即使原告所说是真，那也是两位女神自己拯救了我的性命。

114 想想看，我把橄榄枝放在了那里，然后却没有回答使者的话。如果是我把橄榄枝放在祭坛上，那岂不是我本人要把我送上绝

① 这个地方在雅典卫城附近，可能是通向厄琉西斯的圣道的起点。

路吗？而那拯救了我的沉默，难道不是我的好运的标志吗？对于这样的好运气，我明显应该感谢两位女神。如果女神真希望我死的话，即使我没有做过这件事，我当时应该已经承认，是我把橄榄枝放在那里的。事实是，我没有回答，也没有把橄榄枝放在祭坛上。

115 当优克列斯告诉议事会无人应答时，卡里阿斯又一次站起来发言。他说，根据他父亲以前在一个正式场合的解释，依据古代的一条法律，那些在密仪举行期间，将橄榄枝放在祭坛上的人所得的惩罚是立即处死。他接着说，他听说是我把橄榄枝放在那儿的。

116 克发路斯立刻跳起来喊道："卡里阿斯，你这个大胆的狂徒，首先，作为克里克斯家族[①]的一员，当你无权提出解释的时候，你却这样做了。然后，你又谈论什么'古代的法律'，而你旁边的石头上明明写着，如果将橄榄枝放在厄琉西乌姆上，其惩罚是1000德拉克马。最后，是谁告诉你是安多基德把橄榄枝放在那儿的？请你把他召到议事会来，这样我们大家也可以听听他有什么说的。"然后，人们宣读了石碑上的法律，而卡里阿斯说不出是谁告诉他这个消息的。因此对议事会来说，明显是卡里阿斯本人把橄榄枝放在那里了。

117 现在，诸位陪审员，你们也许想知道卡里阿斯把橄榄枝放在祭坛上的动机。我这就解释他想陷害我的原因。特山德尔的儿子埃庇吕库斯是我的舅舅，我妈妈的兄弟。他死在了西西里，没有留下男性后嗣。但他有两个女儿，应当分别与列阿哥罗斯和我结婚[②]。

118 他的个人生活一塌糊涂，留下的能够见到的财产还不到两塔兰特，而其债务倒超过了5塔兰特。尽管如此，我还是安排了一次与列阿哥罗斯的会面。当着朋友的面，我对列阿哥罗斯说，作为一个体面人来说，现在应当是表现尊重家族联系的时候了。

119 我争辩说，"我们无权缔结一个富有或者成功的婚姻而鄙

---

① 传说克里克斯是优莫尔皮达的儿子，其家族是主持厄琉西斯密仪的世袭祭司。

② 根据雅典法律规定，如果一个公民死时未留遗嘱，没有男性子嗣而仅有女儿，则女儿成为女继承人，可以分割继承父亲的遗产，然后与其血缘关系最近的男性亲属结婚。有关的男性亲属应当向法庭提出申请，如果没有争议，执政官就根据亲属关系的远近进行判断。如果出现了争议，则需进行调查，然后将女继承人分别出嫁。

视埃庇吕库斯的女儿们，因为如果埃庇吕库斯还活着，或者说他去世时家资丰厚的话，那作为他最近的亲属，我们应当正在为娶他的女儿而竞争。由于埃庇吕库斯本人或者他的钱的缘故，我们应当分别和她们结婚了。由于是有体面的人，现在我们也应当这样做。请从法庭取得许可，你娶其中的一个，我会像你一样娶另一个。"

120 诸位陪审员，他同意了。于是，我们根据协议，两人都向法庭提出了申请。落到我名下的那个姑娘碰巧病了，然后去世了，另一个至今仍活着。于是卡里阿斯试图贿赂列阿哥罗斯，以便让他取得第二个女儿。很快我就听说了这件事，支付了相关费用，并提起诉讼反对列阿哥罗斯。我说，"如果你愿意为你本人娶这个姑娘，那就把她娶回去，我祝你好运。如果不是这样，那我就要娶她了。"

121 卡里阿斯一听说这件事，立刻以他儿子的名义，在当月的第十天要求娶这个姑娘[①]，以阻止我获得许可。当月 20 日以后，也就是密仪仪式刚刚结束时，他给了色菲西乌斯 1000 德拉克马，让他出面控告我，使我卷入了今天的审判。当他发现我坚持自己的立场时，他就把橄榄枝放在了祭坛上，企图使我不受审判就被处死或流放，这样，通过贿赂列阿哥罗斯，他本人就能与埃庇吕库斯的女儿结婚了。

122 可是，他发现，如果他不诉之于法律，他不会达到目的。于是，他去见了吕西斯特拉图斯、赫加蒙和埃庇查瑞斯，认为这些人是我的亲密朋友。他可真是够傲慢的，对法律也是够鄙视的，告诉这些人说，如果我放弃对埃庇吕库斯的女儿的要求，他会放弃对我的控告，劝阻色菲西乌斯，并愿意由我们的朋友仲裁，就他的行为给我补偿。

123 我要他继续进行他的控告，并寻求得到更多的帮手。我警告他，"如果雅典人民还我一个真实的判决、让我摆脱了你的话，那我认为，你会发现你需要为生命而战了。"如果你们允许的话，诸位陪审

① 根据亲属关系和雅典法律，如果列阿哥罗斯放弃，则安多基德有优先权。

员，我不会让你们失望的，请传证人来验证我刚才所说。

〔证人宣读证词〕

124 然而，你们必须允许我告诉你们，卡里阿斯的这个儿子是怎么来的，又是怎样得到承认的？因为卡里阿斯正是为他娶埃庇吕库斯的女儿的。诸位陪审员，这件事值得给你们叙述。卡里阿斯与伊斯叙马库斯的一个女儿结婚，但他与她生活了不到一年，就与她的母亲勾搭上了。还有男人能比他更无耻吗？他可是两位母女神灵的祭司，可是他既与母亲、又与女儿同居，并把两人都安置在自己家里。

125 有关两位女神的想法或许还没有唤起卡里阿斯心中的羞耻感或者恐惧。然而伊斯叙马库斯的女儿认为，他眼前发生的一切让她感到生不如死。她曾经试图上吊自杀，可是半道上被救了下来。她苏醒后，就从家里逃走了。是母亲把女儿赶走的。最后，卡里阿斯对这位母亲也感到厌倦，于是把她也赶了出去。这时她就说，她已经怀上了他的孩子。当她分娩生了一个儿子时，卡里阿斯否认这孩子是他的。

126 当这女人的族人带着孩子与牺牲一起来到阿帕图里亚[①]祭坛奉献牺牲、并告诉卡里阿斯仪式开始时，卡里阿斯反问是谁的孩子。他们回答说，“是希波尼库斯的儿子卡里阿斯的儿子。”“可我就是他呀。”“是的，这孩子就是你的。”卡里阿斯于是手扶祭坛发誓说，他惟一的儿子，或者说是他曾经有过的儿子是希波尼库斯，其母是格劳孔的女儿。他祈祷道，如果事情的真相不是如此，他和他的家族将从这个世界上死绝。看起来他们肯定是要死绝了。

127 过了一段时间后，他又喜欢上了那个老丑八怪，把她接回自己的家里，而把那个当时已经成人的孩子给克里克斯家族看，声称

① 阿帕图里亚节在每年的普阿列普西昂月（10到11月）举行，节日共3天。公民们根据胞族集会。集会的第三天，当年出生的孩子们要登记在胞族的正式名单上。进行登记的同时要举行牺牲奉献仪式。父亲必须发誓说，孩子的父母都是公民，是他的合法子嗣。

这孩子是他本人的儿子。卡里阿德斯反对接纳他，可是克里克斯家族投票支持这样一条法律：如果父亲愿意发誓，他所介绍的孩子是他本人的儿子，那他就能让他在家族登记。于是卡里阿斯手放在祭坛上，发誓说那孩子是他与克里西拉所生的合法子嗣。可在此之前，他曾经否认过这孩子是他的儿子，请传证人验证所有这一切。

〔证人宣读证词〕

128　那现在就让我们看看，这样的事情以前在希腊是否发生过。一个男人和他的妻子结了婚，然后既与母亲、又与女儿结婚，母亲还把女儿赶了出去。后来，在他与母亲一起生活的时候，他又想与埃庇吕库斯的女儿结婚，这样孙女儿就能把祖母赶出去了。

129　天哪，该怎么称呼他的孩子呢？就我个人来说，我真不敢相信，他能那么聪明，可以给他的孩子取一个恰当的称呼。他的父亲将会与三个女人一起生活过，他据称是其中一个人的儿子，另一个的兄弟，第三个女人的叔叔。这样的儿子该怎么称呼？奥狄浦斯、埃吉斯托斯，还是别的什么？

130　作为一个理所当然的事实，诸位陪审员，我想简短地提醒你们注意和卡里阿斯有关的一件事。你们也许还记得，并且相当熟悉的是，当雅典还是希腊的霸主、并且正在她势力的顶峰，而希波尼库斯是希腊第一富翁时，当时在整个城邦妇孺皆知、经常挂在嘴边的一个谣言。他们说，“希波尼库斯正养着一个邪恶的魔鬼，它会把他的家庭弄得一团糟①。”

131　诸位陪审员，你们都还记得此事。那么你们认为，当时流行的这句话后来在多大程度上被证明是真实的？是啊，希波尼库斯想像他有一个儿子，但这个儿子实际上是一个邪恶的妖怪，已经把他的财富、他的道德以及整个生活搅了个底朝天。所以，说到希波尼库

---

① 这句话是希腊谚语，洛布本的翻译有些费解，因此参考企鹅古典丛书的译文译出，但遗憾的是仍难以表达出原话的韵味。

斯的邪恶妖怪,你们肯定会想到卡里阿斯。

132 现在再看看卡里阿斯的伙伴,也就是我的另两位原告。他们协助制造了这起诉讼,资助了这场官司。那我不禁要问,为什么在我从塞浦路斯回来、在雅典已经生活了3年后,他们才突然想起来我犯过渎神罪?从德尔斐,我介绍A[①]、从国外,我介绍其他朋友加入入门式,我经常访问厄琉西乌姆并在那里献祭,因为我认为我有权这样做。可是,一方面,因为没有官司缠身,他们不断要求我承担公共义务,先是在赫怀斯提亚节上充任吉姆那阿克,然后是担任驻地峡赛会和奥林皮亚赛会的国家代表团团长,最后是让我担任卫城圣库的财务官[②];另一方面,今天我却犯了渎神罪以及进入神庙的罪过。

133 我将告诉你们他们改变立场的原因。去年以及前年,我们"诚实的"阿古尔西乌斯作为主要签约人,承包了2%的进出口关税。他承包的金额是30塔兰特,他在那棵白杨树下[③]遇到的朋友们都参与了承包。可是你们知道他们都是些什么货色。我相信,他们在那里聚会有双重目的:因未提高承包价,他们希望得到好处,以及瓜分税收中被砍下价钱的那一部分。在得到6塔兰特的利润后,他们发现这桩生意简直犹如金矿,于是他们联合起来,提出给参与竞争的承包人1%的份额。

134 由于无人参与竞争,我于是去了议事会,在承包中与他们竞争并打败了他们,最后以36塔兰特获得了承包权。我赶走了他们,向你们交纳了保证金,收取税收,并完成了从国家承包的任务。我并没有因此损失什么,因为我和我的合伙人实际上还赚了一点。同时,我阻止了阿古尔西乌斯及其朋友对本属于你们的6个塔兰特

---

① 原文在这里有脱漏,要么是因某种原因不便直接提到名字。

② 吉姆那阿克是雅典富有公民承担的社会义务之一,由家产3塔兰特及其以上的公民承担,主要职责是为赫怀斯提亚节的火炬赛跑准备火炬,并训练参跑的选手,其支出不菲,大约在12明那。国家代表团团长也是一项不小的支出,因为国家要向泛希腊性的赛会如奥林皮亚赛会、地峡赛会、帕提亚赛会和尼米亚赛会等派出代表团。国家虽然承担一部分支出,但作为代表团团长的个人也要支出相当大的一笔钱,以便使本国的代表团显得尽可能豪华。卫城财务官一年一任,由雅典最富有的家庭担任,同样是义务职。

③ 显然是雅典很有名的地方,可惜在其他地方从未提到过,不知道具体位置。

收入的瓜分。

135 看到这一点后，他们自己讨论了形势。他们争辩说，“这个家伙不会拿公家任何钱的，他还不让我们拿。他会总是监视着，阻止我们瓜分本属于国家的钱财。另外，如果他抓住我们任何人行为不诚实的把柄，他会把我们送进法庭，让我们完蛋。必须不惜任何代价地除掉他。”

136 所以，诸位陪审员，这场诉讼是肯定会发生的。但你们所做的应该相反，因为如果我看到有尽可能多的像我这样的人和你们一道，并看到我的控诉人被剥夺生存权，或者至少让他们面对那些不支持他们行为的人，我会感到高兴。如果他们愿意的话，他们会成为你们利益坚定和公正的捍卫者，而且能够很好地为你们服务。我本人愿意终止此类诉讼，把他们变成更好的公民，或者把他们中那些犯了罪的送上法庭，让他们得到法律的惩罚。

137 我是一个拥有船只的商人，这一点也是他们攻击我并提起诉讼的理由。他们希望我们相信，神灵所以让我逃过海上的危险，惟一的目的是当我到达雅典时，让色菲西乌斯结果我的性命。不，诸位陪审员，我本人是坚决不相信的。如果神灵认为我犯了亵渎他们的罪行，那当他们让我处在极端危险境地的时候，怎么会饶恕我呢？因为再没有比在冬天航海更危险的事了。我们难道能够想像，在这样一次航行中，当我本人有赖于他们的怜悯、我的生命和我的商品都在他们掌握之中时，如果我犯了渎神罪，他们能让我安全吗？

138 那时，它们难道不可以制造一场灾难，甚至可以让我的尸体得不到恰当的安葬吗？此外，当时是战争时期，海面上到处是三列桨战舰和海盗。这些海盗把大量旅行者变成了他们的俘虏，抢光了他们的钱财，然后让他们作为奴隶终其余生。还有许多旅行者因在外国的海岸上遭遇海难，在受到可耻的侮辱和虐待后被处死。

139 难道人们可以想像：神灵们让我免于此类性质的灾难，仅仅是让色菲西乌斯这帮人出风头吗？他们是雅典最大的坏蛋，他声称自己是雅典的公民，实际上他根本不是这类人。本庭在座的各位都非常了解他,根本就不能相信他所说的任何言语。不,诸位陪审员,在我看来,目前这场诉讼的危险在于它是人为的,而在海上的危险是神为的。所以,我们如果以为真的有神灵存在的话,那我本人坚信,当它们看到他们自己保护下来的人,却因为凡人而被毁灭,那它们是会极端愤怒的。

140 诸位陪审员,还有一件事值得你们思考,那就是,当你们专注于保存你们的城邦、重新团结起她所有的公民,而不是复仇的时候,整个希腊都认为,你们表现出了最大的宽容与智慧。在此之前,已经有许多人遭受了不比我们小的灾难,人们已经正确地认识到,要和平解决纠纷,需要大度和自我克制。现在,所有人,不管是敌人还是朋友,都一样认识到,你们具有这种能力。所以,不要改变你们的方式,不要那么匆忙地让雅典丢掉她因此得到的光荣,或者让人们以为,你们所颁布的法令是机缘而非有意为之。

141 因此,我请求你们在座的各位,像对待我的先人那样对待我,这样我才有机会模仿他们。请记住,他们曾经是我们城邦最伟大、最不知疲倦的助益人,而且在激励他们的许多目标中,忠心为你们服务、希望在他们或其后代遇到危险或悲伤时,可以从你们那里得到保护,是最主要的。

142 你们也确实很有理由记住他们,因为正是你们自己的祖先的英勇行动,才使作为整体的雅典得益无数。在我们失去了舰队、人们普遍希望永远让雅典瘫痪的时候,尽管斯巴达人当时是我们的敌人,但仍然决定赦免我们的城邦,因为在领导整个希腊通向自由的事业中,我们的祖先曾经有过许多英雄事迹。

143 既然雅典作为城邦因你们祖先们的英勇业绩可以得到赦免,那我同样希望因我的英雄行为得到赦免,因为我的祖先曾经在拯救雅典的战斗中发挥过不小的作用,所以我也有理由期待得到你们的怜悯。这种怜悯希腊人曾经施于你们自己身上。

144 再请你们想想,如果你们给予我保护,你们将得到一个什么样的公民。如你们所知,我曾经是个很富有的人。然后,并非由于我本人的错误，而是因为打垮了雅典的灾难，我完全破产和贫穷了。于是我一切重新开始，过着诚实、勤劳的生活，用我的思想、我的双手帮助我。

145 我不仅了解，作为这样一个城邦的公民是什么滋味，我还知道，当我逗留在相邻民族的领土上、作为一个外人的时候，是什么滋味。我已经认识到了自制和合宜的意义，而且认识到，如果犯了错误，将得到怎样的惩罚。我已经与许多人建立了良好的关系，与更多的人保持着来往。因此，我与许多国王、国家以及个人建立了充分的联系和友谊。请开释我，你们可以分享这一切，而且需要的时候，你们随时可以利用他们。

146 诸位陪审员，情况就是这样。如果你们今天判了我死刑，那我的家庭中不会有一个成员能活下去，它将彻底灭绝。然而，在安多基德和列奥哥拉斯生活在雅典的时候，并没有让你们丢脸。应当说，当我们流亡国外、制作竖琴者克列奥丰[①]占据她的时候，那耻辱要真实得多。在经过我们家门口的时候，你们谁也不会认为，这一家的主人曾经在私下或者公开场合伤害过你们。

147 他们曾经担任过无数次将军职务，在陆地上和海上为你们打败敌人，赢得了许多胜利。他们还曾经担任过无数其他官职，管理公共财产，可是，他们从没有因欺骗行为被判罪。我们不曾冤枉过你们，你们也没有冤枉过我们。我们的家族是雅典最古老的，并且总是第一个向那些需要的人敞开大门。

148 可是，这个家族还没有任何成员在你们面前受审，请求你们因为他们的贡献对他们表示感激。所以，即使他们现在死了，请不要忘记他们曾经做过的一切。记住他们的成就，想像你们仍能活生生地看到他们，为我的性命来哀求你们。除此之外，我还能让谁来为我陈情？我的父亲吗？他已经死了。我的兄弟吗？我一个也没有。

---

① 自公元前 411 年四百人政府被推翻后，克列奥丰就一直是雅典非常活跃和很有影响的人物，公元前 405 年雅典被斯巴达围困时，他拒绝向斯巴达投降的建议，最后被寡头分子处死。

我的孩子吗？他们还没有生出来呢。

149 现在是你们必须像我的父亲、兄弟和孩子那样采取行动，我也正是向你们提出我的请求。你们必须以你们自己来乞求我的生命，并且拯救它。当你们基于人是神圣的理由，愿意把你们的公民权给予色萨利人和安得罗斯人①的时候，你们除了拒绝处死那已被接纳的公民外，别无选择。这样的人会好好地为你们服务，而且如果他们愿意的话，会有机会这样做。诸位陪审员，除了拒绝，你们别无选择。此外，我还希望你们能够喜欢我为你们做出的贡献，而且如果你们接受我的请求，当我能够提供的时候，你们不会剥夺我为你们本人做出进一步贡献的机会。

150 另一方面，如果你们听信了我的敌人们的话，即使你们以后后悔，也于事无补了。因此，不要让你们失去了可以合理地从我这里得到服务的机会，也不要让我失去我可以合理地从你们那里得到的东西。

现在，我要请那些曾经在雅典表现出高尚情操的人们到我这儿来，让他们向你们陈述他们对我的看法。来吧，安尼都斯和色发路斯；来吧，塔拉绪罗斯②，还有其余被挑选出来支持我的本部落的人们。

---

① 公元前406—前401年，雅典因缺少公民，曾经授予一部分外来人以雅典公民权。

② 安尼都斯当时是个很有影响的人物，在推翻三十僭主和重建雅典民主过程中，他是民主派的领袖之一。公元前399年，他参与了对苏格拉底的控告，致使后者被处死。色发路斯在公元前403年以后比较有影响，德摩斯提尼和埃斯奇涅斯都曾经在演说中提到过他，而且给他以较高的评价。塔拉绪罗斯的生平不详。

# 北京大学希腊研究中心

## 《西学研究》稿约

来稿请寄：


中国北京 100871/北京大学历史系/彭小瑜教授

Professor PENG Xiaoyu

Department of History

Peking University

Beijing 100871,CHINA

jerome@pku. edu. cn


关于本刊的注释体例：

**基本工具书和中文著作引用法** 人名和地名等外文专有名词在中文的研究作品中必须有统一的译法。新闻界早已就此做了大量的工作，新华社编辑、商务印书馆出版的诸种译名手册尤其实用。下面所列的几种手册可以作为世界史研究者和翻译者统一人名和地名译法的基础，同时我们也在此建立中文著作的基本引用法。

《基督教词典》 北京：北京语言学院出版社 1994 年版

豪厄特（主编）：《世界历史词典》 北京：商务印书馆 1988 年版

（在以上两书中可以找见许多冷僻世界史专有名词的习惯汉译）

辛华（编）：《世界地名译名手册》 北京：商务印书馆 1978 年版

辛华（编）：《英语姓名译名手册》 北京：商务印书馆 1981 年版

辛华（编）：《法语姓名译名手册》 北京：商务印书馆 1996 年版

辛华（编）：《德语姓名译名手册》 北京：商务印书馆 1973 年版

中文书目排列的先后次序以作者名或编者名的汉语拼音为准；未标明作者的，以书名的拼音为准；未带括号内“编”字的，是指著作者。带页码的引用：

《基督教词典》 北京：北京语言学院出版社 1994 年版，第 113 页。

中文期刊论文的引用：

胡玉娟：“罗马平民起源问题初探”，《世界历史》2001 年第 1 期，第 25 页。

王新生：“战后欧美人日本观的演变”，《北大史学》第 6 辑/1999，第 38 页。

**外文作品在中文著作和论文中的引用法** 在一般的规则之外，请注意每个例子的特殊性，比如同时有作者和编者、重印本、丛书、文献集成等情况。英、法、德和拉丁的书名写法有细微的不同，也请留意。为方便和求得风格的一致，所有外文书目中的说明文字（卷数、出版地和版本等），一律用英文。

博伊尔：《中世纪拉丁古抄本学》（L. E. Boyle, *Medieval Latin Paleography: A Bibliographical Introduction*. Toronto: University of Toronto Press, 1984），第 12 页。

特伯维尔：《中世纪异端和宗教裁判所》（A. S. Tuberville, *Medieval Heresy and the Inquisition*, reprint ed. London: Archon Books, 1964），第 45 页。[也可以给出原初的出版地、出版社和出版年，与重印本出版地、出版社和出版年以分号隔开]

迈松纳夫：《宗教裁判所起源研究》（H. Maisonneuve, *Études sur les origines de l' inquisition*, 2nd ed. Paris: Librairie Philosophique J. Vrin,1960),第 18 页。

雷斯:《教会之刑法权》(W. Rees, *Die Strafgewalt der Kirche*, Kanonistische Studien und Texte 41. Berlin: Duncker & Humblot,1993),第 130 页。

斯蒂格勒:《拉丁教会法历史》(A. Stickler, *Historia iuris canonici latini*. Rome: Liberia Ateneo Salesiano,1985),第 89 页。

圣伯纳德:《圣伯纳德全集》第 3 卷(*S. Bernardi opera*, vol. 3, ed. J. Leclercq and H. M. Rochais. Rome: Editiones Cistercienses,1963),第 6 页。

波美里乌斯:《论沉思的生活》(Julianus Pomerius, *De vita contemplativa*, Lib. III, 13 et 15),见《教父文献大全(拉丁编)》(*Patrologia latina*)第 59 卷,第 3 栏(=*col*. 3. "*column*"似不宜译为"页")。

莱维森:"中世纪的双剑理论"(W. Levison, "Die mittelalteriche Lehre von den beiden Schwerten," *Deutsches Archiv für Erforschung des Mittelalters* 9/1951),第 19 页。

瓦尔特:"异端与教皇政治"(H. G. Walther, "Häresie und päpstliche Politik: Ketzerbegriff und Ketzergesetzgebung in der Übergangsphase von der Decretistik zur Decretalistik," *The Concept of Heresy in the Middle Ages*, ed. W. Lourdaux and D Verhelst. Louvain: Louvain University Press,1976),第 23 页。

**网络资讯的引用法** 由于世界史图书资料在搜寻在国内比较困难,光盘和网络资源的使用是不无裨益的,目前需要赶紧规范这方面的注释体例。如果光盘和网络资讯来源是已经印刷出版的图书和论文,引用者首先应按上面的注释体例注明作者和出版信息,然后注明光盘来源或网址,例如:见[CD-ROM] Available: Proquest New

York Times On Disc，Jan. 1996 — Dec. 1996。或者：见〈http://www. queens. lib. ny. us/mlk〉，并在网址后的方括号内写明网址最近更新时间或上网查阅的时间（网址往往不是永恒的资讯来源）。如果网络资讯没有出处或者是首次发表的原作，引用者应注明网址、网络资讯的类型和时间：

马丁·路德·金：《我有一个梦想》（Martin Luther King，*I Have a Dream*，August，1963. Internet on — line），见＜http：// www. queens. lib. ny. us＞.［12 June 2000］。

图书在版编目(CIP)数据

西学研究.2003年.第1辑.总第1辑/彭小瑜、张绪山主编.北京:商务印书馆,2003
ISBN 7—100—03677—1

I.西… II.彭… III.西方国家—研究—丛刊
IV.K500.7-55

中国版本图书馆CIP数据核字(2002)第107343号



西 学 研 究
总第1辑
主编 彭小瑜 张绪山

商 务 印 书 馆 出 版
(北京王府井大街36号 邮政编码100710)
商 务 印 书 馆 发 行
河北三河市艺苑印刷厂印刷
ISBN 7-100-03677-1/C·81

2003年12月第1版 开本787×960 1/16
2003年12月第1次印刷 印张29 插页1

定价:39.00元

《西学研究》

承

希腊友人

瓦西利斯·C. 康斯坦达科普洛斯船长

及其家人

资助出版

Sponsored

***by***

**CAPT. VASSILIS C. CONSTANTAKOPOULOS**

**AND HIS FAMILY**